Rechte *und* Pflichten *des* Kirchen- *vorstandes*

**Eine Einführung
in das Recht des Kirchenvermögens
und seiner Verwaltung
in den Bistümern
des ehemals preußischen Staatsgebiets**

von

Heribert Emsbach †
*Justitiar des Erzbistums Köln i. R.
und Rechtsanwalt*
Thomas Seeberger

11., überarbeitete Auflage 2012

mit ausführlicher Darstellung
der Reform kirchlicher Strukturen
sowie einer systematischen
Einführung in das Erbbaurecht
und in die Erbbaurechtsverwaltung
von Alois Jütten

J.P. Bachem Medien

Bibliografische Information der Deutschen Nationalbibliothek

Die Deutsche Nationalbibliothek verzeichnet diese Publikation in der Deutschen Nationalbibliografie; detaillierte bibliografische Daten sind im Internet über http://dnb.d-nb.de abrufbar.

Emsbach, Heribert – Seeberger, Thomas:

Rechte und Pflichten des Kirchenvorstandes: eine Einführung in das Recht des Kirchenvermögens und seiner Verwaltung in den Bistümern des ehemals preußischen Staatsgebiets / von Heribert Emsbach und Thomas Seeberger. – 11., überarbeitete Aufl. – Köln: Bachem Medien, 2012
ISBN 978-3-7616-2616-0

1. Auflage 1974
2. Auflage 1980
3., überarbeitete Auflage 1983
4. Auflage 1986
5., überarbeitete Auflage 1989
6., aktualisierte Auflage 1992
7., vollständig überarbeitete und ergänzte Auflage November 1994
8., grundlegend überarbeitete und erweiterte Auflage 2000
1. Nachdruck der 8. Auflage 2001
9., völlig neu bearbeitete Auflage 2006
10., grundlegend überarbeitete und erweiterte Auflage 2009
11., überarbeitete Auflage 2012
© J.P. Bachem Medien, Köln 2012
Druck: Grafisches Centrum Cuno, Calbe
Printed in Germany
ISBN 978-3-7616-2616-0   Buchausgabe
ISBN 978-3-7616-2660-3   EPUB
www.bachem.de

Im Apple iBookstore und überall, wo es elektronische Bücher gibt. Weitere Informationen auch unter **www.bachem.de/ebooks**

3

Anhang

Vorwort

Seit langem zeichnete sich ab und wird immer empfindlicher spürbar, dass Priestermangel und geringer werdende Finanzmittel, besonders aber auch der beklagenswerte Verlust an Glaubens- und Kirchenbindung, zu neuen Anstrengungen führen musste.

Nachdem die beiden bedeutenden Neuordnungsprozesse im Erzbistum Köln - *»Zukunft heute«* und *»Wandel gestalten - Glaube entfalten«* - in den Kirchengemeinden und Seelsorgebereichen in den letzten Jahren zu großen und oft auch schmerzhaft empfundenen Veränderungen geführt haben, gilt es nun, unter den neuen Rahmenbedingungen zum sog. Alltagsgeschäft zurückzukehren. Zur Unterstützung der Arbeit insbesondere in den Kirchenvorständen, dessen Mitsorge auch aus seelsorglicher Sicht Bestandteil aller Anstrengungen bleiben wird, will diese 11. Auflage in altbewährter Form beitragen.

Die erfolgreiche Zusammenarbeit zwischen dem Begründer dieses Standardwerks, Justitiar i. R. Heribert Emsbach, und dem Leiter des Fachbereichs Recht in der für die Aufsicht über die Kirchengemeinden zuständigen Hauptabteilung Seelsorgebereiche im Erzbischöflichen Generalvikariat in Köln, Rechtsanwalt Thomas Seeberger, konnte auch in dieser Ausgabe fortgesetzt werden.

Kurz vor Drucklegung verstarb Heribert Emsbach im Alter von 82 Jahren. Der Verlag dankt Herrn Emsbach für die Begründung dieses Werkes und die nahezu 40jährige angenehme und erfolgreiche Zusammenarbeit.

Ein besonderer Dank gilt Frau Dr. Susanne Eberle für ihre Mithilfe bei der Korrektur.

Einleitung

[1] Zur Erfüllung ihrer Aufgaben ist die Kirche auf materielle Mittel angewiesen, auf die Kirchensteuer und das örtliche Vermögen in den Kirchengemeinden. Dieses Vermögen zu verwalten und zu vermehren, seine Erträge und ergänzende Kirchensteuermittel sinnvoll zu verwenden, ist die Aufgabe des Kirchenvorstandes. Die zusammenfassende Antwort auf die Frage nach den damit verbundenen Rechten und Pflichten geben das Kirchenrecht und die Grundsatzbestimmung des Gesetzes über die Verwaltung des katholischen Kirchenvermögens vom 24.7.1924 bzw. gleichartige kirchliche Nachfolgebestimmungen:
»Der Kirchenvorstand verwaltet das Vermögen in der Kirchengemeinde. Er vertritt die Gemeinde und das Vermögen.«

I. Rechtliche Grundlagen

Geordnet ist die kirchliche Vermögensverwaltung sowohl durch kirchliches als auch 2
durch staatliches Recht.
Das Kirchenrecht, das für die ganze katholische Kirche gilt, ist im Wesentlichen im
Kirchlichen Gesetzbuch (Lateinisch: codex Juris canonici) zusammengefasst. Daneben bestehen zahlreiche ergänzende Vorschriften der einzelnen Bistümer.
Wegen der besonderen gesellschaftlichen Bedeutung der Kirche hat der preußische
Staat schon früh auf ihre Verfassung, Verwaltung und Teilnahme am Rechtsverkehr Einfluss genommen. Die wesentlichste von ihm eingeführte Änderung des
bisherigen Rechts, das schon seit dem 12. Jahrhundert die, jedoch nur beratende,
Mitwirkung von Gemeindemitgliedern kannte, war die Zuweisung der Verwaltung
und Vertretung des Kirchenvermögens an den Kirchenvorstand. Die geltenden
staatlichen Anordnungen enthält das bereits erwähnte Gesetz über die Verwaltung
des katholischen Kirchenvermögens, nachfolgend der Einfachheit halber nur noch
als »Vermögensverwaltungsgesetz« oder VVG bezeichnet.
Es gilt in Nordrhein-Westfalen mit wenigen Änderungen als Landesrecht fort. Sofern verfassungsrechtliche Bedenken wegen der durch das Grundgesetz gewährleisteten Freiheit der Kirche bei der Ordnung eigener Angelegenheiten als begründet angesehen werden, ist es zumindest als kirchliches, staatlich anerkanntes
Gewohnheitsrecht weiterhin rechtsverbindlich.
Im übrigen ehemals preußischen Staatsgebiet ist das Vermögensverwaltungsgesetz 3
durch kirchliche staatsvertraglich abgesicherte, damit im jeweiligen Bundesland
auch nach staatlichem Recht gültige, Rechtsvorschriften abgelöst worden. Diese
Bestimmungen über die kirchliche Vermögensverwaltung stimmen mit dem bisherigen preußischen Recht jedoch weitestgehend überein. Auch in über die Landesgrenzen hinausgehenden Gebietsteilen ist durch geeignete Regelungen, bis auf
einige wenig wesentliche Abweichungen, z. B. in Niedersachsen für Teile des Erzbistums Paderborn, des Bistums Münster, des Offizialates Vechta, die Rechtseinheit gewährleistet.
Gleichartige Regelungen gelten für Berlin, Limburg, Fulda und die rheinlandpfälzischen Diözesen Speyer, Trier, Mainz, so dass ehemals preußisches Staatskirchenrecht, jetzt durch kircheneigene Rechtsetzung ersetzt, inhaltlich weiterhin Geltung
hat.
Die nachfolgenden Ausführungen über das kirchliche Vermögensrecht sind daher
für alle ehemals preußischen Diözesen von Interesse.

II. Die Kirchengemeinde

4 Nicht nur Menschen können Eigentümer von Grundstücken sein und Verträge schließen. Die Zivilgemeinde beauftragt Unternehmer zur Anlegung einer neuen Straße und erhebt Anliegerbeiträge, die man nicht dem Bürgermeister, sondern der Zivilgemeinde selbst schuldet. Die Aktiengesellschaft errichtet ein neues Werk und verkauft ihre Erzeugnisse. Der Caritasverband als eingetragener Verein betreut ältere Menschen in seinem Heim. Unzählige Einrichtungen des öffentlichen Lebens und der Wirtschaft treten in rechtlicher Hinsicht wie Menschen »persönlich« auf, so dass man sie juristische (weil von den Juristen erfundene?) Personen nennt. Man stellt sie sich so vor, als seien sie für den rechtlichen und wirtschaftlichen Bereich dasselbe wie der persönliche Mensch, die wie er denken, reden, handeln können. So ist auch die Kirchengemeinde eine juristische Person, eine rechtlich selbständige Vermögensträgerin (oder kürzer: eine Rechtsträgerin).

5 Diese Eigenschaft hat sie vom Staat erhalten. Da sie für das öffentliche Leben im Verlauf ihrer Geschichte von wesentlicher Bedeutung war und es bleiben wird, nennt man sie, ebenso wie beispielsweise die Zivilgemeinde, eine öffentlich-rechtliche Körperschaft.

Die Kirchengemeinde als öffentlich-rechtliche Rechtsträgerin des örtlichen Vermögens hat das preußische Recht erst Ende des 19. Jahrhunderts eingeführt. Bis dahin war der Begriff der Kirchengemeinde nicht bekannt. Vielmehr galten als Rechtsträger in Übereinstimmung mit dem kirchlichen Recht einzelne nach ihrer Zweckbestimmung unterschiedene Vermögensansammlungen, die von dem Pfarrer vertreten wurden.

6 Die rechtliche Selbständigkeit dieser einzelnen »Fonds« des örtlichen Kirchenvermögens, wie man sie auch nennt, ist durch die preußische Gesetzgebung nicht beseitigt worden. Sie verhielt sich im Hinblick auf die bisherige Rechtsüberzeugung und das Kirchenrecht vielmehr neutral, übertrug dem Kirchenvorstand die Verwaltung des »Vermögens i n d e r Kirchengemeinde« und bestimmte, dass er »das Vermögen und die Gemeinde« zu vertreten habe (§ 1 Abs. 1 VVG).

Die Kirchengemeinde ist seitdem also lediglich neben sonstige Rechtsträger des Kirchenvermögens getreten.

Für die Verwaltung des Kirchenvermögens ist die Unterscheidung der verschiedenen Fonds aber auch unabhängig von ihrer Rechtsträgerschaft von grundlegender Bedeutung. Da jeder selbständige Fonds seine eigene Zweckbestimmung hat, ist nicht möglich, das Vermögen oder den Ertrag eines Fonds für die Zwecke eines anderen zu verwenden. In der Buchführung und den Vermögensaufstellungen sind alle Vermögenswerte nach Fondszugehörigkeit zu unterscheiden.

Bei Grundbucheintragungen ist darauf zu achten, dass rechtlich selbständige Fonds als Eigentümer eingetragen werden oder zumindest ein Fondszusatz hinter der

Kirchengemeinde hinzugefügt wird. Die Fondszugehörigkeit ist schließlich auch von Bedeutung für die Beurteilung der jeweiligen Rechte und Pflichten des Kirchenvorstandes.

III. Der Gemeindeverband – Allgemeine Grundlagen –

Einleitung

7 Die Kirchengemeinden sind Rechtsträger zur Erfüllung der kirchlichen Aufgaben im Bereich der Pfarrei. Für die vielfältigen überpfarrlichen kirchlichen Dienste, die über die Möglichkeiten des einzelnen Kirchenvorstandes im Allgemeinen hinausgehen würden, sind Einrichtungen notwendig, die von einem überörtlichen Rechtsträger unterhalten werden müssen.

Das Recht der Gemeindeverbände enthalten die §§ 22 bis 27 VVG mit Verweisen auf §§ 9 bis 21 VVG.

Aufgaben und Rechtsstellung

8 Zu einem Gemeindeverband können Kirchengemeinden in Übereinstimmung mit kirchlichen oder kommunalen Gebietseinteilungen oder nach anderen vom Zweck (Zweckverband) bestimmten Gesichtspunkten zusammengeschlossen werden. Dieser Verband ist wie die Kirchengemeinden eine öffentlich-rechtliche Körperschaft und kann als juristische Person genau wie diese am Rechtsverkehr teilnehmen. Er kann also Eigentümer von Grundstücken und Gebäuden sein, Anstellungsverträge abschließen, überhaupt jede Art von vertraglichen Verpflichtungen eingehen, seine Ansprüche durch gerichtliche Klage geltend machen und verklagt werden.

Im Gegensatz zu einzelnen Trägervereinen ist der Gemeindeverband auf überörtlicher Ebene in die unmittelbare Kirchenverwaltung mit ihrem Haushalts- und Finanzierungssystem einbezogen und wie die Kirchengemeinden der Rechts- und Verwaltungsaufsicht der Bischöflichen Behörde unterstellt. Er kann daher nicht nur als Träger überörtlicher Aufgaben der verbandsangehörigen Gemeinden im Bildungswesen und im sozialkaritativen Bereich, sondern auch als kirchliche Zentralverwaltung dienen, indem er den angeschlossenen Gemeinden und anderen ihm zugeordneten kirchlichen Einrichtungen mit überpfarrlichem Charakter bei der Erfüllung ihrer Verpflichtungen besonders im Bereich des Kassen- und Rechnungswesens Hilfe anbietet und Personen mit überörtlichem kirchlichem Auftrag anstellt und besoldet.

Rechtsgrundlagen

Die Errichtung der Gemeindeverbände, ihre Zuständigkeit, die Zusammensetzung und Tätigkeit ihrer Verwaltungs- und Vertretungsorgane sowie deren Beaufsichtigung durch Staat und Kirche sind ebenso wie das Vermögensverwaltungsrecht der Kirchengemeinden durch das Vermögensverwaltungsgesetz (s. Vorschriftenanhang) und durch kirchliche Vorschriften geregelt.

Errichtung

Der Gemeindeverband wird durch die Bischöfliche Behörde errichtet, die auch   9
seine Rechte und Pflichten bestimmt. Sie bedarf dazu der Genehmigung des Staates und der Zustimmung der beteiligten Kirchenvorstände. Dabei genügt es, dass die Seelenzahl der zustimmenden Gemeinden größer ist als die der übrigen. In demselben Verfahren müsste die Veränderung des Bestandes der Mitgliedsgemeinden und eine Änderung oder Erweiterung seiner Aufgaben geschehen.

Verbandsgremien

Wie die Kirchengemeinde muss auch der Gemeindeverband als juristische Person   10
ein Organ haben, durch das er seine Entscheidung treffen, seinen Willen äußern, sich vertraglich verpflichten und vertragliche Forderungen begründen kann. Organ des Gemeindeverbandes ist die Verbandsvertretung. Sie kann ihr Verwaltungs- und Vertretungsrecht weitgehend an einen aus einigen Mitgliedern gebildeten Ausschuss (Verbandsausschuss) durch Vollmacht delegieren.

Verbandsvertretung

Die Verbandsvertretung besteht aus dem Vorsitzenden und je zwei Mitgliedern   11
der Kirchenvorstände, die von diesen für die Dauer ihres Amtes als Mitglied des Kirchenvorstandes gewählt werden.
Verliert ein Mitglied der Verbandsvertretung vorzeitig seine Mitgliedschaft im Kirchenvorstand, so ist auch sein Amt in der Verbandsvertretung beendet. Der Kirchenvorstand muss dann umgehend ein anderes Mitglied bestimmen und dies dem Vorsitzenden der Verbandsvertretung mitteilen.
Die Verbandsvertretung ist trotz ihrer Zusammensetzung nicht als die Versammlung mehrerer Kirchengemeinden zu betrachten. Der Verband ist ein selbständiger Rechtsträger, der eigene Aufgaben hat und seine Rechte nicht von den beteiligten Kirchengemeinden ableitet. Die Verbandsvertretung handelt bei ihren Beratungen und Beschlüssen ausschließlich als Organ des Verbandes. Aus diesem Grund kann der Kirchenvorstand seine delegierten Mitglieder nicht während ihrer Amtsperiode abberufen. Eine vorzeitige Beendigung des Amtes ist vielmehr nur durch freiwilligen Entschluss oder durch eine Entscheidung der Bischöflichen Behörde bei Vorliegen gesetzlicher Ausschlussgründe möglich. Die Mitglieder der Verbandsvertretung sind daher bei der Beschlussfassung auch nur der Verpflichtung zur gewissenhaften Amtsausübung unterworfen und an Weisungen ihres Kirchenvorstandes nicht gebunden.
Die Verbandsvertretung wählt den stellvertretenden Vorsitzenden sowie einen   12
Schriftführer alle drei Jahre. Die Wahl geschieht jeweils nach der Neukonstituierung, sobald die Kirchenvorstandswahlen abgeschlossen sind und die Kirchenvorstände ihre Vertreter benannt haben.

Verbandsausschuss

13 Die Verbandsvertretung ist bei größerer Zahl der Mitglieder zur laufenden Verwaltung und Vertretung nicht in der Lage. Es ist deshalb zulässig, einen Ausschuss zu beauftragen und zu bevollmächtigen, der wie die Verbandsvertretung im Namen des Verbandes Erklärungen abgeben und Verträge abschließen kann.

Vorsitzender ist der Vorsitzende der Verbandsvertretung.

Die übrigen Mitglieder werden von der Verbandsvertretung gewählt. Ihre Amtszeit ist auf sechs Jahre begrenzt. Für jedes Ausschussmitglied sollte zugleich ein Stellvertreter gewählt werden, damit die Verbandsvertretung nicht jedesmal zu einer etwa notwendigen Ergänzung des Ausschusses einberufen werden muss.

Vorzeitige Abberufung dürfte zulässig sein.

Der Verbandsausschuss wählt bei seiner ersten Sitzung einen stellvertretenden Vorsitzenden.

Amtsführung der beiden Gremien

14 Für die Amtsführung des Vorsitzenden und der Mitglieder der Verbandsvertretung und des Verbandsausschusses gelten alle Vorschriften über die Verwaltung und Vertretung des Ortskirchenvermögens durch den Kirchenvorstand in entsprechender Anwendung. Das sind insbesondere §§ 9 bis 21 des Vermögensverwaltungsgesetzes, die Geschäftsanweisung für die Verwaltung des Vermögens in den Kirchengemeinden und Gemeindeverbänden und die dazu ergangenen diözesanen Ausführungsbestimmungen und Anweisungen, – abgedruckt im Vorschriftenanhang.

15 Der Vorsitzende bestimmt die Tagesordnung für die jeweilige Sitzung. Er lädt zu ihr schriftlich alle Mitglieder unter Mitteilung der Beratungsgegenstände persönlich ein, also nicht etwa durch ein Schreiben an die Vorsitzenden ihres Kirchenvorstandes. Er ist zur Einladung verpflichtet, wenn die Bischöfliche Behörde es wünscht oder ein Drittel der Mitglieder es beantragt.

Die Sitzung ist beschlussfähig, wenn die Hälfte der gewählten Mitglieder anwesend ist. Nach früheren Angaben der Bistümer Essen und Münster genügt zur Beschlussfähigkeit die Anwesenheit der Hälfte aller Mitglieder, also einschließlich der Vorsitzenden der Kirchenvorstände. Im Hinblick auf Wortlaut und Zweck des Gesetzes, das auf die Vorschriften über den Kirchenvorstand verweist, sollten Vorsitzende im Erzbistum Köln und in anderen Bistümern ohne gleichartige kirchliche Bestimmungen die Beschlussfähigkeit nach der Anzahl der erschienenen Laienmitglieder beurteilen.

Ist die Beschlussfähigkeit nicht gegeben, muss erneut mit dem Hinweis eingeladen werden, dass diese Sitzung ohne Rücksicht auf die Anzahl der Anwesenden beschlussfähig sein wird.

Beschlüsse kommen durch Stimmenmehrheit zustande. Bei Stimmengleichheit entscheidet bei Wahlen das Los, sonst die Stimme des Vorsitzenden. Anzumerken ist, dass der Vorsitzende als leitender Pfarrer nur eine Stimme hat, auch wenn er der Vorsitzende mehrerer verbandsangehöriger Kirchenvorstände ist.

Willenserklärungen sind durch den Vorsitzenden, im Verhinderungsfall seinen Stellvertreter, und durch zwei Mitglieder unter Verwendung des Amtssiegels des Gemeindeverbandes zu unterzeichnen, siehe Art. 24 Geschäftsanweisung.   16

Die Bestimmungen über die Verpflichtung der Kirchenvorstände, vor Abschluss eines Rechtsgeschäftes zu seiner Rechtsgültigkeit gegenüber dem Vertragspartner oder auf Grund interner Anordnung die Genehmigung der Bischöflichen Behörde einzuholen, gelten auch für die Verbandsvertretung und den Verbandsausschuss. Auch im Übrigen gelten alle Vorschriften über die Aufsicht des Staates und der Bischöflichen Behörde (siehe Rdn. 161 ff.).

Vollmachtsbegrenzung des Verbandsausschusses

Der Verbandsausschuss ist nicht ein weiteres selbständiges Organ des Gemeinde-   17
verbandes, sondern ein Ausschuss der Verbandsvertretung. Er kann nur für den Gemeindeverband handeln, soweit er durch die Verbandsvertretung dazu bevollmächtigt worden ist, also nach Maßgabe der Beschlüsse der Verbandsvertretung, wie es im Gesetz heißt. Die Vollmacht kann nicht so umfassend sein, dass sie die gesetzliche Zuständigkeit der Verbandsvertretung aufhebt und sie auf den Verbandsausschuss überträgt. Sie muss zumindest Entscheidungsrichtlinien und finanzielle Weisungen enthalten, aus denen der Ausschuss die Grenzen seiner Befugnisse und die Absichten der Verbandsvertretung beurteilen können muss. Es bleibt also der Verbandsvertretung vorbehalten, grundsätzliche Angelegenheiten zu klären und zu ordnen. Darunter fallen die Übernahme einer neuen Aufgabe oder Einrichtung und die Beschlussfassung über die Jahresrechnung und den jährlichen Haushaltsplan. Er enthält richtungweisende Entschließungen über die Verwaltung und Verwendung des Vermögens und der Kirchensteuerzuweisungen und kann somit als Inhaltsbestimmung für die zugleich zu beschließenden Vollmachten des Ausschusses für das kommende Haushaltsjahr dienen. Damit sollte man im Interesse der Handlungsfreiheit des Ausschusses die Ermächtigung verbinden, zur Durchführung der zugewiesenen Aufgaben auch nicht vorhergesehene Maßnahmen zu treffen, sofern ihre Finanzierung durch Kirchensteuerzuweisungen sichergestellt werden kann.

IV. Der Kirchengemeindeverband

Einleitung

18 Im Zuge der strukturellen Reformen im Erzbistum Köln und ähnlich in anderen Bistümern hatten die Kirchengemeinden grundsätzlich die Gelegenheit, zwischen dem Zusammenschluss zu jeweils einer neuen Gemeinde bzw. Angliederung an eine andere Gemeinde oder – bei verbleibender rechtlicher Selbständigkeit – der Zusammenarbeit auf der Grundlage des im vorherigen Kapitel behandelten Gemeindeverbandes zu wählen. Von letzterer Möglichkeit haben ca. zwei Drittel der Gemeinden Gebrauch gemacht und der Errichtung eines Gemeindeverbandes jeweils in ihrem Seelsorgebereich zugestimmt. Sie bilden eine Gemeinschaft von Kirchengemeinden mit einem gemeinsamen Träger gemeinschaftlicher Belange einerseits und verbleibender Eigenverantwortung und Selbständigkeit für die lokalen Aufgaben andererseits. Diese Integration wird als Kirchengemeindeverband bezeichnet.

Im pastoralen Sprachgebrauch hat sich die Bezeichnung »Pfarreiengemeinschaft« breit gemacht. Im rechtlichen Sinne ist dies jedoch nur unjuristische Umschreibung ohne formale Bedeutung. Aus Gründen rechtlicher Klarheit sollte sie eigentlich vermieden werden, wenn sie auch »gemütvoller« klingt.

Der Kirchengemeindeverband ist zu unterscheiden von bereits bestehenden Gemeindeverbänden auf Ebene der Kreis- und Stadtdekanate, die zwar auf derselben Rechtsgrundlage beruhen, die jedoch Aufgaben auf der Ebene von Kreis- und Stadtdekanaten als deren Rechtsträger übernehmen.

19 Bei der Befragung der Gemeinden hat sich also die überwiegende Mehrheit für die Überlegung entschieden, dass diese Rechtsform als Kooperationsmöglichkeit selbständig bleibender Pfarreien die bessere Lösung darstellt. Man kann »die Kirche im Dorf lassen«, alte gewachsene Strukturen können bestehen bleiben, das Engagement der Bevölkerung und ihrer kirchlichen Gremien, der Kirchenvorstände und Pfarrgemeinderäte, bleiben erhalten, auch da wo Gottesdienst und Seelsorge reduziert werden müssen. Es würden eher Anstrengungen und persönlicher Einsatz für die Kirche sich in der Pfarrei verstärken und erneuern, die sonst zu befürchtende »Kirchenferne« (im wörtlichen Sinne) nicht zur weiteren Entfremdung und Gleichgültigkeit der Gläubigen führen, sogar das finanzielle Engagement für die »eigene« Gemeinde sich verstärken können, das die bisherige Blüte des Pfarrlebens ermöglicht hat.

20 Die Konzeption des Kirchengemeindeverbandes geht davon aus, die teilweise Jahrhunderte alte Tradition der Kirchengemeinden wenn möglich zu erhalten, ohne

die pastoral und kirchenpolitisch angestrebten notwendigen Bündelungen von Aufgaben und Aktivitäten, und damit von Personal, von Einrichtungen sowie Sach- und Finanzmitteln, zu vernachlässigen. Zugleich kann mit der Wahrnehmung der Leitungsfunktion auf Ebene des Kirchengemeindeverbandes durch einen Geistlichen der kirchenrechtlichen Vorgabe, die die Gemeindeleitung dem Pfarrer vorbehält, Rechnung getragen werden.

Bei der Bildung von Kirchengemeindeverbänden bleiben die bisherigen Kirchengemeinden rechtlich selbständig. Sie haben in erster Linie die Aufgabe, als Rechts- und Vermögensträger die finanziellen und organisatorischen Grundlagen für die pastoralen Aufgaben im Seelsorgebereich zu schaffen und das örtliche Kirchenvermögen zu verwalten, soweit ihnen dies durch Vollmacht die Kirchenvorstände der verbandsangehörigen Gemeinden übertragen haben.

Demgegenüber soll zum Kirchengemeindeverband der Bereich der gemeinsamen »operativen« Seelsorge durch Übernahme bislang kirchengemeindlicher Trägerschaften von Kindertagesstätten und sonstigen Einrichtungen sowie durch Übernahme und Koordination der Anstellung von Mitarbeitern insbesondere im Bereich der Folgedienste verlagert werden.

Die Verwaltungsbelastung des Pfarrers kann durch Konzentration der Entscheidungen mit pastoralen Inhalten beim Kirchengemeindeverband spürbar verringert werden. Eine weitere Entlastung tritt für den leitenden Pfarrer ein, wenn er in »seinen« Kirchenvorständen für die Wahl eines Geschäftsführenden Vorsitzenden sorgt, wodurch die Anwesenheit des Pfarrers in den Kirchenvorstandssitzungen weitgehend überflüssig wird.

Übernahme von Aufgaben durch den Kirchengemeindeverband

Da der Kirchengemeindeverband als selbständige juristische Person neben die weiter bestehenden Kirchengemeinden tritt, erfolgt kein automatischer gesetzlicher Aufgaben- oder Rechtsübergang (wie etwa bei der Verschmelzung oder Rückpfarrung). Zur Aufgabenübertragung bedarf es vielmehr einer rechtsgeschäftlichen Aufgabenübertragung unter Beachtung aller zivil-, arbeits- und gegebenenfalls auch öffentlich-rechtlichen Vorschriften.

Im Falle der Übertragung von Einrichtungen (Kindertagesstätten, Altentagesstätten, GOT's) bedarf es eines Betriebsträgerübertragungsvertrages, in dem die Nutzungsverhältnisse an Gebäuden, die Übertragung von Anstellungsverhältnissen auf der Grundlage von § 613a BGB, sowie u. U. eine entsprechende öffentlich-rechtliche Anerkennung etwa des Landesjugendamtes, der Heimaufsicht o. ä. geregelt werden.

Weiter ist eine einvernehmliche Regelung erforderlich zwischen den Kirchengemeinden und dem Kirchengemeindeverband einerseits und dem betroffenen Mitarbeiter (Organist(in), Chorleiter(in), Küster(in), Pfarrsekretär(in)) andererseits.

Bei der gemeinsamen Nutzung kirchlicher Gebäude (z.b. Pfarr- und Jugendheime) bedarf es einer Regelung insbesondere der Kostentragung hinsichtlich der laufenden Betriebskosten und der Eigenleistung bei Investitionsmaßnahmen unter Beachtung der finanziellen Leistungsfähigkeit der einzelnen Kirchengemeinden. Was die haushaltsrechtliche Behandlung anbelangt, wird der Kirchengemeindeverband sowohl über direkte Zuweisungen (etwa im Bereich der Bedarfs- und Sonderzuweisungen bei Personalkosten und Einrichtungen) wie auch über Umlagefinanzierung der beteiligten Kirchengemeinden finanziert werden können, über die die Kirchengemeinden aufgrund einheitlicher Schlüssel zu befinden haben. Nähere Regelungen werden von den einzelnen Bistümern auf der Grundlage des jeweiligen diözesanen Zuweisungssystems getroffen.

Bildung von Ausschüssen

22 Wie bei den obigen Ausführungen zum Gemeindeverband bereits dargestellt, ermöglicht das VVG die Errichtung eines Verbandsausschusses. Von dieser Möglichkeit wird bei den Gemeindeverbänden auf Stadt- und Kreisdekanatsebene regelmäßig Gebrauch gemacht, um die Arbeitsfähigkeit der Verbandsvertretung mit oftmals mehr als 100 Mitgliedern durch einen Ausschuss mit einer eine konstruktive Arbeit ermöglichende Anzahl von Ausschussmitgliedern zu gewährleisten. Bei den Kirchengemeindeverbänden auf Seelsorgebereichsebene ist gerade der umgekehrte Effekt das Motiv für die Errichtung eines Verbandsausschusses. Denn wie bei den Fachausschüssen des Kirchenvorstandes (dazu mehr unten) können auch Personen, die nicht Mitglied der Verbandsvertretung sind, zur Mitarbeit in dem Verbandsausschuss gewonnen werden. Dadurch ist es möglich, eine arbeitsfähige Größe des Verbandsausschusses herzustellen, wenn die Verbandsvertretung selbst wegen der wenigen verbandsangehörigen Kirchengemeinden zahlenmäßig klein ist. Auch die Bildung von Fachausschüssen ist im Kirchengemeindeverband möglich. Auch hier können Personen mitarbeiten, die weder der Verbandsvertretung noch dem Verbandsausschuss angehören.

23 Wichtig ist jedoch, dass den Kirchengemeindeverband verpflichtende Willenserklärungen nach Art. 24 der Geschäftsanweisung nur von den Mitgliedern der Verbandsvertretung in der Form des § 14 VVG abgegeben werden können.

Bei den Kirchengemeinden verbleibende Aufgaben

24 Die Kirchengemeinden bleiben bei Errichtung eines Kirchengemeindeverbandes Träger ihres Vermögens, und zwar sowohl des auf den Namen der Kirchengemeinden lautenden Kapital- und Grundvermögens, wie auch des rechtlich selbständigen zweckgebundenen Fondsvermögens, das durch die Kirchenvorstände vertreten und verwaltet wird.

V. Der Kirchenvorstand

Einleitung

Nur gedachte, nicht körperlich vorhandene, juristische Personen können im recht- 25
lichen Verkehr nicht wahrnehmbar auftreten. Sie können sich ihrem rechtsgeschäftlichen Partner nur durch Menschen verständlich machen, aber auch ihr eigenes Vermögen nicht selbst, sondern nur mit Hilfe von Menschen verwalten.
Natürliche Personen müssen also als ihr Organ dienen und an ihrer Stelle tätig
werden, hören, denken, entscheiden, ihren Willen bekunden. Das Organ der Kirchengemeinde ist der Kirchenvorstand.
Durch ihn äußert sie sich s e l b s t. Durch ihn erledigt sie i h r e Verwaltungsgeschäfte. Sie selbst handelt, wenn der Kirchenvorstand für sie auftritt. Er ist, um es
»körperlich« zu veranschaulichen, ihr Gehirn, ihre Zunge, ihr Ohr, ihre Hand.

Die Verwaltung und Vertretung des Vermögens in der Kirchengemeinde ist entsprechend den Regelungen des VVG, hier insbesondere § 1, die vordringliche Pflicht
des Kirchenvorstands als Organ der Kirchengemeinde.
Damit gehören alle Entscheidungen im Bereich der Vermögensverwaltung einschließlich der Investitions- und Anlageentscheidungen zum Aufgabenbereich des
Kirchenvorstands. Unbeschadet der auf die Rendantur übertragenen Aufgaben ist
der Kirchenvorstand darüber hinaus auch zuständig für die nachfolgenden Aufgabenbereiche:
– Der Kirchenvorstand trägt als Bauherr die Gesamtverantwortung für die Vorbe- 26
reitung und Durchführung von Baumaßnahmen und Abwicklung von Lieferungen und Leistungen. Insbesondere ist er für die Kostenentwicklung vorgenannter
Vorhaben verantwortlich. Ihm obliegt, nach Beratung durch das Erzbischöfliche
Generalvikariat, die Auswahl der hierzu benötigten Erfüllungsgehilfen (Architekten, Ingenieure etc.).
– Der Kirchenvorstand hat als Arbeitgeber und als Auftraggeber für unentgeltliche
Tätigkeiten (Ehrenämter) die Verantwortung für die in der Kirchengemeinde Beschäftigten. Dazu zählen insbesondere die Gewinnung und Auswahl von neu einzustellendem Personal sowie die Gestaltung der Arbeitsbedingungen nach Maßgabe der Grundordnung für Arbeitsverhältnisse im kirchlichen Dienst wie auch
die Gewährleistung des Arbeitsschutzes für entgeltlich und unentgeltlich Beschäftigte (Ausführungsbestimmungen für die Vermögensverwaltung in den Kirchengemeinden, Kirchengemeindeverbänden und Gemeindeverbänden der Erzdiözese
Köln – siehe Vorschriftenanhang.).

Zusammensetzung

27 Der Kirchenvorstand besteht nach dem Vermögensverwaltungsgesetz aus dem Pfarrer (oder dem mit der Leitung der Gemeinde vom Bischof beauftragten Geistlichen, was kaum noch vorkommen wird)

und den von der Gemeinde gewählten Mitgliedern, deren Anzahl sich nach der Seelenzahl bestimmt. Die Anpassung des Mitgliederbestandes an eine Veränderung der Seelenzahl erfolgt jeweils bei der nächsten Wahl.

Weitere Geistliche gehören dem Kirchenvorstand nach Aufhebung der bisherigen Vorschriften nur noch an, wenn sie zum Mitglied gemäß Ausführungsordnung vom 01.01.2009* ausdrücklich von der Bischöflichen Behörde ernannt werden.

Kapläne nehmen zu Ausbildungszwecken an den Sitzungen teil, soweit die Gemeinden eines Seelsorgebereiches zu einer einzigen Gemeinde fusioniert worden sind. Besteht ein Kirchengemeindeverband, sind sie Gast der Verbandsvertretung.

Auch die Mitarbeiter der pastoralen Dienste sind nicht Mitglied, wenn sie nicht, sofern die Wählbarkeitsvoraussetzungen vorliegen, von der Gemeinde gewählt werden. Tunlich dürfte dies aber nicht sein.

Der Vorsitzende des Kirchenvorstandes

28 Vorsitzender des Kirchenvorstandes ist der Pfarrer.

Im Zuge der laufenden Neustrukturierungen kam es zu Sonderlösungen auf Grund von Bestimmungen des kirchlichen Gesetzbuches, wenn die Seelsorge einem Team von Priestern oder einem Diakon oder Laien unter nebenamtlicher Leitung eines Priesters anvertraut wurde.

Diese besonderen Vorschriften sind nunmehr weitgehend gegenstandslos, denn inzwischen ist die umfassende Verantwortung in jedem Seelsorgebereich einem einzigen Priester übertragen worden, dem so genannten »Leitenden Pfarrer«.

Der »Leitende Pfarrer« als Vorsitzender und seine Stellvertreter

29 Aus seiner Rechtsstellung als einziger im Seelsorgebereich verbliebener Pfarrer (die Übrigen wurden zu Pfarrvikaren ernannt) ist dieser gemäß § 2 Abs. 1, Ziffer 1 des Vermögensverwaltungsgesetzes von Amts wegen Vorsitzender der Kirchenvorstände aller bereichsangehörigen Kirchengemeinden. Das kann zu einer enormen Mehrbelastung in zeitlicher wie auch inhaltlicher Hinsicht führen.

Zur Unterstützung und Erleichterung der Amtsführung sieht jedoch Art. 2 der Geschäftsanweisung für die Verwaltung des Vermögens (siehe Anhang - Geschäftsanweisung 2009) in allen Bistümern im Verhinderungsfall die Stellvertretung durch ein Kirchenvorstandsmitglied vor, das alle drei Jahre vom Kirchenvorstand zu wählen ist. Seit 1995 ist diese Verpflichtung auf die Wahl von zwei Stellvertre-

---

* Siehe Amtsblatt des Erzbistums Köln 2008, Nr. 260, S. 283

tern erweitert (Art. 2 neu). Es soll also eine möglichst kontinuierliche Vertretung des Pfarrers gewährleistet werden, denn, wenn der sogenannte erste Stellvertreter ebenfalls verhindert ist, tritt der zweite in Rechte und Pflichten des Vorsitzenden ein. Das führt zur völligen Entlastung des Pfarrers so oft er nach eigenem pflichtgemäßem Ermessen die Teilnahme an Sitzungen und Wahrnehmung damit verbundener Obliegenheiten (z.B. Einladung, Ausführung der Beschlüsse) nicht ermöglichen kann.

Darüber hinaus könnte die bischöfliche Behörde für die Dauer seiner Amtszeit und die Wahlperiode (von drei Jahren) des Kirchenvorstandes, sofern dieser entsprechend beschließt, den stellvertretenden Vorsitzenden sogar mit dem »geschäftsführenden Vorsitz« betrauen. Nach dem Gesetz bleibt der Pfarrer Vorsitzender, hat aber alle Amtsgeschäfte völlig übergeben. Der Stellvertreter muss ihn regelmäßig unterrichten, stets die Tagesordnung und den Sitzungstermin mit ihm abstimmen und bei Abwesenheit den Vorsitz überlassen, hat aber für die gesamte Sitzungsperiode umfassende Vollmacht.
Nach Art. 2a der Geschäftsanweisung ist zu berücksichtigen, dass nur der erste stellvertretende Vorsitzende zum geschäftsführenden Vorsitzenden bestellt werden kann.

Der geforderte »besondere Fall« (Art. 2a Abs. 1 Geschäftsanweisung) dürfte zwar nunmehr eher gegeben sein. Er ist in der Regel gegeben, wenn bei dem Modell der Pfarreiengemeinschaft der Pfarrer Vorsitzender mehrerer Kirchenvorstände ist und ihm gleichzeitig der Vorsitz in der Verbandsvertretung des Kirchengemeindeverbandes obliegt. Sind in einem Seelsorgebereich alle Kirchengemeinden zu einer Kirchgemeinde fusioniert, wird ein »besondere Fall« eher die Ausnahme bleiben. Allerdings wird die Entlastung auch allgemein erweitert, da er bei ständigem Vorsitz des Stellvertreters nicht nur für die jeweilige Sitzung vertreten wird, sondern den gesamten Pflichtenbereich für die Dauer seiner Amtszeit und für die Sitzungsperiode vollständig delegieren kann, ohne den Fall seiner Verhinderung jeweils prüfen und gewissermaßen verantworten zu müssen.
Ob also der Pfarrer einen solchen Antrag stellt und der Kirchenvorstand ihm entspricht, sollte von beiden sorgfältig geprüft werden dürfen. Beiden könnte daran gelegen sein, die Trennung vom Amt im Kirchenvorstand und Person des Seelsorgers nicht zu bekräftigen, sondern die Verbundenheit und auch die persönliche Begegnung soweit wie möglich zu erhalten.
Der Pfarrer als Vorsitzender, auch wenn seine Rechtsstellung vielleicht bei großer Belastung die Sitzungsteilnahme öfter nicht ermöglicht, sollte im Bewusstsein der Mitglieder und der ganzen Gemeinde Garant für die Ausgewogenheit und die pastorale Ausrichtung der Beschlüsse bleiben, besonders auch für die seelsorglichen territorialen Belange der kleineren Bevölkerungsgruppen im Seelsorgebereich, nunmehr ohne ihren »eigenen« Pfarrer.

Der Kämmerer

32 Der Vorsitzende hat als Anordnungsberechtigter alle Ausgaben anzuweisen, die nach § 14 dieser Ausführungsbestimmungen der Anordnung bedürfen. Zu seiner Entlastung ist der Kirchenvorstand gehalten, möglichst zu Beginn seiner Wahlperiode die Anordnungsbefugnis auf einen vom Pfarrer vorgeschlagenen Kämmerer, der gewähltes Mitglied des Kirchenvorstandes sein muss, zu übertragen. Der Beschluss des Kirchenvorstandes bedarf der Genehmigung des Erzbischöflichen Generalvikariates. Die Übertragung gilt jeweils bis Ablauf der Wahlperiode. Sie kann mit Zustimmung des Pfarrers vorzeitig widerrufen werden. Sind sowohl der Vorsitzende als auch der Kämmerer an der Ausübung des Amtes verhindert, ist für diese Zeit der erste stellvertretende Vorsitzende, bei dessen Verhinderung der zweite stellvertretende Vorsitzende zur Anordnung berechtigt.

Der Kämmerer ist darüber hinaus für die Rendantur der Ansprechpartner des Kirchenvorstands in allen Fragen der allgemeinen Vermögensverwaltung. Insbesondere hat die Rendantur dem Kämmerer auf Anforderung die Auswertungen des Rechnungswesens sowie alle zur ordnungsgemäßen Aufgabenerfüllung erforderlichen Unterlagen zur Verfügung zu stellen.

Vermögensverwaltung durch die Rendanturen im Auftrag der Kirchengemeinden

33 Die Rendantur führt im Auftrag der Kirchengemeinde deren Vermögensverwaltung nach Maßgabe der Ausführungsbestimmungen und der Ordnung für Rendanturen im Erzbistum Köln sowie den Grundsätzen der ordnungsgemäßen Buchführung und Bilanzierung durch. Hierzu wird zwischen dem Verband der Katholischen Kirchengemeinden auf Stadt- bzw. Kreisdekanatsebene, zu dem die Kirchengemeinde örtlich gehört, und der Kirchengemeinde eine Vereinbarung abgeschlossen, die der Genehmigung durch das Erzbischöfliche Generalvikariat bedarf.

(Beide vorstehende Abschnitte sind entnommen aus den Ausführungsbestimmungen des Erzbischöflichen Generalvikariats Köln für die Vermögensverwaltung – siehe Vorschriftenanhang.)

– Nähere Ausführungen zu der Rendantur und ihren Aufgaben ab Randnummer 138 ff. –

Wählbarkeit und Wahlrecht

34 Neben dem Pfarrer oder dem zum Vorsitzenden berufenen Geistlichen und gegebenenfalls einem weiteren durch die Bischöfliche Behörde ernannten Geistlichen (§2 Abs. 2 VVG) besteht der Kirchenvorstand aus gewählten Mitgliedern.

Wählbar ist jedes Gemeindemitglied (= Mitglied der Pfarrgemeinde), das am Wahltage 21 Jahre alt ist und ein Jahr in der Zivilgemeinde wohnt, in der die Kirchengemeinde ihren Sitz hat.   34

Wahlberechtigt und wählbar sind im Gegensatz zur Pfarrgemeinderatswahl also nur Mitglieder der Pfarrgemeinde, d. h. solche Personen, die in der Pfarrgemeinde ihren Wohnsitz haben, in der Wahlordnung Hauptwohnsitz genannt.

Diese Regelung ist auch verständlich, denn über das Vermögen in der Gemeinde und seine Verwendung sollte nur der entscheiden können, wer zu ihr gehört.

Über den Wohnsitz entscheidet nicht allein die Eintragung beim Einwohnermeldeamt, sondern auch die Frage, ob der Wähler oder Wahlkandidat auch wirklich in der Pfarrgemeinde den Mittelpunkt seines Lebens hat. Bei zwei Haushalten oder periodischem Aufenthalt an verschiedenen Orten ist gelegentlich nur eine individuelle Beurteilung möglich. Bei Verheirateten wird jedoch in der Regel der Wohn-   35
sitz des Ehegatten und ggf. der Familie wesentlich sein, auch wenn der Wähler die Woche über am anderen Ort tätig ist, wohnt und dort – meist mit so genanntem 2. Wohnsitz – gemeldet ist.

Vom Wahlrecht ist ausgeschlossen und damit auch nicht wählbar derjenige, für den wegen psychischer Krankheit, geistiger oder seelischer Behinderung zur Besorgung aller seiner Angelegenheiten ein Betreuer bestellt ist (Neufassung durch Landesbetreuungsgesetz NW vom 3. April 1992) oder wer infolge strafgerichtlicher Verurteilung das Recht, in öffentlichen Angelegenheiten zu wählen oder abzustimmen, nicht besitzt. Schließlich können frühere Kirchenvorstandsmitglieder, die ihres Amtes enthoben worden sind, und früher gewählte Gemeindemitglieder, die ihr Amt ohne berechtigte Gründe nicht angenommen haben, nicht erneut gewählt werden. Letzteren kann der Kirchenvorstand das Wahlrecht wieder verleihen.

Von der Wählbarkeit ist hingegen nicht ausgeschlossen, der sich durch sein eigenes Verhalten von der Kirche entfernt hat, wer also z. B. in kirchlich ungültiger Ehe oder ohne Eheschließung in eheähnlichem Verhältnis lebt, denn das Wahlrecht kann nur durch eine förmliche schriftliche Entscheidung im jeweiligen Einzelfall durch die Bischöfliche Behörde entzogen werden.   36

In der Kirchengemeinde wohnhafte dem Seelsorgeklerus angehörige und emeritierte Geistliche sind nicht wahlberechtigt und nicht wählbar. Wahlberechtigt und damit wählbar sind Mitglieder des Pfarrgemeinderates und Angestellte der Kirchengemeinde, ebenso Mitglieder der Rendantur.

In der Satzung für die Pfarrgemeinderäte ist bestimmt (in Köln § 12 Abs. 2), dass ein Mitglied zu den Sitzungen des Kirchenvorstandes – mit derselben Verschwiegenheitspflicht – mit dem Recht der Meinungsäußerung einzuladen ist.

Erfolgt diese Einladung nicht, ändert das allerdings nichts an der Gültigkeit des Kirchenvorstandsbeschlusses.

Amtsdauer

37 Das Amt dauert sechs Jahre und endet mit dem Eintritt der jeweiligen durch die Wahl bestimmten Nachfolger.

Wiederwahl ist möglich.

Das Amt endet vorzeitig durch Verlust des Wahlrechts, also durch Ableben, Wegzug aus der Kirchengemeinde, Bestellung eines Betreuers (s. o.) oder Entzug der bürgerlichen Ehrenrechte sowie durch Niederlegung des Amtes und Amtsenthebung.

Das Amt niederlegen – oder nach der Wahl es nicht annehmen – können männliche Mitglieder nur, wenn sie einen erheblichen Grund haben.

Einen erheblichen Grund hat stets, wer sechzig Jahre alt ist, bereits mehr als sechs Jahre Mitglied war oder mehr als vier minderjährige Kinder hat.

Über die Ablehnung und Niederlegung des Amtes entscheidet der Kirchenvorstand. Er hat zu prüfen, ob ein gesetzlicher oder ein sonstiger erheblicher Grund vorliegt und kann ggf. seine Zustimmung durch Beschluss verweigern. Häufig werden als Gründe unbefriedigende Arbeitsweise des Kirchenvorstandes oder die Amtsführung des Vorsitzenden vorgebracht. Solche Gründe reichen nicht aus, zumal sie wirkliche Missstände nicht beheben und es gerade zu den wesentlichen Verpflichtungen jedes Mitgliedes gehört, durch seinen Einsatz und auf andere geeignete Weise für eine geordnete Vermögensverwaltung einzutreten.

38 Weist der Kirchenvorstand das Gesuch zurück, steht dem Betroffenen innerhalb zwei Wochen die Berufung bei der Bischöflichen Behörde zu, die endgültig entscheidet. Wer bei seiner Weigerung bleibt, verliert das Wahlrecht und damit sein Amt als Mitglied.

Mitglieder können auch sonst gegen ihren Willen ihr Amt verlieren. Die Bischöfliche Behörde ist nach Anhörung des Kirchenvorstandes und des betreffenden Mitgliedes zur Amtsenthebung berechtigt, wenn es eine grobe Pflichtwidrigkeit begeht oder einen Ärgernis erregenden Lebenswandel führt. Das ist der Fall bei einer öffentlich bekannten fortdauernden Lebensführung, die mit den verbindlichen Forderungen der katholischen Sittenlehre in grobem Widerspruch steht.

Wegen wiederholter grober Pflichtverletzung kann die Bischöfliche Behörde auch einen ganzen Kirchenvorstand auflösen, wodurch je nach Lage des Falles auch die Minderheit betroffen werden kann, die sich gegen die pflichtvergessene Mehrheit nicht durchsetzen konnte oder wollte. Darin liegt aber ebenfalls eine Pflichtverletzung, da sie zur Vermeidung oder Beseitigung von Missständen die Bischöfliche Behörde aufmerksam machen musste.

Ergänzung der Mitgliederzahl

39 Scheidet ein Mitglied vorzeitig aus oder nimmt es die Wahl nicht an, muss der Kirchenvorstand sofort ergänzt werden, da er nur in vollzähliger Besetzung wirksame Beschlüsse fassen und rechtsverbindliche Verträge abschließen kann.

Die Ergänzung erfolgt aus der Ersatzliste. In der Ersatzliste sind in der Reihenfolge der auf sie entfallenen Stimmen diejenigen Kandidaten verzeichnet, die bei der letzten Kirchenvorstandswahl Stimmen erhalten haben, jedoch nicht gewählt worden sind.

Lehnen alle vorhandenen Ersatzmitglieder das Amt ab oder ist die Ersatzliste erschöpft, wählt der Kirchenvorstand selbst ein wählbares Gemeindemitglied hinzu(§ 8 Abs. 3 VVG, vgl. auch Art. 24 Abs. 3 WahlO).

Wer an Stelle eines vorzeitig Ausgeschiedenen in den Kirchenvorstand eintritt, beginnt keine neue sechsjährige Amtszeit. Er setzt lediglich die Amtszeit seines Vorgängers fort.

VI. Die Kirchenvorstandswahl

Einleitung

40 Nach staatlichem Recht ist die katholische Kirchengemeinde eine öffentlichrechtliche Körperschaft, die durch den Kirchenvorstand, ein Gremium von Priester(n) und Laienmitgliedern, als ihr Organ verwaltet und vertreten wird. Während geistliche Mitglieder kraft ihres Amtes dem Kirchenvorstand angehören (Amtsmitglieder), werden die übrigen Mitglieder von der Pfarrgemeinde gewählt (Wahlmitglieder).

Die Regelung des Wahlverfahrens erfolgt durch Anordnung der Bischöflichen Behörde. Sie ergeht im Benehmen mit der Staatsbehörde und wird auch in deren Amtsblatt veröffentlicht. Die Veröffentlichung im kirchlichen Bereich geschieht im Amtsblatt des Bistums.

Mit den Einzelheiten kirchlicher Wahlvorschriften, soweit sie für die Bistümer im Land Nordrhein-Westfalen gelten, nämlich

A. Vorbereitung der Wahl,

B. Durchführung der Wahl,

C. Feststellung des Wahlergebnisses und seiner Überprüfung

befassen sich die nachfolgenden Erläuterungen.

Rechtsgrundlagen

41 Das Wahlrecht regeln die in Nordrhein-Westfalen übereinstimmenden Wahlordnungen. Die neue Fassung der Wahlordnung für das Erzbistum Köln ist am 1. März 2012 in Kraft getreten und ist im Vorschriftenanhang abgedruckt.

Allgemeine Vorbemerkungen

Die Wahl findet alle drei Jahre an einem von der Bischöflichen Behörde einheitlich bestimmten Termin statt. Er soll möglichst im Oktober liegen. Eine Ausnahme von dem Grundsatz bistumseinheitlicher Termine besteht für erst vor kurzem insgesamt neu gewählte Kirchenvorstände (Erstwahl oder Neuwahl nach Auflösung), und zwar dann, wenn sie erst im Wahljahr in ihr Amt eingeführt worden sind (Art. 24 Abs. 2). Außerhalb des Wahlturnus kann die Bischöfliche Behörde vorzeitig die Wahl anordnen bei Auflösung eines Kirchenvorstandes wegen Pflichtwidrigkeit oder wegen struktureller Veränderungen beispielsweise bei der Zusammenlegung mehrerer Gemeinden.

---

* Zur Sonderregelung im Erzbistum Köln siehe vorstehend Rdn. 27.

Trotz sechsjähriger Amtszeit der einzelnen Wahlmitglieder folgen die Wahltermine   42
in Abständen von drei Jahren, da jeweils nur die Hälfte gewählt wird, so dass die
Verbleibenden die gewonnenen Kenntnisse und Erfahrungen an neu hinzukom-
mende Mitglieder vermitteln können. Ausnahmsweise können mehr oder weniger
als die Hälfte zur Wahl stehen, wenn die Mitgliederzahl wegen Veränderungen der
Anzahl der Katholiken in der Pfarrgemeinde verändert werden muss. Wie das geschieht und wie vor allem der Grundsatz der Hälftewahl eingehalten oder wenigstens bei der nächsten Wahl wiederhergestellt werden muss, ist in Art. 3 ausführlich
bestimmt.

Gelegentlich wird danach gefragt, wer den notwendigen Losentscheid über das zur
Wiederherstellung der Wahl von genau der Hälfte erforderliche vorzeitige Ausscheiden von Mitgliedern treffe (das sollte der Vorsitzende bzw. Stellvertreter in
einer Sitzung des Kirchenvorstandes tun) und wann er nach Vergrößerung (Art. 3
Abs. 2) stattfinde, ob also schon zu Beginn der Wahlperiode oder erst kurz vor der
nächsten Wahl. Das bleibt dem Beschluss des Kirchenvorstandes anheim gestellt.
Er muss jedenfalls immer so rechtzeitig gefasst werden, dass die vorzeitig Ausscheidenden bereits vor der ersten Sitzung des Wahlausschusses feststehen, damit sie die
Chance der erneuten Kandidatur erhalten.

Statt des Losentscheides haben sich einzelne Kirchenvorstände über die Frage vor-
zeitiger Beendigung der Amtszeit bisher im Wege der Vereinbarung verständigt oder
sind einzelne Mitglieder von sich aus »zurückgetreten«, um das Los überflüssig zu
machen. Das ist in Zukunft in Anbetracht des eindeutigen Wortlauts des Art. 3, der
andere Möglichkeiten – mit gutem Grund – nicht vorsieht, nicht statthaft.

Das Mindestalter für die Teilnahme an der Wahl beträgt 18 Jahre, das Wählbar-   43
keitsalter mindestens 21 Jahre. In Gemeinden bis 1.500 Katholiken sind drei Mitglieder zu wählen, in Gemeinden bis 5.000 Katholiken vier Mitglieder, bis 10.000
fünf und in größeren Pfarrgemeinden acht (im rheinland-pfälzischen Anteil des Erzbistums Köln gelten andere Zahlenverhältnisse), wenn nicht der eben erwähnte Ausnahmefall gegeben ist, dass die Mitgliederzahl erhöht werden muss (Art. 3 Abs. 2).

A. Vorbereitung der Wahl

Die Fristen der Wahlordnung (Zeitplan)

Die Vorbereitungen vor dem Wahltermin sind in verschiedene Abschnitte einzu-   44
teilen, die jeweils spätestens eine in der Wahlordnung bestimmte Anzahl von Wochen vor dem Wahltermin beginnen.

Ehe sich die für das Wahlverfahren Verantwortlichen – darunter besonders der
Vorsitzende des Kirchenvorstandes oder sein Stellvertreter – mit den näheren sachlichen Einzelheiten vertraut machen, sollten sie einen Zeitplan aufstellen und die
jeweils nötigen Maßnahmen datumsmäßig vormerken. In Köln wird den Kirchen-

gemeinden rechtzeitig vor der Wahl von dem Erzbischöflichen Generalvikariat ein detaillierter Zeitplan als Arbeitshilfe zur Verfügung gestellt. Der Zeitplan für die Kirchenvorstandswahl im November 2012 ist im Anhang abgedruckt.

Wahltag

45 Bis auf den ersten Termin fügt man für den Pfarrer oder Zelebranten noch hinter jedem Termin hinzu»Achtung, Verkündigung in allen Gottesdiensten am Samstag/Sonntag nicht vergessen!«

Bei allen vorbezeichneten Wochenfristen handelt es sich um Mindestfristen. Es steht also nichts im Wege, frühere Termine vorzumerken. Dabei darf die Folge der Abschnitte natürlich nicht verändert werden und sind Überschneidungen zu vermeiden. Man würde dann längere Zeitabstände und größere Dispositionsfreiheit erhalten, besonders auch die Möglichkeit, übersehene oder überzogene Termine einzuholen. Einfacher, allerdings unter der Voraussetzung genauer Beachtung, dürfte aber sein, sich nach dem»amtlichen Fahrplan« zu orientieren und sich zum Ziel zu setzen, je nach den Gegebenheiten nur stets wenige Tage zuvor das Notwendige in Angriff zu nehmen. Der aus der Wahlordnung berechnete Termin darf aber auf keinen Fall überschritten werden, weil sonst, wenn auch nicht bei allen Zeitabschnitten, die Gültigkeit der Wahl in Frage steht.

Dieser letztmögliche Termin ist immer der am Beginn der Wochenfrist liegende Sonntag mit der Messe am Vorabend, obwohl man bei Rückwärtszählung ab dem Wahltag eigentlich zum Montag kommt und zudem die Woche nach neuer Zählung auch am Montag beginnt. Der Sonntag ist jedoch für das Gemeindeleben die wichtigste Gelegenheit zur Kenntnisnahme von wichtigen Bekanntmachungen, einschließlich der Messe am Samstagabend

Anordnung der Wahl

46 Damit die Wahl an dem von der Bischöflichen Behörde vorgesehenen Zeitpunkt stattfinden kann, ist es notwendig, dass sie vom Kirchenvorstand durch Beschluss in rechtzeitig einberufener Sitzung angeordnet worden ist. Dabei richtet er sich, wenn er infolge ganz zwingender Gründe nicht mit Genehmigung einen anderen Termin ansetzen muss, nach der im Amtsblatt erfolgten Veröffentlichung des einheitlichen Termins.

Anerkennung der Wählerliste

47 Ebenso wie die Anordnung der Wahl mit Festlegung von Tag, Ort und Zeit muss der Kirchenvorstand spätestens sechs Wochen vor dem Wahltermin die Anerkennung der Wählerliste beschließen (Art. 1 Abs. 1 Satz 1).

Vor dem Beschluss über die Anerkennung der Liste muss er sich zumindest durch Stichproben von der Richtigkeit und Vollständigkeit überzeugen.

Wahlberechtigt sind wie bisher alle nicht vom Wahlrecht aus besonderen Gründen ausgeschlossenen oder an der Ausübung verhinderten Personen, die seit einem Jahr in der Zivilgemeinde wohnen, in der die Kirchengemeinde liegt. Das Wahlalter beträgt 18 Jahre.

Die Wahlordnungen in NRW regeln einheitlich, dass Welt- und Ordensgeistliche des Seelsorgeklerus, die in der Kirchengemeinde wohnen, nicht wahlberechtigt und nicht wählbar sind (Art. 1 Abs. 4). Dazu zählen auch alle Ruheständler und sonstige in der Kirchengemeinde wohnhafte Geistliche. Zum Seelsorgeklerus gehören auch die hauptamtlich oder nebenamtlich in der Gemeinde tätigen Diakone. Zum Seelsorgeklerus der Gemeinde gehört nicht, wer nicht mit Aufgaben der Seelsorge in dieser Gemeinde beauftragt ist. Die Liste muss in einer übersichtlichen Ordnung, etwa nach Alphabet der Namen oder nach Straßen, zusammengestellt werden, damit jeder darin leicht aufzufinden ist, den man sucht. Sie hat Vornamen und Zunamen sowie die Wohnung zu enthalten (Art. 1 Abs. 3 Satz 1). Weitere Zusätze, wenn nicht zur Unterscheidung ausnahmsweise nötig, müssen unterbleiben, insbesondere also auch Angaben über Alter und Beruf. Aufzunehmen sind nur solche Personen, die in der Kirchengemeinde ihren Hauptwohnsitz haben.

Es muss auch erkennbar werden, dass es gerade diese Liste und nicht eine andere war, über die der Kirchenvorstand nach Prüfung beschlossen hat. Deshalb sollte sie, besonders wenn selbst aufgestellt, um nachträgliche Einschübe und Verkürzungen als nicht möglich erscheinen zu lassen, fortlaufend nummeriert sein und am Ende einen Schlussvermerk mit Angabe der Gesamtzahl enthalten. Am Ende, mit Beglaubigung des Vorsitzenden und Pfarrsiegel oder in separater beglaubigter Abschrift aus dem Protokollbuch angeheftet, wird dann der Beschluss des Kirchenvorstandes über die Anerkennung dieser Liste wiedergegeben.

Auslegung der Wählerliste

Am Sonntag nach der Beschlussfassung über die Anerkennung durch den Kirchenvorstand, spätestens also am fünften Sonntag vor dem Wahltermin, ist die Wählerliste auszulegen. Die Auslegung muss bis zum Ablauf des nächsten Sonntags dauern (Art. 1 Abs. 1 Satz 2). Jeder Wahlberechtigte hat das Recht, die Wählerliste in dieser Zeit zu den allgemienen Öffnungszeiten des Pastoralbüros einzusehen und die Richtigkeit und Vollständigkeit der zu seiner Person in der Wählerliste eingetragenen Daten zu prüfen

Die Verpflichtung zur Offenlegung bedeutet auch, dass den in der Kirchengemeinde Wahlberechtigten unmittelbarer Einblick gewährt werden muss, dass sie also nicht auf die Bereitschaft verwiesen werden können, über jede gewünschte Person eine mündliche Auskunft zu erteilen. Zur Erteilung von Auskünften über die Wählerliste durch Pfarrer oder Pfarrbüro etwa auf fernmündliche Anfragen

48

besteht keine Verpflichtung.

Bei der Auslegung ist der Datenschutz zu beachten; vgl. Datenschutzhinweise der Bistümer zur Auslegung des Wählerverzeichnisses. Zu berücksichtigen ist auch, dass es nur eine Wählerliste geben darf (an der Pfarrkirche). Die Stimmabgaben an der Filialkirche erfolgen entweder zu unterschiedlichen Öffnungszeiten des Wahllokals (mit Transport der Wählerliste von Wahllokal zu Wahllokal) oder in Briefwahlform. Der Briefwahlumschlag ist vor dem Einwurf in die Wahlurne mit vollständigem Namen und Ort der Hauptwohnung des Wählers zu versehen. Die Wahlberechtigung wird anschließend an der Pfarrkirche anhand der authentischen (und nicht vervielfältigten) Wählerliste geprüft.

Bekanntmachung der Auslegung (und andere Wahlbekanntmachungen)

49 Die Auslegung ist durch Aushang während ihrer gesamten Dauer, also spätestens vom fünften Sonntag vor dem Wahltermin bis zum Ablauf des folgenden Sonntags (Art. 1 Abs. 2), an oder vor allen Kirchen der Kirchengemeinde schriftlich bekanntzugeben. Mitzuteilen sind Ort und Zeit der Einsichtsmöglichkeiten mit dem Hinweis, dass nach Ablauf der Auslegungsfrist Einsprüche gegen die Wählerliste nicht mehr zulässig sind (Art. 1 Abs. 2). Auf den Aushang ist in allen Sonntagsgottesdiensten hinzuweisen (Art. 1 Abs. 2 Satz 2).

Der Aushang einer schriftlichen Bekanntmachung und Hinweise auf ihn in den Sonntagsgottesdiensten sind das geeignete, auch ausreichende Mittel, der Gemeinde die wichtigsten Wahlinformationen zu vermitteln. Nicht nur die Bekanntmachung über die Auslegung der Wählerliste, sondern alle die Wahl betreffenden Veröffentlichungen (Kandidatenlisten, Wahleinladung, Wahlergebnis) erfolgen daher nach der Wahlordnung (Art. 6 Abs. 4 bis 6) an der Anschlagtafel oder in einem dafür bestimmten Aushangkasten, die wohl in jeder Pfarrgemeinde »in, an oder vor der Kirche« (Art. 1 Abs. 2; Art. 6 Abs. 4) vorhanden sind. Sonst müsste ein für alle Kirchenbesucher gut erkennbarer, besonderer Aushang angebracht werden. Der Aushang muss in, an oder vor allen zur Pfarrei gehörigen Kirchen erfolgen. Jede Bekanntmachung ist, obwohl nicht ausdrücklich vorgeschrieben, schon im Hinblick auf ihren amtlichen Charakter zumindest von dem Vorsitzenden des Kirchenvorstandes oder dem Stellvertreter zu unterschreiben und mit dem Siegel der Kirchengemeinde zu versehen. Bei der Anbringung und bei der Entfernung ist jeweils der betreffende Tag auf dem unteren Teil oder auf der Rückseite zu vermerken und die Richtigkeit wiederum mit Unterschrift und Siegel zu bekräftigen. Zu Beweiszwecken werden die Aushänge nach dem Abnehmen in den Wahlakten verwahrt.

Kanzelverkündungen

Auf die Bekanntmachung ist während der Veröffentlichungszeit in jedem Sonntagsgottesdienst hinzuweisen (Art. 1 Abs. 2 Satz 2; Art. 6 Abs. 5). Zum Sonntag gehört auch die Messe am Samstagabend. Die Hinweise geschehen in der für Bekanntmachungen in den Gottesdiensten üblichen Weise. Ganz wichtig ist, dass mit Ausnahme des Aushanges über die Wählerliste **alle Aushänge bis zum Ablauf des Wahltermins** hängen bleiben **und jeden Samstag/Sonntag in allen Messen darauf hinzuweisen ist.** 50

Anfechtung der Wählerliste

Während der Auslegungsdauer der Wählerliste kann jedes wahlberechtigte Gemeindemitglied Einspruch erheben (Art. 2 Satz 1). Wer nicht in der Wählerliste eingetragen ist, kann nicht zur Wahl zugelassen werden, selbst dann nicht (§ 4 Abs. 5 Satz 2 des Gesetzes über die Verwaltung des katholischen Kirchenvermögens), wenn dem Wahlvorstand die Wahlberechtigung zuverlässig bekannt ist. 51

Sobald der Kirchenvorstand die Wählerliste anerkannt und sie ausgelegt hat, ist eine Veränderung nur auf Grund eines berechtigten Einspruchs möglich. Danach können selbst erkannte Fehler ohne Einspruch nach Beginn der Auslegung nicht mehr korrigiert werden.

Über rechtzeitig erhobene Einsprüche muss der Kirchenvorstand unverzüglich beschließen (Art. 2 Satz 3). Es ist also auch nicht zulässig, dass aufgrund eines als richtig erkannten Einspruchs einfach der Vorsitzende allein oder die Pfarrsekretärin die notwendige Änderung vornimmt.

Ist der Einspruch verspätet, muss er zurückgewiesen werden. Ist er rechtzeitig, jedoch nicht berechtigt, ist er ebenfalls zurückzuweisen. Ist er zutreffend, so ist die fehlende Eintragung nachzuholen. Die Entscheidung ist gem. Art. 2 Satz 5 zu begründen und den Beteiligten zuzustellen. Das Datum der Zustellung sollte festgehalten werden, da die Frist zur Berufung bei der Bischöflichen Behörde auf eine Woche seit Bekanntgabe begrenzt ist. Innerhalb dieser Frist muss sie bei der Bischöflichen Behörde eingegangen sein, die dann endgültig entscheidet. Die Wahl findet aber auch statt, wenn die endgültige Entscheidung bis dahin etwa noch nicht ergangen sein sollte (Art. 2 Satz 7). Diese Bestimmung geht davon aus, dass von der Teilnahme eines oder in aller Regel höchstens sehr weniger in Betracht kommender nicht Wahlberechtigter oder von deren unrechtmäßigem Ausschluss das Wahlergebnis meist nicht abhängen wird.

Wo allerdings die Betroffenen den Ausschlag hätten geben können, dass der eine Kandidat nicht, hingegen ein anderer gewählt worden wäre, hat das für die Gültigkeit der Wahl ganz oder teilweise rechtliche Folgen, über die die Bischöfliche Behörde auf Grund eines Einspruchs gegen die Wahl oder von Amts wegen zu entscheiden hätte. 52

Fraglich ist, ob auch die Ungültigkeit der Wählerliste insgesamt wegen Fehlens oder Missachtung wichtiger Voraussetzungen oder gar das Fehlen einer Liste überhaupt mit dem Einspruch gegen die Wählerliste innerhalb der in Art. 2 bestimmten Frist angefochten werden muss oder auch noch später, insbesondere als Einspruch gegen die Gültigkeit der Wahl, geltend gemacht werden kann.

Die bisherige Wahlordnung enthielt die ausdrückliche Vorschrift, dass die Wahl nicht mit der »Unrichtigkeit« der Wählerliste angefochten werden könne. Sachliche Fehler waren also, gleichgültig ob während der Auslegung ohne Erfolg angefochten oder nicht, für die Gültigkeit der Wahl unerheblich. Bei diesem Grundsatz ist es trotz des Wegfalls des ausdrücklichen Hinweises verblieben. Wenn die Frist zur Anfechtung der Wählerliste verstrichen oder der Einspruch erfolglos geblieben ist, muss hinsichtlich der Wählerliste, selbst auf die Gefahr der Teilnahme nicht Wahlberechtigter, von verbindlichen Rechtsverhältnissen ausgegangen werden können. Das schließt allerdings nicht aus, dass die Bischöfliche Behörde im Wege der amtlichen Überprüfung die Wahl auch im Hinblick auf schwere Verstöße hinsichtlich der Wählerliste auf ihre Gültigkeit überprüfen und die entsprechende Entscheidung treffen könnte. Bei rechtzeitig von dem Kirchenvorstand erkannten gravierenden Fehlern tut er also doch gut daran, sich nicht auf die Unanfechtbarkeit zu verlassen, sondern elementare Formfehler oder schwerwiegende Unterlassungen zuerst zu korrigieren und dann das Wahlverfahren mit der erneuten Auslegung und deren Bekanntmachung nochmals zu beginnen.

Aufstellung der Kandidaten (Vorbemerkung)

53 Es können nur solche Personen gewählt werden, die von einem hierzu berufenen Wahlgremium, dem Wahlausschuss, oder ergänzend von der Gemeinde vorgeschlagen worden sind.

Entlastung des Pfarrers im Falle der Verhinderung

54 Dem Pfarrer als Vorsitzenden des Kirchenvorstandes fallen bei Vorbereitung und Durchführung der Wahl wesentliche Aufgaben zu. Häufig sind jedoch nach der Geschäftsanweisung für die Verwaltung des Vermögens in den Kirchengemeinden geschäftsführende Vorsitzende der Kirchenvorstände bestellt. Die neue Wahlordnung wollte deren Funktion auch im Verfahren der Kirchenvorstandswahl wahren und hat daher die Aufgabenwahrnehmung im Wahlverfahren in Art. 4 Satz 1 zusammenfassend geregelt. Danach fällt in die Zuständigkeit des geschäftsführenden Vorsitzenden die Berufung des Wahlausschusses (Art. 5 Abs. 1), der Vorsitz im Wahlausschuss (Art. 5 Abs. 2 a), die Berufung des Wahlvorstandes (Art. 10) und die Abhaltung der konstituierenden Kirchenvorstandssitzung (Art. 24 Abs. 4). Art. 4 Satz 2 regelt die Verhinderungsfälle. Besteht kein geschäftsführender Vorsitzenden, bleibt es bei der allgemeinen Regelung des Art. 2 der Geschäftsanweisung,

wonach der Pfarrer im Verhinderungsfall durch den ersten bzw. zweiten Stellvertreter vertreten wird. Ist ein geschäftsführender Vorsitzender bestellt, wird dieser im Falle der Verhinderung durch den zweiten Stellvertreter des Vorsitzenden vertreten. In beiden Fällen gilt: Ist auch der Vertreter verhindert oder kandidiert dieser selbst, hat der Pfarrer als Vorsitzender oder - soweit vorhanden - der geschäftsführende Vorsitzende ein anderes wählbares Gemeindemitglied, das nicht für den Kirchenvorstand kandidiert, zu berufen, das die in der Wahlordnung genannten Aufgaben des Vorsitzenden wahrnimmt.

Wahlausschuss

Für den Vorsitzenden des Kirchenvorstandes oder seinen Stellvertreter ist der Mindesttermin von sechs Wochen als spätester Starttermin für den Ablauf der Wahlvorbereitungen in zweierlei Hinsicht von großer Bedeutung. Neben der Sorge für die rechtzeitige Beschlussfassung über den Wahltag mit Ort und Zeit und über die Anerkennung der Wählerliste hat er spätestens zu diesem Zeitpunkt dafür zu sorgen, dass der Wahlausschuss zustandekommt (Art. 5 Abs. 1).
Der Wahlausschuss besteht neben dem Vorsitzenden des Kirchenvorstandes oder gegebenenfalls dem geschäftsführenden Vorsitzenden aus mindestens zwei vom Kirchenvorstand zu wählenden Kirchenvorstandsmitgliedern, deren Amtszeit noch nicht abläuft, und zwei von dem Pfarrgemeinderat aus seiner Mitte gewählten Mitgliedern (Art. 5 Abs. 2).
Nicht verboten, aber wegen des Interessenkonfliktes nicht ratsam, ist die Benennung eines Mitglieds, das selbst für die Wahl kandidiert.
Wenn kein Pfarrgemeinderat besteht oder dieser von der Möglichkeit der Beteiligung keinen Gebrauch macht, sieht die Wahlordnung keine Ersatzlösung, etwa durch Verpflichtung zur Heranziehung anderer Gemeindemitglieder, vor. Wenn auch in solchen Fällen Vorsitzender und im Amt verbleibende Mitglieder des Kirchenvorstandes die Zusammenstellung der Vorschlagsliste allein vornehmen müssen, besteht doch keine rechtliche Veranlassung, nicht alle Möglichkeiten zur Information über geeignete Kandidaten und zur Einstellung auf die mutmaßlichen Vorstellungen der Wählermehrheit zu nutzen. Es steht also nichts im Wege, zu den Beratungen Personen hinzuzuziehen, von denen man sich wesentliche Anregungen erhoffen darf, oder gar in einer Pfarrversammlung um natürlich nicht verpflichtende Anregungen zu bitten. Auch eine etwa nur verspätete Benennung der Pfarrgemeinderatsmitglieder braucht nicht aus formellen Gründen zurückgewiesen zu werden, wenn für sachliche Erörterungen noch ausreichend Zeit verblieben ist.

Auswahl und Aufstellung der Kandidaten

Bisher musste der Wahlausschuss mindestens ein Drittel mehr Vorschläge machen,

55

56

als Mitglieder zu wählen sind. In diesem Punkt trägt die neue Wahlordnung der häufig anzutreffenden Schwierigkeit Rechnung, ein Drittel mehr an Kandidaten gewinnen zu müssen. Aus der »Muss-Regelung« ist eine »Soll-Bestimmung« geworden (Art. 6 Abs. 2 Satz 1). Damit aber überhaupt von einer Wahl gesprochen werden kann, muss nach Art. 6 Abs. 2 Satz 2 jedoch mindestens ein Kandidat mehr aufgestellt sein, als Mitglieder zu wählen sind. Die Kandidatensuche stößt häufig auf Schwierigkeiten, weil sich qualifizierte, zur Mitarbeit bereite Personen nicht immer in ausreichender Zahl finden lassen. Die Bereitschaft zur Kandidatur ist zwar nicht Voraussetzung für die Aufnahme in die Vorschlagsliste, denn das Amt des Kirchenvorstandsmitglieds ist ein Ehrenamt (§ 9 VVG), das man nicht ohne wichtigen Grund ablehnen kann (§ 6 VVG). Zweckmäßig ist es aber doch, sich über die Bereitschaft zur Annahme des Amts zu erkundigen, da man der Gemeinde nicht eine Wahlentscheidung zumuten sollte, die infolge beharrlicher Amtsablehnung sich dann als gegenstandslos erweisen kann.

57 Alle Kandidaten sollten ausschließlich nach objektiver Prüfung der persönlichen und sachlichen Voraussetzung zur bestmöglich qualifizierten Wahrnehmung der Aufgaben des Kirchenvorstandes ausgewählt werden. Mit Recht würde der Wahlausschuss Anregungen oder gar Forderungen nicht berücksichtigen, die lediglich auf eine möglichst breite Repräsentanz aller Vereinigungen oder Gruppen in der Gemeinde abzielten. Der Kirchenvorstand ist nicht Gemeindeparlament, sondern Verwaltungsorgan. Entscheidend sollten also nur sein engagierte Einstellung zu Glauben und Kirche sowie größtmögliche Kenntnis und Erfahrung in Aufgaben der Vermögensverwaltung. Wohl tut man im Interesse der pastoralen Eintracht gut daran, die aufgehobenen und angegliederten Gemeinden angemessen bei der Zusammenstellung der Kandidatenliste zu berücksichtigen. Besonders dieses Anliegen sollte man äußerst ernst nehmen.

Der gebotenen Loyalität mit den Anschauungen der Kirche entspricht es, dass keine Personen vorgeschlagen werden, die in kirchlich ungültiger Ehe oder eheähnlichem Verhältnis leben oder sonst aufgrund persönlichen Verhaltens dem Ansehen der Kirche und des Kirchenvorstandes schaden könnten.

Problematisch ist auch die Kandidatur von Personen, die als Mitarbeitende (z.B. Pfarrsekretärin oder Küster) in einem Abhängigkeitsverhältnis zur Kirchengemeinde stehen oder die als Rendanturmitarbeitende mit der Vermögensverwaltung der eigenen Kirchengemeinde beauftragt sind. Auch wenn diese Personen aus rechtlichen Gründen nicht an einer Kandidatur gehindert werden können, sollte genau geprüft werden, ob solche Personen als Kandidaten ausgewählt werden sollten. Denn dieser Personenkreis wird sich häufig in einem Interessenkonflikt befinden, was sich auf eine sachliche und unbefangene Beratung und Abstimmung im Kirchenvorstand auswirken kann.

Natürlich muss auch die Wählbarkeit geprüft werden. Wählbar ist jeder mindestens 21 Jahre alte Wahlberechtigte. Die näheren Voraussetzungen für die Wahlberechtigung als Grunderfordernis für die Wählbarkeit sind im Abschnitt über die Feststellung der Wählerliste behandelt.

Vorschlagsliste

Die Kandidatenvorschläge werden in der so genannten Vorschlagsliste in alphabetischer Reihenfolge mit Angabe von Alter, Beruf und Wohnung bekanntgegeben. Näheres regelt Art. 6 der Wahlordnung (siehe Vorschriftenanhang). Sie muss fünf Wochen vor dem Wahltermin veröffentlicht werden.

58

Ergänzungsvorschläge

Vorschläge zur Ergänzung der Vorschlagsliste sind bis zu drei Wochen vor dem Wahltermin möglich. Der Antrag ist bei dem Vorsitzenden des Wahlausschusses, in der Regel also beim Pfarrer oder bei Bestellung eines Vertreters gem. Art. 4 bei diesem, einzureichen. Er ist nur gültig, wenn er von mindestens zwanzig Wahlberechtigten unterschrieben ist, die ihre Vor- und Zunamen sowie die Anschrift angeben und die Erklärung beifügen müssen, dass die Vorgeschlagenen zur Annahme des Amtes bereit wären. Beruf, Alter und Wohnung der Kandidaten sollten angegeben werden, denn bei der Bekanntmachung der Ergänzungsvorschläge sind diese Angaben erforderlich, da Art. 7, der die Ergänzungsvorschläge behandelt, auf Art. 6 Abs. 3 verweist und damit auf die Notwendigkeit, auch bei den Ergänzungsvorschlägen in der Veröffentlichung Beruf, Alter und Wohnung hinzuzufügen. Die Veröffentlichung muss spätestens zwei Wochen vor dem Wahltermin erfolgen (Art. 7 Abs. 3).

59

Stimmzettel

Nachdem die Vorschlagsliste zusammengestellt und die Ordnungsmäßigkeit eventueller Ergänzungen festgestellt ist, hat der Wahlausschuss rechtzeitig vor der Wahl dafür zu sorgen, dass Stimmzettel in ausreichender Anzahl hergestellt werden. Auf diesen sind die Kandidaten und die Kandidaten der Ergänzungsvorschläge in alphabetischer Reihenfolge mit Alter, Anschrift und Beruf (Art. 8 Abs. 1) aufzuführen.
Der Stimmzettel sollte so gestaltet werden, dass in einem dafür vorgesehenen Feld eine einfache und eindeutige Wahlentscheidung durch Ankreuzen möglich ist.
Der Stimmzettel muss nach Art. 8 Abs. 2 einen Hinweis auf die Zahl der zu wählenden Mitglieder enthalten.

60

Briefwahl

Für die Briefwahl ist außer dem Stimmzettel und dem Wahlumschlag ein Briefwahlschein und ein Briefwahlumschlag bereitzustellen, der auf Antrag dem An-

61

tragsteller oder seinem mit schriftlicher Empfangsvollmacht versehenen Vertreter auszuhändigen oder zuzusenden ist. Die Ausstellung eines Briefwahlscheines muss in dem Wählerverzeichnis vermerkt werden, um doppelte Stimmabgaben auszuschließen.

Der Antrag auf Briefwahl kann gem. Art. 14 Abs. 2 WahlO bis zum Mittwoch vor der Wahl gestellt werden.

Bei Stimmabgabe in Wahllokalen an weiteren Kirchen innerhalb einer Kirchengemeinde oder innerhalb eines Seelsorgebereichs gelten die Regelungen über die Briefwahl entsprechend (Einzelheiten hierzu in Art. 15 WahlO).

Wahleinladung

62   Spätestens zwei Wochen vor dem Wahltermin muss der Vorsitzende eine schriftliche Einladung zur Wahl vornehmen (Art. 9 Abs. 1), ebenso wie alle die Wahl betreffenden Bekanntmachungen durch Aushang und Gottesdienstverkündungen an den Sonntagen (mit Vorabendmesse). Auch hier darf auf die früheren Darlegungen Bezug genommen werden. Der Mindesttermin des Aushangs von zwei Wochen vorher bis zum Wahltag einschließlich mit Verkündungen am vorletzten Sonntag, am letzten Sonntag und am Wahlsonntag, jeweils unter Einschluss der Vorabendmesse, ist unbedingt einzuhalten. Die Einladung muss die für die Teilnahme notwendigen Informationen über Tag, Ort und Zeit sowie über die Zahl der zu wählenden Kirchenvorsteher enthalten (Art. 9 Abs. 2 Satz 1). Außerdem soll nach Art. 9 Abs. 2 eine Belehrung über die Voraussetzungen der Wahlberechtigung angeschlossen werden. Es genügt und ist zu empfehlen, die einschlägigen Bestimmungen vorzulegen, die § 4 VVG enthält. Wird die Belehrung einmal vergessen, ist das kein Ungültigkeitsgrund.

Wahlraum

63   In einer ausgedehnten Gemeinde insbesondere mit weiteren Kirchen und besonders bei der strukturellen Neuordnung durch Auflösung von Gemeinden und deren Integrierung in eine andere oder eine neu errichtete Großpfarrei ist es zweckmäßig, wenn auch nicht vorgeschrieben, mehrere Wahlräume einzurichten. Die Bildung von Wahlbezirken lassen die gesetzlichen Grundlagen (VVG und Wahlordnung) nicht zu. Einzelheiten sind in Art. 15 geregelt.

Mehrere Wahllokale dienen der Erleichterung der Stimmabgabe. Wählen darf jeder Wahlberechtigte in jedem Wahllokal. Daher muss in jedem Wahlraum die Wahlliste (Art. 15 Abs. 1) vorhanden sein, um durch Eintragung des Wählers Berechtigung und erfolgte Abstimmung kontrollieren zu können. Da nur eine Wahlliste zur Verfügung steht, müssen die Öffnungszeiten zeitversetzt erfolgen, um sicherzustellen, dass die Wahlliste von einem Wahllokal in das andere gebracht werden kann.

Soll zeitgleich in mehreren Wahlräumen gewählt werden, ist das Verfahren der Stimmabgabe in Filialwahllokalen nach Art. 15 anzuwenden. Es entspricht im Wesentlichen dem Briefwahlverfahren. Dabei ist der Briefwahlumschlag vor dem Einwurf in die Wahlurne mit vollständigem Namen und Ort der Hauptwohnung des Wählers zu versehen. Nach der Wahl wird vor der Stimmauszählung die Wahlberechtigung anhand der Wahlliste geprüft.

Die neue Wahlordnung lässt jetzt sogar auch die Stimmabgabe in einer anderen Pfarrkirche oder einer anderen weiteren Kirche des Seelsorgebereichs zu (Art 15 Abs. 5). Dazu sind jedoch an dieser Kirche ein weiterer Wahlvorstand und ein weiteres Wahllokal einzurichten. Anzuwenden sind in diesem Fall die Grundsätze über das Briefwahlverfahren gem. Art. 15 Abs. 1 bis 4. Diese Regelung eröffnet kleineren ländlichen Kirchengemeinden, in denen nicht mehr an jedem Sonntag ein Gottesdienst stattfindet, die Möglichkeit, beim Gottesdienst in der Nachbarkirchengemeinde an der Wahl teilnehmen zu können. Erfahrungsgemäß ist kaum jemand bereit, am Samstag/Sonntag zur Wahl zu gehen, wenn an diesem Wochenende ein Gottesdienst nicht stattfindet.

B. Durchführung der Wahl
Die Durchführung der Wahl obliegt einem besonderen Wahlgremium, dem   64

Wahlvorstand,
den der Vorsitzende des Kirchenvorstandes bzw. derjenige, der die Aufgaben des Vorsitzenden nach Art. 4 wahrnimmt, spätestens zwei Wochen vor dem Wahltermin einzuberufen hat. Auch für die Wahl an den weiteren Kirchen der Kirchengemeinde bzw. des Seelsorgebereichs ist ein Wahlvorstand vom Kirchenvorstand zu bestellen, der aus zwei bis vier wählbaren Gemeindemitgliedern besteht.

Der Wahlvorstand besteht aus dem geschäftsführenden, gegebenenfalls dem stellvertretenden Vorsitzenden des Kirchenvorstandes und vier, sechs oder acht wählbaren Gemeindemitgliedern (Art. 10 Abs. 1 Satz 2). Ist die die Aufgaben des Vorsitzenden des Wahlvorstandes nach Art. 10 Abs. 1 Satz 2 wahrnehmende Person verhindert oder kandidiert diese selbst, so muss sie einen anderen Wahlberechtigten zum Vorsitzenden des Wahlvorstandes berufen (Art. 10 Abs. 1 Satz 3). Auch von der Berufung von weiteren Wahlkandidaten zu Mitgliedern des Wahlvorstandes sollte er nach Möglichkeit absehen.

Keine Regelung ist für die Frage getroffen, wie viele Mitglieder des Wahlvorstandes bei der jeweiligen Beratung und Beschlussfassung anwesend sein müssen, damit ein Beschluss zustande kommen kann. Diese Frage ist für den Verlauf der Wahlhandlung und für die anschließende Ermittlung des Wahlergebnisses unterschiedlich zu beantworten. Da die Wahlordnung für die Wahlhandlung die Anwesenheit von drei Mitgliedern für ausreichend erklärt (Art. 11 Abs. 2; im Fall der Wahl an weiteren Kirchen gem. Art. 15 zwei Mitglieder), genügt es für etwaige Entscheidungen während der Wahlhandlung auch im Sinne der Beschlussfähigkeit, wenn alle jeweils anwesenden Mitglieder sich beteiligen. Bei der Ermittlung des Wahlergebnisses können hingegen Beschlüsse nur unter Beteiligung aller Mitglieder gefasst werden. Mitglieder, die sich während der Wahl mit Zustimmung des Vorsitzenden entfernt haben, müssen also auf jeden Fall nach Ende der Wahlzeit sich wieder einfinden.

Der Vorsitzende des Wahlvorstandes

65 ist derjenige, der die Aufgaben des Vorsitzenden des Kirchenvorstandes nach Art. 4 in Verbindung mit der Geschäftsanweisung, wahrnimmt. Ist diese Person verhindert oder kandidiert sie selbst, wird gem. Art. 4 Abs. 2 ein anderes wählbares Gemeindemitglied zum Vorsitzenden des Wahlvorstandes berufen. Der Vorsitzende des Wahlvorstandes hat neben seiner Eigenschaft als Vorsitzender dieses Gremiums eine selbständige, eigenverantwortliche Funktion und kann insofern als weiteres Wahlorgan angesehen werden, das unter Umständen auch berechtigt wäre, von den Ansichten der anderen Mitglieder abweichende Entscheidungen zu treffen. Seine Aufgabe besteht darin, verantwortlich für den äußerlich geordneten Wahlablauf zu sorgen, so dass er berechtigt ist, Störer aus dem Wahlraum zu verweisen. Zur Sorge für Ruhe und Ordnung (Art.11 Abs. 3) gehört insbesondere auch, stets im Auge zu behalten, dass eine von Wahlvorstand wie Wählern ungehinderte, geheime Stimmabgabe möglich ist. Bei großem Andrang müsste er unter Umständen den Zutritt zum Wahlraum vorübergehend unterbinden oder einschränken. Aus Gründen der Objektivität sollte er auch jede Art von Wahlpropaganda, gleich durch wen sie geschieht, im Wahlraum untersagen, natürlich sich auch selbst daran halten.

Wenn er seine Verpflichtungen vorübergehend nicht selbst wahrnehmen kann, muss er wegen der besonderen Funktionen des Vorsitzenden immer daran denken, vorher ein anderes Mitglied des Wahlvorstandes mit seiner Vertretung zu beauftragen (Art.11 Abs. 1 Satz 3).

Wahlverfahren

66 Das Wahlverfahren ist in seinen Einzelheiten und seinem zeitlichen Ablauf in der Wahlordnung (Art. 11 bis 13) sehr eingehend und anschaulich beschrieben. Darauf darf Bezug genommen werden (siehe Anhang).

Wahlgeheimnis

67 Der Wahlvorstand und insbesondere sein Vorsitzender müssen dafür sorgen, dass geheim gewählt werden kann (Art. 12 Abs. 1). Dazu gehört auch, dass Verfälschungen des Wahlergebnisses infolge unzulässigen psychischen Druckes ausge-

schlossen bleiben.

Das Wahlgeheimnis kann sowohl von dem Wahlvorstand als auch vom Wähler verletzt werden. Selbstverständlich ist, dass der Wahlvorstand nicht Umschläge oder Stimmzettel kenntlich machen darf, um die Stimmabgabe einzelner Personen feststellen zu können. Aber auch seitens des Wählers selbst ist eine Beeinträchtigung des Wahlgeheimnisses möglich. Hier gilt nur beschränkt der Grundsatz, dass dem kein Unrecht geschieht, der es selbst will oder in Kauf nimmt. Eine rechtswidrige Beeinträchtigung wesentlicher Grundsätze einer freien, geheimen Wahl würde beispielsweise bereits dadurch erfolgen, dass der Wahlvorstand die Kenntlichmachung des Umschlags oder Stimmzettels oder die damit vergleichbare offene oder gar öffentliche Stimmabgabe auch nur duldet und damit andere Wähler vielleicht in Entscheidungszwänge oder -hemmungen versetzt. Diese würden sich nun für erkennbar halten, schon weil sie sich diesem Verfahren nicht anschließen und damit zu erkennen geben würden, dass sie zu einer anderen Wahlentscheidung neigen als diejenigen, die erklären, aus ihrer Wahl kein Geheimnis machen zu müssen. Um alle diese die Freiheit der Wahlentscheidung wie das Wahlgeheimnis gefährdenden Möglichkeiten von vornehrein auszuschließen, sieht die Wahlordnung vor, dass der Wähler den Stimmzettel selbst faltet und in die Wahlurne wirft (Art. 12 Abs. 4). Man erklärt die kenntlich gemachten und unterschriebenen Wahlzettel und Briefwahlumschläge (Art. 16 Abs. 6a und b) für ungültig.

Eine Wahlkabine ist nicht vorgeschrieben, ihr Fehlen für sich also kein Grund zum Einspruch. Die Verpflichtung zur Wahrung des Wahlgeheimnisses bedingt aber mindestens, dass durch andere geeignete Vorkehrungen jedem Wähler Gelegenheit zur geheimen Stimmabgabe geboten ist.

Wahlurne

Selbstverständlich muss auch die Wahlurne so beschaffen sein, dass eine zwischenzeitliche Öffnung erkennbar bleibe würde und sonstige Manipulationen verhindert werden. Nach der Wahl am Samstagabend muss zudem durch ausreichende Maßnahmen, besonders durch einen nicht leicht zu entfernenden Verschluss schon der Anschein möglicher Eingriffe vermieden werden. Jeder Verschluss und jede Öffnung dürfen nur öffentlich, besonders auch im Beisein des ganzen Wahlvorstandes, vorgenommen werden. Bei der Wahlunterbrechung über Nacht von Samstagabend zum Sonntag sollte die Urne zudem versiegelt vom Vorsitzenden des Wahlvorstandes in Verwahrung genommen werden, der sie am besten in pfarramtlichen Verschluss, möglichst im Tresor, bringt. In der Wahlniederschrift sind die wesentlichen Einzelheiten der Öffnung und des Verschließens jeweils zu vermerken.

Zur Ordnungsmäßigkeit des Verfahrens gehört selbstverständlich auch, dass sich der Wahlvorstand vor der ersten Stimmabgabe am Wahltage davon überzeugt, dass die Urne leer ist (Art. 12 Abs. 3). Auch dies ist in der Niederschrift festzuhalten.

68

Öffentlichkeit

69 Zu den Grundsätzen eines ordnungsmäßigen Wahlverfahrens gehört die Öffentlichkeit der Wahl (Art. 11 Abs. 1 Satz 1). Wichtig ist, dass vor der Eröffnung der Wahlhandlung durch den Vorsitzenden (Art. 11 Abs. 1 Satz 2) bis zum Abschluss niemandem der Zutritt zum Wahlraum und die Beobachtung des Ablaufs verboten werden kann, sofern die Wahlhandlung dadurch nicht gestört wird. Auch nach Schluss der Wahl darf der Wahlraum nicht verschlossen werden, denn auch die Stimmenauszählung und die Verkündung des Wahlergebnisses mit Eintragung in die Niederschrift und deren abschließende Unterzeichnung gehören noch zur Wahlhandlung. In Art. 11 Abs. 1 wird jetzt klargestellt, dass die Wahlhandlung bis zur Feststellung des Wahlergebnisses öffentlich ist.

C. Feststellung des Wahlergebnisses und seine Überprüfung

70 Nach Abschluss der Stimmabgabe beginnt die Feststellung des Ergebnisses der Wahl, das sich nach der Reihenfolge der auf jeden Kandidaten entfallenen gültigen Stimmen richtet. Ehe jedoch der Kirchenvorstand in seiner neuen Zusammensetzung seine Arbeit aufnehmen kann, muss das Wahlergebnis veröffentlicht und der Ablauf der Frist für seine Anfechtung abgewartet werden. Wird die Wahl angefochten, ist zunächst verbindlich über die Gültigkeit zu entscheiden.

Ermittlung des Wahlergebnisses

71 Wie das gesamte Wahlverfahren ist auch die Feststellung des Wahlergebnisses im Verlauf und in der Verfahrensweise in der Wahlordnung übersichtlich beschrieben (Art. 16 u. 17).

Der Wahlvorstand sollte wie folgt vorgehen (Abweichungen in den von den Bischöflichen Behörden herausgegebenen Niederschriftsformularen beachten!):

1. Zwei zu Zählvermerken bestimmte Listen anlegen, in denen alle Wahlkandidaten in der Reihenfolge des Stimmzettels eingetragen werden.

2. Briefwahlumschläge öffnen. Briefwahlschein und Briefwahlumschlag entnehmen. Wahlberechtigung des Briefwählers prüfen. Umschlag ungeöffnet in die Urne legen.

3. Wahlurne öffnen, Umschläge und Stimmzettel entnehmen. Diese offen an eine allgemein einsehbare Stelle legen.

4. Umschläge noch ungeöffnet zählen und mit der Anzahl der in der Wählerliste bzw. in der Filialwahlliste angebrachten Briefwahlabstimmungsvermerke vergleichen. Bei Differenzen nochmals zählen. Bei verbleibenden Abweichungen einen entsprechenden Vermerk in der Niederschrift anbringen, möglichst mit einer Erläuterung.

5. Kenntlich gemachte Umschläge ungeöffnet zur Seite legen. Umschläge öffnen

und leere ebenfalls aussondern. Stimmzettel entnehmen. Wo mehrere in einem Umschlag sind, auch diese beiseite legen. Jeweils entsprechende Protokollvermerke eintragen.

6. Gültigkeit jedes Stimmzettels prüfen. Jeden Zettel im gesamten Wahlvorstand von Hand zu Hand reichen. Hat ein Mitglied Bedenken, unverzüglich Beschluss fassen. Wird er mehrheitlich für ungültig gehalten, zu den ungültigen Stimmzetteln legen. Vorher auf der Rückseite kurz den Grund notieren und fortlaufend nummerieren. Nummer und Ungültigkeitsgrund in der Niederschrift festhalten.

7. Die verbliebenen (gültigen) Stimmzettel einzeln, und zwar jeweils vollständig Name für Name jedes gewählten Kandidaten, für alle Anwesenden vernehmbar verlesen. Hinter den Namen der Verlesenen in den beiden Zähllisten durch je ein Mitglied Strichvermerke anbringen lassen.

8. Stimmvermerke hinter jedem einzelnen Kandidatennamen in Liste und Gegenliste auszählen. Differenzen durch Nachzählen bereinigen.

9. Zählergebnis nach abschließender Beratung durch den Vorsitzenden im Wahlraum laut mitteilen.

10. Ergebnis in Niederschrift eintragen und noch nicht vorgenommene Eintragungen nachholen. Niederschrift durch alle Mitglieder unterzeichnen lassen.

11. Wählerliste, Niederschrift, Stimmzettel und andere Unterlagen sofort in die Verwahrung des Vorsitzenden des Kirchenvorstandes überbringen.

Ungültigkeit von Stimmzetteln

In Art. 16 Abs. 6a bis f sind die Ungültigkeitsgründe aufgeführt, die bei der Prüfung der Stimmzettel zu beachten sind.

Erwähnt wurde oben bereits, dass aus verständlichen Gründen die Stimmzettel ungültig sind, **die sich zu mehreren in demselben Umschlag befinden** (Art. 16 Abs. 6f). Keiner dieser Zettel kann zur Zählung berücksichtigt werden, da man bei der Ausfüllung mehrerer Zettel Täuschungsabsicht unterstellen muss. Lediglich in dem nicht ganz auszuschließenden Fall, dass dem Wähler unbemerkt zwei aneinander haftende Zettel ausgehändigt worden wären und auch er dies bei der Stimmabgabe nicht bemerkt hätte, sollte man den ausgefüllten Zettel als gültige Stimmabgabe betrachten und den nicht benutzten, offensichtlich nicht einmal bemerkten, im Rechtssinne nicht als weiteren »Stimmzettel«, sondern als das Formular eines solchen halten, auf das sich der Wortlaut und erst recht der Sinn der Vorschrift nicht erstrecken kann.

Ungültig sind die Stimmzettel, **die unterschrieben oder kenntlich gemacht sind** (Art. 16 Abs. 6a) **oder die in einem kenntlich gemachten Umschlag stecken** (Art. 16 Abs. 6b). Kenntlich ist ein Stimmzettel oder Umschlag, an dem der Wähler erkennbar ist, der ihn abgegeben hat. Nicht jeder kenntliche Zettel ist jedoch ungül-

72

tig. Im wenn auch etwas konstruiert klingenden Fall wäre es denkbar, dass ein Wahlvorstandsmitglied etwa bemerkt hätte, dass ein Wähler eine verletzte oder kranke Hand hat, und aus unzweideutigen Abdrücken oder Verfärbungen eines Stimmzettels schließen kann, wie dieser gewählt hat. Es wäre auch vorstellbar, dass ein einziger Wahlteilnehmer infolge seines Alters mit seinen zitternden Händen so aufgefallen wäre, dass entsprechende Unregelmäßigkeiten bei dem Ankreuzen der Kandidaten den Rückschluss auf seine Wahl erlauben. Sein Stimmzettel ist nicht deshalb ungültig, denn zur Ungültigkeit führt nur, wenn er kenntlich »gemacht« worden ist.

Es muss also die Absicht des Wählers oder des Wahlvorstandes gewesen oder wenigstens in Kauf genommen worden sein, dass durch bewusst angebrachte Kennzeichen und Merkmale die Wahlentscheidung identifizierbar ist. (Am direktesten geschieht dies durch die Unterschritt des Wählers, die deshalb in derselben Bestimmung genannt ist.)

73   Eine weite, vielleicht aber nicht in allen Bistümern für zutreffend gehaltene Auslegung könnte es auch noch für vertretbar halten, wenn statt des Ankreuzens die Wählerentscheidung durch eine handschriftliche Wiederholung der Namen der von ihm gewählten Kandidaten hinter dem jeweiligen Vordruck erfolgte oder ähnliches. Dann wäre er, weil jemand die Handschrift vielleicht erkennt, kenntlich, aber nicht kenntlich »gemacht«. In solchen Fällen käme jedoch ein weiterer Ungültigkeitsgrund in Betracht, da der Stimmzettel auch keine weiteren Zusätze enthalten darf. Auch insofern ist jedoch eine Auslegungsmöglichkeit im Sinne der Gültigkeit des Stimmzettels denkbar, von der unten die Rede sein wird. Überhaupt sollte man die Bestimmungen über die Ungültigkeit nicht ausschließlich als zwingende formale Ordnungsvorschrift betrachten. Es erscheint vielmehr gerechtfertigt, bei der Auslegung vom Grundsatz her sicher berechtigte und sehr ernst zu nehmende formale Bedenken gegen das sachliche Anliegen abzuwägen, dass jeder Wähler – auch der weniger geschickte und mit den Vorschriften nicht so vertraute – im Rahmen des rechtlich Vertretbaren in seiner Mitsorge um die Gemeinde ernst genommen und bei der Ermittlung des Wahlergebnisses nach Möglichkeit nicht unberücksichtigt bleiben sollte.

74   Dieser Grundsatz sollte auch bei der Bestimmung gelten dürfen, dass der Stimmzettel **außer der Kennzeichnung der Gewählten keine weiteren Zusätze enthalten** darf (Art. 16 Abs. 6d). Das Wahlrecht wird nach Art. 12 Abs. 2 zwar »durch die Kenntlichmachung der Gewählten auf dem Stimmzettel« ausgeübt, doch ist dies in der Wortbedeutung nicht so eindeutig, dass man von daher nicht verschiedene Arten des Ausdrucks des Wählerwillens für zulässig halten dürfte.
Zusätze im Sinne der Unterschrift und der Kenntlichmachung als Verletzung oder Gefährdung des Wahlgeheimnisses sind bereits durch Art. 16 Abs. 6a verboten. Als anderweitige Gründe der Ungültigkeit wegen eines verbotenen »Zusatzes« können

hier also Bemerkungen in Betracht kommen, die nicht unmittelbar mit der Stimmabgabe in Zusammenhang stehen. Die direkt mit der Wahlentscheidung verbundene, wenn auch etwas ausführlichere Bekundung der Entscheidung durch handschriftliche Wiederholung der Kandidaten oder den nur vervollständigenden Zusatz einfacher Gemüter etwa der Art »ich wähle« oder ähnliches, wovon eben im Zusammenhang mit der Kenntlichmachung bereits die Rede war, wird man bei einer nicht wörtlichen Auslegung somit noch als vertretbar ansehen können, denn hier handelt es sich nicht um »weitere« Zusätze. Ungültig sind auch solche Stimmzettel, die **keinen Genannten ausreichend bezeichnen** (Art. 16 Abs. 6c). Damit sind die Zettel gemeint, in denen keine eindeutige Wahlentscheidung wenigstens für einen darin genannten Kandidaten erkennbar ist. Hier kann es sich um einen Fall der – an sich sinnlosen – Stimmenthaltung handeln oder der Wählerwille nicht erkennbar sein, weil etwa der Wähler Symbole oder Zeichen und diese vielleicht noch wechselnd gebraucht hat, bei denen man keine Klarheit gewinnen kann, ob und wen er überhaupt wirklich wählen wollte.

Als Fehlen einer »ausreichenden« Bezeichnung ist nicht zu verstehen, dass der Wähler sich lediglich nicht an die vom Wahlvorstand gewünschte Art des Ausdrucks der Wahlentscheidung gehalten hat. Wenn sie erkennbar zum Ausdruck kommt, ist es nicht von Belang, wie dies geschehen ist.

Schließlich sind die Stimmzettel ungültig, **auf denen mehr Namen gekennzeichnet als Personen zu wählen sind** (Art. 16 Abs. 6e). Der Grund ist klar, denn hier ist der wirkliche Wählerwille nicht erkennbar und auch nicht nachträglich zu ermitteln, auf wen der Wähler seine Entscheidung reduziert hätte, wenn er auf seinen meist wohl zugrunde liegenden Irrtum rechtzeitig aufmerksam geworden wäre. Daher ist in der Wahlordnung jetzt vorgeschrieben, auf dem Stimmzettel deutlich auf die höchstmögliche Anzahl von Wahlmöglichkeiten aufmerksam zu machen (Art. 8 Abs. 2).

Wahlergebnis (Mitglieder)

Nach Auszählung der gültigen Stimmen kann die Verkündung des Wahlergebnisses im Wahlraum erfolgen, mit dem nach Unterzeichnung der Niederschrift die öffentliche Wahlhandlung abschließt.

Zu Mitgliedern gewählt sind die Kandidaten, die die meisten Stimmen erhalten haben, beginnend mit der höchsten Stimmenzahl bis hin zu dem Kandidaten, mit dem die Gesamtzahl der zu wählenden Mitglieder erreicht ist. Bei Stimmengleichheit führt der Vorsitzende des Wahlvorstandes einen Losentscheid herbei (Art. 17 Abs. 3 Satz 3). Einer Mindestzahl von Stimmen bedarf es nicht. Es gilt also das Prinzip der einfachen Mehrheit, eine nicht nur vorteilhafte Regelung, die im extremen Einzelfall selbst solchen Kandidaten den Eintritt in den Kirchenvorstand ermöglicht, die nur eine einzige, womöglich die eigene Stimme erhalten haben.

Ersatzmitglieder

76 Ersatzmitglieder sind alle Kandidaten, die zur Wahl vorgeschlagen waren und Stimmen erhalten haben, beginnend wiederum in der Reihenfolge der auf sie entfallenen Stimmen bei demjenigen, der in der Stimmenzahl dem letzten in den Kirchenvorstand gewählten Mitglied folgt (Art. 17 Abs. 3 Satz 3). Es kann vorkommen, dass nur so viele Personen Stimmen erhalten haben, als Mitglieder zu wählen waren. Dann ständen Ersatzmitglieder bis zur nächsten Wahl nicht zur Verfügung, so dass der Kirchenvorstand sich im Bedarfsfalle selbst ergänzen müsste (§ 8 Abs. 3 VVG). Denn die Anwartschaft der bisherigen Ersatzmitglieder endet jeweils bereits nach drei Jahren mit der Rechtskraft der nächsten Wahl, aus der neben den Mitgliedern auch wieder neue Ersatzmitglieder hervorgehen.

Veröffentlichung des Wahlergebnisses

77 Rechtswirkung als für die Kirchengemeinde verbindliche, offizielle Erklärung erhält das von dem Wahlvorstand festgestellte Wahlergebnis erst, wenn der Kirchenvorstand es veröffentlicht. Die Veröffentlichung erfolgt spätestens am Montag nach der Wahl, in der bekannten Art und Weise durch Aushang und Gottesdiensthinweise (Art. 20 Satz 1) in der Reihenfolge der erreichten Stimmenzahl. Die Aushangfrist beträgt eine Woche (Art. 20 Satz 1), also vom Montag bis zum Ablauf des nächsten Sonntag. Der Tag dauert bis 24 Uhr, so dass man den Aushang erst am nächsten Morgen abnehmen sollte. In der Bekanntmachung muss auf die Möglichkeit der Wahlanfechtung durch Einspruch gemäß Art. 20 Satz 4 hingewiesen werden. Das bedeutet, dass alle wesentlichen Zulässigkeits- und Formerfordernisse wiedergegeben werden müssen, insbesondere die Frist, der Einspruchsadressat (der leitende Pfarrer als für den Kirchenvorstand allein Empfangsberechtigter) und die Notwendigkeit der Schriftform sowie einer Begründung.
Ein Prüfungsrecht hat der Kirchenvorstand bei der Veröffentlichung nicht. Er muss das Wahlergebnis also auch veröffentlichen, wenn er es für rechtswidrig oder unzutreffend hält. Unbenommen bleibt, die Bischöfliche Behörde auf offenbare Ungültigkeitsgründe aufmerksam zu machen, die die Wahl auch von Amts wegen prüft und für ungültig erklären kann.

Wahlanfechtung

78 Die Wahl kann nach Art. 21 Abs. 1 innerhalb von vierzehn Tagen nach dem Wahlsonntag bei dem bisherigen Kirchenvorstand durch Einspruch schriftlich mit Begründung angefochten werden. Der Beginn der Einspruchsfrist ist in der neuen Wahlordnung eindeutig auf den Wahlsonntag festgelegt. Die bisherige Regelung, wonach die Frist nach »erfolgtem« Aushang zu laufen begann, führte in der Praxis häufig zu Auslegungsschwierigkeiten. Die Neuregelung ist dem gegenüber eindeutig, da sie an den Wahlsonntag anknüpft, auch wenn der Aushang erst an dem da-

rauf folgenden Montag erfolgt. Der Aushang sollte von vorneherein den letzten Tag seiner Dauer angeben.

Einspruchsentscheidung

Über den Einspruch entscheidet der bisherige Kirchenvorstand durch Beschluss mit Stichentscheid des Vorsitzenden im Falle der Stimmengleichheit (kein Losentscheid, denn Beschlussgegenstand ist nicht eine dem Kirchenvorstand obliegende Wahl). 79

Verspätet eingehende Anfechtungsschreiben muss er zurückweisen, selbst wenn der Einspruch begründet ist, da die Einspruchsfrist dazu dient, im Interesse der Rechtssicherheit baldmöglichst Klarheit über eine rechtmäßige Besetzung des Kirchenvorstandes herzustellen.

Die Frist läuft nach der Neuregelung immer an einem Sonntag ab. Im Gegensatz zu staatlichen Bestimmungen sieht die Wahlordnung für diesen Fall keinen Aufschub bis zum nächsten Werktag vor und staatliches Recht kann ohne besondere Überleitungsvorschrift nicht auf kirchliche Regelungen ergänzend angewandt werden.

Für den Fristablauf ist nicht die Absendung, sondern der Eingang des Anfechtungsschreibens maßgebend. Anfechtungswillige tun deshalb gut daran, den Einspruch sobald wie irgend möglich abzusenden oder abzugeben. Nicht dem richtigen Adressaten, dem Vorsitzenden des Kirchenvorstandes (Art. 1 Abs. 2 der Geschäftsanweisung Köln; analog auch in den Bestimmungen anderer Bistümer), übergebene Einsprüche werden als nicht bei der richtigen Stelle erhoben zurückzuweisen sein, sofern sie nicht doch noch rechtzeitig an den Vorsitzenden weitergereicht worden sind. Mündlich vorgebrachte oder nicht schriftlich begründete Beschwerden müssen als nicht formgerecht erhoben ebenfalls zurückgewiesen werden, sofern die mündliche Kritik überhaupt nach den Umständen als förmlich und ernsthaft gemeinter Einspruch zu werten ist. 80

Ist der Einspruch fristgemäß und formgerecht erhoben, so ist in die sachliche Prüfung einzutreten. Je nach deren Ergebnis ist ihm stattzugeben oder muss er abgewiesen werden. Hält der Kirchenvorstand die Wahl für ungültig, sollte er mit seiner Entscheidung bereits zugleich die Wiederholung der Wahl anordnen. Grundsatz jeder Entscheidung ist die Beurteilung der Frage (Art. 21 Abs. 2 Satz 2),

ob

ein Verstoß gegen die Wahlvorschriften vorliegt

und

dieser Verstoß auf das Ergebnis der Wahl Einfluss gehabt haben kann.

Ob Wahlvorschriften verletzt sind, wird sich nach Prüfung der Beanstandungen und der einzelnen Bestimmungen im Allgemeinen auch von dem juristisch nicht vorgebildeten Laien feststellen lassen. Rückfragen bei der Bischöflichen Behörde könnten nur in allgemeiner, nicht auf den Fall bezogener Form erfolgen, da sich diese, weil möglicherweise damit später als Berufungsinstanz befasst, nicht schon vor der Einspruchsentscheidung des Kirchenvorstandes festlegen kann. Sie würde sonst die Unabhängigkeit und Unparteilichkeit ihrer eventuellen Berufungsentscheidung in Frage stellen. Rechtsauskünfte auf solche Fragen bleiben aus denselben Gründen unverbindlich.

Soweit es sich nicht nur um die Frage der richtigen Anwendung von Rechtsvorschriften, sondern um tatsächliche Vorgänge handelt – etwa die behauptete vorzeitige Schließung des Wahlraums, die Duldung von Vorgängen im Wahlraum, die eine freie, unbehinderte Ausübung des Wahlrechts beeinträchtigt haben sollen –, wird der Kirchenvorstand eine Stellungnahme des Wahlvorstandes einholen und gegebenenfalls auch Zeugen anhören müssen. Vorher muss er sich jedoch darüber schlüssig werden, ob es für seine Entscheidung überhaupt auf die behaupteten Tatsachen ankommen kann. Verfahrensvorschriften über die Befragung von Zeugen bestehen nicht. Selbstverständlich kann kein Zeuge zu Aussagen verpflichtet, erst recht nicht die Eidesleistung verlangt werden. Im Allgemeinen wird die Bitte um schriftliche Auskunft genügen, doch ist die mündliche Einvernahme durch den Kirchenvorstand nicht ausgeschlossen.

Steht die Nichtbeachtung einer Wahlbestimmung fest, so muss weiter geprüft werden, ob diese zu einem Wahlergebnis geführt haben kann, das bei Beachtung des Wahlrechts möglicherweise anders ausgefallen wäre.

81   Zur Erläuterung des Rechtsgrundsatzes des Art. 21 (Rechtsverletzung und mögliche Folge für das Wahlergebnis) dürfen zwei kurze Beispiele dienen.

Die Veröffentlichung der Wahleinladung ist vor dem Wahltag wieder entfernt oder in einigen Sonntagsgottesdiensten der Hinweis auf ihren Aushang vergessen worden. Verletzt ist Art. 9 Abs. 1. Die Folge kann sein, dass infolge eingeschränkter Orientierungsmöglichkeit nicht alle Interessenten gewählt haben. Die Wahl ist ungültig, weil das Ergebnis bei deren Beteiligung anders ausgefallen sein könnte.

Der Wahlausschuss ist erst fünf Wochen vor der Wahl berufen worden, statt wie vorgeschrieben sechs Wochen vorher. Dennoch hat er innerhalb der vorgeschriebenen Frist seine Kandidatenvorschläge veröffentlicht. Verletzt ist Art. 5 Abs. 1. Eine Folge für das Ergebnis kann damit jedoch nicht verbunden sein. Die Wahl ist gültig.

Ob eine Einwirkung auf das Wahlergebnis wirklich eingetreten ist, bleibt für die Entscheidung unerheblich. Die Ungültigkeit der Wahl ist bereits gegeben, wenn eine Auswirkung auf das Ergebnis eingetreten sein kann.

82   Andererseits ist die Abweisung des Einspruchs im Ausnahmefall mit der Begründung möglich, dass zwar die Vorschriften verletzt sind, eine dadurch bedingte Beeinflussung des Ergebnisses auch nicht undenkbar ist, der Kirchenvorstand

jedoch durch gewissenhafte und erschöpfende Beweisaufnahme zur Gewissheit festgestellt hat, dass im vorliegenden Fall die Wirkung möglich, tatsächlich aber nicht eingetreten ist.

Drei Wahlwillige sind, obwohl vor Ablauf der festgesetzten Wahlzeit bereits im Wahlraum anwesend, nicht mehr zugelassen worden. Das Wahlergebnis hat jedoch bei keinem Kandidaten zu einer kleineren Differenz als vier Stimmen zum anderen geführt. Verletzt ist Art. 13 Satz 1. Die verhinderte Stimmabgabe hätte für das Ergebnis von Einfluss sein können. Sie ist es nicht gewesen, weil drei Stimmen mehr am Wahlergebnis nichts geändert hätten.

Je nach Lage des Falles kann die Einspruchsentscheidung auch darin bestehen, nicht die Ungültigkeit der Wahl insgesamt, sondern nur hinsichtlich eines einzelnen Kandidaten festzustellen oder das festgestellte Wahlergebnis in seiner Reihenfolge zu berichtigen (Art. 21 Abs. 2 Satz 2 und 3). Wenn etwa lediglich einige Stimmzettel entgegen der Ansicht des Wahlvorstandes bei der Feststellung des Ergebnisses als gültig oder als ungültig zu betrachten sind, so hat das keinen Einfluss auf die Wahl im Ganzen, sondern allenfalls hinsichtlich einzelner Kandidaten. Das Stimmenergebnis und damit die Reihenfolge können sich verändern, so dass andere Personen als gewählt anzusehen sind, als der Wahlvorstand angenommen hatte.

Einspruchsbescheid (Muster)

Sobald der Kirchenvorstand seinen Beschluss gefasst hat, muss dieser schriftlich abgefasst werden:

Nach ausreichender Kennzeichnung des betreffenden, vielleicht nicht einzigen Falles durch Angabe des Einsprucherhebenden folgt der Inhalt der Entscheidung, und zwar zunächst die Prüfung der formalen Voraussetzungen und, wenn diese gegeben sind, die Auseinandersetzung mit der Einspruchsbegründung.

»In der Wahlanfechtungssache Schulze
hat der Kirchenvorstand in seiner Sitzung vom ...
auf den Einspruch des Herrn Gottfried Schulze
in Astadt, Hauptstraße 1, vom ...
gegen die Kirchenvorstandswahl in St. Peter
entschieden:
Der an sich statthafte, auch form- und fristgerechte Einspruch
gegen die Wahl wird abgewiesen.

Gründe:

Nach den Ermittlungen des Kirchenvorstandes durch Befragung der Mitglieder
des Wahlvorstandes und des Zeugen, Herrn Lehmann, trifft es zwar zu, dass zwei
Stimmzettel bei der Auszählung vergessen wurden. Voraussetzung für die Ungül-

83

tigkeit der Wahl ist nach Art. 21 Abs. 2 der Wahlordnung jedoch, dass das Wahlergebnis durch den Verstoß beeinflusst sein kann. Das kann nicht der Fall gewesen sein, da jeder Kandidat von seinen Mitbewerbern einen Stimmenabstand von mindestens drei Stimmen hatte. Gegen diesen Bescheid ist die Berufung zulässig, die innerhalb ...

(Unterschriften/Siegel)«

84 Äußerst wichtig, daher auf keinen Fall zu vergessen, ist die durch Art. 21 Abs. 4 vorgeschriebene Rechtsmittelbelehrung. Jeder Bescheid, der Rechtswirkungen entweder für den erfolglos gebliebenen Einsprucherhebenden oder für den durch seinen Erfolg Betroffenen hat, ist mit der Belehrung zu versehen, dass er innerhalb einer Frist von einer Woche nach Zustellung durch Berufung bei dem (Erz-)Bischöflichen Generalvikariat in ... – Adresse – angefochten werden kann:

»Gegen diesen Bescheid steht dem/den durch ihn Betroffenen die Berufung zu, die innerhalb einer Woche nach seiner Zustellung dem (Erz-)Bischöflichen Generalvikariat in ... (Anschriftenangabe) zugegangen sein muss.«

Berufungsentscheidung

85 Die Entscheidung der Bischöflichen Behörde über den Einspruch erfolgt unter Beachtung derselben Gesichtspunkte, die auch der Kirchenvorstand bei dem Einspruch zu prüfen hatte. Sie kann die Berufung aus formellen Gründen »zurückweisen« oder aus sachlichen Gründen »abweisen« (diese beiden Bezeichnungen, je nachdem, ob formelle oder sachliche Gründe maßgebend waren, sollte gemäß allgemeiner Übung auch der Kirchenvorstand gebrauchen) oder ihr stattgeben. Die Entscheidung ist endgültig (Art. 22 Abs. 1 Satz 2). Ein weiteres Rechtsmittel, insbesondere die Klage vor dem staatlichen Gericht, ist also nicht gegeben. Bei der Entscheidung in Angelegenheiten der Kirchenvorstandswahl als Bestandteil des kirchlichen Vermögensverwaltungsrechtes handelt es sich um einen Fall der verfassungsrechtlich garantierten Freiheit der Kirche, ihre Angelegenheiten selbst zu ordnen.

Wenn die Bischöfliche Behörde die Berufung für begründet hält, wird der Einspruchsbescheid des Kirchenvorstandes aufgehoben und die Wahl je nach Lage des Falles im Ganzen oder hinsichtlich der betroffenen Mitglieder für ungültig erklärt. Gegenstand der Entscheidung kann auch sein, lediglich das Wahlergebnis zu berichtigen und statt der vom Wahlvorstand für gewählt gehaltenen Kandidaten andere gemäß dem wirklichen Stimmenergebnis zum Mitglied oder Ersatzmitglied zu erklären.

Es kann auch der umgekehrte Fall vorkommen, dass die Bischöfliche Behörde die durch den Kirchenvorstand für ungültig erklärte Wahl für gültig erklären muss, weil er zu Unrecht einem nicht begründeten Einspruch stattgegeben hatte.

Wahlprüfung von Amts wegen

Auch ohne dass eine Wahl durch Einspruch beanstandet worden ist, hat die Bischöfliche Behörde das Recht und im Rahmen pflichtmäßigen Ermessens auch die Pflicht, im Wege aufsichtsbehördlicher Entscheidung die Anordnungen zu treffen, die sich aus Verletzungen des Wahlrechts mit möglicher Folge für das Wahlergebnis ergeben. Eine Verpflichtung hierzu besteht aber nur, wenn ausnahmsweise die Untätigkeit als Rechtsmissbrauch angesehen werden müsste. Auch in einem solchen Fall, sollte er wirklich einmal in Betracht gezogen werden können, besteht allerdings für die Wahlberechtigten, die Kandidaten und die Wahlorgane keine Möglichkeit, das Tätigwerden der Bischöflichen Behörde auf dem Rechtswege zu erzwingen.

86

Abschließende Formalien und Einführung der Gewählten

Ist ein Einspruch nicht innerhalb der Frist eingegangen oder die Wahlanfechtung erfolglos geblieben, muss der Vorsitzende die Namen der Gewählten der Bischöflichen Behörde mitteilen (Art. 23). Da er auch die neu zu wählenden stellvertretenden Vorsitzenden, gegebenenfalls auch den geschäftsführenden Vorsitzenden, angeben muss, wartet er damit bis nach der Amtseinführung des neuen Kirchenvorstandes, der diese Wahlen in seiner ersten Sitzung vornehmen muss, wenn nicht ganz besondere Gründe für einen kurzen Aufschub geltend gemacht und von der Bischöflichen Behörde anerkannt werden.

87

Die erste Sitzung des Kirchenvorstandes muss spätestens innerhalb eines Monats nach Rechtskraft der Wahl stattfinden (Art. 24 Abs. 4). In der konstituierenden Sitzung sollte auch spätestens dem Sitzungsbuch des Kirchenvorstandes das vorgeschriebene (Art. 24 Abs. 5) Verzeichnis beigefügt werden, in dem die Namen der Mitglieder nach dem neuen Stand und die Namen der Ersatzmitglieder in der Reihenfolge der Stimmen enthalten sind.

Schließlich kann es auch zu dem wohl äußerst seltenen Fall kommen, dass der Kirchenvorstand zur ersten Sitzung in einer nicht der gesetzlichen Vorschrift entsprechenden Anzahl zusammentreten muss, weil aus der Wahl nicht genügend neue Mitglieder hervorgegangen sind. Da schon die einfache Mehrheit zur Wahl genügt, kann das nur eintreten, wenn nicht so viele Kandidaten auch nur eine Stimme erhalten haben, wie Mitglieder zu wählen waren. In diesem Fall muss der Kirchenvorstand in der vorhandenen Besetzung zunächst durch Hinzuwahl der fehlenden Mitglieder für seine Ergänzung sorgen (Art. 24 Abs. 3). Erst nach deren Aufnahme ist er in der Lage, in seine verantwortungsvolle Arbeit einzutreten.

VII. Die Sitzung des Kirchenvorstandes

Einleitung

88 Der Kirchenvorstand ist ein Gremium, das durch menschliches Denken und Handeln die »Lebensfunktionen« übernehmen muss, zu denen die Kirchengemeinde als nur gedachte (juristische) Person nicht imstande ist. Überlegen, entscheiden, ihren Willen äußern kann die Kirchengemeinde nur durch ihr Organ, eine gesetzlich bestimmte Anzahl von Menschen, die nur in gemeinsamer Beratung und Entscheidung die Kirchengemeinde in die Lage versetzen, wie eine wirkliche (natürliche) Person am Leben teilzunehmen.

Die Mitglieder des Kirchenvorstandes müssen also zu Sitzungen zusammenkommen, um zu bestimmen, wie sich die von ihnen vertretene Kirchengemeinde jeweils in den einer Lösung bedürftigen Vermögensangelegenheiten verhalten soll.

Rundlaufbeschlüsse

89 Daraus folgt, dass es in keinem noch so eiligen Fall zulässig ist, einen schriftlich formulierten Beschlussvorschlag von Haus zu Haus weiterreichen zu lassen mit der Bitte an die einzelnen Mitglieder, ihre Meinung schriftlich hinzuzufügen und das Ergebnis als Kirchenvorstandsbeschluss zu betrachten. Zur Meinungsbildung der Kirchengemeinde, die der Kirchenvorstand nur in seiner Gesamtheit verkörpern kann, gehört wesensnotwendig die gemeinsame Beratung, der Meinungsaustausch. Aus demselben Grund wäre es auch niemals zulässig, wenn einzelne Mitglieder oder der Vorsitzende allein Entscheidungen treffen wollten, ohne das gesamte Gremium damit zu befassen – vom Handeln auf Grund ordnungsgemäß beschlossener Vollmacht abgesehen.

Einladung zur Sitzung

90 Zu den Sitzungen müssen alle Mitglieder ordnungsgemäß eingeladen werden. Es ist in erster Linie die Aufgabe des Vorsitzenden bzw. des nach der Geschäftsanweisung bestellten geschäftsführenden Vorsitzenden, für die rechtzeitige Entscheidung des Kirchenvorstandes zu sorgen, so dass er stets den Stand der Vermögensangelegenheiten zu beobachten und zu prüfen hat, welche Maßnahmen baldiger gemeinsamer Überlegung bedürfen. Er muss den Kirchenvorstand so oft einberufen, wie es zur ordnungsgemäßen Erledigung der Verwaltungsgeschäfte erforderlich ist.

Im Falle der Verhinderung des Pfarrers als Vorsitzendem durch Krankheit oder Abwesenheit ist der erste oder zweite stellvertretende Vorsitzende zur Einladung berechtigt und verpflichtet, wenn eine Sitzung dringlich erscheint. Sind sowohl der Pfarrer als auch der geschäftsführende Vorsitzende verhindert, steht das Recht zur Einladung dem zweiten stellvertretenden Vorsitzenden zu. Es sollte jedoch eine

Verhinderung des Vorsitzenden nicht dazu benutzt werden, ihn durch Beschlüsse vor vollendete Tatsachen stellen zu wollen, bei denen man weiß oder annehmen muss, dass er ein berechtigtes Interesse an der Mitberatung hat.

Auch im Interesse der Mitglieder wird der Vorsitzende darauf achten, dass mehrere Beschlussgegenstände in derselben Sitzung behandelt werden können und nicht dringliche Angelegenheiten aufschieben, bis eine Sitzung aus weiteren Gründen notwendig wird.

Der Vorsitzende bestimmt auf Grund der ihm obliegenden besonderen Verantwortung für den ordnungsmäßigen Verwaltungsablauf auch, welche Gegenstände jeweils zur Beratung stehen sollen.

Umgekehrt ist es aber nicht nur Amtspflicht des Vorsitzenden, für eine geordnete Vermögensverwaltung zu sorgen, denn diese Verpflichtung ist allen Mitgliedern anvertraut. Die Mitglieder müssten ihn also darauf aufmerksam machen, wenn sie die Notwendigkeit der Regelung einer bestimmten Angelegenheit erkennen. Auf Grund der allen Mitgliedern auferlegten Amtspflicht der gemeinsamen Verantwortung für das Kirchenvermögen gibt ihnen das Vermögensverwaltungsgesetz auch die Möglichkeit, den Vorsitzenden notfalls zu einer Einladung gegen seinen Willen zu veranlassen.

Der Vorsitzende ist zur Einladung gesetzlich verpflichtet, wenn mindestens ein **91** Drittel der Mitglieder dies verlangt (§ 11 Ziff. 2 VVG). Sie müssten dann angeben, welche Gegenstände auf die Tagesordnung gesetzt werden sollen. Einen bestimmten Tag und Zeitpunkt können sie jedoch nicht verbindlich verlangen, denn grundsätzlich bleibt dies auch dann das Recht des Vorsitzenden, der aber auf jeden Fall den erstmöglichen Termin wahrnehmen muss.

Bei der Berechnung des Drittels der Mitglieder zählen auch die Mitglieder kraft Amtes mit, also auch der Pfarrer und, soweit von der Bischöflichen Behörde angeordnet, ein weiterer Geistlicher und etwaige andere Personen (z.B. der Patron), die nicht durch Wahl zur Mitgliedschaft berufen worden sind.

Einladung durch die Bischöfliche Behörde

Auch die Bischöfliche Behörde hat das Recht, die Einberufung einer Sitzung zu **92** verlangen. Sollte der Vorsitzende dem Verlangen der Mitglieder oder der Bischöflichen Behörde nicht in angemessener Zeit nachkommen, so könnte die Bischöfliche Behörde selbst die Einladung vornehmen, die Tagesordnung festsetzen und je nach Lage des Falles auch einen anderen für diese Sitzung zum Vorsitzenden bestimmen.

Verhinderung des Vorsitzenden und seines Stellvertreters

93 Diese Möglichkeit hat die Bischöfliche Behörde auch in einem anderen wohl selten vorkommenden Fall. Sind sowohl der Vorsitzende als auch seine Stellvertreter für längere Zeit abwesend oder ernsthaft erkrankt und ist ein Aufschub nicht möglich, so kann die Bischöfliche Behörde in derselben Weise handeln. Es ist dann nicht nötig, dass ein Drittel der Mitglieder die Einberufung anregt. Es genügt, dass ein Mitglied oder auch die Rendantur die Dringlichkeit glaubhaft macht und die Tagesordnungspunkte angibt, die Namen und Anschriften aller Mitglieder mitteilt und Ort und Termin vorschlägt. Zweckmäßig ist der gleichzeitige Vorschlag eines Mitgliedes, das zum Vorsitzenden dieser Sitzung bestimmt werden könnte.

Form, Frist und Inhalt

94 Die Einladung zu einer Sitzung des Kirchenvorstandes muss schriftlich (Fax genügt) erfolgen. Mündliche Einladungen durch Telefonanruf oder Boten sind nicht statthaft. Das gleiche gilt grundsätzlich für Einladungen per E-Mail. Verfügen jedoch <u>alle</u> Kirchenvorstandsmitglieder über eine E-Mail-Adresse und haben sich <u>alle</u> Mitglieder schriftlich (z.B. Liste mit E-Mail-Adresse und Unterschrift) mit der Möglichkeit der Einladung per E-Mail einverstanden erklärt, bestehen gegen eine per E-Mail versandte Einladung keine Bedenken. Die Einladung muss allen Mitgliedern spätestens am Tage vor der Sitzung zugegangen sein. Ratsam ist die Einhaltung einer längeren Frist, damit alle Mitglieder rechtzeitig disponieren können.

Auch Mitglieder, die urlaubsabwesend sind, müssen unter ihrer ständigen Anschrift eingeladen werden. Haben sie um Übermittlung an ihre Urlaubsadresse gebeten, ist dieser Bitte zu entsprechen, denn alle Mitglieder, insbesondere auch der Vorsitzende, haben ein berechtigtes Interesse, auch in Abwesenheit unterrichtet zu bleiben und vielleicht sogar den Urlaub unterbrechen zu können, wenn sie ihre Teilnahme für erforderlich halten.

95 Die Einladung muss Ort und Zeit der Sitzung angeben. Sie muss alle Punkte mitteilen, die Gegenstand der Beratung sein sollen.

Den Sitzungsraum bestimmt nicht der Pfarrer sondern der Kirchenvorstand, der darüber einen Beschluss fasst oder sich der ständigen Übung des Vorsitzenden stillschweigend anschließen kann. Er könnte aber jederzeit durch Beschluss die bisherige Bestimmung grundsätzlich abändern oder sich im Einzelfall anderweitig entschließen – selbstverständlich nicht mehr mit Wirkung für die laufende Sitzung, denn für einen anderen Sitzungsort wäre nicht vorschriftsmäßig eingeladen. Ausnahme: Alle Mitglieder sind anwesend und niemand widerspricht der Verlegung in einen anderen Tagungsraum. Der Pfarrer ist an den Beschluss des Kirchenvorstandes über den Tagungsort nicht gebunden, wenn wichtige Gründe entgegenstehen, andererseits auch nicht verpflichtet, das Pfarrhaus als Sitzungsraum zur Verfügung zu stellen. Das Wirtshaus als Sitzungsraum ist höchstens dann gestattet, wenn ein anderer Raum nicht zur Verfügung steht und darin ein abgetrenntes, nicht öffentlich zugängliches Zimmer benutzt werden kann.

Erneute Einladung nach Beschlussunfähigkeit

Wenn eine Sitzung wegen Beschlussunfähigkeit nicht stattfinden konnte (siehe bei Rdn. 100–102), so muss zu einer weiteren Sitzung mit derselben Tagesordnung eingeladen werden. Dabei ist ausdrücklich darauf hinzuweisen, dass diese Sitzung ohne Rücksicht auf die Anzahl der Teilnehmer beschlussfähig sein wird.　　96

Doppeleinladung

Es ist nicht möglich, sich die Belastung zweier Termine zu ersparen und schon mit der Einladung eine zweite für den Fall der Beschlussunfähigkeit zu verbinden, die beispielsweise eine Viertelstunde später anberaumt wird mit dem Hinweis, diese zweite Sitzung sei dann in jedem Falle beschlussfähig. Für jede, auch eine erneute Einladung ist die oben erwähnte Mindestfrist von einem Tage einzuhalten. Das hat seinen guten Grund, denn die geschilderte, nicht erlaubte Verfahrensweise würde den Mitgliedern das Recht vorenthalten, die Folgen ihrer Nichtteilnahme (Beschlussfähigkeit vielleicht einer kleinen Minderheit) abzuwägen und sich danach zu entschließen, ob sie dennoch fernbleiben sollten. Öfteres unentschuldigtes Fernbleiben ist, nebenbei bemerkt, eine Amtspflichtverletzung, die zum Ausschluss führen kann.　　97

Folgen nicht vorschriftsmäßiger Einladung

Wenn die Einladung nicht allen vorstehend dargelegten Erfordernissen entspricht, können in der Sitzung nur dann wirksame Beschlüsse gefasst werden, wenn alle Mitglieder anwesend sind und niemand widerspricht.　　98

Eröffnung der Sitzung

Am Sitzungstage eröffnet der Vorsitzende frühestens zur angegebenen Zeit die Sitzung und stellt zunächst zu Protokoll fest, dass ordnungsgemäß eingeladen wurde sowie wie viele und welche Mitglieder erschienen sind, denn die Beratungen können nur beginnen, wenn feststeht, dass　　99

Beschlussfähigkeit

besteht. Der Kirchenvorstand ist beschlussfähig, wenn wenigstens die Hälfte der gewählten Mitglieder anwesend ist. Mitglieder kraft Amtes können also nicht mitgezählt werden.　　100

»Beschluss«-Fähigkeit muss trotz der insoweit irreführenden Bezeichnung schon bei Beginn der Beratungen und nicht erst bei der Beschlussfassung gegeben sein.

Es ist daher nicht zulässig, in nicht ausreichender Besetzung schon mit der Beratung zu beginnen in der Hoffnung, dass weitere Mitglieder später hinzukommen werden und sich dann wenigstens noch an der Abstimmung beteiligen könnten. Die Beschlussfähigkeit muss bis zum Ende der Beschlussfassung bestehen bleiben. Es könnte also auch dann kein gültiger Beschluss zustande kommen, wenn bei der Abstimmung infolge vorzeitigen Verlassens der Sitzung nicht mehr die Hälfte der gewählten Mitglieder anwesend wäre. Das gilt auch dann, wenn die betreffenden Mitglieder etwa ihre Kollegen bitten würden, eine Stimme zugleich für sie nach eigenem Ermessen oder nach näherer Anweisung mit abzugeben, denn Stellvertretung bei der Abstimmung ist nicht möglich. Abstimmen können nur die Anwesenden und jeder nur für sich.

Beschlussfähigkeit bei gleichzeitigem, mehrfachem Rücktritt

101 Es kann vorkommen, dass gleichzeitig mehrere Mitglieder ihr Amt niederlegen wollen und deshalb nicht mehr zur Sitzung erscheinen. Handelt es sich um die Hälfte der gewählten Mitglieder oder mehr, so entsteht die Frage, wie der restliche Kirchenvorstand den über die Annahme oder Ablehnung der Amtsniederlegung notwendigen Beschluss fassen und sich durch Zuwahl ergänzen (näheres bei Rdn. 39) kann, wenn der Grundsatz auch hier gelten sollte, dass zur Beschlussfähigkeit die Anwesenheit von mindestens der Hälfte der gewählten Mitglieder erforderlich ist. Für diesen Fall muss der restliche Kirchenvorstand ohne Rücksicht auf die Anzahl der verbliebenen Mitglieder als beschlussfähig gelten. Dieser beschließt über die Amtsniederlegung, ergänzt sich alsdann durch die etwa noch vorhandenen Ersatzmitglieder und beschließt mit diesen gemeinsam über die weitere Ergänzung bis zur gesetzlich vorgeschriebenen Mitgliederzahl.

Diese Ansicht lässt sich rechtlich damit begründen, dass das Gesetz die Abwesenheit der Mitglieder bei der Beratung und Beschlussfassung vorschreibt, die am Gegenstand des Beschlusses beteiligt sind (siehe bei Rdn. 106). Das Gesetz, so kann man in ergänzender Auslegung behaupten, nimmt es also in solchen Fällen in Kauf, dass durch den Ausschluss von Mitgliedern die zur Beschlussfähigkeit notwendige Mitgliederzahl unterschritten werden kann, ohne dass dadurch Beschlussunfähigkeit eintreten würde, denn sonst würde der Kirchenvorstand ja handlungsunfähig. Ein solcher Fall kann auch sonst ohne weiteres eintreten. Man könnte z.B. sich den Fall vorstellen, dass der Kirchenvorstand über einen Vertrag abstimmen müsste, für den sich eine Firma bewirbt, an der mehrere Mitglieder als Gesellschafter beteiligt sind, mag auch dieses Beispiel etwas weit hergeholt sein. Auch bei dem mehrfachen, gleichzeitigen Rücktritt sind mehrere Mitglieder gleichzeitig beteiligt. So kann man in etwas weiterer Auslegung behaupten (denn meist handelt es sich in solchen Fällen um eine abgesprochene Protestdemonstration), und auch für diesen Fall die Meinung vertreten, dass die Beschlussfähigkeit der übrigen Mitglieder hierdurch nicht beeinträchtigt wird.

Streng formal gedacht wäre allerdings beim gleichzeitigen Rücktritt mehrerer Mitglieder jeder einzelne nur für sich selbst am Beschluss beteiligt und an der Beschlussfassung über die anderen »Amtsmüden« allenfalls lediglich interessiert. Das stellt aber nach dem Gesetz keinen Ausschlussgrund dar, weil es die Abwesenheit nur für den jeweils »selbst« Beteiligten vorschreibt, so dass die jeweils durch den Beschluss über die Rücktrittserklärung eines anderen noch nicht Betroffenen am Beschluss hinsichtlich der übrigen noch mitwirken könnten, Beschlussunfähigkeit also deshalb gar nicht eintreten könnte. Notfalls müsste man, um nicht mit dem Problem der Beschlussunfähigkeit in Konflikt zu kommen – so meinen die Anhänger dieser Ansicht –, die betreffenden Mitglieder dazu überreden, ihren Rücktritt erst nacheinander zu erklären. Eine solche formalistische Gesetzestreue, wie sie auch schon mit dem zu erwartenden Misserfolg anzuwenden versucht worden ist (man bedenke die Situation!), muss hier den praktischen Gegebenheiten weichen.

Beschlussunfähigkeit wegen persönlicher Beteiligung

Diese weite Auslegung der gesetzlichen Bestimmungen lässt sich aber nur für den vorstehend geschilderten Ausnahmefall rechtfertigen. Sie ist also nicht anwendbar, wenn die Beschlussunfähigkeit bei ohnehin nicht vollzähligem Erscheinen der übrigen Mitglieder nur dadurch entsteht, dass ein anwesendes Mitglied wegen persönlicher Beteiligung an dem Beschlussgegenstand die Sitzung verlassen muss. Dieser Punkt der Tagesordnung müsste dann mangels Beschlussfähigkeit für die nächste Sitzung zurückgestellt werden. *102*

Gäste

Die Kirchengemeinde ist eine juristische Person und kann daher nur durch den Kirchenvorstand als ihr Organ denken, entscheiden und handeln. *103*

Die Zusammensetzung dieses Organs ist durch das Vermögensverwaltungsgesetz im Einzelnen vorgeschrieben. Nicht zum Kirchenvorstand gehörende Personen können sich daher an der Beratung und Beschlussfassung des Kirchenvorstandes nicht beteiligen, weil sonst kein rechtsgültiger Beschluss zustande käme.

Diesen Grundsatz muss der Kirchenvorstand streng beachten, wenn er Dritte als so genannte Gäste einlädt. Jeder Kirchenvorstand ist sich selbstverständlich darüber im Klaren, dass kein anderer mit abstimmen darf. Sehr häufig wird aber nicht beachtet, dass man ebenso wenig zulassen darf, dass nicht zum Kirchenvorstand gehörende Personen an den der Beschlussfassung vorangehenden Beratungen in derselben Weise teilnehmen wie die Mitglieder selbst.

Um sich nicht der Gefahr der Ungültigkeit des Beschlusses auszusetzen, sollte man grundsätzlich niemand als Gast einladen, dessen Anwesenheit nicht aus Gründen erforderlich ist, die mit den anstehenden Beschlussgegenständen in unmittelbarem Zusammenhang stehen. Es sei denn, es handele sich um eine Gruppe aus der Gemeinde, die sich für die Arbeitsweise des Kirchenvorstandes interessieren sollte, wie beispielsweise eine Jugendgruppe, und deshalb einmal lediglich als passive Zuhörer an einer Sitzung teilnehmen möchte.

104 Insbesondere sollte man von der nicht seltenen Übung Abstand nehmen, die Ersatzmitglieder zu den Sitzungen einzuladen, wobei man sie, wie es naheliegt, in die Beratung einbezieht. Die Ersatzmitglieder sind nicht Mitglieder des Kirchenvorstandes und daher Dritte wie jeder andere. Sie dürften nur als stumme Zuhörer anwesend sein, sich also weder zur Sache äußern noch bei der Beschlussfassung in irgendeiner Weise mitwirken. Ihre Anwesenheit ist also sinnlos. Einarbeiten können sie sich noch früh genug, wenn sie wirklich einmal Mitglied werden sollten.

Im Interesse einer sachgerechten Überlegung und Entscheidung kann es andererseits erforderlich sein, Gäste zur Sitzung einzuladen, auf deren Sachkunde und Mitarbeit man nicht verzichten kann. Besonders handelt es sich hier um Mitarbeiter der Rendantur, die meist nicht Mitglied des Kirchenvorstandes sind, deren Auskünfte jedoch häufig die Grundlage eines Beschlusses sein müssen. Bei anstehenden Bauaufgaben wird häufig der zur Planung und Durchführung beauftragte Architekt zugegen sein müssen. Manchmal wird auch der für bestimmte schwierigere Aufgabengebiete bestellte Ausschuss, zu dem auch Nichtmitglieder gehören können, seine Auffassungen in der Sitzung näher erläutern müssen. Der Kirchenvorstand könnte weiter z. B. den Jugendseelsorger, der nicht zum Kirchenvorstand gehört, einen Ausschuss des Pfarrgemeinderates, einen in Aussicht genommenen Vertragspartner einladen, ihre Argumente vorzutragen, die für die Beschlussfassung von Bedeutung sein können.

105 In allen diesen Fällen gilt der sorgfältig zu beachtende Grundsatz, dass man sich die Meinung der Fachleute oder Interessenten zwar anhören kann und sollte, dass sie an den eigentlichen Beratungen des Kirchenvorstandes jedoch nicht beteiligt werden dürfen. Diese Anhörung kann vor der eigentlichen Beratung geschehen, was im Interesse einer klaren Trennung von Konsultation und Beratung das Beste ist. Diese klare Unterscheidung ist aber nicht immer möglich, denn oft ergeben sich weitere Fragen erst im Verlauf der Beratung. In diesem Falle unterbricht man die Beratung und stellt die nötigen Fragen, gibt aber nach deren Beantwortung höflich zu verstehen, dass nunmehr die Beratung der Kirchenvorstandsmitglieder fortgesetzt werde und aus rechtlichen Gründen Diskussionsbeiträge nicht möglich seien.

Dass der Beteiligung von Gästen an der Beratung allein rechtliche, aber aus Gründen der Rechtssicherheit durchaus ernst zu nehmende Bedenken entgegenstehen, wird man in möglichst geschickter Weise auch dem anwesenden Delegierten des Pfarrgemeinderates klar zu machen haben, der aus Rechtsgründen nur »Gast mit dem Recht der Meinungsäußerung« sein kann, wie es § 12 Abs. 2 der Satzung für die Pfarrgemeinderäte (s. Vorschriftenanhang) rechtlich zutreffend formuliert hat.

Zulässige Konsultation und nicht zulässige Beteiligung an der Beratung des Kirchenvorstandes kann man in allen diesen Fällen am leichtesten mit den Fragen unterscheiden: »Was halten Sie davon?« und »Wie sollen wir (Mitglieder) uns nun entscheiden?«

Verbot der Teilnahme eigener Mitglieder

Schließlich können auch im Einzelfall Mitglieder des Kirchenvorstandes von der Beratung und Beschlussfassung ausgeschlossen sein, wie bereits bei der Beschlussfähigkeit hinsichtlich des mehrfachen, gleichzeitigen Rücktritts erwähnt wurde. Das ist dann der Fall, wenn sie »selbst am Gegenstand der Beschlussfassung beteiligt sind«. 106

Rechtlich ist hier festzuhalten, dass diese – zu enge – Vorschrift den Ausschluss nur fordert, wenn das Mitglied s e l b s t beteiligt ist, also der Beschluss unmittelbar rechtliche oder wirtschaftliche Folgen für dieses persönlich haben könnte. Beteiligt ist es also nicht, wenn es, ohne dass solche Folgen entstehen könnten, nur aus anderen Gründen besonders interessiert ist, etwa weil es um Verwandte geht, die sich um eine Anstellung bewerben oder um einen Bekannten, der ein Erbbaurechtsgrundstück haben möchte. In Fällen engerer Beziehungen, besonders also bei nahen Verwandten, sollte aber das eigene Feingefühl nahelegen, sich an der Beratung nicht zu beteiligen und der Stimme zu enthalten.

Öffentliche Sitzung?

Das Vermögensverwaltungsgesetz enthält keine Vorschrift darüber, ob die Sitzungen des Kirchenvorstandes öffentlich sein müssen oder können. Der Kirchenvorstand wäre also rechtlich nicht gehindert, zu seinen Beratungen einen offenen oder geschlossenen Kreis aus der Gemeinde einzuladen, der sich natürlich nicht an der Beratung oder Beschlussfassung beteiligen dürfte. Die Frage ist nur, ob er den etwaigen Wunsch nach Öffentlichkeit einer Sitzung, z.B. bei den Beratungen über einen Kirchneubau, ablehnen kann. 107

Ein gesetzliches Hindernis besteht nicht, da im Vermögensverwaltungsgesetz Öffentlichkeit der Sitzung nicht vorgeschrieben ist.

Das hat seinen guten Grund. Der Kirchenvorstand muss unbefangen ohne persönliche Rücksichten auf interessierte oder betroffene Gemeindemitglieder entscheiden können. Der Friede in der Gemeinde soll möglichst gewahrt bleiben, der Grundlage für eine erfolgreiche Pastoral ist. Erst recht die öffentliche Erörterung der Gründe für personenbezogene Entscheidungen könnte die Betroffenen verletzen und Missstimmung untereinander wie besonders auch gegen den Seelsorger als Vorsitzenden schaffen.

Dem gelegentlich vorgebrachten Einwand der Abweichung von allgemeinen demokratischen Grundsätzen ist entgegenzuhalten, dass es einer Kontrolle durch die

Öffentlichkeit nicht bedarf, da die Ordnungsmäßigkeit und sachliche Richtigkeit der Entscheidung durch die Bischöfliche Aufsichtsbehörde ausreichend abgesichert sind. Sie sind wegen der Genehmigungsbedürftigkeit aller wesentlichen Beschlüsse weit umfassender als beispielsweise bei der Kommunalaufsicht im staatlichen Bereich gewährleistet.

Tagesordnung

108   Die Beratung erfolgt in der Reihenfolge der Tagesordnung, die der Vorsitzende in seiner Einladung angegeben hat, da er als Leiter des Gremiums nicht nur die zu beratenden Angelegenheiten zusammenstellen muss, sondern auch am besten in der Lage ist zu beurteilen, welche Reihenfolge einer sachgerechten Behandlung am dienlichsten ist.

Anträge auf die Veränderung dieser Folge sind daher für ihn nicht verbindlich. Über Anträge zur Absetzung eines Punktes von der Tagesordnung könnte hingegen durch Mehrheitsbeschluss entschieden werden, da der Kirchenvorstand nicht gezwungen werden kann, eine Entscheidung zu treffen. Die Verweigerung der Beschlussfassung in Angelegenheiten, deren Aufschub das Kirchenvermögen schädigen könnte, wäre jedoch eine Verletzung der Amtspflicht, wegen derer notfalls die Bischöfliche Behörde eingreifen könnte.

109   Anträge zur Erweiterung sind hingegen nur bei vollzähliger Besetzung statthaft. Hinsichtlich dieser Beschlussgegenstände liegt keine ordnungsgemäße Einladung vor, so dass ein Beschluss nur gefasst werden kann, wenn alle Mitglieder anwesend sind und niemand widerspricht. Der Grund liegt auch hier darin, dass alle Mitglieder vorher über die zur Beratung anstehenden Gegenstände informiert sein und die Folgen ihres Nichterscheinens, die zu einem von ihnen nicht gewünschten Beschluss führen könnten, beurteilen können sollen.

Die grundsätzliche Beschränkung der Sitzung auf die Tagesordnung, von obiger Ausnahme abgesehen, erweist sich manchmal als hinderlich. Man versucht, sie zu umgehen, indem man auf der Einladung stets als letzten Punkt »Verschiedenes« angibt.

Diese Umgehung ist im Hinblick auf den eben erörterten Sinn der Vorschrift nicht zulässig. Unter diesem Punkt können, wenn nicht alle erschienen sind oder bei vollzähliger Besetzung einer widerspricht, also keine Beschlüsse gefasst werden, die für die Kirchengemeinde irgendwelche Verpflichtungen oder sonstige Folgen haben können.

Abstimmung

110   Nach Abschluss der Beratung, die der Vorsitzende zu leiten hat, erfolgt die Abstimmung. Es gehört zu der ihm obliegenden Sitzungsleitung, dass er bei sich mehrenden Wiederholungen der Argumente die Beratung abschließen und die Abstim-

mung anordnen kann.

Über die Art und Weise der Abstimmung bestehen keine Bestimmungen. Im Hinblick auf das besondere Kollegial- und Vertrauensverhältnis wird in der Praxis wohl stets offen abgestimmt. Man sollte es aber nicht verübeln und keine weitere Diskussion darüber veranstalten, wenn ein Mitglied die geheime Abstimmung anregen sollte, um zu einer von jedem psychischen Zwang freien Willensbildung beizutragen. Je nach Lage des Falles kann dies einer sachlichen Beschlussfassung und dem Frieden in der Gemeinde nur dienlich sein, da die von dem Beschluss Betroffenen sehr häufig von den Einzelheiten der Sitzung Kenntnis erhalten, zumal eine rechtliche Verpflichtung zur Amtsverschwiegenheit im Allgemeinen nicht besteht (vgl. Rdn. 114).

Gelegentlich wird hierzu eingewandt, dass bei geheimer Abstimmung kein gleiches Recht für alle bestehe, denn (siehe nächsten Abschnitt) bei Stimmengleichheit entscheide die Stimme des Vorsitzenden, der dann also seine Meinung im Gegensatz zu den anderen Mitgliedern offen äußern müsse. Der Vorsitzende könnte allerdings stattdessen die Wiederholung in wiederum geheimer Abstimmung verlangen und sich dabei der Stimme enthalten. Das hätte dann aber oft zur Folge, dass man nicht nur doch weiß, wie er vorher gestimmt hat, sondern dass der Beschlussantrag keine Mehrheit fände oder der etwa gestellte Gegenantrag, eventuell gegen die Meinung des Vorsitzenden, zum Erfolg käme. In solchen Fällen wird man es als das Recht des Vorsitzenden ansehen müssen, die offene Stimmenabgabe durch alle zu verlangen.

Der Pfarrer kann also, unbeschadet seiner besonderen rechtlichen Befugnisse im Bereich von Seelsorge und Liturgie (siehe Rdn. 120ff.) überstimmt werden.

Abstimmungsergebnis

Beschlüsse werden mit einfacher Mehrheit der Erschienenen gefasst. Bei Stimmengleichheit entscheidet, wie eben erwähnt, die Stimme des Vorsitzenden, wodurch Vorsorge dafür getroffen ist, dass es auch dann zur Beschlussfassung kommen kann. Bei Wahlen entscheidet hingegen im Falle der Stimmengleichheit das Los.

Bei der Ermittlung der »Stimmenmehrheit der Erschienenen« zählen die Mitglieder nicht mit, die sich der Stimme enthalten. Sie sind zwar anwesend und beeinträchtigen deshalb auch in größerer Zahl nicht die Beschlussfähigkeit. Hinsichtlich der Ermittlung der Stimmenmehrheit werden sie hingegen, obwohl »erschienen«, als nicht zugegen betrachtet.

Eine andere Auslegung, die im Hinblick auf den Wortlaut der Vorschrift an sich näher liegt, würde der Absicht dieser Mitglieder nicht gerecht. Wenn sie nämlich als »Erschienene« bei der Stimmenauszählung mitgezählt würden, so würde sich ihre Stimmenthaltung als Ablehnung des Beschlusses auswirken. Sie wollten aber keine Ablehnung – sonst hätten sie auch gleich mit »nein« stimmen können –, sondern dass ihre Stimme überhaupt keine Berücksichtigung findet, weder im Sinne der Zustimmung noch der Ablehnung.

Würde man hingegen das Gesetz wörtlich anwenden, so wäre eine Stimmenthaltung in dieser Absicht nicht möglich. Das widerspräche allgemeinen demokratischen Grundsätzen und kann deshalb nicht Absicht des Gesetzgebers gewesen sein.

Bei der Stimmenthaltung von drei Mitgliedern von insgesamt acht Erschienenen beträgt die zur Beschlussfassung notwendige Mehrheit also nicht mehr fünf Stimmen, sondern nur noch drei.

Eintragung des Beschlusses

112 Ist ein Beschluss zustande gekommen, so wird er unter Angabe des Tages und der Anwesenden in ein Sitzungsbuch eingetragen. Er ist von dem Vorsitzenden und zwei der anwesenden Mitglieder unter Beidrückung des Siegels der Kirchengemeinde (nicht des Pfarrsiegels) zu unterschreiben. Ist er jemandem, meist der Bischöflichen Behörde, bekanntzugeben, so geschieht dies durch eine Abschrift, die der Vorsitzende mit seinem, also dem Siegel der Kirchengemeinde beglaubigt.

Für die inhaltsgetreue und ordnungsgemäße Eintragung hat aufgrund seiner Amtsstellung der Vorsitzende zu »sorgen«. Er ist also nicht zur eigenhändigen Eintragung verpflichtet, obwohl nicht wenige Kirchenvorstände ihm diese »schöne« Aufgabe gern überlassen. Sie sollten, sofern dies nicht am fehlenden Vertrauen in die eigene Schriftgewandtheit und Formulierfähigkeit liegt, auch hierin eine kleine Möglichkeit zur Unterstützung des Pfarrers, wenn er die Sitzung leitet, sehen und ein Mitglied aus ihrer Mitte zum Schriftführer bestimmen.

Die Eintragung sollte während der Sitzung geschehen.

Da die handschriftliche Eintragung die Sitzungsdauer unnötig verlängert, hat das Erzbistum Köln die Niederschrift mit der Schreibmaschine zugelassen und die Führung eines Loseblatt-Protokollbuches erlaubt. Es muss jedoch dann jede einzelne Seite fortlaufend nummeriert und in der im ersten Absatz dargelegten Form unterzeichnet und gesiegelt werden. Gefordert bleibt aber auch hier, dass die Eintragung während der Sitzung erfolgt. Die ausdrückliche Zulassung einer Schreibmaschine muss in Zeiten moderner Bürotechnik auf Computer, Tablet-PC etc. erweitert werden. Voraussetzung bleibt aber immer, dass am Ende der Sitzung der Ausdruck, die fortlaufende Nummerierung der Seiten sowie die erforderliche Unterzeichnung und Siegelung erfolgt.

Es ist einzuräumen, dass auch diese vereinfachende Möglichkeit bei umfangreichen Tagesordnungen noch zu erheblichen Zeitbelastungen führen kann, so dass gelegentlich gewünscht wird, die Niederschrift erst nach der Sitzung zu erlauben und anzuordnen, dass das Protokoll jeweils in der nächsten Sitzung vorgelesen und genehmigt werden müsse.

Dem ist entgegenzuhalten, dass der Zwang zur gemeinsamen Formulierung während der Sitzung die beste Gewähr für die inhaltsgetreue, genaue Wiedergabe bietet. Zu bedenken ist auch, dass fast immer nicht bis zur nächsten Zusammenkunft gewartet werden kann, bis die weiter notwendigen Maßnahmen zur Verwirklichung des Beschlusses getroffen werden. In den meisten Fällen sollte die Beschlussabschrift baldmöglich der Bischöflichen Behörde vorgelegt werden, weil nur aufgrund dessen das damit beschlossene Rechtsgeschäft unterzeichnet und der Bischöflichen Behörde zur Genehmigung mit übersandt werden kann.

Um die zeitraubende gemeinsame Formulierung abzukürzen, ist ratsam, dass der Vorsitzende oder der Schriftführer bei Beschlussgegenständen mit voraussichtlich umfangreichem Inhalt einen Entwurf für den Fall der Zustimmung bereits zur Hand hat.

Vielfach wird verlangt, dass der Vorsitzende jedem Mitglied jeweils Protokollabschriften übermittelt. Eine rechtliche Verpflichtung ist jedoch nirgends angeordnet. Die Handhabung liegt also im pflichtgemäßen Ermessen des Vorsitzenden. Dieser wird im Hinblick auf die Pflicht der ausreichenden Vorbereitung der Sitzung und sachdienlicher Information zwecks fundierter Entscheidungsfindung im Einzelfall für die entsprechende Sitzung Protokollabschriften früherer Beschlüsse vorlegen müssen. Einem generellen Verlangen wird er hingegen nicht nachkommen, da es nicht sachdienlich und wegen der oft angeratenen oder sogar im Einzelfall förmlich beschlossenen Vertraulichkeit auch nicht geboten erscheint, sozusagen auf die Dauer in jedem Privathaushalt jedes Mitglieds jeweils weitere Protokollbücher entstehen zu lassen.

Gelegentlich wird die Frage gestellt, ob ein im Sitzungsbuch erst später bekundeter Beschluss und auch in einer späteren Sitzung »genehmigter« Beschluss erst ausgeführt werden darf, wenn er durch den Kirchenvorstand genehmigt und wenn er unterzeichnet ist. Es wird im Einzelfall vorkommen, dass Eintragung und »Genehmigung« erst nach der Sitzung erfolgen. Diese Praxis entspricht jedoch nicht, zumindest nicht im Erzbistum Köln, den bestehenden Anordnungen. Die Eintragung des Beschlusses in ein Sitzungsbuch ist vielmehr noch während der Sitzung gefordert. Daraus ergibt sich, dass mit der inhaltsgetreuen und ordnungsgemäßen Eintragung, die ja von allen noch anwesenden Kirchenvorstandsmitgliedern kontrolliert werden könnte, der Akt der Beschlussfassung abgeschlossen ist. Unmittelbar danach kann also der Beschluss demnach auch ausgeführt werden. In anderen Gremien im öffentlichen Bereich wird zwar häufig, auch z. B. in Vereinen und dergleichen, in der nächsten Sitzung die Frage nach der Genehmigung des Protokolls gestellt. Auch hier handelt es sich um eine Gepflogenheit, die eigentlich eines sinnvollen Inhalts entbehrt. Ein Beschluss ist gefasst, wenn er zustande gekommen ist und nicht, wenn er irgendwann später durch dasselbe Gremium nochmals »genehmigt« wird. Eine solche Genehmigung mag allenfalls der Kontrolle dienen, ob

113

das Protokoll richtig ist. Wenn aber aufgrund des Protokolls bereits gehandelt wurde, so bestimmt sich die Rechtslage nach materiellen Aspekten und nicht nach formellen, erst recht nicht danach, ob das Gremium in einer nachfolgenden Sitzung den Inhalt des Beschlusses als richtig protokolliert bestätigt.

Ein Pfarrer oder sein Stellvertreter handelt also auf jeden Fall rechtmäßig, wenn er den Beschluss ausführt, sobald und so, wie er inhaltlich gefasst worden ist. Sollte dann seine rechtsverbindliche Erklärung, die er zusammen mit zwei anderen Mitgliedern etwa unterzeichnet und gesiegelt hätte, vom wirklichen Inhalt des Beschlusses materiell abweichen, so würde es sich um eine vollmachtlose Vertretung der Kirchengemeinde handeln, weil diese Erklärung durch den entsprechenden Beschluss nicht gedeckt wäre. Die, möglicherweise für den Pfarrer oder Stellvertreter nachteiligen, Folgen würden sich dann nach dem bürgerlichen Recht zu bestimmen haben.

Sitzungsgeheimnis

114 Die Mitglieder des Kirchenvorstandes sind zur Amtsverschwiegenheit (nur) über Angelegenheiten verpflichtet, die im Einzelfall durch Beschluss oder von der Bischöflichen Behörde als vertraulich bezeichnet werden.

Es besteht also keine allgemeine Verpflichtung zur Wahrung des Sitzungsgeheimnisses, sondern nur aufgrund eines besonderen Beschlusses des Kirchenvorstandes oder einer Anordnung der Bischöflichen Behörde.

Man sollte aber stets bedenken, dass sehr viele Beschlüsse (z.B. wo es um den Vertragsschluss mit Gemeindemitgliedern geht oder wo Angelegenheiten der Kirchenangestellten behandelt werden) Belastungen für die Seelsorge und den Frieden in der Gemeinde zur Folge haben können oder in die Persönlichkeitssphäre Dritter hineinreichen, wenn Inhalt, Verlauf und Begründung der Entscheidung öffentlich bekannt werden. Deshalb wäre es wünschenswert, wenn der Vorsitzende und umsichtige Mitglieder des Kirchenvorstandes in solchen Angelegenheiten mehr als bisher üblich den Antrag auf vertrauliche Behandlung zur Entscheidung stellen würden. Aber auch dann, wenn ein Beschlussantrag auf vertrauliche Behandlung vielleicht vergessen worden ist, sollte jedem das eigene Taktgefühl eingeben, weder die anderen Mitglieder der Feindseligkeit etwa Betroffener auszusetzen noch dazu beizutragen, dass das Ansehen Dritter leidet.

Das gegenseitige Vertrauen in die Diskretion, wo sie angebracht ist, ist überhaupt die Grundlage für eine unbefangene, sachliche Diskussion und Voraussetzung für eine sachgerechte Entscheidung, auch wenn die vertrauliche Behandlung nicht ausdrücklich beschlossen worden ist.

Ausführung des Beschlusses

115 Den Kirchenvorstandsbeschluss zu realisieren, ihn zur Außenwirkung zu bringen,

z.B. durch Abgabe einer rechtsgeschäftlichen Erklärung, ist Sache des Vorsitzenden, der stets die Formvorschriften (seine Unterschrift oder die seines Stellvertreters sowie zweier Mitglieder unter Beidrückung des Siegels der Kirchengemeinde – nicht des Pfarrsiegels! s. auch Rdn. 153) zu beachten hat. Dieser hat nach Gesetz und Geschäftsanweisung aber lediglich für die Ausführung »zu sorgen«. In welcher Weise er das tut, richtet sich nach der Lage des Falles. Er kann sich auch der Mithilfe von Mitgliedern bedienen, z. B. Art. 1 Abs. 4 der Geschäftsanweisung Köln.

Von den Obliegenheiten im Zusammenhang mit der Ausführung des Beschlusses, beginnend mit der Korrespondenz mit der Bischöflichen Behörde bis zur Vertragsunterzeichnung und der Korrespondenz mit dem Vertragspartner oder dem Adressaten einer rechtlichen Erklärung, z. B. einer Kündigung, einer Mahnung und dergleichen, ist der Vorsitzende »befreit«, wenn die Kirchengemeinde Mitglied einer Rendantur ist, die auf Grund einer geeigneten Vollmacht die Realisierung des Kirchenvorstandsbeschlusses übernimmt. Diese Lösung bietet zum Beispiel derzeit das Erzbistum Köln (vgl. § 2 AusfbestGA – Vermögensverwaltung, siehe Vorschriftenanhang). Erkundigung in den einzelnen Bistümern ist empfehlenswert.

VIII. Das Kirchenvermögen

A. Bestandteile und Verwaltungsbefugnisse

116   Die Vermögenswerte in der Kirchengemeinde nennen wir zusammenfassend das Ortskirchenvermögen. Es ist in nach ihrer Zweckbestimmung unterschiedene, getrennt zu verwaltende Vermögensansammlungen unterteilt. Nach der jeweiligen Zweckbestimmung ist auch der Umfang der Rechte und Pflichten des Kirchenvorstandes unterschiedlich zu beurteilen.

Das Ortskirchenvermögen besteht im Wesentlichen aus dem Fabrikfonds, dem Stellenvermögen und dem Stiftungsvermögen.

Für alle Vermögenswerte dieser Fonds einschließlich nicht für deren Zweckbestimmung benötigter Zinsen gilt der eiserne Grundsatz des Kirchenrechtes, das Fondsvermögen zu erhalten, es keinesfalls für fondsfremde Zwecke zu verbrauchen. Das gilt auch und vor allem für nicht mit dem Fondszweck verbundene Bauvorhaben, und seien sie noch so wichtig und notwendig. Erlaubt ist also nur Substanzerhaltung und Erneuerung von zum Fonds gehörenden Bauten, sofern dies dringend und unabweisbar ist. Auch für Stellenfonds gilt die strenge Verpflichtung der Substanzerhaltung. Ebenso darf wegen der Sicherung der Stiftungszwecke das Vermögen des Stiftungsfonds nicht angegriffen werden, da die Zwecke nach dem Wesen der Stiftung, wenn nicht ausnahmsweise der Stifter etwas anderes bestimmt, nur aus den Substanzerträgen erfüllt und dauerhaft gesichert werden müssen. Ausnahme auch hier die Substanzerhaltung, die ja den Ertrag dauerhaft sichern muss.

1. Der Fabrikfonds

Einleitung

117   Das Vermögen dieses Fonds hat nichts mit der Herstellung von Wirtschaftsgütern zu tun, wie wohl ein Kirchenvorstand angenommen hat, der der Bischöflichen Behörde mitteilte, das Tauschgrundstück gehöre zum Industriefonds. Den Fabrikfonds sollte man anschaulicher und verständlicher als Gotteshausvermögen bezeichnen. Gotteshaus und Kirchengebäude heißen im Lateinischen »fabrica ecclesiae«. Daraus ist im unschönen, aber weithin üblichen, deshalb in der Folge auch hier verwandten Sprachgebrauch der Fabrikfonds geworden. Es ist also der Fonds, der dem Kirchengebäude gehört. Das ist durchaus wörtlich zu verstehen, da nach kirchlicher Rechtsauffassung das Kirchengebäude als juristische Person Rechtsträger des ihm gewidmeten Vermögens ist.

Zweckbestimmung

118   Aus dieser rechtlichen Zuordnung des Fabrikfonds zum Kirchengebäude ergibt sich seine wirtschaftliche Bestimmung. Sein Vermögen und Ertrag dienen dem Gottesdienst und der Seelsorge. Bestandteile sind also die Grundstücke und Gebäude, die für den Gottesdienst oder für die seelsorglichen Aufgaben in der Gemeinde notwendig sind (Kirche, Kapellen, Jugendheim, Kindertagesstätte, Pfarrheim, Dienstwohnungen der Geistlichen und Kirchenangestellten – historisch bedingte Ausnahmen sind möglich –, Friedhof u. dgl.), aber auch alle Vermögenswerte, deren Erträge die laufenden Kosten decken und Anschaffungen ermöglichen sollen. Zum Fabrikfonds zu verbuchen sind auch die nicht zu überörtlichen oder zu besonderen Zwecken bestimmten Spenden, Kollekten, Opferstockeinnahmen, Kerzenopfer u. dgl. Im Erzbistum Köln werden diese Einnahmen aus haushaltstechnischen Gründen der Allgemeinen Rücklage zugeführt.

Rechte und Pflichten des Kirchenvorstandes

Der Kirchenvorstand verwaltet das Vermögen in der Gemeinde und vertritt es durch den Abschluss der notwendigen Verträge nach außen. Das gilt auch für die dem Gottesdienst und der Seelsorge unmittelbar oder durch ihren Ertrag dienenden Vermögenswerte des Fabrikfonds. 119

Andererseits sind in der katholischen Kirche Gottesdienst und Verantwortung in seelsorglichen Angelegenheiten dem Pfarrer übertragen. Der Kirchenvorstand ist daher nicht berechtigt, durch Bewilligung oder Versagung der jeweils benötigten Mittel oder durch Verweigerung von Vertragsabschlüssen darüber zu befinden, ob und in welcher Weise der Pfarrer seine Aufgaben als Priester und Seelsorger erfüllen kann. Das Recht des Kirchenvorstandes ist vielmehr auf den Bereich wirtschaftlicher Überlegungen beschränkt. Das Bestreben, sich in seelsorglichen Angelegenheiten gegen die Meinung und die Wünsche des Pfarrers durchzusetzen, wäre eine Überschreitung der durch das Gesetz zugewiesenen Befugnisse. Seelsorgeentscheidungen stehen dem Kirchenvorstand nicht zu.

Vermögensentscheidungen mit seelsorglichen Folgen

Von Seelsorgeentscheidungen, die nur der Pfarrer treffen kann, sind Verwaltungsentscheidungen mit lediglich seelsorglichen Auswirkungen zu unterscheiden. Nicht selten distanzieren sich Gemeindemitglieder und ganze Familien vom Pfarrer, drohen manchmal sogar, sich von der Kirche abzuwenden, wenn ihren vermeintlichen Vorrechten nicht entsprochen wird. Die Verärgerung nicht berücksichtigter Interessenten kann die Seelsorge ganz empfindlich belasten. Der Kirchenvorstand wird daher etwaige Bedenken des Pfarrers möglichst respektieren. Er bleibt aber berechtigt, anderweitig zu entscheiden. Er würde sogar seine Amtspflicht verletzen, wenn er einzelnen Gemeindemitgliedern ungerechtfertigte Vorteile zubilligen oder von der Verfolgung berechtigter Ansprüche absehen würde. Von karitativen Ausnahmefällen abgesehen besteht dazu auch keine Veranlassung. Die mit den besonderen sozialen und moralischen Verpflichtungen der Kirche begründeten Wünsche 120 und Forderungen bezwecken in Wirklichkeit meist nur den eigenen Vorteil. Sie lassen gerade die soziale Gesinnung vermissen, deren Mangel man der Kirche vorwirft.

Seelsorgeentscheidungen des Pfarrers

121 Wo es aber um den Gottesdienst und die Ausübung der Seelsorge im engeren Sinne geht, ist der Kirchenvorstand verpflichtet, durch entsprechende Beschlussfassung, Antragstellung bei der Bischöflichen Behörde und die Unterzeichnung notwendiger Verträge daran mitzuwirken, sofern Finanzierungsmittel vorhanden sind.

Wenn der Pfarrer in Übereinstimmung mit der Bischöflichen Behörde die Errichtung oder Erweiterung einer Kirche, den Umbau nach neueren liturgischen Erfordernissen, den Bau eines Kindergartens, Jugendheims, Pfarrheims u. dgl. für notwendig hält, ist der Kirchenvorstand nicht berechtigt, die notwendigen Maßnahmen durch Beschluss abzulehnen, weil er die Ansicht des Pfarrers nicht für richtig hält. Wünscht der Pfarrer die Anschaffung neuer Paramente und liturgischer Geräte oder eine bessere künstlerische Ausstattung der Kirche, kann der Kirchenvorstand dem nicht mit der Begründung entgegentreten, Neuanschaffungen und Baumaßnahmen seien überflüssig, oder das in Aussicht genommene neue Altarkreuz entspreche weder einem wirklichen Bedürfnis noch seinen künstlerischen Vorstellungen. Wichtig seien überdies allein Mission und Entwicklungshilfe. Zu letzterem sei nur am Rande bemerkt, dass Mittel des Fabrikfonds dafür ohnehin nicht verwandt werden könnten, weil sie für die örtlichen Bedürfnisse zweckgebunden sind.

Wirtschaftliche Mitbestimmung des Kirchenvorstandes

122 Es ist aber auch nicht so, dass der Kirchenvorstand sich jeder Anregung des Pfarrers anschließen und wunschgemäß entscheiden müsste. Dann könnte er sich mit Recht fragen, wozu ein Kollegium von mitarbeitswilligen Frauen und Männern nötig sei, wenn seine Aufgabe allein darin bestehe, jeweils nach dem Willen des Pfarrers zu beschließen. Derartige nicht seltene Äußerungen, die aber auch im umgekehrten Sinne gelegentlich von sich übergangen fühlenden Pfarrern zu hören sind, beruhen auf Unkenntnis der beiderseitigen Rechte und Pflichten. Der Pfarrer hat zwar die alleinige Entscheidung über die Gestaltung des Gottesdienstes und die Ausstattung des Gotteshauses sowie über alle seelsorglichen Unternehmungen und Einrichtungen. Dem gesamten Kirchenvorstand, dessen nur gleichberechtigtes Mitglied der Pfarrer ist, steht demgegenüber das Recht zu, in mehrheitlichen Entscheidungen das Kirchenvermögen zu verwalten. Zur Verwaltung gehört nicht nur die Sorge um den Bestand und den Ertrag, sondern auch um eine wirtschaftliche Verwendung. Wer Vermögen verwalten soll, muss planen und einteilen dürfen. Ausgeben kann man nur, was vorhanden ist oder ohne unvernünftige Verluste

flüssig machen kann. Durch Darlehensaufnahme Ausgaben zu finanzieren, ist nur vertretbar, wenn Deckungsmittel mit ausreichender Gewissheit zu erwarten sind. Es ist daher auch in Angelegenheiten von Gottesdienst und Seelsorge Recht und Pflicht des Kirchenvorstandes, jede Anforderung darauf zu prüfen, ob sie sich mit den Grundsätzen einer ordnungsgemäßen Wirtschaftsführung vereinbaren lässt.

Zu diesen Grundsätzen kann es auch gehören, dass für absehbare zukünftige Notwendigkeiten Rücklagen gebildet und nicht Ersparnisse aufgebraucht oder gar Ertrag bringende Anlagen zugunsten von Anschaffungen veräußert werden, die im Hinblick auf die Zukunftsvorsorge unterbleiben sollten.

»Wo kein Geld ist, hat der Pfarrer sein Recht verloren«, könnte man in Anlehnung an ein bekanntes Sprichwort sagen.

Wirtschaftliche Bedenken können nicht bestehen, wenn die Bischöfliche Behörde ein Vorhaben aus Kirchensteuermitteln finanziert. Man denkt als Mitglied des Kirchenvorstandes zwar auch als Steuerzahler oder an die anderen, vielleicht dringenderen Anliegen der Kirche. Man darf sie dem Pfarrer auch zu erwägen geben. Der Kirchenvorstand ist jedoch nicht Interessenvertreter der Gesamtheit der Kirchensteuerpflichtigen, sondern nur Organ der örtlichen Vermögensverwaltung.

Wenn hingegen das fast immer sehr begrenzte örtliche Vermögen eingesetzt werden muss, wird der Kirchenvorstand auch bei vorhandener Einsicht in die Grenzen seiner Entscheidungsbefugnis gezwungen sein, kurzfristige und langfristige Ausgabenplanung zu betreiben und Rangfolgen festzusetzen. Dabei ist auch bei ehrlicher Zurückhaltung die Überlegung kaum zu vermeiden, welchen »Nutzen« die jeweilige Ausgabe im Verhältnis zu allen anderen gegenwärtigen und zukünftigen Notwendigkeiten hat. Der Nutzen von Investitionen z.B. im Gotteshaus oder für neue Seelsorgeeinrichtungen ist jedoch nicht wirtschaftlicher Natur und daher der Beurteilung des Kirchenvorstandes nicht zugänglich. Man bezieht daher oft entgegen der eigenen Absicht Motive in Überlegungen ein, die außerhalb der Ermessensfreiheit des Kirchenvorstandes liegen.

Die Abgrenzung fällt auch bei gutem Willen oft nicht leicht und ist von außen her auch oft gar nicht möglich. Sie ist letztlich der gewissenhaften Prüfung durch jedes Mitglied selbst anvertraut.

Kommt es im Ausnahmefall wirklich zu einem ernsten Meinungsgegensatz, so sollte sich jedes Mitglied fragen, ob es nicht doch zu einer Beurteilung des »Wertes« des Vorhabens neigt und sich, genau betrachtet, doch nicht auf rein ökonomische Belange beschränkt. Es sollte sich bewusst bleiben, dass es zwar seine Meinung als Gemeindemitglied haben und äußern darf und dies auch soll, nicht aber seine Rechtsstellung als Mitglied des Kirchenvorstandes dazu einsetzen kann, die Mitbestimmung in der Seelsorge und im Gotteshaus zu erzwingen.

Der Pfarrer sollte andererseits nicht aus falsch verstandener Betonung seiner Rechte alle Bedenken und Anregungen zurückweisen und daran denken, dass die

123

Meinung des Kirchenvorstandes meist der ihm oft aus Scheu oder Resignation vorenthaltenen Ansicht der Mehrheit seiner Gemeinde entspricht. Er wird sich bei einer gemeinsamen Überlegung von vernünftigen Argumenten aber um so eher überzeugen lassen, je sachlicher sie abgewogen und vorgebracht werden.

Anstellung von Seelsorgekräften

124 Nicht nur bei baulichen Vorhaben und Anschaffungen für Gotteshaus und Seelsorgeeinrichtungen muss sich der Kirchenvorstand auf die Vermögensverwaltung im Sinne finanzieller Überlegungen beschränken.

Die Besetzung geistlicher Seelsorgestellen liegt allein im Ermessen des Bischofs. Benötigt der vom Bischof zugewiesene Hilfsgeistliche eine Dienstwohnung, ist der Kirchenvorstand zur Nutzungsüberlassung einer vorhandenen Wohnung, notfalls zur Anmietung verpflichtet.

Auch bei der Anstellung von Laien, die der Pfarrer zur Gestaltung des Gottesdienstes und zur Unterstützung bei seinen Seelsorgeaufgaben für notwendig hält, könnte der Kirchenvorstand beispielsweise nur einwenden, es seien keine Besoldungsmittel vorhanden oder die Einstufung in die von dem Pfarrer vorgeschlagene Besoldungsgruppe und die Gesamtzahl der Kindergartenkräfte entsprächen nicht den allgemeinen Richtlinien. Die Entscheidung über die persönliche Eignung und die Dienstaufsicht sind dem Pfarrer vorbehalten. Nach denselben Grundsätzen müsste sich der Kirchenvorstand auch bei einer von dem Pfarrer gewünschten Kündigung richten. Er könnte sie nicht ablehnen, weil er die Absicht des Pfarrers nicht billigt, sondern nur, wenn der mögliche Kündigungsrechtsstreit das Kirchenvermögen wegen zweifelhafter Erfolgsaussicht belasten könnte.

Auch bei diesen die Verantwortung des Kirchenvorstandes für das Kirchenvermögen berührenden Rechtsgeschäften sind jedoch alle Einwendungen ausgeschlossen, wenn die Bischöfliche Behörde Besoldungszusagen oder das Prozessrisiko übernimmt.

Hausrecht in Seelsorgeeinrichtungen

125 Zum seelsorglichen Entscheidungsbereich gehört auch die Bestimmung über die Benutzung der Gebäude, die der Gemeindearbeit dienen. Der Pfarrer hat das Hausrecht in den Versammlungsräumen wie Jugendheim und Pfarrsaal und bestimmt, in welcher Weise, durch welche Gruppen und zu welchen Veranstaltungen sie benutzt werden. Es ist auch hier nicht Sache des Kirchenvorstandes, Entscheidungen seelsorglichen Inhalts zu treffen. Dabei können sich Vermögensverwaltung und Seelsorgeentscheidung allerdings überschneiden. Das gilt insbesondere für die zweckfremde Benutzung, die der Pfarrer vielleicht gestatten möchte, um Zugang zu Außenstehenden zu erhalten, während der Kirchenvorstand für den Abschluss des jeweiligen Benutzungsvertrages zuständig bleibt und ihn davon abhängig machen kann, dass die entstehenden Betriebskosten gedeckt werden.

Kompetenzkonflikte und Kompetenzverletzungen

Im Hinblick auf die manchmal schwierige Abgrenzung der Verantwortungsberei-
che und Entscheidungsbefugnisse von Pfarrer und Kirchenvorstand ist es verständlich, dass es zu Meinungsverschiedenheiten und Kompetenzüberschreitungen
kommen kann. Hier ist es erforderlich, dass eine rechtliche Abklärung und Vermittlung durch die Bischöfliche Behörde, notfalls auch deren disziplinäres Vorgehen
erfolgen.

Dies ist insbesondere dann notwendig, wenn Einsicht oder Nachgeben nicht erreicht werden können und erst recht dann, wenn einer der Kontrahenten durch
den eigenwilligen Abschluss entsprechender Rechtsgeschäfte vollendete Tatsachen
schaffen möchte.

Man könnte meinen, ein Kompetenz überschreitender Kirchenvorstandsbeschluss
sei wegen seines kirchenrechtlichen Verstoßes nichtig und das entsprechende
Rechtsgeschäft folglich unwirksam. Dem ist aber nicht so, denn nach außen ist die
formgültige und ordnungsgemäß unterzeichnete Willenserklärung bzw. das jeweilige Rechtsgeschäft gemäß § 14 VVG rechtsgültig, unbeschadet allerdings der zur
Gültigkeit erforderlichen Genehmigung der bischöflichen Behörde, und daran ändert sich auch nichts durch die Kirchenrechtswidrigkeit des zugrunde liegenden
Kirchenvorstandsbeschlusses, der nur intern, in kirchenrechtlicher Betrachtung,
unverbindlich ist. Die Sicherheit des Rechtsverkehrs geht der innerkirchlichen
Ordnung vor. Intern kann sich der pflichtwidrige Kirchenvorstand natürlich scha-
densersatzpflichtig machen oder gar seine Amtsenthebung riskieren.

Was durch die Kompetenzüberschreitung des Pfarrers verursachte eigenmächtige
Erklärungen ohne Kirchenvorstandsbeschluss angeht, so fehlt es hier – auch im
Außenverhältnis – an einem rechtsgültigen Rechtsgeschäft, da die Gültigkeitsvo-
raussetzungen des § 14 VVG, eventuell auch die aufsichtsrechtliche Genehmigung
durch die kirchliche Behörde, nicht vorliegen.

2. Das Stellenvermögen
Einleitung

Zum Ortskirchenvermögen gehört als weiterer wesentlicher Bestandteil das so genannte Stellenvermögen (Pfründenvermögen, Pfründenstiftung, Pfarrfonds, Vikariefonds, Küstereifonds und ähnliche Bezeichnungen).

Für die Verwaltung und Vertretung dieses Vermögens durch den Kirchenvorstand
gelten ebenfalls einige Besonderheiten. Zu ihrem Verständnis muss man sich in die
Rechtsvorstellungen und wirtschaftlichen Verhältnisse früherer Zeiten versetzen.
Wesentliche Grundlage für den Lebensunterhalt und die Ausübung einer berufli-
chen Tätigkeit war in den vergangenen Jahrhunderten die »Belehnung« mit Ertrag
bringenden Wirtschaftsgütern oder Rechten. Der Ertrag stand dem Lehensneh-
mer zu. In sonstiger Weise konnte er nicht darüber verfügen, denn der Lehensherr

blieb Eigentümer.

Im Bereich der Kirche, die in gleicher Weise für den Unterhalt ihrer Amtsinhaber besorgt sein musste, lag es nahe, dass sich gleichartige wirtschaftliche und rechtliche Lösungen entwickelten, zumal sich Kirchenrecht und weltliches Recht weitgehend überdeckten. Sie »belehnte« daher das Amt der Priester und sonstigen Kirchendiener mit nutzbringenden Vermögenswerten, damals meist mit Grundstücken, oder errichtete neue Seelsorgestellen nur, wenn sie von Dritten mit einer ausreichenden Vermögensausstattung versehen wurden. Damit schuf sie die Grundlage für eine wenigstens notdürftige Sicherung des Lebensunterhalts des jeweiligen Stelleninhabers, die Pfründe oder das Benefizium genannt.

In vielen Ländern spielt das Stellenvermögen noch immer für die Existenzsicherung des Priesters eine wesentliche Rolle. Das kirchliche Recht musste deshalb bis heute die alte rechtliche Ordnung aufrecht erhalten.

Wohl ist nach römischem, bei uns aber nicht praktiziertem Recht zulässig, die Vermögen der Stellenfonds zu einer zentral zu verwaltenden Vermögensansammlung zusammenzufassen und nach örtlichem Besoldungsbedarf zu verteilen (massa communis) – eine zum Glück bisher nicht wahrgenommene sehr einschneidende Beschränkungsmöglichkeit der früheren Rechte des Stelleninhabers, die unten erläutert werden.

Die alte auch für uns, weil für die ganze Kirche, geltende kirchliche Rechtsordnung hat für die Bistümer in der Bundesrepublik keine aktuelle Bedeutung, solange die Geistlichen und sonstigen Inhaber eines kirchlichen Amtes aus Kirchensteuereinkünften und in geringem Umfang aus Pflichtbeiträgen des Staates die Mittel für ihren Lebensunterhalt nach einheitlichen Besoldungsgrundsätzen erhalten können.

Derzeitige Rechtslage und deren Folgerungen

128 In Folge der Veränderung der Zeitverhältnisse auch bei der Versorgung der Geistlichen und sog. Kirchendiener durch zentrale einheitliche Besoldung sind Bewusstsein und Kenntnis der überkommenen Rechtslage und Verwaltungspraxis in neuerer Zeit geschwunden. Das gilt insbesondere für die mit dem Stellenvermögen verbundenen Rechte und Pflichten des Stelleninhabers, ebenso des Kirchenvorstandes.

Sie bestehen von Alters her im canonischen Recht aus dem weitgehenden Nutzungsrecht des Stelleninhabers und der Aufgabe des Kirchenvorstandes, für den Erhalt der zur Nutzung bestimmten Vermögenswerte zu sorgen und unrechtmäßige Eingriffe zu verhindern. Der in die Stelle eingewiesene Geistliche durfte über die Einkünfte verfügen und entsprechende Vermögensnutzungen vornehmen. Der Kirchenvorstand hatte insoweit keinen Einfluss, musste aber bei Veräußerung und Belastung zustimmend mitwirken.

Hier ist ein grundlegender Wandel eingetreten. Die vorgenannten rechtlichen Gegebenheiten sind nicht mehr kirchliche Praxis. Eine Einweisung in das zur Besoldung gewidmete Vermögen erfolgt bei der Stellenbesetzung nicht mehr, zunächst bei den Hilfsgeistlichen, nunmehr auch bei den Pfarrern. Auch der »Leitende Pfarrer« hat also keine Rechte an den Stellenfonds »seiner« Pfarreien. Dadurch ändert sich aber nichts an der Rechtslage hinsichtlich des Stellenvermögens (Pfarrfonds, Vikariefonds, u.a.). Es ist nach wie vor rechtlich selbständige Vermögensmasse, jedoch nur noch der Obhut und Verwaltung der Kirchenvorstände anvertraut. Sie müssen verwalten und verfügen, müssen die Nutzung fördern, können auch veräußern und belasten, müssten mit den Erlösen die Substanz wieder auffüllen. Dem Zweck entziehen dürfen sie sie also nicht. Substanz und Zinsen sind nach wie vor dem Stellenfonds zuzuführen und zu erhalten. Eine Verrechnung der Erträge mit Zuweisungen durch die Bischöfliche Behörde ist nach wie vor nicht statthaft mit Ausnahme der Ertragsverwendung in dem Maße, wie sie auch dem Stelleninhaber, gäbe es ihn noch, aufgegeben war, z.B. die Verwendung der zu seinem Unterhalt nicht erforderlichen Erträge zum baulichen Unterhalt kirchlicher Gebäude oder zu frommen oder mildtätigen Zwecken. Im Erzbistum Köln erfolgt eine pauschale Verrechnung, wobei 30 % zur Verwendung durch die Kirchengemeinde belassen werden. Vermögen des Fonds hingegen muss in jedem Fall erhalten bleiben. Schließlich sollte ja eine weitsichtige Finanzpolitik auch für die unabsehbare Zukunft sorgen. Die Existenz der Kirchensteuer ist keineswegs für alle Zukunft gesichert!

3. Das Stiftungsvermögen

Einleitung

Zum Ortskirchenvermögen gehört schließlich das Stiftungsvermögen. 129
Dieses Vermögen ist entstanden und vermehrt sich auch heute noch gelegentlich durch Schenkungen und durch testamentarische Verfügungen. Nicht alle unentgeltlichen Zuwendungen gehören zum Stiftungsfonds, wie man das Stiftungsvermögen meist bezeichnet, sondern nur diejenigen, deren Bestand für immer oder eine bestimmte Zeit erhalten bleiben und deren Ertrag für einen bestimmten Zweck verwandt werden soll. Wird der Kirchengemeinde Vermögen durch testamentarische Verfügungen ohne jegliche Zweckbestimmung zugewandt, werden diese im Erzbistum Köln in einen gesonderten Fonds ohne Anrechnung (sog. Fabrikfonds II) eingestellt, bei dem haushaltstechnisch die erwirtschafteten Zinsen nicht auf die Kirchensteuerzuweisung angerechnet werden, sondern in voller Höhe zur freien Verfügung der Kirchengemeinde verbleiben.
Das Stiftungsgeschäft mit einem noch Lebenden ist, rechtlich betrachtet, der Abschluss eines Schenkungsvertrages mit einer besonderen Auflage, die die Kirchengemeinde als Beschenkte zu erfüllen verspricht. Es handelt sich also um einen rechtsgeschäftlichen Vorgang, der von dem Kirchenvorstand beschlossen und in

der jeweils nach weltlichem Recht vorgeschriebenen Form erklärt werden muss.

130 Handelt es sich um einen Erbvertrag, muss notarielle Beurkundung erfolgen, sonst genügt die einfache Schriftform.

Auch bei einseitigen, insbesondere testamentarischen Zuwendungen muss die Annahme ausdrücklich beschlossen werden. Es bedarf dann jedoch keiner Verpflichtungserklärung nach außen.

Bei nicht erfüllbaren Testamentsbestimmungen, mit denen die Kirchengemeinde als Erbin eingesetzt ist, oder unzureichendem Nachlasswert ist darauf zu achten, dass die Erbschaft nur innerhalb von sechs Wochen seit Kenntnis von ihrem Anfall durch Erklärung gegenüber dem Nachlassgericht ausgeschlagen werden kann. Sonst gilt die Erbeinsetzung als angenommen.

Bei der Beschlussfassung über die Annahme ist sorgfältig zu überlegen, ob der Stiftungsertrag zur Erfüllung der Auflagen mit Sicherheit ausreichen wird und ob die Erfüllung überhaupt möglich ist.

Messstiftungen

131 Überwiegend besteht das Stiftungsvermögen aus so genannten Messstiftungen, manchmal verbunden mit der zusätzlichen Auflage der Grabpflege. Messstiftungen sind Vermögenswerte, die der Stifter mit der Auflage zugewandt hat, aus ihren Erträgen jährlich für die Feier des heiligen Messopfers in einer bestimmten besonderen Meinung zu sorgen. Die Annahme einer Messstiftung darf nach einer entsprechenden Anordnung der Bischöflichen Behörde nur befristet für einen Zeitraum von 25 Jahren erfolgen.

Nach der jeweiligen Messfeier, zu der der Priester durch das Kirchenrecht streng angehalten ist, erhält er aus dem Ertrag eine geringfügige Gabe gemäß den jeweiligen diözesanrechtlichen Bestimmungen. Die Überschüsse werden dem Stammkapital des Stiftungsfonds zugeführt.

Bestandserhaltung

132 Solange die Stiftungsauflagen bestehen, darf das Vermögen, das mündelsicher angelegt werden muss, nicht angegriffen werden. In besonderen Fällen kann ein Teil mit Genehmigung des Ortsbischofs zu für Gottesdienst und Seelsorge notwendigen baulichen Maßnahmen verwandt werden. Das ist aber nur möglich, wenn die Verpflichtungen aus der verbleibenden Substanz mit Sicherheit weiter erfüllt werden können.

Anhang: Das Treuhandvermögen

133 Nicht zum Fabrikfonds oder sonstigem der Verwaltung des Kirchenvorstandes zugewiesenen Ortskirchenvermögen gehören die Zuwendungen, die dem Pfarrer zur persönlichen freien Verfügung überreicht werden. Solche »zu einem guten Zweck«

oder zu einer bestimmten frommen, mildtätigen oder sonstigen Verwendung übergebenen Vermögenswerte werden nicht in der Kirchenkasse verwaltet, sondern über das so genannte Treuhandbuch, das von dem Pfarrer persönlich geführt wird. Der Kirchenvorstand hat darüber weder ein Verfügungsrecht noch Anspruch auf Einsicht. Die Kontrolle wird nur durch den Definitor und die Bischöfliche Behörde ausgeübt. Über das Treuhandbuch werden auch die Kollekten abgerechnet, die nicht für die Kirchengemeinde bestimmt sind und bei denen es sich nicht um angeordnete Diözesankollekten handelt.

Man mag es der rechtlichen Unkenntnis manches Pfarrers zugute halten, dass er als für das Treuhandbuch bestimmt auch solche Spenden betrachtet, die der Stifter nicht erkennbar ausschließlich seiner persönlichen Verwendung und Zweckbestimmung anvertraut hat. Eine zu großzügige Auslegung des Stifterwillens übergeht die Rechte des Kirchenvorstandes. Eine Spende »für unsere Kirche«, für neue Glocken, eine neue Orgel reicht auf keinen Fall aus, auf den Willen des Spenders zu schließen, dass dieser Betrag nicht der Verwaltung des Kirchenvorstandes als Bestand der Kirchenkasse unterstehen solle. Schließlich ist der Pfarrer ja auch Vorsitzender des Kirchenvorstandes, so dass nicht allein aus der Übergabe der Spende an ihn der besondere Wunsch nach seinem Alleinverfügungsrecht gefolgert werden kann. Er sollte sich für verpflichtet halten, in Zweifelsfällen ausdrücklich nachzufragen und dabei den Stifter auf die jeweils verschiedenen Rechtsfolgen hinweisen.

B. Verwaltung des Vermögens

Einleitung

Außenstehende nehmen im Allgemeinen an, dass es Aufgabe des Kirchenvorstandes sei, sich zu gelegentlichen Beratungen zusammenzufinden und nach redlicher, manchmal vielleicht mühsamer Überlegung zu bestimmen, was zu tun ist, um dann im stolzen Bewusstsein erfüllter Pflicht mehr oder weniger sogleich nach Hause zu eilen, ähnlich wie das bei Sitzungen verantwortlicher Gremien in anderen Bereichen des öffentlichen, wirtschaftlichen oder geselligen Lebens so zu sein pflege.

Wenn man dabei an das im Übrigen vergleichbare Organ der bürgerlichen Gemeinde, den Stadt- oder Gemeinderat denkt, darf man den wesentlichen Unterschied nicht übersehen. Der Rat der bürgerlichen Gemeinde hat zu erwägen, zu beschließen und zu überwachen, was die beruflich ausgebildeten und hauptamtlich tätigen Bediensteten der Gemeindeverwaltung auszuführen haben.

Der Kirchenvorstand ist dagegen nicht nur anordnendes Organ. Er ist auch seine eigene Gemeindeverwaltung. Zur Verwaltung des Kirchenvermögens gehört nicht nur die Entscheidung, sondern auch das eigene Tätigwerden in der Verantwortung für Bestand, Ertrag und Verwendung, wie im einzelnen nachfolgend dargestellt.

Kontroll- und Anordnungszuständigkeit

135   Die jedem Mitglied obliegende Verantwortung für Bestand und Erhaltung des Kapital- und Grundvermögens bedeutet allerdings nicht, dass jeder im Namen des Kirchenvorstandes handeln könnte, wo ihm das als notwendig erscheint. Die Verwaltung des Kirchenvermögens ist dem Kirchenvorstand als ganzem übertragen. Zur Wahrung des Vermögens erforderliche Maßnahmen können nur durch Beschluss eingeleitet, Aufsichtsrechte nur auf Grund des von dem Kirchenvorstand einzelnen Mitgliedern durch Beschluss erteilten Auftrages wahrgenommen werden. Man muss sich also bewusst bleiben, dass nicht jedes Mitglied für sich Verwaltungsrechte und -pflichten ausüben kann und persönliche Befugnisse nur hat, wenn sie ausdrücklich und durch Beschluss übertragen worden sind. Es ist daher nicht möglich, in der Besorgnis um die ordentliche Geschäftsführung aus eigenem Entschluss die Rendantur zu kontrollieren und Vorlage der Unterlagen zu verlangen, bei Feststellung von Vertragsverstößen des Pächters umgehend die Kündigung auszusprechen oder bei der Wahrnehmung von Gebäudeschäden oder mangelnder Bauunterhaltung den Handwerker zu bestellen.

Die Amtspflicht des einzelnen Mitglieds besteht vielmehr darin, nicht etwa zu denken, das alles gehe einen persönlich nichts an, solange sich nicht andere mit darum kümmern. Es muss sich unverzüglich bei dem Vorsitzenden darum bemühen, dass die als regelungsbedürftig erkannte Frage bei der nächsten Sitzung behandelt und sachgerecht gelöst wird. Notfalls gehört zu dieser Verpflichtung jedoch auch, bei gleichgültiger oder pflichtvergessener Haltung der übrigen Mitglieder oder des Vorsitzenden bei der Bischöflichen Behörde vorstellig zu werden. In solchen Fällen sollte man auch auf namentliche Feststellung des Abstimmungsergebnisses bestehen, um sich vor eigenen Nachteilen zu bewahren.

Ausnahmsweise ist das einzelne Mitglied zu handeln berechtigt und auch verpflichtet, wenn akute Notfälle auftreten, etwa bei Unfallgefahr für Passanten und Benutzer eines kircheneigenen Grundstücks oder Gebäudes.

Ausschüsse und Kuratorien

136   Es ist nicht notwendig, dass sich stets alle Mitglieder in allen Einzelheiten mit sämtlichen Angelegenheiten der laufenden Verwaltung befassen. Man kann sich gegenseitig entlasten, wenn man die Aufgaben teilt.

Es wird im Folgenden noch davon die Rede sein, dass ein Ausschuss Kasse und Rechnung prüft und ein anderer sich besonders um die Bestandserhaltung der Grundstücke und Gebäude bemühen kann. Bei größerem und differenzierterem Vermögen empfiehlt es sich, weitere Ausschüsse (Bauwesen, Friedhof, Kindergarten, Krankenhaus, Haushalt) zu bilden, die sich wesentlichen Teilgebieten der Verwaltung widmen.

Die Bildung, Auflösung und personelle Veränderung der Ausschüsse erfolgt durch

Beschluss des Kirchenvorstandes.

Ausschüsse, die man im Anstaltswesen Kuratorien nennt, dienen aber nicht nur der Arbeitsvereinfachung. Sie ermöglichen auch überlegtere Beschlüsse und eine bessere, sorgfältigere Verwaltung, denn die Ausschussmitglieder können sich besonders auf einen Arbeitsbereich konzentrieren und sich um größere Sachkenntnis bemühen. Hinzu kommt die Möglichkeit, die weit mehr genutzt werden sollte, nicht zum Kirchenvorstand gehörige Fachleute zur Mitarbeit zu gewinnen. Auf diese Weise lässt sich auch die wünschenswerte Zusammenarbeit mit dem Pfarrgemeinderat verwirklichen, indem man in beiderseits interessierenden Sachgebieten (Haushalt, Bauangelegenheiten, Anstalten) ein Mitglied des Pfarrgemeinderates aufnimmt.

Ausschüsse und Kuratorien sind noch in einer dritten Hinsicht von wesentlicher Bedeutung für die Erleichterung und Verbesserung der Verwaltung des Kirchenvermögens. Es kann ihnen nämlich auch die Außenvertretung der Kirchengemeinde im Rahmen und nach Maßgabe von Ermächtigungsbeschlüssen des Kirchenvorstandes übertragen werden. Das bedarf jedoch einer eingehenden Erläuterung im Zusammenhang mit den nachfolgenden Darlegungen über die Vertretung des Kirchenvermögens im Abschnitt C (Rdn. 152 ff.).

Vermögensverzeichnis

Um Vermögen zu verwalten, muss man sich jederzeit über seinen Bestand unterrichten können. Das Vermögensverwaltungsgesetz ordnet deshalb in Übereinstimmung mit dem kirchlichen Recht an, dass der Kirchenvorstand ein Vermögensverzeichnis einzurichten und auf dem Laufenden zu halten hat. Dieses Verzeichnis muss einen klaren und vollständigen Überblick über das gesamte unbewegliche und bewegliche Vermögen der Kirchengemeinde ermöglichen. Für die Führung des Verzeichnisses sind von den Bischöflichen Behörden vorgeschriebene Muster zu verwenden, aus denen sich die Einzelheiten ergeben. Entsprechend dem technischen Fortschritt bei der Erstellung von Verzeichnissen wird jetzt auch ihre Führung in elektronischer Form zugelassen. Wegen der Einzelheiten wird auf §§ 6 ff. Ausführungsbestimmungen für die Vermögensverwaltung in den Kirchengemeinden, Kirchengemeindeverbänden und Gemeindeverbänden der Erzdiözese Köln (AusfbestGA – Vermögensverwaltung, siehe Vorschriftenanhang) verwiesen. Die Richtigkeit und Vollständigkeit des Verzeichnisses, das, in den einzelnen Bistümern unterschiedlich, in mehrere Teile gegliedert sein kann (Lagerbuch, Rentbuch, Inventar), ist regelmäßig zu überprüfen und durch Beschluss zu bestätigen, der im Verzeichnis mit Siegelabdruck und Datum wiederzugeben ist. Im Einzelnen obliegt die Führung des Verzeichnisses der Rendantur.

137

Die Rendantur

138 Die Verwaltung des Kirchenvermögens ist mit umfangreichem Zahlungsverkehr verbunden. Es müssen Konten und Bücher geführt, Forderungen pünktlich eingezogen, Zahlungsverpflichtungen richtig und rechtzeitig erfüllt, der notwendige Schriftverkehr erledigt werden. Nicht zuletzt ist stets zu überwachen, dass die Zahlungsfähigkeit erhalten bleibt, also keine Verpflichtungen übernommen und Zahlungen geleistet werden, für die keine Einnahmedeckung vorhanden ist.

Mit diesen täglich anfallenden Aufgaben kann sich nicht der gesamte Kirchenvorstand befassen.

In fast allen Bistümern hat sich daher in den letzten Jahren die Tendenz verstärkt, von der in der Geschäftsanweisung vorgesehenen Regelform, nämlich aus der Mitte des Kirchenvorstandes einen anderen zum Rechnungsführer zu wählen, abzurücken und zentrale Rendanturen einzurichten.

Von dieser Möglichkeit wurde in den Bistümern in unterschiedlicher Form Gebrauch gemacht. Teils wurden in Trägerschaft der Bistümer (z. B. Limburg, Trier) Rendanturen eingerichtet, teils wurden einzelne Kirchengemeinden als Rechtsträger von Rendanturen tätig (Münster). In den Bistümern, in denen Gemeindeverbände als Körperschaften öffentlichen Rechts eingerichtet wurden, boten sich diese als Rechtsträger von Rendanturen an.

So wurde auch im Erzbistum Köln beispielsweise eine Ordnung für Rendanturen erlassen, die u. a. Regelungen über die rechtliche Konstitution, das Beitrittsverfahren, die Aufgabenstellung und -wahrnehmung, Möglichkeiten der Delegation von Verwaltungsaufgaben und die Einbindung der beteiligten Kirchengemeinden enthielt (siehe Vorschriftenanhang).

139 Die Rendanturen zeichnen sich dadurch aus, dass neben einer besseren Möglichkeit der Fortbildung von hauptamtlich Beschäftigten auch eine permanente Verfügbarkeit sichergestellt werden kann, die insbesondere bei entstehenden Vakanzen der nebenberuflichen Einzelrendanten im Falle von Krankheit, Alter oder Tod nicht in dem gebotenen Maß möglich war.

Die Einrichtung von Rendanturen und das hierdurch sichergestellte »Vier-Augen-Prinzip« erleichtern in größerem Maße eine Delegation von Verwaltungsaufgaben qua Vollmachterteilung in der rechtlichen Vertretung sowie im Finanz- und Rechnungswesen. Diese kann zu einer spürbaren Entlastung des Vorsitzenden führen und auch die ehrenamtliche Aufgabenwahrnehmung der gewählten Kirchenvorstandsmitglieder unterstützen. Diesem Ziel dient auch der im Erzbistum Köln eingeführte Verwaltungsreferent. Der Verwaltungsreferent ist in der Regel für zwei Seelsorgebereiche zuständig, in denen er vor Ort als Ansprechpartner dem Leitenden Pfarrer und auch den ehrenamtlichen Kirchenvorstandsmitgliedern zur Verfügung steht. Der Verwaltungsreferent ist Mitarbeitender der Rendantur und wird dort durch Sachbearbeiter in den Bereichen Personalwesen, Liegenschaften und Finanz- und Rechnungswesen unterstützt. Was die rechtliche Verantwortung der Kirchenvorstände anbelangt, ist darauf hinzuweisen, dass diese nach wie vor die Entscheidungsträger der Kirchengemeinden sind. Die beauftragten Mitarbeiter in den Rendanturen sind inhaltlich weisungsgebunden. Entscheidungen der Rendantur können folglich nicht die seitens der Kirchenvorstände zu treffenden Entscheidungen ersetzen, noch erst recht können sie dem erklärten Willen der Kirchenvorstände widersprechen. Auch steht den Kirchengemeinden das Recht und die Verpflichtung zu, die Arbeit der Rendantur zu überwachen sowie – gegebenenfalls in zeitlicher Abstimmung mit anderen beteiligten Kirchengemeinden – auch die Kassenverwaltung der Rendantur zu überprüfen. Im Falle eines Pflichtverstoßes und eines daraus resultierenden Schadens für die Kirchengemeinde ist die Rendantur bzw. der Gemeindeverband als Träger der Rendantur auf Grund des abgeschlossenen Geschäftsbesorgungsvertrages in gleicher Weise zum Schadensersatz wie ein nebenamtlich tätiger Einzelrendant verpflichtet – wo ein solcher im Einzelfall noch tätig gewesen sein sollte.

Die Rendantur trägt nach alledem zu einer grundlegenden Erleichterung der Amtsführung des Kirchenvorstandes bei. Nach der AusfbestGA – Vermögensverwaltung (siehe Vorschriftenanhang) und inhaltlich übereinstimmend in den anderen Bistümern in NRW und darüber hinaus wird ihre Aufgabe fundamental beschrieben: »Die Rendantur führt im Auftrag der Kirchengemeinde deren Vermögensverwaltung ... durch« (§ 2). Der Rendantur obliegt es, durch Anregung und Beratung zusammen mit dem Kirchenvorstand für die Erhaltung und zweckmäßige Verwendung des Kirchenvermögens zu sorgen und es vor Schaden zu bewahren.

Dazu gehört nach der Ordnung für Rendanturen (§ 4, siehe Vorschriftenanhang) insbesondere:

1.) die Führung des Finanz- und Rechnungswesens,
2.) die Erstellung der Wirtschaftspläne und Herbeiführung ihrer Genehmigung,
3.) die rechtzeitige Aufstellung der Jahresabschlüsse,
4.) die gesamte Abwicklung und Verwaltung der Personalangelegenheiten,
5.) die Wahrnehmung der Aufgabe der Vermögensverwaltung,
6.) mit darauf zu achten, dass die jeweils erforderlichen Verträge abgeschlossen und die notwendigen kirchlichen und staatlichen Genehmigungen rechtzeitig eingeholt werden.

Diese sehr sporadische Aufzählung gibt die vielfältigen Aspekte einer Vermögensverwaltung nur sehr wenig anschaulich wider. Deshalb wird am Ende auf »das Nähere« in der Ordnung für die Rendanturen (siehe Vorschriftenanhang) hingewiesen. Darin ist dann alles zusammengetragen, was in vielen Einzelheiten beachtet und getan werden muss, um eine geordnete, ertragsorientierte Verwaltung des Vermögens einer Kirchengemeinde und analog eines Kirchengemeindeverbandes und eines Gemeindeverbandes zu ermöglichen. Die hierzu gehörigen Organisationsakte, Handlungskategorien, Entscheidungsgrundlagen und -kriterien sind in einer schwer zu übersehenden Fülle und Vielfalt bis hin z. B. zum Verweis auf kirchliche Bauvorschriften mit Nebenbestimmungen zusammengetragen, so dass nur zu hoffen bleibt, dass über alle – vielleicht auch notwendige – Bürokratie neben dem ständigen Studium noch genügend Zeit und Kraft für die eigentliche »operative« Tätigkeit bleibt.

Die Mitglieder des Kirchenvorstandes sollten und dürfen sich darauf beschränken, das Studium aller Pflichtenkataloge den hauptberuflichen Fachleuten zu überlassen und nur – und das ganz umsichtig und pflichtbewusst – sich auf den Grundsatz zu konzentrieren, dass hingegen alle Entscheidungen zu seinem Aufgabenbereich gehören. Die »Zuarbeit« obliegt also im weitesten Sinne der Rendantur, deren Aufgabe die Erarbeitung beschlussfertiger Vorlagen in allen »Vermögens- und Verwaltungsangelegenheiten« ist. Das Kaleidoskop der verschiedenen Anweisungen, Vorschriften etc. kann der näher Interessierte im Vorschriftenanhang studieren.

Entscheidungskompetenz des Kirchenvorstandes

143 »Alle Entscheidungen im Bereich der Vermögensverwaltung einschließlich der Investitions- und Anlageentscheidungen gehören zum Aufgabenbereich des Kirchenvorstandes«, so heißt es in § 1 AusfbestGA – Vermögensverwaltung (siehe Vorschriftenanhang) wie oben bereits zitiert. Besonders wird diese Verantwortung und zugleich Autonomie des Kirchenvorstandes
für den Bereich des kirchlichen Bauwesens,
für alle Entscheidungen im Bereich des Personalwesens,
für die Auswahl der Nutzer kirchlicher Grundstücke
hervorgehoben (§ 1 Ziff. 1).
Eine wichtige Pflicht ist auch die Überwachung der Kirchenkasse (§ 19 AusfbestGA – Vermögensverwaltung).

Kassen- und Rechnungsprüfung

144 Der Rendantur ist große Verantwortung anvertraut. Es ist deshalb notwendig, dass der Kirchenvorstand ihre Amtsführung gewissenhaft überwacht. Durch Fahrlässigkeit, Bequemlichkeit und persönliche Rücksichten können erhebliche Vermögensschäden entstehen, für die der Kirchenvorstand verantwortlich gemacht werden könnte.
Wenn unter den Mitgliedern des Kirchenvorstandes keine Fachleute sind, fällt es nicht leicht, ist aber unerlässlich, dass sich zumindest einige Mitglieder mit dem

kirchlichen Kassen-, Rechnungs- und Finanzwesen vertraut machen. Dazu gehören ein wenig Energie und der Wille, auf Grund ausreichender Sachkenntnis von dem Rendanten ernst genommen zu werden, die eingehende Durcharbeitung der entsprechenden Bestimmungen der Bischöflichen Behörde und Genauigkeit bei der Prüfung – Voraussetzungen, die zumutbar und erfüllbar sind.

Mit der Kassen- und Rechnungsüberwachung brauchen sich nicht alle Mitglieder des Kirchenvorstandes zu befassen. Der Kirchenvorstand wählt einen Prüfungsausschuss, dessen Mitgliederzahl je nach den Bestimmungen der Bischöflichen Behörden unterschiedlich ist (Münster beispielsweise drei Mitglieder; Aachen, Paderborn und Köln der Vorsitzende und ein weiteres Mitglied). Es bedeutet keine Pflichtverletzung, wenn man zur Entlastung des Vorsitzenden auch in den letztgenannten Bistümern statt seiner ein weiteres Mitglied bestimmt. Durch das Kirchenrecht ist dem Pfarrer eine selbständige persönliche Verpflichtung zur Vermögensobhut auferlegt. Wenn er nicht an jeder Revision des Kirchenvorstandes teilnimmt, muss er ihr auf ausreichende andere Weise nachkommen. Je nach dem Umfang des Vermögens kann die Zahl der Ausschussmitglieder erhöht werden. Dem Ausschuss können auch fachkundige Personen angehören, die nicht Mitglied des Kirchenvorstandes sind. Von dieser Möglichkeit sollte im Interesse der Sicherheit, wenn man einen Fachmann gewinnen kann, unbedingt Gebrauch gemacht werden.

Der Kirchenvorstand ist verpflichtet, mindestens einmal im Jahr – je nach den Vorschriften der Bischöflichen Behörde sogar mindestens zweimal jährlich -, bei gegebener Veranlassung auch öfter, eine u n v e r m u t e t e Revision der Kirchenkasse durchzuführen. Eine weitere Revision findet jährlich zum Ende des Wirtschaftsjahres aus Anlass der Prüfung des Jahresabschlusses statt. 145

Die Rendantur wird es nicht als Misstrauen empfinden dürfen, wenn die Prüfung auch wirklich ohne Ankündigung erfolgt, was häufig nicht geschieht. Eine wirklich objektive und sachgerechte Kontrollmöglichkeit besteht nur, wenn sie unvorbereitet Einblick in die tägliche Amtsführung ermöglicht.

Man verkennt den Sinn und Zweck und die eigene große Verantwortung, wenn man davon ausgeht, die Rendantur sei ohnehin absolut vertrauenswürdig und die Absolvierung der vorgeschriebenen Kontrollmaßnahmen reine Formsache. Es geht gar nicht einmal in erster Linie um die Aufdeckungsmöglichkeit von Unredlichkeiten. Wichtiger ist noch das Bewusstsein der Rendantur, jederzeit zum Nachweis vollständiger und pünktlicher Erfüllung aller mit dem Amt verbundenen Aufgaben in der Lage sein zu müssen. Eine Vernachlässigung dieser Kontrollpflicht kann zu schweren Nachteilen der Kirchengemeinde führen! Auch ist diese Art der Kontrolle aus versicherungsrechtlichen Gründen notwendig, damit in einem eventuellen Schadensfall dem Kirchenvorstand keine haftungsausschließende oder - mindernde Obliegenheitsverletzung vorgeworfen werden kann.

Prüfungsverfahren

146 Für die Kassenrevision und den Jahresabschluss sind von der Bischöflichen Behörde vorgeschriebene Vordrucke zu verwenden, aus denen das Verfahren und die zu beachtenden Voraussetzungen einer ordnungsmäßigen Prüfung zu entnehmen sind.

Bei der Revision der Kasse und des Jahresabschlusses ist festzustellen, ob der vorhandene Bestand (Istbestand) mit dem Betrag übereinstimmt, der vorhanden sein müsste (Sollbestand).

Man stellt den Bestand fest, indem man sich zunächst davon überzeugt, dass die Kirchenkasse in jeder Hinsicht streng getrennt gehalten wird, und dann den Barbestand und die Guthaben der Konten (Girokonten, Sparbücher) zusammenzählt, auf denen eingegangene Gelder angelegt sind.

Danach ist die Summe der Ausgaben von der Summe der Einnahmen abzuziehen. Jeder Einzelbetrag muss mit den vorhandenen Belegen verglichen werden. Sind die Buchungen vollständig belegt und richtig durchgeführt, muss der Sollbestand mit dem Istbestand übereinstimmen und das rechnerische Ergebnis auch sachlich richtig sein.

Sollte man Unstimmigkeiten feststellen, ist die Rendantur um sofortige Klärung zu bitten. Ist sie dazu nicht imstande, darf kein Versprechen, keine Ausrede und auch nicht die eigene Gutmütigkeit davon abhalten, unverzüglich die Bischöfliche Behörde zu informieren und um eine Revision zu ersuchen.

Zur Prüfung gehört auch die Feststellung, ob die Kassenverwaltung und Buchführung im Ganzen in Ordnung sind und ob die Kasse und die von der Rendantur zu führenden Bücher sicher aufbewahrt werden.

Zu kontrollieren ist auch der Bestand des Kapitalvermögens der einzelnen Fonds, der sicher und ertragbringend angelegt sein muss.

Es ist weiter darauf zu achten, dass die Ausgaben und Einnahmen innerhalb des Rahmens des Wirtschaftsplanes geblieben sind und fällige oder zu erwartende Verpflichtungen durch planmäßige Einnahmen gedeckt werden können.

Wegen unter Umständen bedeutender Nachzahlungsverpflichtungen, deren Erstattung man von dem steuerpflichtigen Angestellten meist nicht verlangen kann, ist schließlich der Nachweis zu verlangen, dass die Lohnsteuer und die Sozialabgaben richtig berechnet und abgeführt sind. Zur Lohnsteuerpflicht gehört auch der die Gehaltsabzüge übersteigende wirkliche Mietwert der Dienstwohnungen.

147 ### Ertragskontrolle

Ein pflichtbewusster Vermögensverwalter überwacht nicht nur den Vermögensbestand und die Ausführung der Kassen- und Buchungsgeschäfte, sondern kontrolliert auch ständig die Wirtschaftlichkeit der Anlage und Verwendung.

Gedankenlos und uninteressiert wurde in der Vergangenheit oft Kapitalvermögen auf Sparkonten mit gesetzlicher oder Jahreskündigung oder gar auf Girokonten unterhalten, das bei gleicher Sicherheit durch rentablere Anlagen leicht auf einen weit höheren Ertrag gebracht werden könnte. Grundvermögen wird im Wege des Erbbaurechtes oder der Verpachtung und Vermietung aus einem unrichtigen Verständnis der sozialen Verpflichtungen der Kirche (gehört man selbst zum Interessentenkreis, vielleicht auch aus nicht ganz uneigennützigen Erwägungen) zu Vergütungen vergeben, die oft wesentlich unter den marktüblichen Bedingungen liegen. Während der Laufzeit der Nutzungsverträge erscheint es zu unbequem und zu unangenehm, sich um eine Ertragssteigerung zu bemühen, auch wenn der Erbbauzins oder die Miete nicht einmal entfernt in einem angemessenen Verhältnis zum Wert der Nutzung stehen.

Gewiss ist die Kirche im richtig verstandenen Sinne auch in der Vermögensverwaltung dem Gebot der Liebe verpflichtet. Man wird dem Kirchenvorstand daher nicht nachsagen dürfen, dass auch für die Kirche anscheinend das Wort gelte: »Wo es um Geld geht, hört die Liebe auf.« Seine Einstellung zum Kirchenvermögen muss aber auch in umgekehrter Sicht dieses Wortes den Anforderungen des Amtes entsprechen. Eine der wichtigsten Amtspflichten jedes einzelnen Mitgliedes, also nicht nur der Rendantur, besteht im ständigen Mitdenken um die wirtschaftliche Verwendung und den angemessenen Ertrag. So sehr es auch der Selbstüberwindung bedarf, gilt das auch und wegen des guten Beispiels für die anderen in besonderem Maße, wo man selbst als Vertragspartner der Kirche betroffen würde. Es widerspricht sowohl den Pflichten des Amtes als auch einer christlichen Gesinnung, von der Kirche Vermögensvorteile zu erwarten und behalten zu wollen, die sachlich nicht gerechtfertigt oder aus besonderen Gründen (Dienstwohnung) zugesichert worden sind.

148

Wir haben ja doch nichts davon

Die Erstverantwortung für eine sachgerechte Verwaltung und Verwendung liegt, auch wenn die Geschäfte einer Rendantur übertragen sind, mit besonderem Schwerpunkt der Sicherung und, wenn möglich, Ertragssteigerung, beim Kirchenvorstand.

149

Was soll die Ertragssteigerung, wenn sie keinen Vorteil bringt? Und unsere Haushaltsbedürfnisse werden ohnehin ausgeglichen, ob unser eigener Ertrag hoch ist oder gering. Man wird schon in diesen beiden oft gehörten Äußerungen den Widerspruch und die Antwort finden. Je geringer der eigene Ertrag, umso höher der Zuschussbedarf, umso begrenzter also auch die Möglichkeit, ihn überall zu decken und darüber hinaus die vielfältigen überörtlichen und überdiözesanen Aufgaben der Kirche zu finanzieren.

»Wir« haben also doch etwas davon, denn »wir«, das ist nicht allein die eigene Gemeinde, sondern auch die Nachbargemeinde, die ganze Kirche. Je mehr die Ausgaben durch Einnahmen ausgeglichen sind, umso mehr Mittel werden frei für andere

Aufgaben und vielleicht auch einmal für die eigene Gemeinde, wenn sie selbst darauf angewiesen ist.

Die Gemeinde erhält übrigens, z.b. im Erzbistum Köln, von den Einnahmen einen frei verfügbaren Anteil von 30 % (sog. Bonusregelung). Steigerung des Vermögensertrags bedeutet also auch größere finanzielle Beweglichkeit.

Aufstellen des Wirtschaftsplans

150 Jeweils für das folgende Wirtschaftsjahr muss der Kirchenvorstand prüfen, welche Einnahmen zu erwarten und welche Ausgaben erforderlich sind. Das Ergebnis legt er mit weitgehender Unterstützung durch die Rendantur in einem Plan fest, den man den Wirtschaftsplan nennt.

So gewinnt er die Übersicht über die zukünftigen finanziellen Möglichkeiten und die Grundlage einer planmäßigen, an den vorhandenen Mitteln orientierten Ausgabenwirtschaft, die Verschuldungen und Substanzverluste verhüten soll.

Den Entwurf erstellt die Rendantur, die auf Grund der Kassenführung den besten Einblick hat, am besten in Zusammenarbeit mit dem Pfarrer (in Münster vorgeschrieben), und legt ihn rechtzeitig dem Kirchenvorstand zur Beratung und Beschlussfassung vor. Nach Feststellung ist er mit ortsüblicher Bekanntmachung zwei Wochen lang öffentlich auszulegen (in Münster erst nach der Bestätigung durch die Bischöfliche Behörde). Durch die Bestätigung wird er verbindlich. Überschreitungen während des Haushaltsjahres sind nur mit Genehmigung der Bischöflichen Behörde zulässig.

Bestandserhaltung des Grundvermögens

151 Auch das Grundvermögen bedarf der ständigen Zustandskontrolle. Der Kirchenvorstand ist verpflichtet, die kirchlichen Grundstücke und Gebäude in einwandfreiem, auch verkehrssicherem Zustand zu erhalten und durch rechtzeitige Instandsetzung größere Schäden zu vermeiden. In regelmäßigen Zeitabständen, wenigstens zweimal im Jahr, sollte eine gemeinsame Begehung der Grundstücke und Besichtigung der Gebäude stattfinden. Dabei ist der bauliche Zustand sorgfältig zu untersuchen und festzulegen, welche Instandsetzungsmaßnahmen erforderlich sind oder ob eine eingehendere Begutachtung durch einen Fachmann notwendig erscheint. Auch die Pacht- und Mietgrundstücke sind zu kontrollieren, ob sie ordnungsgemäß bewirtschaftet und nicht unbefugt einem Dritten überlassen sind. Die Erbbaugrundstücke sind zu besichtigen, um vertragswidrige Nutzung und nicht gestattete Baumaßnahmen feststellen und die möglichen Folgerungen in rechtlicher (Ausübung des Heimfallanspruchs) oder wirtschaftlicher (Erbbauzinserhöhung) Hinsicht ziehen zu können.

Bei umfangreicherem Grundbesitz empfiehlt es sich, einige möglichst sachkundige Mitglieder zu bestimmen und regelmäßigen Bericht zu verlangen.

Größere Vermögensnachteile ließen sich vermeiden, wenn jedes einzelne Mitglied sich auch persönlich verantwortlich wüsste, auf das kirchliche Grundvermögen mit zu achten wie auf sein eigenes. Das heißt, dass man nicht unbeteiligt an kirchlichen Gebäuden und Grundstücken vorbei spazieren kann, obwohl erkennbarer Anlass zur Besorgnis vorhanden ist, weil man sich außerhalb der Sitzungen des Kirchenvorstandes »nicht im Amt« befindet. Jährlich entstehen große Bauschäden, weil niemand sich zur persönlichen Mitsorge für verpflichtet hält. Sein eigenes Haus überlässt man doch auch nicht seinem Schicksal und achtet beispielsweise auf rechtzeitige Anstrichpflege besonders der Holzteile des Bauwerks und auf die Instandhaltung des Daches. Einem anderen zur Nutzung übergebene Grundstücke würde man als Eigentümer nicht nur, und sollte es deshalb auch nicht als Mitverwalter des Kirchenvermögens, der Vertrauenswürdigkeit des Nutzungsberechtigten überlassen.

C. Vertretung des Vermögens

Einleitung
Als Vermögensträgerin nimmt die Kirchengemeinde in vielfältiger Weise am Rechtsverkehr teil. Sie muss Verträge abschließen, einseitige rechtsgeschäftliche Erklärungen abgeben und entgegennehmen, gelegentlich auch einen Rechtsstreit führen oder sich verklagen lassen. Als juristische Person bedarf sie, wie wir bereits näher gesehen haben, dazu eines aus Menschen bestehenden Organs. Das ist der Kirchenvorstand, der als Verwalter des Kirchenvermögens auch die zur Erfüllung seiner Verwaltungsaufgaben erforderlichen Rechtsgeschäfte abschließen muss. Sein Vertretungsrecht reicht andererseits auch nicht weiter als sein Verwaltungsrecht. In Verwaltungsgeschäften des Stellenvermögens ist der Pfarrer innerhalb der Grenzen seines Nutzungsrechtes daher allein unterschriftsberechtigt, sofern er im rechtlichen Sinne (noch) durch Investitur in die Pfarrstelle eingewiesen wurde und keinen Verzicht geleistet hat. Diese Rechtsstellung wird jedoch völlig gegenstandslos, weil der Pfarrer kein Nutzungsrecht mehr an dem Stellenvermögen hat (siehe Rdn. 128). Bei der Verwendung der Mittel seines Treuhandbuches kann er allein den etwaigen Vertrag unterzeichnen.

152

Formvorschriften
Alle Erklärungen des Kirchenvorstandes sind nur verbindlich, wenn sie schriftlich erfolgen. Eine Ausnahme besteht nur für Erklärungen, die von einem Notar beurkundet werden. Immer wieder müssen sich die Kirchenvorstände, ihre Vorsitzenden und die Bischöflichen Behörden mit den manchmal sehr belastenden Folgen von mündlichen Äußerungen befassen, die Dritte als verbindlichen Auftrag betrachtet haben und entsprechende Forderungen stellen. In allen Vertragsgesprächen

153

sollte möglichst unter Zeugen betont werden, dass eine schriftliche Bestätigung vorbehalten bleibe. Das gilt insbesondere für die Vorsitzenden, die wegen ihrer Amtsstellung von vielen fälschlich als alleinvertretungsberechtigt angesehen werden. Weil dies zu umständlich wäre, muss nicht der gesamte Kirchenvorstand die jeweilige Erklärung der Kirchengemeinde unterschreiben. Es genügen die Unterschriften des Vorsitzenden und von zwei weiteren Mitgliedern. Jeder schriftlichen Erklärung ist außerdem das Amtssiegel der Kirchengemeinde beizudrücken.

Wenn der Pfarrer bzw. der gemäß der Geschäftsanweisung bestellte »geschäftsführende Vorsitzende« krank, länger abwesend oder aus sonstigen Gründen verhindert ist, unterschreibt der von dem Kirchenvorstand gewählte erste oder zweite Stellvertreter. Sind alle Stellvertreter verhindert und die Unterzeichnung dringend, kann die Bischöfliche Behörde in entsprechender Anwendung einer Bestimmung des Vermögensverwaltungsgesetzes über die Einberufung von Sitzungen bei »Nichtvorhandensein« eines Vorsitzenden und Stellvertreters auch für die Unterschrift einen »Vorsitzenden« bestimmen.

Vertretungsvollmachten

154 Der Praktiker wird feststellen, dass auch hier das Leben eben doch ganz anders sei als alle graue Theorie. Sollte man etwa mit Siegel und drei Unterschriften den Installateur bitten, das verstopfte Abflussbecken zu reinigen, neue Kerzen bestellen, jedes Kind feierlich in den Kindergarten aufnehmen, mit jedem Patienten im Krankenhaus einen Betreuungsvertrag schließen und für die Küche jeden Zentner Butter in Auftrag geben müssen?

Das ist weder möglich noch rechtlich nötig. Die Kirchengemeinde kann sich genau so wie natürliche Personen durch Dritte oder auch durch einzelne Mitglieder vertreten lassen, indem sie ihnen eine Vollmacht erteilt. Zur Vollmachtserteilung ist selbstverständlich wie bei allen Willenserklärungen nötig, dass der Kirchenvorstand einen entsprechenden Beschluss fasst und unter Beachtung der oben beschriebenen Formvorschriften eine Vollmachtsurkunde ausstellt.

Generalvollmacht

155 Ein Kirchenvorstand hat kürzlich den stellvertretenden Vorsitzenden durch Beschluss beauftragt, alle vorkommenden Verwaltungsgeschäfte zu erledigen und die notwendigen Erklärungen für die Kirchengemeinde abzugeben. Vielleicht hat er geglaubt, auf diese Weise für die größtmögliche Beweglichkeit und Beschleunigung der kirchlichen Verwaltung gesorgt zu haben.

Mit diesem extremen Beispiel beantwortet sich die Frage von selbst. Die Kirchengemeinde ist juristische Person, der Kirchenvorstand ihr einziges Verwaltungs- und Vertretungsorgan, durch das sie in seiner gesetzlichen Besetzung ihre eigenen, »persönlichen« Entscheidungen trifft und ausführt. Entscheidungen eines anderen oder einzelner Mitglieder sind nicht ihre eigenen, sondern die eines Dritten. Der Kirchenvorstand kann seine Organstellung nicht aufgeben. Das würde einem elementaren Grundsatz des Rechtes der juristischen Person widersprechen. Der Bevollmächtigte kann die Entscheidung der Kirchengemeinde, verkörpert durch den Kirchenvorstand als ihr Organ, ausführen. Er kann sie nicht durch seine eigene ersetzen. Sein Vertretungsauftrag muss so ausreichend beschrieben sein, dass er in der Lage ist, seine Erklärung an dem erkennbaren Willen des Kirchenvorstandes auszurichten. Eine Generalvollmacht ist also nicht zulässig. Das gilt wie alle nachstehenden Grundsätze auch für die Beauftragung und Bevollmächtigung bei Anschluss an eine Rendantur.

Spezialvollmacht

Bei Einzelgeschäften ist die Inhaltsbestimmung der Vollmacht nicht schwierig. Der Kirchenvorstand kann durch Beschluss ohne weiteres ein Mitglied oder einen Dritten, besonders die Rendantur, zur Unterzeichnung von Rechtsgeschäften ermächtigen, deren Bedingungen er zuvor festgelegt hat. Das erspart Zeit und Kosten vor allem bei Grundstücksverträgen, die von einem Notar beurkundet werden müssen. 156

Gattungsvollmacht

Zur Erleichterung der Amtsführung kann es aber auch zweckmäßig, bei Verwaltungsaufgaben mit ständig anfallenden Vertragsabschlüssen sogar unumgänglich sein, den Vertretungsauftrag allgemeiner zu formulieren. Dagegen ist rechtlich nichts einzuwenden, solange der Grundsatz gewahrt bleibt, dass sich jede rechtsgeschäftliche Erklärung des Bevollmächtigten auf den Willen des Kirchenvorstandes zurückführen lässt, dass er also lediglich erklärt, was der Kirchenvorstand bestimmt hat. 157

Der Kirchenvorstand kann natürlich nicht für alle denkbaren geschäftlichen Vorgänge innerhalb eines bestimmten Verwaltungsbereiches im Voraus aufzählen, wie sich der Vertreter zu verhalten hat. Es genügt, die Ermessensfreiheit mit allgemeinen Weisungen zu beschränken. Der Vertreter muss sich aber stets zumindest an grundsätzlichen Richtlinien orientieren und gebunden halten können, die eine Entscheidung allein nach seinem eigenen Ermessen ausschließen.

Das kann insbesondere durch die Bezeichnung der Art der übertragenen Rechtsgeschäfte und durch die Begrenzung der Höhe der für jedes Rechtsgeschäft oder insgesamt innerhalb eines bestimmten Zeitraumes möglichen finanziellen Verpflichtung geschehen.

Eine besonders geeignete Grundlage bietet der Wirtschaftsplan, in dem der Kirchenvorstand für genau bestimmte Zwecke jährliche Gesamtausgaben festlegt hat. Der Haushaltsbeschluss begründet natürlich noch nicht die Vollmacht. Sie muss ausdrücklich beschlossen und auch schriftlich unter Beachtung der oben beschriebenen weiteren Formvorschriften erteilt werden.

Dann kann man eine Vollmachtsurkunde ausstellen, unter anderem:

- für den Pfarrer, im Rahmen der dafür vorgesehenen Haushaltsmittel die notwendigen Besorgungen für das Gotteshaus und das Pfarrbüro allein zu erledigen;
- für den Jugendseelsorger, die Mittel nach eigenem Ermessen zu verwenden, die für die Jugendarbeit zur Verfügung stehen, und auch die möglichen Zuschussanträge an die zuständigen Behörden zu richten;
- für den Friedhofsverwalter, die zur Instandhaltung der Anlagen nötigen Geschäfte zu tätigen und die Nutzungsverträge gemäß der Friedhofs- und Gebührenordnung abzuschließen;
- für die Büchereileiterin, den Bestand zu ergänzen;
- für die Leiterin der Kindertagesstätte, Aufnahmeverträge zu unterzeichnen und Lebensmittel für die Küche zu besorgen;
- für den Hausmeister, die Reinigungsmittel einzukaufen;
- für den Geschäftsführer des Krankenhauses, die Betreuungsverträge zu unterzeichnen und nach einem Wirtschaftsplan auch alle zum Betrieb erforderlichen Beschaffungen vorzunehmen, soweit noch gemeindeeigene Krankenhäuser bestehen.

Gesamtvollmacht

158 Es können auch mehrere Personen gemeinsam bevollmächtigt werden. Das empfiehlt sich bei der Bevollmächtigung zu Geschäften, die für die Kirchengemeinde in finanzieller oder seelsorglicher Hinsicht von größerer Bedeutung sein können. Der Kirchenvorstand ordnet an, dass nur alle Mitglieder des betreffenden Ausschusses (z. B. Krankenhauskuratorium, Aufnahmeausschuss des Kindergartens) gemeinsam unterzeichnen dürfen oder dass ein Mitglied des Ausschusses nur im Einvernehmen mit den übrigen allein die Unterschrift leisten kann. Für die Rendantur ist stets eine Gesamtvollmacht erforderlich.

Vertretung durch die Rendantur

159 Zur rechtsgeschäftlichen Vertretung ist natürlich die Rendantur besonders geeignet und berufen, die ja ohnehin weitestgehend den Kirchenvorstand berät und unterstützt.

Für deren Beauftragung und Kompetenz ist besonders § 3 AusfbestGA – Vermögensverwaltung (siehe Vorschriftenanhang) von Bedeutung. Die Vertretungsmacht wird an den Leiter der Rendantur oder seinen Stellvertreter zusammen mit einem weiteren Mitarbeiter nach der für Erklärungen für Kirchengemeinden vorgeschriebenen Form durch Unterschriften und Siegel (§ 14 VVG) erteilt. Sowohl Spezialvollmacht wie Gattungsvollmacht können zur Ermächtigung der Rendantur erteilt werden. Ein Handlungsrahmen ist immer vorzugeben, bei Geschäften des täglichen Bedarfs im Rahmen einer Gattungsvollmacht ein Geschäftswert bis 15.000 € je Einzelfall (§ 3 Abs. 1). Für die rechtsgeschäftlichen Erklärungen der Mitarbeiter der Rendantur ist Schriftform vorgeschrieben. Unterzeichnen muss der Leiter der Rendantur oder sein Stellvertreter, letzterer zusammen mit einem mitunterzeichnungsberechtigten Mitarbeiter (§ 6 Ordnung für Rendanturen, siehe Vorschriftenanhang).

Aufsichtsbehördliche Genehmigung

Es darf vorweggenommen werden, dass bestimmte rechtsgeschäftliche Erklärungen der Genehmigung der Bischöflichen Behörde bedürfen. Enthält eine Vollmacht die Ermächtigung, solche Erklärungen abzugeben, so muss auch die Vollmacht zur Genehmigung vorgelegt werden.

160

IX. Staatliche und kirchliche Aufsicht

Einleitung

161 Kirchen- und Zivilgemeinden sind Bestandteile eines größeren Gemeinwesens. Sie sind Verwaltungseinrichtungen und Rechtsträger auf der unteren Ebene, einbezogen in eine größere Einheit, die Kirche bzw. den Staat.

Kirchengemeinden und Zivilgemeinden sind daher in ihren jeweiligen Aufgabenbereichen rechtlich selbständig und eigenverantwortlich, aber keineswegs unabhängig. Dass nicht jede Zivilgemeinde nach eigenem Ermessen sich ihre Gesetze geben und nach diesen handeln kann, niemandem verantwortlich und keiner Aufsicht unterworfen, wird jedermann für selbstverständlich halten. Das ist keine Frage der Demokratie, sondern der rechtlichen Ordnung, ohne die der Staat nicht bestehen könnte. Ebenso wenig könnte es die Kirche.

So wie der Staat durch seine Gesetze und Verordnungen die allgemeinen Rechtsgrundsätze aufstellt, nach denen die Zivilgemeinde ihre Aufgaben erfüllt, regeln für die ganze Kirche verbindliche Vorschriften und diözesanrechtliche Bestimmungen die kirchliche Verwaltung.

So wie der Staat die Ordnungsmäßigkeit der kommunalen Verwaltung durch den Regierungspräsidenten überwacht, geschieht dies in der Kirche durch die Aufsicht der Bischöflichen Behörde. Verbindliche Anordnungen trifft der Generalvikar, der einzelne Mitarbeiter nach Maßgabe der kirchenrechtlichen Bestimmungen zur Abgabe von Erklärungen bevollmächtigen kann.

Neben der Bischöflichen Behörde beansprucht aber auch der Staat Aufsichtsrechte.

A. Staatliche Aufsicht

162 Da die Kirchengemeinden wie die Zivilgemeinden am weltlichen Rechtsverkehr teilnehmen, besteht ein staatliches Interesse an der Aufrechterhaltung der Rechtssicherheit. Der Staat hat sich im Vermögensverwaltungsgesetz eigene Aufsichtsmöglichkeiten über die Amtsführung des Kirchenvorstandes und Anordnungsbefugnisse vorbehalten, die er teils aus eigenem Ermessen (Rechtsaufsicht), teils dann wahrnehmen könnte, wenn die Bischöflichen Behörden die notwendigen Maßnahmen nicht treffen wollten oder könnten (Ersatzaufsicht). Fälle der Staatsaufsicht sind in den §§ 16 bis 20 VVG aufgeführt.

Praktisch übt der Staat die Rechts- und Ersatzaufsicht nicht aus. Das geschieht schon deshalb nicht, weil ein Bedürfnis dazu nicht besteht. Die örtlichen Kirchenverwaltungen haben im Ganzen gesehen stets zufriedenstellend funktioniert und die Bischöflichen Behörden ihre Verantwortung immer ernst genommen.

Darüber hinaus hat sich die Erkenntnis im Staatskirchenrecht durchgesetzt, dass die Kirche frei ist von staatlichem Einfluss bei der Ordnung ihrer eigenen Angelegenheiten. Beim Erlass des Vermögensverwaltungsgesetzes wurde dieser Grundsatz vom preußischen Gesetzgeber offenbar noch nicht ausreichend beachtet. Man spricht in der Rechtslehre von der Autonomie der Kirchen und vom so genannten »Schrankenvorbehalt«. Letzterer besagt, dass die Kirchen ebenso wie jede Institution und jeder Bürger von der staatlichen Rechtsordnung abhängig sind, jedoch frei, wo der Staat ihnen besondere Vorschriften gemacht hat oder machen möchte. Wegen der kirchlichen Autonomie dürften daher die Bestimmungen des § 15 VVG weitgehend nicht mehr gelten.

Bei der Veräußerung von Kunstgegenständen (§ 15 Abs. 1 Ziffer 1) wäre, da für alle geltend, zwar auch die Kirche an die staatliche Genehmigung gebunden. Der Staat hat sie jedoch als wichtigste Kulturträgerin deshalb gesetzlich vor längerem ausgenommen, weil er ihr die Verantwortung überlassen wollte, denn die eigenen Bestimmungen im Codex Iuris, dem allgemeinen Kirchenrecht, wie auch die Partikularnormen des deutschen Kirchenrechts stellen die Kunst- und Kulturgüter durch Genehmigungserfordernisse unter ihren eigenen Schutz. ¹⁶³

Auch die Anlegung oder Veränderung der Benutzung von Begräbnisplätzen ist aus der Genehmigungspflichtigkeit des VVG (§ 15 Abs. 1 Ziffer 5) herausgenommen. Sie ergibt sich jedoch weiterhin aus § 2 Abs. 1 des Bestattungsgesetzes NRW, das die Errichtung und die Erweiterung von Friedhöfen ausdrücklich auch für Religionsgemeinschaften als genehmigungsbedürftig erklärt.

Wie schon zuvor im VVG bestimmt, können von der zuständigen staatlichen Behörde (Regierungspräsident) genehmigte Gebührensatzungen im staatlichen Verwaltungszwangsverfahren beigetrieben werden. Die Einholung der staatlichen Genehmigung, wenn auch nicht vorgeschrieben, empfiehlt sich aus diesem Grunde nach wie vor.

Wichtige Fälle der staatlichen Mitwirkung über § 15 VVG hinaus sind hingegen durch den Bischof angeordnete Neustrukturierungen im Gemeindebereich. Kirchengemeinden werden aufgehoben und einer anderen Gemeinde angegliedert, Kirchengemeinden werden zu einer neu zu gründenden Gemeinde vereinigt. Auch Gemeindeverbände entstehen neu oder erhalten neue Kompetenzen (§§ 22, 23 VVG).

Kirchliche Neustrukturierungen sind an sich eine Angelegenheit der kirchlichen Autonomie. Da Kirchengemeinden und ihre Verbände nach staatlicher und kirchlicher Auffassung Rechtsträger öffentlich rechtlicher Art sind, wie beispielsweise die Zivilgemeinden, also besondere Rechtsnatur haben mit besonderen Kompetenzen und Vorrechten, z. B. im Gebührenbereich, können dennoch derartige Rechtsträger nur mit Zustimmung des Staates neu entstehen, aufgehoben oder verändert werden (für Kirchengemeinden besteht eine entsprechende Vereinbarung zum Beispiel in NRW mit dem Land aus dem Jahre 1964; für Gemeindeverbände gilt § 23 Abs. 1 u. 2 VVG). Mit der kirchlichen Neuordnung verbundene Vermögensverschiebungen liegen wegen der genannten Verfassungsgrundsätze hingegen allein in der Kompetenz des Bischofs, wohl aber nicht die eventuelle Namensänderung, weil der Name Bestandteil der jeweiligen juristischen Person, also der öffentlich-rechtlichen Körperschaft ist und daher der staatlichen Anerkennung bedarf.

B. Kirchliche Aufsicht

164 In der Einleitung wurde bereits darauf hingewiesen, dass sich die Verwaltung des Ortskirchenvermögens an den Bestimmungen des allgemeinen Kirchenrechts und des kirchlichen Rechts innerhalb des jeweiligen Bistums orientieren muss. Es ist notwendig, dass die Kirche auch ihre Einhaltung überwacht.

Allgemeine Rechtsaufsicht

165 Besonders muss der Kirche daran gelegen sein, dass die örtlichen Verwaltungsorgane den staatlichen und kirchlichen Vorschriften entsprechend besetzt sind. Bei nicht vorschriftsmäßiger Besetzung des Kirchenvorstandes könnte die Kirchengemeinde nicht rechtswirksam vertreten werden. Die von ihm gefassten Beschlüsse und die auf ihrer Grundlage abgeschlossenen Rechtsgeschäfte wären rechtsungültig. Darüber hinaus besteht ein verständliches Interesse daran, dass die Kirchenvorstände aus Personen bestehen, die ihre Rechte und Pflichten nicht missbrauchen und im Hinblick auf das öffentliche Ansehen keine Belastung bedeuten. Die Bischöfliche Behörde kontrolliert deshalb insbesondere die Wahlen zum Kirchenvorstand von Amts wegen und als Berufungsinstanz im Wahlanfechtungsverfahren sowie bei Einsprüchen gegen die Richtigkeit der Wählerliste. Sie entscheidet auch über die Berufung des Betroffenen, wenn der Kirchenvorstand sich weigert, der Ablehnung oder vorzeitigen Niederlegung des Amtes als Kirchenvorstandsmitglied zuzustimmen.
Sie ist berechtigt, einzelne Mitglieder wegen Pflichtwidrigkeit oder Ärgernis erregenden Lebenswandels aus dem Kirchenvorstand auszuschließen, ja sogar den ganzen Kirchenvorstand aufzulösen und eine Neuwahl anzuordnen, wenn er seine Amtspflichten in grober Weise verletzt.
Sie hat weiterhin das Recht, einen Vermögensverwalter zu bestellen, wenn eine Wahl des Kirchenvorstandes nicht zustande kommt.
Sie hat auch alle Befugnisse, die geeigneten Maßnahmen zu treffen, wenn der Kirchenvorstand sich weigert, gesetzliche Leistungen (d.h. Leistungen an Dritte auf Grund gesetzlicher oder vertraglicher Verpflichtungen) in den Haushalt der Kirchengemeinde einzusetzen oder zu genehmigen und begründete Ansprüche gerichtlich geltend zu machen oder unbegründete abzuwehren.
Sie ist im Hinblick auf die notwendige Beaufsichtigung einer ordnungsgemäßen Vermögensverwaltung berechtigt, jederzeit die Kasse und die Bücher der Kirchengemeinde zu kontrollieren.

Besondere Verwaltungsaufsicht

Wenn der Kirchenvorstand nach reiflicher Überlegung, vielleicht nach zähen Vorverhandlungen mit einem interessierten Vertragspartner, einen Beschluss gefasst hat, muss der Vorsitzende ihn in allen wichtigeren Angelegenheiten zusammen mit dem beschlossenen Rechtsgeschäft in beglaubigter Protokollabschrift der Bischöflichen Behörde zur Genehmigung vorlegen.

166

Rechtfertigung der Verwaltungsaufsicht

Die Notwendigkeit der Vorlage leuchtet ein, wenn der Kirchenvorstand zur Durchführung seines Vorhabens Geld benötigt und deshalb einen Zuschuss aus Kirchensteuermitteln beantragen muss, die die Bischöfliche Behörde verwaltet und verteilt.

167

Davon ist das Erfordernis der Genehmigung wichtigerer Angelegenheiten aber nicht abhängig. Es entscheidet vielmehr allein die Art des beschlossenen Rechtsgeschäftes, unabhängig davon, ob Kirchensteuerzuschüsse benötigt werden oder Finanzierungsmittel vorhanden sind. Dass die Behörde je nach Lage des Falles dabei auch ihre Entscheidung darauf abstellen muss, ob sie zur Finanzierung imstande ist, beruht auf der Notwendigkeit, die nicht ausreichenden Mittel nach Schwerpunkten zu verteilen.

Auf dieser oft also sogar doppelten, nämlich finanziellen und rechtsgeschäftlichen, Abhängigkeit beruht »das große Unbehagen« mancher Kirchenvorstände. Nicht genug, dass das Verwaltungsrecht des Kirchenvorstandes durch das Kirchenrecht gegenüber dem Pfarrer in Fragen der Seelsorge und des Gottesdienstes eingeschränkt ist, besteht auch noch eine und zwar erheblich weitergehende Beschränkung der Durchsetzung der freien Entscheidung durch das Aufsichtsrecht der Bischöflichen Behörde!

Die Antwort sollte man nicht im Gefühl der nach einer negativen Entscheidung der Bischöflichen Behörde vielleicht sogar berechtigten Enttäuschung, auch nicht in Schlagworten von »mehr Demokratie in der Kirche«, sondern durch sachliche Überlegungen suchen.

In finanzieller Hinsicht wird es einsichtig sein, dass das Prinzip als solches nicht falsch sein kann, wenn man bedenkt, dass jede Kirchengemeinde nur ein kleiner Teil eines größeren Organismus ist. Das Bistum besteht aus vielen Gemeinden. Es bedarf deshalb einer »Gesamtsteuerung«, wenn die Wirksamkeit kirchlicher Arbeit nicht in Frage stehen soll.

Soweit also ein beschlossenes Rechtsgeschäft, etwa die Beauftragung eines Architekten zur Planung eines kirchlichen Bauvorhabens, aus finanziellen Erwägungen nicht genehmigt wird, wird man das vom Grundsatz her nicht beanstanden können, wenn man nicht das System der zentralen Verteilung der Kirchensteuer nach jeweiligen Möglichkeiten und Bedürfnissen in Frage stellen will. Sicher sind einem

168

die eigenen Bedürfnisse am nächsten und die Sorge um die eigene Gemeinde die erste Aufgabe. Aber neben uns gibt es, was wir nicht vergessen werden, eine Vielzahl anderer Gemeinden und Kirchenvorstände, von denen nicht wenige nun einmal noch dringendere Anliegen haben könnten.

So weit, so gut! Aber ist es ebenso grundsätzlich nötig, dass die Aufsichtsbehörde auch das letzte Wort in den vielen Verwaltungsgeschäften haben muss, die aus eigenen Mitteln finanziert werden könnten oder die gar beispielsweise durch die beabsichtigte Veräußerung von Kirchenvermögen Finanzierungsmöglichkeiten für wichtige Vorhaben erbringen würden? Wo es nur um Vermögensumschichtungen durch Veräußerung und Wiederanlage oder durch Tausch geht? Wo Vermögen ertragbringend angelegt werden soll? Wo aus Spenden und Ersparnissen Anschaffungen getätigt werden sollen? Brauchen erfahrene und verantwortungsbewusste Kirchenvorstände einen Vormund???

Am einfachsten wird die Antwort, wenn man bedenkt, dass man selbst auf Grund der qualifizierten Besetzung des eigenen Kirchenvorstandes auf die Richtigkeit seiner Entscheidung vertrauen kann, nicht unbedingt aber auch darauf, dass das stets auch in allen anderen Gemeinden der Fall sein muss. Man kann aber auch selbst bei aller Umsicht manche Aspekte einer Sache vielleicht übersehen, die andere, nämlich die Mitarbeiter der Bischöflichen Behörde, unbefangener betrachten und dabei vielleicht schon aus einer Vielzahl von ähnlichen Fällen gesammelte Erfahrungen verwerten könnten.

Grundsätzlich kann man daher wohl weder das Prinzip der Verteilung der Kirchensteuer nach Prüfung des Bedürfnisses noch die Aufsicht über die wirtschaftlichen und rechtlichen Aspekte der Entscheidungen des Kirchenvorstandes durch eine übergeordnete Stelle in Frage stellen, zumal sie letztlich dem eigenen Interesse an einer verantwortlichen Vermögensverwaltung dienen soll.

Wenn man den Grundsatz bejaht, so wird man im Bewusstsein menschlicher Unzulänglichkeit, von der auch die Bischöfliche Behörde nicht ausgenommen ist, die Möglichkeit einer Fehlentscheidung der Aufsichtsbehörde als eine zwar nicht wünschenswerte und teils empfindlich treffende, jedoch mögliche Folge mit derselben Nachsicht wie gegenüber sich selbst beurteilen. Durch Gegenvorstellungen wird man um bessere Einsicht werben, nach etwa erfolglosen weiteren Versuchen aber großmütig davon ausgehen, dass Irren menschlich ist – und letzten Endes nicht einmal objektiv feststeht, auf welcher Seite diese menschliche Unzulänglichkeit sich im vorliegenden Fall bemerkbar gemacht hat.

Inhalt und Grenzen

169 Wäre es dann nicht einfacher, die Verwaltung des Kirchenvermögens gleich zentral vorzunehmen?

Wer in der praktischen Arbeit steht, weiß, dass die Kirche ohne die Initiativen und die aktive Mitwirkung so vieler Frauen und Männer eine große Behörde zur Entscheidung und Durchführung in örtlichen Vermögensangelegenheiten aufziehen müsste, um dennoch auch nicht entfernt ihre Aufgaben sozusagen vom »grünen Tisch aus« ebenso gut und sachgerecht wahrnehmen zu können.

Deshalb ist die örtliche Vermögensverwaltung und die Mitwirkung der kirchlichen Aufsichtsbehörde auf dem Prinzip der örtlichen Initiative aufgebaut und nicht so geregelt, dass der Kirchenvorstand in seinen Entscheidungen an höhere Anordnungen gebunden wäre, also gleichsam auf Befehl zu beschließen hätte. Die Entscheidung liegt immer beim Kirchenvorstand. Nichts und niemand als die allgemein geltenden kirchlichen Vorschriften hindern ihn daran, einen Beschluss so und nicht anders zu fassen. In seiner Beschlussfassung ist er nur seinem Gewissen und den kirchenrechtlichen Bestimmungen unterworfen. Aufsichtsrecht der Bischöflichen Behörde bedeutet also nicht Anordnungsrecht, wenn es nicht um die Einhaltung allgemeiner Vorschriften, sondern um die Zweckmäßigkeit einer Entscheidung geht. Wenn der Kirchenvorstand also ein vorhandenes Baugrundstück nicht an einen bestimmten Bewerber im Erbbaurecht vergeben will, kann dies die Behörde nicht verbindlich anordnen. Wenn er ein Grundstück nicht tauschen will, so kann die Behörde ihn nicht dazu anhalten. Wenn er einen Architekten nicht akzeptiert, den ihm die Behörde empfiehlt, so kann diese ihn nicht dazu zwingen, auch nicht dazu, einen bestimmten anderen zu beauftragen.

Der Kirchenvorstand ist in seiner Entscheidung also frei, einen Beschluss zu fassen und seinen Inhalt zu bestimmen. Die Beschränkung der Entscheidungsfreiheit liegt nur darin, dass die Bischöfliche Behörde ihn an der Verwirklichung dieses Beschlusses hindern kann, indem sie ihn nicht genehmigt. Das Aufsichtsrecht besteht also nur in negativer Hinsicht. Sie kann die Genehmigung verweigern, wenn der Kirchenvorstand beschließt. Sie kann ihn nicht dazu zwingen, stattdessen einen Beschluss des von ihr gewünschten Inhalts zu fassen.

Eine Ausnahme bilden nur die Möglichkeiten der allgemeinen Rechtsaufsicht, von der bereits die Rede war, die der Bischöflichen Behörde die Möglichkeit des eigenen Handelns gibt, wo der Kirchenvorstand seine Amtspflicht verletzt. Entscheidungsfreiheit bedeutet nicht Freiheit zu ihrem beliebigen, auch willkürlichen, sachlich nicht gerechtfertigten Gebrauch. Seinen Willen durchzusetzen, indem man diese und auf keinen Fall eine andere Entscheidung zu treffen bereit ist, auch wenn Untätigkeit schadet, wäre ein Missbrauch. Im Normalfall hat es schon seine Begründung, wenn die Bischöfliche Behörde Gegenvorstellungen erhebt, die im Allgemeinen auf einer breiteren Erfahrungsbasis beruhen. Es kann zur pflichtwidrigen Amtsausübung werden, wenn keine Bereitschaft zur Überprüfung der eigenen Meinung besteht.

Rechtsfolgen der Genehmigung und ihrer Versagung

170 Die auf Grund des Vermögensverwaltungsgesetzes erlassenen kirchlichen Vorschriften haben unterschieden Rechtsgeschäfte, deren Rechtsgültigkeit von der Genehmigung der Bischöflichen Behörde abhängt (Außengenehmigung) und solche, bei denen die Genehmigung nur mit interner Verbindlichkeit, also ohne Auswirkungen für den beteiligten Dritten vorgeschrieben war (Innengenehmigung). Die Vorschriften über die Innengenehmigung sind inzwischen entfallen, siehe weiter unten.

Außengenehmigung

171 Wo die Außengenehmigung erforderlich ist, entsteht ohne diese keinerlei Rechtswirkung, selbst wenn der Kirchenvorstand noch so sorgfältig überlegt und entschieden und das Rechtsgeschäft nach seiner Meinung einen noch so großen Vermögensvorteil zur Folge hätte. Legt der Kirchenvorstand das Rechtsgeschäft nicht zur Genehmigung vor oder wird sie versagt, so ist es nichtig. An dieser Rechtsfolge ändert auch der gute Glaube des Kirchenvorstandes nichts, es handele sich um keinen Fall der notwendigen Genehmigung, noch die Unkenntnis des Vertragspartners über das Nichtvorliegen oder das Erfordernis einer aufsichtsbehördlichen Genehmigung. Die Vertretungsberechtigung des Kirchenvorstandes ist in diesen Fällen mit Wirkung auch gegenüber jedem Dritten eingeschränkt.

Leider kommen solche ungenehmigten Geschäfte häufig genug dennoch vor und erklärt der Dritte, schließlich sei es ja zuerst Sache des Kirchenvorstandes selbst, die Vorschriften zu kennen und zu beachten. Er könne sich darauf verlassen, dass alle Wirksamkeitsvoraussetzungen gegeben seien, wenn der Kirchenvorstand einen Vertrag unterschreibe. Die Tatsache der Ungültigkeit des Geschäftes berührt das nicht, wenn auch je nach Lage des Falles das staatliche Gericht Wege suchen wird, dem Dritten dennoch mindestens zu einem Ausgleich seiner etwa entstandenen Nachteile zu verhelfen.

Hingegen hat die Innengenehmigung ihre Bedeutung verloren. Einige Vorschriften sind obsolet, einige andere (wichtigere) sind in Art. 7 (Außengenehmigung) übernommen.

Außengenehmigung (im Einzelnen)
Einleitung

172 Die Außengenehmigung ist in Art. 7 der Geschäftsanweisung geregelt (siehe Vorschriftenanhang). Die Genehmigung zur Rechtsgültigkeit des Beschlusses nach außen ist in solchen Fällen notwendig, wo größere nachteilige Folgen für das Kirchenvermögen eintreten könnten. Man kann sie einteilen nach Angelegenheiten,
– die nach ihrer Zwecksetzung nicht zur laufenden Vermögensverwaltung gehö-

ren (Darlehensaufnahmen, Veräußerung von Kunstgegenständen, Schenkungen, Bürgschaften, bestimmte Verpflichtungserklärungen),
– die zwar Geschäfte der alltäglichen Verwaltung darstellen, aber nicht nur der Entscheidung des Kirchenvorstandes anheim gegeben sind, weil sie durch die Höhe der Verpflichtung oder ihre lange Dauer zu schwerwiegenden Belastungen führen können, und
– in Geschäfte mit Mitgliedern des Kirchenvorstandes, weil bei ihnen die Möglichkeit eines nicht nur sachlich orientierten Vertragsabschlusses naheliegt.

Neuordnung der Genehmigungsbestimmungen

Das neue Kirchliche Gesetzbuch (Codex Iuris Canonici) aus dem Jahre 1983 hat den nationalen Bischofskonferenzen das Recht eingeräumt, **gemeinsam und für alle Bistümer verbindlich,** für die Veräußerung und dieser vergleichbare oder im wirtschaftlichen und rechtlichen Risiko ihr gleichkommende Rechtsgeschäfte, soweit es sich um »Stammvermögen« handelt, eine so genannte Untergrenze festzulegen. Unterhalb dieser wird eine Zustimmung des Bischofs bzw. der Bischöflichen Behörde nicht gefordert. Von diesem Recht hatte die Deutsche Bischofskonferenz zunächst im Jahre 1986 Gebrauch gemacht und für bestimmte Rechtsgeschäfte eine Untergrenze von 10.000 DM festgesetzt. Andere Rechtsgeschäfte sind im Hinblick auf abweichende Bestimmungen des Codex (z. B. Grundstücksveräußerungen und -belastungen, Klageerhebung) oder das besondere Risiko ohne Rücksicht auf den Gegenstandswert genehmigungspflichtig geblieben. 173

Im Jahre 1995 hat die Deutsche Bischofskonferenz eine neue Bestimmung, genannt Partikularnorm, getroffen, nach welcher die Untergrenze auf 20.000 DM (jetzt 15.000 €) angehoben wurde. Sie hat zudem vereinbart, dass diese Untergrenze auch auf Rechtsgeschäfte anzuwenden ist, wenn es sich nicht um »Stammvermögen« handelt. (Stammvermögen ist im Wesentlichen das Substanzvermögen der an anderer Stelle beschriebenen Fonds – Rdn. 117 ff.) Zudem hat sie die unbestimmten Rechtsbegriffe des Codex zur Anwendung im deutschen weltlichen Recht in deutsche Rechtsbegriffe und Rechtsinstitute konkretisiert, in einem Normenkatalog zusammengefasst und diesen zur einheitlichen Rechtssetzung allen deutschen Bischöfen nahegelegt. Im ehemals preußischen Rechtsgebiet ist diese zwischenzeitlich erfolgt. Über die damit in Deutschland neu entstandene Rechtslage informiert z. B. eine Erläuterung des Erzbischöflichen Generalvikariats Köln vom 20.12.1995 nachfolgend abgedruckt:

Erläuterung zur Neufassung der Genehmigungsvorschriften für Kirchengemeinden und Gemeindeverbände
(Verfasser: Erzbischöfliches Generalvikariat Köln, Amtsblatt 1995, S.353 f.)

1. Einleitung

174 Nach der Neufassung der Partikularnormen, insbesondere der Partikularnorm Nr. 19, die sich auf die Genehmigungsbedürftigkeit von Veräußerungen und veräußerungsähnlichen Rechtsgeschäften von öffentlichen juristischen Personen des kanonischen Rechts beziehen, hat die Bischofskonferenz die im Codex Iuris Canonici verwendeten Rechtsbegriffe wegen der Notwendigkeit der Anwendung im staatlichen Rechtssystem entsprechend der deutschen Begriffsdogmatik konkretisiert und in einem Normenkatalog zusammengefasst. Dieser Katalog der genehmigungsbedürftigen Rechtsgeschäfte novelliert systematisch Art. 7 der Geschäftsanweisung für die Verwaltung des Vermögens in den Kirchengemeinden und Gemeindeverbänden der Erzdiözese Köln.

Die Bischofskonferenz hat beschlossen, allen (Erz-) Bistümern diesen Katalog zur Umsetzung und Transformation in das staatliche Recht zu empfehlen, um hiermit einen wesentlichen Beitrag zur Fortentwicklung der Rechtssicherheit zu leisten. Durch die Veröffentlichung des Genehmigungskataloges und die aufgrund jeweils eigener gleichförmiger diözesaner Rechtsetzung in Kraft getretenen Genehmigungsbestimmungen ist es künftig staatlichen Gerichten, Rechtsanwälten, Notaren, nicht zuletzt jedoch auch den Vertragspartnern von Kirchengemeinden und Kirchengemeindeverbänden besser als bisher möglich, sich über die Genehmigungsbedürftigkeit von Rechtsgeschäften zu informieren und ihr Handeln hierauf einzurichten.

Die einheitlichen Umsetzungen sind inzwischen vollzogen. So haben sich beispielsweise die (Erz-) Bistümer in Nordrhein-Westfalen zur Umsetzung und Anwendung des Genehmigungskataloges mit Wirkung vom 1.1.1996 entschlossen. Mit nur geringfügigen redaktionellen Änderungen gilt der Genehmigungskatalog seit 1.4.1996 auch in allen (Erz-) Bistümern der Bundesländer Rheinland-Pfalz, Hessen und Saarland. Für den rheinland-pfälzischen Teil der Erzdiözese Köln gelten Geschäftsanweisung und Vermögensverwaltungsgesetz entsprechend dem Erlass des Erzbischofs von Köln weiter als kirchliches Recht. Dementsprechend wurde auch Art. 7 der Geschäftsanweisung als kirchenrechtliche Norm durch den Erzbischof von Köln neu in Kraft gesetzt (vgl. Amtsblatt des Erzbistums Köln 1995, Nr. 318).

2. Verfahrensregelungen

175 Der Genehmigungskatalog des Art. 7 der Geschäftsanweisung wurde dahingehend modifiziert, dass Rechtsgeschäfte und Rechtsakte der Kirchenvorstände und der

Vertretungen der Gemeindeverbände der Genehmigung bedürfen. Dennoch ist es für die Genehmigung der Verträge unabdingbar, dass der kirchlichen Aufsichtsbehörde auch der jeweilige Willensbildungsakt des Vertretungsorgans Kirchenvorstand bzw. Vertreterversammlung/Verbandsausschuss in Form eines entsprechenden Beschlusses in beglaubigter Form übermittelt wird. Aus diesem Grund sind die Kirchenvorstände und Vertreterversammlungen dringend gebeten, vor dem Abschluss von Verträgen, auch im Hinblick auf mögliche Kostenfolgen, durch Übersendung des entsprechenden Beschlusses, ggf. unter Beifügung eines Vertragsentwurfes, sich zu vergewissern, ob das abzuschließende Rechtsgeschäft in der vorliegenden Form genehmigt werden kann.

In vielen Fällen empfiehlt es sich, auf die Genehmigungsbedürftigkeit des Vertrages in den Abschlussbestimmungen des Vertragstextes gesondert hinzuweisen, auch wenn dieser Hinweis wegen der unmittelbaren Geltung der Genehmigungsbestimmungen für den Rechtsverkehr keine konstitutive Wirkung hat, sondern nochmals lediglich verstärkend deklaratorisch die Genehmigungsbedürftigkeit unterstreicht.

3. Materiellrechtliche Änderungen

Intention bei der Neufassung des Genehmigungskataloges war es u. a., den Handlungsspielraum der Kirchengemeinden und Gemeindeverbände bei den Rechtsgeschäften des täglichen Lebens durch Anhebung der Genehmigungsgrenzen von bisher 10.000 DM auf 20.000 DM zu erweitern (inzwischen 15.000 €). 176

Zudem sollte den Erfordernissen von kirchlichen Krankenhäusern und Heimen insoweit Rechnung getragen werden, als sie wegen des ausgegliederten Verwaltungsbetriebes ein größeres Maß an eigenem Entscheidungsspielraum erhalten sollen. Mit dem so für die kirchlichen Körperschaften geschaffenen Freiraum korrespondiert natürlich auch die Steigerung der Eigenverantwortung der jeweiligen Vertretungsorgane, da sie in weit größerem Umfang als bisher die kirchlichen Rechtsträger verpflichten können.

Wie bisher empfiehlt es sich, in allen Fällen von Zweifeln und bei auftretenden Fragen den Rat der Fachabteilungen des Erzbischöflichen Generalvikariates einzuholen, um die größtmögliche Gewähr für eine sachgerechte Entscheidung zu erhalten. Dies gilt insbesondere in den Fällen, in denen mit dem Abschluss des Vertrages auch eine anteilige Bezuschussung aus Kirchensteuermitteln erwartet wird.

Zu den genehmigungsbedürftigen Rechtsgeschäften im Einzelnen: 177
Der Katalog differenziert zwischen
1. genehmigungsbedürftigen Rechtsgeschäften und Rechtsakten ohne Rücksicht auf den Gegenstandswert,
2. Rechtsgeschäften und Rechtsakten mit einem Gegenstandswert von mehr als 15.000 €,

3. genehmigungsbedürftigen Miet-, Pacht-, Leasing- und Leihverträgen und
4. speziellen Genehmigungsbestimmungen für den Bereich der kirchlichen Krankenhäuser und Heime.

Zu 1. Der Katalog der Rechtsgeschäfte, die ohne Ansehung des Gegenstandswertes genehmigungsbedürftig sind, knüpft im Wesentlichen an den Katalog des ehemaligen Art. 7 der Geschäftsanweisung an. Er wurde jedoch überarbeitet und neu gegliedert. Hinzuweisen ist insbesondere auf die Änderungen unter 1. k), wonach nicht nur Architekten- und Ingenieurleistungen sowie Verträge mit bildenden Künstlern, sondern auch Verträge mit Rechtsanwälten, d.h. die Beauftragung von Rechtsanwälten der Genehmigung bedürfen.

Darauf hinzuweisen ist, dass abweichend von der bisherigen Regelung nunmehr Vergleiche wieder unabhängig vom Gegenstandswert genehmigungspflichtig geworden sind.

Zu 2. Unter diese Rubrik fallen die meisten Rechtsgeschäfte des täglichen Lebens, u. a. Kauf-, Tausch- und Werkverträge.

Dies bedeutet, dass auch Werkverträge über die Vergabe von Bauleistungen bis zum Wert von 15.000 € nicht mehr der kirchenaufsichtsrechtlichen Genehmigung bedürfen. Gerade in diesem Bereich sollten ungeachtet des Genehmigungserfordernisses die Hauptabteilung Seelsorgebereiche (in Köln bzw. den anderen Bistümern die zuständigen Fachabteilungen) im Einzelfall beratend hinzugezogen werden. Es bleibt allerdings bei der Genehmigungsbedürftigkeit von Architekten- und Ingenieurverträgen, unabhängig von einer Genehmigungsgrenze.

Zu 3. Miet-, Pacht-, Leasing- und Leihverträge
Bezüglich dieser Verträge gilt ebenfalls die Anhebung der Genehmigungsgrenze. Weiter genehmigungspflichtig bleiben jedoch Miet-, Pacht-, Leasing- und Leihverträge, die unbefristet sind oder deren befristete Laufzeit länger als ein Jahr dauert.

Zu 4. Für kirchliche Krankenhäuser und Heime gilt ein modifizierter Genehmigungskatalog, über den sich Kirchengemeinden und Gemeindeverbände näher informieren müssen, die als Träger dieser Einrichtungen fungieren.

Der überdiözesan einheitlich geltende Genehmigungskatalog konnte in dieser Form nur zustande kommen, weil im Vorfeld der Abfassung des Kataloges alle Bistümer mit Blick auf einen anzustrebenden Konsens zu Kompromissen bereit sein mussten. Insofern ist dieser Katalog das Ergebnis intensiver Bemühungen zur einheitlichen Rechtsetzung und zur Sicherung des Rechtsverkehrs.
– Ende des aktualisierten Abdrucks der Erläuterungen des Erzbischöfl. Generalvikariats -

Einzelne Rechtsgeschäfte   178

Die Aufzählung der ohne Genehmigung ungültigen Rechtsgeschäfte verwendet allgemeine Rechtsbegriffe und vertragsrechtliche Grundtypen des Bürgerlichen Gesetzbuches. Sie erfasst damit eine Vielzahl der unterschiedlichsten Vorgänge, denen sich der Kirchenvorstand im Verlauf seiner Amtstätigkeit gegenüber sehen kann. Eine eingehende rechtliche Darstellung ist hier nicht möglich, aber auch nicht notwendig.

Man sollte den Katalog der genehmigungsbedürftigen Rechtsgeschäfte mehrmals und in regelmäßigen Abständen aufmerksam und langsam durchlesen – und wird feststellen, dass er überwiegend Rechtsgeschäfte aufzählt, die auch dem Nichtjuristen geläufig sind.

Kauf, Tausch, Erwerb, Belastung, Bürgschaft, Vergleich, Schenkung und so fort sind Bezeichnungen, deren Inhalt und Bedeutung jedem bekannt sind. Auch was ein entgeltlicher Anstellungsvertrag, ein Miet- oder Pachtvertrag, ein Wechsel ist, bedarf keiner besonderen Erklärung. Fehlerhaftes Verhalten eines Kirchenvorstandes sollte also nicht damit entschuldigt werden können, dass es zu schwierig sei, sich die Rechtsgeschäfte mit notwendiger Außengenehmigung einzuprägen und die vorkommenden Verwaltungsentscheidungen auf ihre Genehmigungsbedürftigkeit zu überprüfen.

Es ist dabei nicht nötig, sich mit juristischen Besonderheiten zu belasten. Welche Veranlassung sollte auch gegeben sein, nach Ausnahmen zu suchen, es sei denn, man möchte die Möglichkeit finden, ohne Genehmigung auszukommen und die Angelegenheit vornehm zu verschweigen.

Dann müsste man sich aber darüber im Klaren sein, dass man sich bereits auf dem Weg zum Rand der Amtspflichtverletzung befindet.

Das natürliche Empfinden wird auch ohne juristische Vorkenntnisse zumindest beurteilen, ob es sich um eine Angelegenheit von größerer Tragweite handelt und ob sie daher zu einer der in der Erläuterung des Erzbischöflichen Generalvikariates genannten Fallgruppe gehören könnte. Bestehen Zweifel, so erkundigt man sich durch Anfrage bei der Bischöflichen Behörde.

Beschluss gefasst, genehmigt dann, man unbesorgt erst handeln kann.

Einführung einer Vorausgenehmigung für Rechtsgeschäfte und Rechtsakte der Kirchenvorstände und Gemeindeverbandsvertretungen

Durch die Einführung des Art. 7 a der Geschäftsanweisung im Jahre 2009 besteht   179
die Möglichkeit, Genehmigungen für Rechtsgeschäfte des Katalogs des Art. 7 der Geschäftsanweisung vorab zu erteilen. Das Erzbistum Köln hat für die Genehmigung von Miet- und Pachtverträgen, Orgelpflegeverträgen, Kapitalanlagen sowie Friedhofsordnungen hiervon Gebrauch gemacht. Voraussetzung für die Anwendung der Vorausgenehmigung ist die strikte Einhaltung der in den Ausführungs-

bestimmungen vom 25.11.2010 bzw. 16.07.2010 (Amtsblatt 2011, S. 9 und Amtsblatt 2010, S.164) angeordneten Vorgaben. Nur wenn diese Vorgaben eingehalten wurden, gilt das entsprechende Rechtsgeschäft vorab als genehmigt. In der Praxis spielt die Vorausgenehmigung nicht die Rolle, die ihr zugedacht wurde. Eine wesentliche Voraussetzung für die Anwendung der Vorausgenehmigung ist die Verwendung der von der (erz-) bischöflichen Behörde vorgegebenen Vertragsmuster. Bevor man jedoch die kirchliche Aufsichtsbehörde wegen einer Änderung oder Ergänzung um Genehmigung im Einzelfall ansucht, sollte genau geprüft werden, ob dies wirklich erforderlich ist. Die Vertragsmuster werden mit großer Sorgfalt entwickelt und stellen in den meisten Fällen eine tragfähige und rechtssichere Grundlage für das vertragliche Handeln der Kirchengemeinde dar. Sind die Muster nicht anwendbar, führt dies zwangsläufig zur Prüfung und Genehmigung des Einzelfalles durch die kirchliche Aufsichtsbehörde. Insgesamt wäre es konsequenter gewesen, diese Rechtsgeschäfte aus dem Genehmigungskatalog der Geschäftsanweisung heraus zu nehmen.

Kauf-, Tausch- und Werkverträge

180 Auf eine Ziffer des Katalogs der zur Rechtswirksamkeit der Genehmigung bedürftigen Rechtsgeschäfte ist jedoch eingehender zurückzukommen, weil sie für die alltägliche Verwaltung und Verwendung von finanziellen Mitteln wohl die wichtigste Rolle spielt: Kauf-, Tausch- und Werkverträge über einem Wert von 15.000 € bedürfen zu ihrer Gültigkeit der Genehmigung.

Von Bedeutung ist zunächst der Wert des jeweiligen Vertrages. Der Wert des Kaufvertrages und des Werkvertrages entspricht dem vereinbarten Preis. Beim Tausch ist er objektiv zu schätzen. Ist beim Kauf und insbesondere beim Werkvertrag ein Preis nicht vereinbart (wovor man sich hüten sollte, um keine unliebsame Überraschung zu erleben), so ergibt sich der Wert aus der Vergütung, die üblicherweise für eine gleichartige Leistung im Geschäftsverkehr verlangt und gezahlt wird.

Bei Verträgen, in denen eine fortlaufende oder wiederkehrende Vergütung vereinbart ist, sind die Einzelbeträge zusammenzurechnen, die auf Grund des Vertrages innerhalb der Vertragszeit zu entrichten sind. Beim Bierlieferungsvertrag, den Kirchenvorstände gelegentlich sehr kurzsichtig und ohne die langfristige Bindung zu bedenken zur Finanzierung des Gaststätteninventars oder anderer Investitionen in ihr Vereinshaus oder ähnliches abschließen, ist die Abnahmeverpflichtung der Getränke für die ganze Laufzeit zu addieren, so dass sie immer genehmigungsbedürftig sind. Dies wird leider nicht immer beachtet, was zu sehr unerfreulichen Folgen führen kann.

Grundsätzlich wäre es besser, auf den oft nur scheinbaren Vorteil zu verzichten. Weil mit diesen Verträgen eine Darlehensaufnahme verbunden ist, sind sie sogar aus zwei Gründen genehmigungspflichtig.

Auch bei Wartungsverträgen (Glocken, Orgel, Heizung, Dächer usw.) mit Kündigungsausschluss für mehrere Jahre ist die jährliche Vergütung für die feste Vertragszeit zusammenzuzählen. Um die Dispositionsfreiheit zu erhalten, sollte man grundsätzlich solche Verträge jeweils nur auf ein Jahr fest abschließen. Für den Vertrag mit Künstlern, die einen Entwurf für die Inneneinrichtung liefern sollen, ist das Honorar maßgebend. Sollen sie ihn auch ausführen, ist die Vergütung hierfür hinzuzuzählen. Nach der Höhe der Vergütung ist die Genehmigungsbedürftigkeit auch bei dem Vertrag zur Ausführung des Künstlerentwurfs mit einer Werkstatt (Glasmalerei, Kunstschmiede) zu beurteilen.

Bauangelegenheiten, Vertrag mit Architekt und Fachplaner (Fachingenieur)

Die größten Schädigungen des Kirchenvermögens (und des Steuerzahlers, sofern sich die Bischöfliche Behörde zur Sanierung entschließen sollte) entstehen durch Arglosigkeit und Unwissenheit, aber auch durch bewusst nicht an den kirchlichen Vorschriften und dem notwendigen Verantwortungsbewusstsein orientiertem Verhalten einzelner Kirchenvorstände und ihrer Vorsitzenden. *181*

Wenn Bauangelegenheiten anstehen, Neubauten zu errichten oder Instandsetzungs- und Renovierungsarbeiten vorzunehmen sind, beginnt für den Kirchenvorstand ein Arbeitsabschnitt mit großen Belastungen und besonderer Verantwortung. Er ist nicht nur verbunden mit der Sorge um die Finanzen, sondern auch mit vielen Rechtsgeschäften, mit denen wir uns besonders im Hinblick auf die Genehmigungsbedürftigkeit von Kauf- und Werkverträgen eingehender befassen und dabei die Entstehung eines Neubaus verfolgen wollen.

Hierbei ist von besonderer Bedeutung, dass Verträge mit Architekten, bildenden Künstlern und Ingenieuren ohne Rücksicht auf die Höhe der Vergütung i m m e r genehmigungsbedürftig sind.

Vorbemerkung

Zur Mitwirkung des Generalvikariats im gesamten Bauverfahren und für die Finanzierung ist das Studium der vielfältigen kirchlichen Bauvorschriften (in Köln die so genannte Bauregel mit Nebenbestimmungen) und der Finanzierungsbestimmungen unerlässlich. Diese »Bauregel« ist im Vorschriftenanhang auszugsweise abgedruckt. *182*

Vorentwurf

Ehe ein Neubau Gestalt annehmen kann, sind zahlreiche auch rechtsgeschäftliche Vorbereitungen zu treffen. *183*

Zunächst ist ein Architekt zu gewinnen, der ein grundlegendes Konzept zur Verwirklichung des Vorhabens entwickelt, das man als den Vorentwurf bezeichnet. Oft werden geeignete Architekten von der Bischöflichen Behörde vorgeschlagen. Hin und wieder werden sich auch Architekten bewerben, die von dem Vorhaben gehört haben. Oder es soll nach dem Wunsch des Kirchenvorstandes ein bekannter, vielleicht ortsansässiger Architekt angesprochen werden. Natürlich will man wissen, welche Qualitäten der Architekt mitbringt, will sich andere von ihm geplante Bauwerke anschauen, aber auch erfahren, wie er sich die Lösung der anstehenden Bauaufgabe vorstellen könnte, ehe man ihn fest beauftragt.

Vorsicht! Man wird ihn bitten oder er sich erbieten, einmal »unverbindlich« seine Vorstellungen zeichnerisch zu entwickeln – und glaubt vielfach, »unverbindlich« bedeute auch »unentgeltlich«. Schließlich sei dem Architekten doch daran gelegen, so meint man, seine Fähigkeiten unter Beweis zu stellen, um den Auftrag erst zu erhalten. Und wundert sich, wenn die Rechnung über die Vorplanungsgebühr kommt, vielleicht auch für ein Modell, das man sich zur besseren Veranschaulichung erbeten hatte. Ebenso wird es einem gehen, wenn man den Künstler um die Entwicklung seiner Vorstellungen gebeten hatte, wie die künstlerische Gestaltung von neuen Fenstern, des Altarkreuzes, des Orgelgehäuses usw. aussehen könnte. Ohne ausdrückliche schriftliche Versicherung, die Vorlage von Plänen und die Anfertigung von Modellen sei kostenlos und begründe keinerlei Ansprüche, muss man vielmehr stets davon ausgehen, dass das übliche Honorar gezahlt werden muss, dass es sich also um einen entgeltlichen Vertrag handelt, der auch der Genehmigung bedarf.

Denn bei allen Verträgen mit Architekten und Künstlern handelt es sich um Werkverträge. Eine Vergütung gilt nach dem Bürgerlichen Gesetzbuch für alle derartigen Leistungen auch dann als vereinbart, wenn darüber nichts ausdrücklich gesagt worden ist.

Vorplanungsaufträge an Architekten, Entwurfsaufträge an Künstler sind also stets der Bischöflichen Behörde zur Genehmigung vorzulegen. Vor der Genehmigung, die in diesen Verträgen ausdrücklich vorbehalten werden sollte, dürfen keinerlei Leistungen in Auftrag gegeben werden, wenn sie nicht ausdrücklich als unentgeltlich versprochen werden.

Auch die häufige Bitte an einen Architekten, er möge die Kosten eines Vorhabens überschlagen, damit die grundsätzliche Finanzierungszusage durch die Bischöfliche Behörde erreicht werden kann, ist Vorplanungsauftrag und honorarpflichtig! Zuerst die Genehmigung einholen!

Vorplanung ist nur eine probeweise, vorläufige zeichnerische Lösung einer Bauaufgabe, aus der die endgültige Planung erst entwickelt werden soll. Niemand sollte so voreilig sein, sich gleich endgültig zu binden. Immer sollte man also nur den Vorplanungsvertrag abschließen und vereinbaren, dass weitergehende Leistungen einer neuen, von der Bischöflichen Behörde genehmigten Beauftragung bedürfen. Um finanzielle Klarheit zu schaffen, das Honorar immer gleich festlegen! Dabei sollte man auch vereinbaren, dass es auf einen etwaigen endgültigen Vertrag angerechnet würde und dass alle Vorentwurfsleistungen, auch auf Wunsch des Auftraggebers gezeichnete verschiedenartige Pläne und Modelle, mit dem vereinbarten Honorar abgegolten sind.

Entwurfsplanung

Hat der Vorentwurf die Zustimmung des Kirchenvorstandes, wird er mit Kostenschätzung und Finanzierungsplan der Bischöflichen Behörde zur Genehmigung vorgelegt und die Genehmigung zur endgültigen Entwurfsplanung beantragt. Nicht nur der Vorentwurf, sondern die gesamten Leistungen des Architekten zur Durchführung des Bauvorhabens sind Leistungen auf Grund eines Werkvertrages und deshalb genehmigungspflichtig. [184]

Die Bischöfliche Behörde stellt für diese Verträge, zum Teil auch für Vorplanungen, Formulare zur Verfügung, in denen alle zur Wahrung der Interessen der Kirchengemeinde zu beachtenden Einzelheiten geregelt sind.

Auch für Verträge mit den übrigen Baufachleuten (Statiker, Heizungsingenieur u. dgl.) sind Formulare vorhanden.

Bauausführung

Sind die Genehmigungen erteilt und die Finanzierung gesichert, kann der Bau in Auftrag gegeben werden. Dabei werden Architekt und Fachplaner die von der Bischöflichen Behörde zur Verfügung gestellten Vertragsformulare verwenden. Alle diese Bauverträge mit den Unternehmern sind ebenfalls Werkverträge, also bei Vergütungen über 15.000 € genehmigungsbedürftig. Das bedeutet aber nicht, dass jeder einzelne Vertrag mit den Bauhandwerkern wiederum der Bischöflichen Behörde vorgelegt werden müsste. Diese betrachtet vielmehr die Genehmigung für alle zur Ausführung des Bauvorhabens erforderlichen Einzelverträge als mit der Planungs- und Finanzierungsgenehmigung erteilt. In dieser ist also bereits die pauschale Genehmigung der notwendigen Bauverträge enthalten. [185]

Das gilt aber nicht, wenn während der Bauausführung Vorschläge des Architekten oder des Kirchenvorstandes gemacht werden, die die genehmigte Bauplanung und die Baukosten verändern. Jeder neue, abändernde Entschluss muss vielmehr erneut zur Genehmigung vorgelegt werden.

Manche Änderungen und Ergänzungen der Planung und Bauausführung sind allerdings, z.B. wegen nicht vorhergesehener Gründungsschwierigkeiten oder anderer bautechnischer Notwendigkeiten (manches lässt sich auch im Verlauf der Durchführung erst richtig übersehen, besonders bei Instandsetzungen), notwendig. Der Architekt und der Kirchenvorstand tun dennoch gut daran, nicht allzu großzügig von der Ansicht auszugehen, was sachlich notwendig erscheine, sei auch bei Abweichungen von Planung und Finanzierung grundsätzlich bereits im voraus mit genehmigt. Das ist nicht der Fall, wenn es sich um wesentliche Abänderungen handelt. Bei diesen muss förmlich beschlossen, die Kostenfolgen dargestellt und ein Antrag auf Genehmigung gestellt werden, wenn man nicht in Schwierigkeiten geraten will. Überhaupt muss der Bischöflichen Behörde durch fortlaufende Information die Möglichkeit gegeben werden, die Übersicht über den Bauverlauf und die Kostenentwicklung zu behalten.

In diesem Zusammenhang sei eine Randbemerkung gestattet: Nichtfachleute sind auf Grund ihres allgemeinen ästhetischen Gefühls häufig der Ansicht, dass sie die Dinge ebenso gut, wenn nicht besser beurteilen können. Der Architekt hat daher gegenüber einem Gremium von vielen vermeintlich ebenso kunstsachverständigen Mitgliedern, einschließlich manchmal besonders des Vorsitzenden, einen schweren Stand.

Zu den Rechten und Pflichten des Kirchenvorstandes gehört es sicherlich, sorgfältig mit auf einen ordnungsgemäßen bautechnischen Ablauf der Baudurchführung und auf sparsame Mittelverwendung zu achten. Nachdem er aber einmal die Planung gutgeheißen hat, sollten er und besonders auch sein Vorsitzender sich in planerischen, besonders architektonischen Angelegenheiten zurückhalten, ggf. allerdings lieber einmal zuviel als einmal zu wenig die sachverständigen Mitarbeiter der Bischöflichen Behörde auf mögliche Unzulänglichkeiten hinweisen.

Auch die Beschaffung der Inneneinrichtung stellt jeweils einen Werkvertrag oder einen Kaufvertrag dar, der wegen der fast immer 15.000 € übersteigenden Vergütung zur Gültigkeit der Genehmigung bedarf. Häufig wird daran nicht gedacht. Der Grund wird in der unbewussten Einstellung liegen, dass man mit seinen eigenen, durch Kollekten und Spenden zusammengesparten Geldmitteln schließlich doch wohl auch anschaffen könne, was man selbst für richtig hält und aus eigenen Mitteln bezahlen kann. Merke man sich daher nochmals: Nur die Art des Rechtsgeschäftes entscheidet über die Notwendigkeit der Genehmigung, nicht aus welchen Mitteln es finanziert werden soll!

Anwaltsbeauftragung und Prozessführung

186 Kirchengemeinden sind von der Entrichtung von Gebühren (nicht der Auslagen) der ordentlichen Gerichte und des Arbeitsgerichts befreit. Jede Kostenrechnung des Gerichts muss deshalb überprüft werden, ob die Gebührenbefreiung nicht übersehen wurde. Gebührenfreiheit besteht jedoch nicht hinsichtlich der Anwaltskosten. Unterliegt die Kirchengemeinde in einem Rechtsstreit oder kann sie trotz erfolgreichen Ausgangs ihren Anspruch auf Erstattung wegen Vermögenslosigkeit des Prozessgegners nicht durchsetzen, können erhebliche Forderungen beider am Verfahren beteiligter Rechtsanwälte oder, im letzteren Falle, zumindest des eigenen Anwalts zu bezahlen sein.

Die Bestimmungen machen es daher zur Pflicht, die Genehmigung einzuholen, einen Rechtsstreit einzuleiten. Dadurch soll ermöglicht werden, dass die Juristen der Bischöflichen Behörde Gelegenheit zur Beurteilung der Prozessaussichten erhalten, um je nach dem Ergebnis der Prüfung noch abraten zu können. Mit der Klage ist dem Gericht also nunmehr die Genehmigung des Generalvikariats vorzulegen und zwar unabhängig vom Wert des Streitgegenstandes. Dasselbe gilt auch für die Fortsetzung in einer weiteren Instanz durch Einlegung der Berufung oder Revision. Sie können auch wegen der Fristen nachträglich genehmigt werden, weil die Genehmigung zurückwirkt. Genehmigungsbedürftig ist auch der Beschluss, einen Mahnbescheid zu beantragen, denn aus dem gerichtlichen Mahnverfahren entsteht ein normaler Rechtsstreit mit entsprechendem Kostenrisiko, wenn der Antragsgegner Widerspruch einlegt.

Es ist nicht ausdrücklich vorgeschrieben, auch bei einer der Kirchengemeinde drohenden Klage die Genehmigung einzuholen, sich darauf einlassen zu wollen. Die Notwendigkeit ergibt sich jedoch aus der allgemeinen Verpflichtung des Kirchenvorstands, das Kirchenvermögen vor unnötigen Schäden zu bewahren und sich deshalb bei nicht ausreichender Sachkunde früh genug mit der Bischöflichen Behörde über die Behandlung des Falles abzustimmen. Das sollte man selbst dann nicht unterlassen, wenn ein Rechtsanwalt Mitglied des Kirchenvorstandes ist. Kündigungen von Dauerrechtsverhältnissen, z.B. besonders von Dienstverhältnissen, und deren vorherige Abmahnung, werden sehr häufig einen Rechtsstreit hervorrufen. Im Rechtssinne handelt es sich auch hier nicht um eine »Einleitung von Rechtsstreitigkeiten« im Sinn des Art. 7 der Geschäftsanweisung (Buchst. s); dennoch ist die Einholung der Genehmigung dringend anzuraten, damit die Bischöfliche Behörde aus Gründen eventueller Kostenersparnis die Erfolgsaussicht abschätzen kann. Wichtig ist zudem die Stellungnahme der Mitarbeitervertretung, ehe die Kündigung ausgesprochen wird.

Auch die Bestellung eines Rechtsanwalts ist genehmigungsbedürftig

Soll ein zum Kirchenvorstand gehöriger Anwalt zum Prozessbevollmächtigten bestellt werden, darf er nicht an der Beratung und Abstimmung teilnehmen. Bei der Übernahme außergerichtlicher Verhandlungen jeder Art muss Klarheit bestehen, ob er sie in seiner Eigenschaft als Kirchenvorstandsmitglied durchführen will oder als entgeltlichen Auftrag betrachtet. Mit einer Erstattung seiner Gebührenforderungen aus Kirchensteuermitteln oder einer Anerkennung von Aufwendungen aus frei verfügbaren örtlichen Mitteln kann nicht gerechnet werden, wenn die Bischöfliche Behörde nicht ausdrücklich zugestimmt hatte.

Das gilt übrigens auch für in ihren Beruf fallende Tätigkeiten anderer Mitglieder des Kirchenvorstandes oder eines Ausschusses.

Erbschaft

Der Genehmigung bedarf auch die Annahme oder Ausschlagung einer Erbschaft. Dazu muss man wissen, dass das Gesetz die Erbeinsetzung als angenommen un-

187

188

terstellt, wenn sie nicht innerhalb sechs Wochen seit Kenntnis von dem Erbfall gegenüber dem Nachlassgericht in öffentlich beglaubigter Form oder zur Niederschrift des Nachlassgerichts erklärt wird. Der letzte Wille eines Verstorbenen ist zwar nach dem Kirchenrecht gewissenhaft zu beachten, so dass eine Ausschlagung nur aus schwerwiegenden Gründen erfolgen darf. Kann er aber nicht erfüllt werden, wozu auch die Unzulänglichkeit des Nachlasswertes oder gar die Überschuldung des Nachlasses gehört, ist der Beschluss umgehend der Bischöflichen Behörde zur Genehmigung zu übermitteln, damit die Ausschlagungsfrist von sechs Wochen nicht vor deren Entscheidung abläuft. Juristisch bleibt notfalls zu klären, ob eine nachträgliche Genehmigung wegen ihrer Rückwirkung nicht trotz Fristablauf dennoch die Ausschlagung noch rechtswirksam werden lässt. Wegen der Autonomie kirchlicher Rechtsvorschriften auch gegenüber staatlichem Recht ist diese Frage zu bejahen.

Zur Ausschlagung bedarf es übrigens nicht der Mitwirkung eines Notars, wie sonst erforderlich, da die schriftliche, mit drei Unterschriften und dem Siegel der Kirchengemeinde als Körperschaft des öffentlichen Rechts versehene Erklärung (§ 14 VVG; Seite 92) eine öffentliche Urkunde im Sinne von § 129 BGB, § 415 ZPO darstellt, die nicht zusätzlich notariell beglaubigt werden muss.

Pflichten des Kirchenvorstandes im Zusammenhang mit der Einholung notwendiger Genehmigungen

189 Die gewählten Mitglieder sollten nicht sagen, dass sie das alles doch eigentlich nicht zu interessieren brauche. Schließlich sei es ja der Vorsitzende, der für die Ausführung ihrer Beschlüsse, also auch dafür sorgen müsse, dass die Genehmigung eingeholt werde. **Der Kirchenvorstand haftet bei Nichteinholung der Genehmigung unter Umständen mit!**

Dann trifft zwar zu, dass der Vorsitzende in erster Linie verpflichtet ist. Damit sind die übrigen Mitglieder aber nicht von der Verantwortung befreit, denn es ist Aufgabe des gesamten Kirchenvorstandes, das Kirchenvermögen vor Nachteilen zu bewahren und für die Ordnungsmäßigkeit der Vermögensverwaltung einzutreten. Nicht wenige Vorsitzende sind ohnehin zur Verwaltung und zur nötigen Umsicht in Verwaltungsdingen weniger begabt als manche Mitglieder. Alberne Merksprüche prägen sich am besten ein. Es darf daher um Nachsicht gebeten werden wegen der Formulierung der weiteren Regel:

> **Genehmigung ist oft sehr wichtig,**
> **daran erinnern, immer richtig.**

Es ist die Amtspflicht des gesamten Kirchenvorstandes, den Vorsitzenden auf die Notwendigkeit der Genehmigung hinzuweisen und die Einholung zu überwachen. Deshalb sollte man nach der Wiedergabe des sachlichen Inhalts des Beschlusses im Protokollbuch immer mit dem Vermerk abschließen: »Der Beschluss bedarf (oder:

bedarf nicht) der Genehmigung der Bischöflichen Behörde.« Auf solch einfache
Weise, die man sich leicht zur Gewohnheit machen kann, zwingt man sich selbst
zur Überlegung, ob es der Vorlage des Beschlusses bedarf oder nicht, und erinnert
den Vorsitzenden und die Rendantur, dieses wesentliche Wirksamkeitserfordernis
nie außer Acht zu lassen.

Beschluss gefasst, genehmigt dann,
man unbesorgt erst handeln kann.

X. Der Pfarrgemeinderat

Einleitung

190 Der Kirchevorstand ist das Gremium der Vermögensverwaltung der Kirchengemeinde. Mit seelsorglichen Aspekten ist er nur im Zusammenhang mit vermö-
genswirksamen Auswirkungen der Seelsorge befasst. Die Seelsorge hingegen ist allein
dem Pfarrer mit seinen Mitarbeitern aus dem Klerus und den hauptberuflichen
pastoralen Diensten anvertraut. Dem Pfarrer steht der Pfarrgemeinderat zur Seite,
der nach den Beschlüssen des II. Vatikanischen Konzils die apostolische Tätigkeit
der Kirche beratend und fördernd unterstützen soll. Bisher war die einzelne Gemeinde Aufgabenbereich jeweils eines Pfarrgemeinderates, in der er durch die Gemeindemitglieder gewählt wurde.

Im Zuge der Schwerpunktverlagerung auf – im Erzbistum Köln 180 – sog. Seelsorgebereiche wurde durch eine neue Satzung (siehe Anlage) in jedem Seelsorgebereich nur noch jeweils einem einzigen Gremium die Mitwirkung und Mitverantwortung in allen pastoralen und sozialen Belangen der bereichsangehörigen
Pfarrgemeinde(n) übertragen. Besteht der Seelsorgebereich aus nur einer Pfarrgemeinde, ist der Partner des Pfarrgemeinderates der Kirchenvorstand, bei auf
Ebene des Seelsorgebereiches inzwischen zu einem Kirchengemeindeverband zu-
sammengeschlossenen Gemeinden die Verbandsvertretung mit ihrem Verbandsausschuss.
Entsprechend dieser konzentrierenden Strukturreform ist nur noch ein einziger
Pfarrer mit allen Rechten und Vollmachten dieses geistlichen Amtes als sogenann-
ter »Leitender Pfarrer« zuständig.
Unbeschadet der alleinigen Kompetenz des Pfarrgemeinderates kann der Leitende
Pfarrer in einzelnen Gemeinden, Dörfern, Stadtteilen und Wohnbezirken Ortsausschüsse einsetzen, die zugleich mit dem Pfarrgemeinderat gewählt werden. Zur Besetzung der Ortsausschüsse stehen drei unterschiedliche Verfahren zur Verfügung
(vgl. Ziffer 4 der Geschäftsordnung des Generalvikars – s. Vorschriftenanhang). Sie
sollen als Bestandteile des gemeinsamen pastoralen, sozialen und politischen Handelns des Pfarrgemeinderates gemäß Geschäftsordnung des Generalvikars in primär auf den jeweiligen Ort bezogenen Aktivitäten entfalten. Beschlussrecht haben
sie nicht.

Pfarrgemeinderat und Kirchenvorstand

Im Verhältnis der Gremien zueinander bestehen wegen der klaren Aufgabenteilung keine grundsätzlichen Probleme. Dasselbe gilt auch für die Organe des Kirchengemeindeverbandes, die Verbandsvertretung und den Verbandsausschuss. Beide und die rechtlich selbständigen Fonds in der Kirchengemeinde sind nach der kirchlichen und staatlichen Rechtsordnung die alleinigen Vermögensträger. Der Pfarrgemeinderat hingegen ist ein ausschließlich kirchenrechtlich organisiertes Gremium ohne Rechtspersönlichkeit. Er kann also kein eigenes Vermögen besitzen und Verträge abschließen. Auch die Zuweisungen des Bistums können nur über Konten der Kirchengemeinde bzw. des Gemeindeverbandes abgewickelt und verwaltet werden. Das gilt auch für »eigene« Einkommen aus Veranstaltungen des Pfarrgemeinderates.

Bei allen für die Arbeit des Pfarrgemeinderates notwendigen Rechtsgeschäften (z. B. für Materialbeschaffung, Öffentlichkeitsarbeit, Veranstaltungen) ist somit die Mitwirkung des zuständigen Rechtsträgers durch Beschlussfassung und Ausführung erforderlich. Daher ist enge Zusammenarbeit notwendig.

Sie soll gewährleistet werden durch die Teilnahmen eines vom Pfarrgemeinderat benannten Mitglieds an den Sitzungen des Kirchenvorstandes bzw., wo ein Verband besteht, der Verbandsgremien. Es kann sich informieren und beraten. Stimmberechtigt ist es nicht.

Bei der Planung größerer Projekte ist sogar der gesamte Pfarrgemeinderat zu beteiligen. Vor der Beschlussfassung hat er sein Votum abzugeben. Zur gegenseitigen Information und gemeinsamen Beratung, zum Beispiel bei seinem Haushaltsplan, bei der Caritasarbeit soll der Pfarrgemeinderat seinerseits auch den Kirchenvorstand bzw. die Verbandsvertretung einmal im Jahr zu einer gemeinsamen Sitzung einladen.

Ein Mitwirkungsrecht des Pfarrgemeinderates besteht auch bei der Wahl des Kirchenvorstandes. Zwei Mitglieder gehören dem Wahlausschuss an, der die Vorschlagsliste aufstellt (Art. 4 der Wahlordnung).

In finanzieller Hinsicht ist zu beachten, dass zur Finanzierung von Aktivitäten des Pfarrgemeinderates dieser bei Kirchenvorstand bzw. Verbandsvertretung den festgestellten Bedarf vor deren Haushaltsberatung anmelden muss.

Bei der Entscheidung über alle Finanzierungswünsche sind Zweckmäßigkeitserwägungen wegen der pastoralen Alleinverantwortung des Pfarrgemeinderates nicht statthaft. Es liegt also in dessen alleiniger Kompetenz, darüber zu befinden, ob eine Maßnahme innerhalb seines Pastoralkonzeptes im seelsorglichen oder sonstigen Interesse liegt. Wohl besteht jedoch das Recht und die Pflicht zu prüfen, ob die finanziellen Mittel vorhanden oder über den Haushalt beschafft werden können. Abwägen muss er auch, ob bei Verwendung örtlicher Mittel in Abstimmung mit dem sonstigen örtlichen Bedarf einer umsichtigen Vermögensverwaltung ermöglicht werden kann.

Zur Verwirklichung finanzwirksamer Beschlüsse bedarf es häufig eines Vertrages und dessen Durchführung. Da der Pfarrgemeinderat nicht rechtsfähig ist, kann er selbst sich nicht rechtsgeschäftlich betätigen. Nur die Vertretungsorgane der Kirchengemeinde bzw. des Kirchengemeindeverbandes sind also auch in der Lage, aber auch verpflichtet, notwendige rechtsgeschäftliche Verpflichtungen zur Verwirklichung von Projekten des Pastoralplanes einzugehen und vertragliche Leistungen zu erbringen. Kirchenvorstand oder ggf. Verbandsvertretung müssen also die erforderlichen Beschlüsse fassen und Erklärungen gemäß den gesetzlichen Vorschriften abgeben. Zahlungen und Einnahmen müssen über die Rendantur erfolgen und Verbucht werden.

Rechtlich steht allerdings nicht im Wege, wie in anderen Angelegenheiten der alltäglichen Vermögensverwaltung einzelnen Personen Vollmacht (siehe Rdn. 154 ff.) zum Abschluss von Verträgen im Namen der Kirchengemeinde bzw. des Gemeindeverbandes zu erteilen.

Die Vollmacht muss ordnungsgemäß beschlossen und schriftlich unter Beachtung der Formvorschriften erklärt werden. Die Urkunde sollte die Einschränkung enthalten, dass sie jeweils für die Dauer eines Jahres gilt und nur zum Abschluss von Rechtsgeschäften in Gesamthöhe der für des Rechnungsjahr im Haushaltsplan ausgewiesenen Mittel in Höhe von...€ berechtigt. Zu erwägen wäre auch die Einschränkung auf einen Höchstbetrag für das einzelne Rechtsgeschäft.

XI. Die Kindertagesstätte
(Bestimmungen in Nordrhein-Westfalen)

Einleitung

Der Kirchenvorstand hat im Bereich der Kindertagesstätten wie auch sonst »nur« die vermögensrechtlichen Aufgaben der Kirchengemeinde zu erfüllen. Diese Verpflichtung trifft in den Seelsorgebereichen, in denen die Trägerschaft von Kindertagesstätten auf einen Kirchengemeindeverband übertragen wurde, die Verbandsvertretung. Die Wahrnehmung der vermögensrechtlichen Aufgaben wird dem Kirchenvorstand bzw. der Verbandsvertretung aber mehr als in manchen anderen Bereichen das Bewusstsein vermitteln können, dass auch Vermögensverwaltung seelsorgliche Mitverantwortung bedeutet. Seine Rechte und Pflichten sollte er daher hier ganz besonders im Hinblick auf diese Mitverantwortung wahrnehmen. Neben dem »klassischen« Kindergarten (Betreuung von Kindern ab drei Jahren bis zum Beginn der Schulpflicht) und der zur Zeit im Ausbau befindlichen Betreuung von Kindern unter drei Jahren hat die Betreuung von schulpflichtigen Kindern wegen der fast flächendeckenden Einführung der Offenen Ganztagsschule nahezu an Bedeutung verloren. Die Bildung und Betreuung von Kindern bis zum Beginn der Schulpflicht bietet eine ganz besondere Möglichkeit der Seelsorge und der sozialen Aufgaben der Kirche; nicht nur hinsichtlich der Kinder selbst, sondern auch im Hinblick auf die Erziehungsberechtigten, die so vielleicht neuen Kontakt zur Kirche und zur Gemeinde finden. Besondere Rechtsfragen ergeben sich nur aus dem Betrieb der Kindertagesstätte, der durch staatliche Vorschriften geregelt ist. Ihr Verhältnis zum Verwaltungsrecht des Kirchenvorstandes bedarf jedoch einiger Erläuterungen. Sie beschränken sich auf die Rechtsverhältnisse in Nordrhein-Westfalen.

Kinderbildungsgesetz (KiBiz)

Staatliche Rechtsgrundlage sind die §§ 22 ff. Sozialgesetzbuch VIII, in dessen § 24 u.a. der Rechtsanspruch auf einen Kindergartenplatz ab dem vollendeten dritten Lebensjahr verankert ist. Als Ausführungsgesetz gilt in Nordrhein-Westfalen ab dem Kindergartenjahr 2008/2009 das Kinderbildungsgesetz vom 30.10.2007, das das 16 Jahre lang geltende Gesetz über Kindertageseinrichtungen (GTK) abgelöst hat. Wichtig ist auch das am 26.09.2008 vom Bundestag beschlossene Kinderförderungsgesetz (KiföG), über das ab dem 01.08.2013 der Rechtsanspruch auf einen Kindergartenplatz ab der Vollendung des ersten Lebensjahres in § 24 SGB VIII eingeführt wird.
Unter Berücksichtigung der Bestimmungen des KiBiz sowie der des Codex Iuris Canonici (can. 793 – 795) haben die Bistümer des Landes Nordrhein-Westfalen für

die Tageseinrichtungen der kirchlichen Träger innerhalb des Landesgebietes (die Bistumsgrenzen greifen teilweise in andere Bundesländer über) Vorschriften erlassen, die »Kindergartenstatut« genannt werden. Dieses Statut ist in dem Anlagenteil abgedruckt.

Das Kindergartenstatut geht in seinem Aufbau von den staatlichen Vorschriften aus und beruht wie diese auf Grundvorstellungen, die für kirchliche Einrichtungen ohnehin selbstverständlich sind:
Die Tageseinrichtung ist gemeinsames Anliegen der Eltern, der Kindergartenkräfte und des Trägers, im kirchlichen Bereich darüber hinaus Sorge der ganzen Gemeinde.

Aufgrund des Kindergartenstatuts und KiBiz sind in jedem Kindergarten ein Elternbeirat (früher: Elternrat), der von den Erziehungsberechtigten gewählt wird, und ein Rat der Kindertageseinrichtung zu bilden

Finanzierungsgrundsätze des KiBiz

195   Das neue Kinderbildungsgesetz hat zu einer grundlegenden Änderung der Finanzierung von Kindertagesstätten geführt. Während nach dem GTK zwar die Sachkosten und die Kosten für Instandhaltung pauschaliert waren, erfolgte bei dem größten Kostenblock, den Personalkosten, eine Spitzabrechnung. Demgegenüber hat das KiBiz die sogenannten Kindpauschalen eingeführt, mit denen der Träger sämtliche Kosten, insbesondere auch Bau- und Instandhaltungskosten sowie insbesondere die Personalkosten vollständig bestreiten muss. Gerade bei außerordentlichen Personalkosten, die beispielsweise durch die Zahlung von Abfindungen oder Altersteilzeitvereinbarungen entstehen, haben sich das Land und die Kommunen aus einer bisher bestehenden Solidarfinanzierung zurückgezogen und lassen den Träger mit seiner finanziellen Verantwortung allein. Da das Gesetz außerdem dem Träger vorschreibt, wie viele Fach- und Ergänzungskraftstunden er für die in die Einrichtung aufgenommenen Kinder vorhalten muss, sind die Möglichkeiten erheblich eingeschränkt, steuernd auf negative wirtschaftliche Ergebnisse zu reagieren.

Der Kirchenvorstand übernimmt daher in weitaus stärkerem Maße als bisher die Verantwortung für das wirtschaftliche Ergebnis des Betriebes der Kindertageseinrichtung. Insbesondere ist eine laufende Kontrolle anhand der Trias (Anzahl der Kinder-Betreuungsstunden-Kindpauschalen) erforderlich, um einerseits auf Veränderungen, die sich immer wirtschaftlich auswirken, reagieren zu können und andererseits mögliche Rückforderungsansprüche von öffentlichen Mitteln zu vermeiden, da Kindpauschalen, die nicht entsprechend der erforderlichen Personalausstattung eingesetzt werden, zu Rückforderungsansprüchen der Kommunen führen können.

Rat der Kindertageseinrichtung

Im Rat der Kindertageseinrichtung begegnen sich die Mitglieder des Elternbeirates 196
als gewählte Vertreter der Erziehungsberechtigten, die pädagogisch tätigen Angestellten und vom Träger, der Kirchengemeinde, bestellte Vertreter im gemeinsamen
Bestreben nach einer bestmöglichen Erziehung und Betreuung der Kinder.

Wahl der Trägervertreter

Die Bestimmung der von dem Träger in den Rat der Kindertageseinrichtung zu 197
entsendenden Personen erfolgt durch Beschluss des Kirchenvorstandes bzw. der
Verbandsvertretung, soweit der Kirchengemeindeverband Träger der Einrichtung
ist. Sie müssen weder Mitglied des Kirchenvorstandes noch des Pfarrgemeinderates sein, sollen aber zur Pfarrgemeinde gehören und besonderes Verständnis sowie
Einsatzbereitschaft für die Belange der Kindertagesstätte erwarten lassen. Bei der
Berufung hat der Kirchenvorstand die Vorstellungen des Pfarrgemeinderates angemessen zu berücksichtigen. Diese binden ihn zwar nicht in seinem Entscheidungs-
recht. Die Notwendigkeit der gemeinsamen Arbeit der beiden Gremien in den Bereichen der Seelsorge und der sozialen Bemühungen der Kirchengemeinde, zu
denen nicht zuletzt die Kindertageseinrichtung gehört, sollte jedoch die Grundlage der Entscheidung sein.

Rechtsstellung der Trägervertreter

Die von dem Kirchenvorstand/Verbandsvertretung bestellten Vertreter sind nicht 198
etwa, auch wenn sie Mitglieder des Kirchenvorstandes/Verbandsvertretung sein
sollten, Stellvertreter im rechtlichen Sinne. Sie können nicht an Stelle des gesamten
Trägers Entscheidungen treffen und mit Wirkung für die Kirchengemeinde bzw.
den Kirchengemeindenverband rechtsverbindliche Erklärungen abgeben. Darauf
sollte man sie bei ihrer Bestellung ausdrücklich hinweisen.

Aufgaben des Rates der Kindertageseinrichtung

Das Kindergartenstatut hebt als besondere Schwerpunkte der gemeinsamen 199
Aufgabe hervor,
– möglichst engen Kontakt mit allen Erziehungsberechtigten zu unterhalten und
  auf ihre Anregungen einzugehen,
– Grundsätze für die Erziehungs- und Bildungsarbeit zu beraten,
– die erforderliche räumliche und sachliche sowie eine qualifizierte personelle
  Ausstattung zu beraten,
– Kriterien für die Aufnahme der Kinder sowie die Öffnungs- und Schließungszeiten zu beraten.

Rechte und Pflichten des Kirchenvorstandes, der Verbandsvertretung

200 Im Hinblick auf die Rechte und Pflichten des Kirchenvorstandes* wie überhaupt auf die Rechtsstellung der Kirchengemeinde als Trägerin bedarf diese zum Teil missverstandene Aufzählung einer Klarstellung. Der Kirchenvorstand ist allein gesetzliches Verwaltungs- und Vertretungsorgan und deshalb ausschließlich berechtigt, die erforderlichen Verträge abzuschließen. Das gilt auch für die Verwaltung der Kindertagesstätte. Wenn daher im KiBiz und im Kindergartenstatut von Mitwirkungsrechten des Rates der Kindertageseinrichtung die Rede ist, so sind diese nicht als für die Entscheidung verbindlich anzusehen, sondern nur angemessen und verständig zu würdigen und zu berücksichtigen. Der Beschluss des Rates der Kindertageseinrichtung dient allein der Ermittlung der überwiegenden Ansicht der Mitglieder durch die dafür notwendige Abstimmung, welche Grundsätze und Maßnahmen er für richtig und empfehlenswert hält. Im Verhältnis zum Träger hat er allein beratende und unterstützende Funktionen. Nach Maßgabe dieses Rechtsgrundsatzes ist auch die Aufzählung der grundsätzlichen Aufgaben des Rates der Kindertageseinrichtung zu betrachten.

Ein echtes Zustimmungserfordernis des Elternbeirates ist durch das Änderungsgesetz des KiBiz vom 25.07.2011 eingeführt worden. Nach § 9 Abs. 4 des KiBiz muss der Elternbeirat bei »Entscheidungen, die die Eltern in finanzieller Hinsicht berühren«, seine Zustimmung erklären. Hierzu zählen vor allem die Planung und Gestaltung von Veranstaltungen für Kinder und Eltern sowie die Verpflegung in der Einrichtung.

Beratung der Erziehungsgrundsätze

201 Es ergibt sich schon aus dem Wortlaut, dass der Rat der Kindertageseinrichtung Grundsätze für die Erziehungs- und Bildungsarbeit in gemeinsamer Beratung sich und dem Träger stets von neuem vergegenwärtigen soll und darf, sie aber niemandem, weder dem Träger noch den Angestellten der Kindertagesstätte, als Verpflichtung auferlegen kann. Beratung bedeutet schon im Sinne des Wortes den Austausch von Meinungen, nicht verbindliche Festlegung.

Kindertagesstätten katholischer Kirchengemeinden haben sich gemäß dem Kindergartenstatut das besondere Ziel gesetzt, denjenigen Erziehungsberechtigten »Hilfe bei der Entfaltung der Fähigkeit des Kindes in der Entwicklung seiner Persönlichkeit zu einem von christlichem Geiste erfüllten und seiner Verantwortung in Kirche und Gesellschaft bewussten Menschen« zu bieten, »die dieses Erziehungsziel anstreben« und daher die kirchliche Kindertagesstätte als die Einrichtung ihres Vertrauens zur Ergänzung ihrer eigenen Erziehungsbemühungen betrachten.

---

* Die Ausführungen beziehen sich sinngemäß auch auf die Verbandsvertretung, wenn der Kirchengemeindeverband die Trägerschaft der Kindertageseinrichtung übernommen hat.

Die Kirchengemeinde als Trägerin eines solchen »Angebotskindergartens« und der Pfarrer als Leiter der Gemeinde und Dienstvorgesetzter der Angestellten dürfen daher eine gleichgerichtete Einstellung des gesamten Rates der Kindertageseinrichtung bei der ihm übertragenen Beratung der Erziehungs- und Bildungsgrundsätze voraussetzen. Sie sind keinesfalls verpflichtet, Mehrheitsbeschlüssen nachzukommen, die nicht von der Zielsetzung des Trägers ausgehen.

Die letzte Entscheidung in Grundsatzfragen der Erziehungsarbeit liegt entsprechend seiner pastoralen Verantwortung beim Pfarrer. Er wird es selbstverständlich als eine wesentliche Voraussetzung zur sachgerechten Erfüllung seines ihm vom Bischof anvertrauten Seelsorgeauftrages betrachten müssen, sich ernsthaft mit den Anregungen des Rates der Kindertageseinrichtung auseinander zu setzen und von den vom Bischof beauftragten Fachstellen Rat und Hilfe entgegen zu nehmen.

Bemühung um Ausstattung und Personal

Wenn sich der Rat der Kindertageseinrichtung im gemeinsamen Interesse um die sachliche und räumliche Ausstattung und um eine qualifizierte personelle Besetzung bemühen soll, so bedeutet auch das nicht, wie schon aus der Bedeutung des Wortes hervorgeht, dass er selber zu Lasten der dem Träger zur Betriebskostenfinanzierung zur Verfügung stehenden Mittel Anschaffungen tätigen oder bauliche Maßnahmen veranlassen oder gar Anstellungsverträge abschließen und Kündigungen aussprechen könnte. Das alles ist eine dem Kirchenvorstand als Organ der Kirchengemeinde gesetzlich zugewiesene Aufgabe. Er sollte zwar stets die Mitsorge des Rates der Kindertageseinrichtung dankbar begrüßen und alles unterlassen, was das wünschenswert gute Verhältnis zueinander gefährden könnte. Er ist aber in keinem Falle an die Beschlüsse des Rates der Kindertageseinrichtung gebunden, die im Rechtssinne nur Empfehlungen sein können.

202

Beratung von Aufnahmegrundsätzen

Erfreulicherweise spricht das neue KiBiz nicht mehr von einer Vereinbarung von Aufnahmegrundsätzen des Rates der Kindertageseinrichtung, sondern zutreffend von Beratung von Aufnahmekriterien. Dadurch ist klar gestellt worden, dass dem Rat der Kindertageseinrichtung keine Dispositionsbefugnis für die Aufnahmekriterien zusteht, sondern lediglich die Mitsorge und Mitberatung darüber. Verfügungsberechtigt ist die Kirchengemeinde als Trägerin, der Kirchenvorstand als ihr gesetzliches Vertretungsorgan daher allein zum Abschluss der Aufnahmeverträge berechtigt. Niemand kann ihn darin festlegen, nach welchen Überlegungen er sich im Einzelfall dazu entscheidet, genauso wenig übrigens, ob und aus welchem Grund er etwa einen Betreuungsvertrag zu kündigen für notwendig hält. Das KiBiz hat an dem ihm nach dem Vermögensverwaltungsgesetz ausschließlich zustehenden Recht, das Kirchenvermögen zu verwalten und die Kirchengemeinde

203

beim Vertragsschluss zu vertreten, nichts geändert. Durch seinen Grundsatzbeschluss hat er, weil allein entscheidungsberechtigt, sich nur selbst eine Richtlinie für die jeweilige Entscheidung des Einzelfalles gegeben. Er könnte davon also durch besonderen Beschluss auch abweichen. Das sollte er natürlich nur, wenn dafür sehr gewichtige Gründe bestehen, die er mit dem Rat der Kindertageseinrichtung im Interesse des guten Einvernehmens vorher erörtern wird.

Aufnahmevollmacht

204 Die Verständigung des Kirchenvorstandes mit dem Kindergartenrat über allgemeine Aufnahmegrundsätze ist ungeachtet dieser notwendigen rechtlichen Hinweise aus praktischen Erwägungen jedoch sehr zu empfehlen. Es besteht dann die Möglichkeit, einen kleinen Aufnahmeausschuss damit zu beauftragen, bei zu großer Nachfrage die Auswahl zu treffen. Er könnte ihm zugleich den Abschluss des jeweiligen Vertrages durch Vollmacht übertragen.

Ein solcher Ausschuss könnte aus einem Vertreter des Elternbeirates, einem Kirchenvorstandsmitglied und der Leiterin bestehen. Das Bestimmungsrecht könnte vorbehaltlich einer abweichenden Regelung des Einzelfalles durch den Kirchenvorstand für den Fall übertragen werden, dass ihre Entscheidung einstimmig zustande kommt. Kann keine Übereinstimmung erzielt werden, entscheidet er selbst. In der durch Beschluss schriftlich und vorschriftsgemäß unterzeichnet zu erteilenden Vollmacht könnte weiter angeordnet werden, dass die Bestätigung des Aufnahmeantrages der Unterschrift aller drei Personen bedarf. Es ist aber auch möglich, die Leiterin allein zu ermächtigen unter der Voraussetzung, dass die beiden anderen Bevollmächtigten mit der Aufnahme einverstanden sind. Auf diese Weise kann sich nicht zuletzt der Kirchenvorstand selbst seine Arbeit erleichtern, da er ohnehin überfordert wäre, wenn er über alle Anträge selbst beraten und entscheiden wollte.

XII. Die persönliche Haftung der Mitglieder des Kirchenvorstandes
(zugleich eine Zusammenfassung)

Einleitung

Die Antwort auf die wohl am häufigsten gestellte Frage steht nicht ohne Absicht am Ende. 205
Für den »eiligen Leser« und denjenigen, der aus besonderem Interesse die Lektüre mit dem Schluss beginnt, bietet sich die Gelegenheit zu einer ersten Information über seine Amtspflichten, für den anderen die Möglichkeit zu einer Zusammenfassung.
Denn die Frage nach der persönlichen Haftung ist die nach der gewissenhaften Erfüllung der mit dem Amt verbundenen Pflichten. Nur eine Amtspflichtverletzung aus Nachlässigkeit oder bewusster Missachtung kann zur persönlichen Haftung führen.

Organhaftung

Die Kirchengemeinde ist eine juristische Person, die als »Person« nur in der Vorstellung der Juristen lebt, um wie jeder Mensch, wie eine »natürliche« Person, 206
rechtlich und wirtschaftlich als Vertragspartnerin und als Vermögensträgerin gegenwärtig sein zu können. Wahrnehmbar kann sie nur durch Menschen werden, die wir in ebenso bildhafter Ausdrucksweise als Organe der (juristischen) Person bezeichnen.
Der Kirchenvorstand in seiner gesetzlich vorgeschriebenen Zusammensetzung ist das Organ der Kirchengemeinde, durch das sie handelt. Erklärt er in ihrem Namen im Rahmen der ihm zugewiesenen Befugnisse und die Vorschriften beachtend eine Verpflichtung, so ist das ihre eigene Verpflichtungserklärung. Rechtsfolgen ergeben sich daraus nur für sie selbst. Niemand braucht also zu befürchten, er hafte einem Vertragsgläubiger der Kirchengemeinde auch mit seinem eigenen Vermögen. Niemand verpflichtet sich zugleich selbst, wenn er die Kirchengemeinde in einem Rechtsgeschäft ordnungsgemäß vertritt. Es besteht auch keine Mithaftung neben dem Kirchenvermögen.

Deliktshaftung

Anders liegt die Sache, wenn ein Mitglied oder der gesamte Kirchenvorstand im 207
Zusammenhang mit seiner Amtsführung einem Dritten einen Schaden zufügt. Das kann auch durch die Unterlassung amtlicher Pflichten geschehen. Dem Kirchenvorstand obliegt als Verwalter des Kirchenvermögens auch die Instandhaltung des kirchlichen Grundbesitzes. Vernachlässigt er schuldhaft diese Pflicht und wird ein anderer dadurch geschädigt (Streupflicht, Gefahrensicherheit für Besucher und

Passanten kirchlicher Gebäude und Grundstücke), so haftet er ihm neben der Kirchengemeinde auch persönlich. Er handelt schuldhaft, wenn er den gefahrdrohenden Zustand kennt oder infolge Gleichgültigkeit nichts davon weiß und eine Sicherung unterlässt, obwohl sie rechtzeitig möglich gewesen wäre. Man braucht nicht selbst zu streuen oder die einsturzgefährdete Mauer abzustützen – akute Gefahrenlagen ausgenommen, die nicht sofort auf andere Weise zu beseitigen sind. Man muss aber in der Sitzung für rechtzeitige Maßnahmen eintreten und sie notfalls durch Einschaltung der Bischöflichen Behörde durchzusetzen versuchen. Hinsichtlich der Streupflicht ist ein Verantwortlicher zu bestimmen und zu überwachen. Sonst führt so genanntes Organisations- oder Aufsichtsverschulden zur Haftung.

Dass eine von der Bischöflichen Behörde abgeschlossene Haftpflichtversicherung von der persönlichen Haftung freistellt, befreit nicht von der Verantwortung. Je höher die Schäden, umso höher die aus der Kirchensteuer aufzubringenden Versicherungsprämien. Außerdem können strafrechtliche Folgen entstehen, für die ein Versicherungsschutz nicht besteht.

Vollmachtlose Vertretung

208 Verpflichtungen zum Schadenersatz aus persönlichen Mitteln können auch im Bereich des wirtschaftlichen Verkehrs mit Dritten entstehen. Der Kirchenvorstand verpflichtet bei vorschriftsgemäßer Vertretung nur das Kirchenvermögen. Die Kirchengemeinde wird jedoch nicht verpflichtet, wenn die handelnden Mitglieder dazu nicht berechtigt waren. Wirksame Vertretung der Kirchengemeinde setzt einen rechtsgültigen Beschluss des Kirchenvorstandes voraus.

Nicht jedes einzelne Mitglied kann nach eigenem Ermessen Bestimmungen treffen und im Namen der Kirchengemeinde verbindliche Erklärungen abgeben. Grundvoraussetzung für jede rechtsgeschäftliche Verpflichtung ist die gemeinsame Beratung und Entscheidung in einer Sitzung.

Diese Entscheidung muss aber auch rechtsgültig sein. Das ist nur der Fall, wenn der Kirchenvorstand gemäß den gesetzlichen Vorschriften zusammengesetzt ist und keiner an der Beratung und Abstimmung teilnimmt, der nicht zum Kirchenvorstand gehört. Es darf auch kein Mitglied mitwirken, das am Gegenstand der Beschlussfassung selbst beteiligt ist. Zur Sitzung muss vorschriftsmäßig eingeladen und eine beschlussfähige Mehrheit anwesend sein. Auch darf der Beschluss nicht die Entscheidungsbefugnis des Kirchenvorstandes überschreiten.

Zum Schutze des Kirchenvermögens vor nachteiligen Entscheidungen des Kirchenvorstandes sieht das Vermögensverwaltungsgesetz in Verbindung mit kirchlichen Anordnungen darüber hinaus vor, dass Rechtsgeschäfte in näher bestimmten Angelegenheiten zur Rechtsgültigkeit der Genehmigung der Bischöflichen Behörde bedürfen. Wird sie nicht eingeholt oder versagt, so ist die Rechtslage dieselbe, als wenn überhaupt kein Beschluss gefasst worden wäre.

Eine Verpflichtung der Kirchengemeinde tritt schließlich nur ein, wenn sie schriftlich erklärt und durch den Vorsitzenden oder seinen Vertreter und zwei Mitglieder unter Beidrückung des Amtssiegels unterzeichnet wird.

Haftungsfolgen

Wenn die für die Kirchengemeinde infolge der Nichtbeachtung der Bestimmungen zunächst nicht verbindliche Erklärung eines Mitglieds dem Willen des Kirchenvorstandes und, falls genehmigungsbedürftig, der Ansicht der Bischöflichen Behörde entspricht, werden persönliche Haftungsfolgen nicht eintreten, weil der Kirchenvorstand und die Bischöfliche Behörde nachträglich zustimmen können. Erfolgt das jedoch nicht, so sind die Folgen in allen Fällen dieselben. Die Kirchengemeinde ist nicht rechtswirksam vertreten worden und deshalb nicht gebunden. Der Handelnde haftet als vollmachtloser Vertreter.

Die persönliche Haftung hat in der Regel allerdings nicht zur Folge, dass der Betroffene selbst den ungültigen Vertrag erfüllen oder alle dem Partner wegen seiner Ungültigkeit entgehenden Vorteile ausgleichen müsste. Das könnte nur eintreten, wenn er den Mangel seiner Vertretungsberechtigung gekannt, sich also bewusst über die Vorschriften hinweggesetzt hätte.

Wer seine fehlende Berechtigung nicht kannte, haftet nur für den so genannten Vertrauensschaden. Das ist der Schaden, den der Partner erlitten hat, weil er auf die Gültigkeit des Vertrages vertraut und deshalb Unkosten gehabt hat (Notarkosten, Zinsen und Spesen einer Kreditaufnahme und ähnliches). Das Risiko ist im Allgemeinen also kleiner als das des vorsätzlich vorschriftswidrigen Verhaltens.

Nicht zur Beruhigung sei erwähnt, dass bei vollmachtloser Vertretung keine Haftung entsteht, wenn der Partner den Mangel der Vertretungsberechtigung kannte oder kennen musste. Sein Vertrauensschutz entfällt schon dann, wenn er fahrlässig darauf vertraute, dass alles in Ordnung sei. Würde er sich darauf berufen, er habe nicht gewusst, welche Formvorschriften für die rechtsgeschäftliche Vertretung einer Kirchengemeinde zu beachten seien und wann die Genehmigung der Bischöflichen Behörde eine Erklärung erst gültig mache, so könnte ihm das nichts nutzen. Jeder Bürger muss wissen, dass besondere Vorschriften für die Vertretung von Körperschaften bestehen. Er kann sich in den Gesetzessammlungen unterrichten oder bei der Bischöflichen Behörde erkundigen. Ein Rechtsirrtum schließt seinen Anspruch aus.

Erfolg kann er deshalb nur haben, wenn er die Vorschriften zwar kennt, infolge des Verhaltens des Kirchenvorstandes oder der handelnden Mitglieder aber glaubt, dass sie eingehalten seien. Das kann der Fall sein, wenn ihm ausdrücklich oder durch klar als eine entsprechende Zusicherung zu wertendes Auftreten stillschweigend zu erkennen gegeben wurde, alle Voraussetzungen für einen gültigen Abschluss seien vorhanden.

209

Haftung gegenüber der Kirchengemeinde

210 Für eine Amtspflichtverletzung kann man auch gegenüber der Kirchengemeinde einzustehen haben. Dem Kirchenvorstand ist die Sorge um die Erhaltung des Grundvermögens und um Bestand und Vermehrung des Kapitalvermögens anvertraut. Ihre Vernachlässigung kann zum Schadenersatz verpflichten. Wer das kirchliche Grundvermögen dem Verfall preisgibt oder die Kassenverwaltung nicht überwacht, muss für die Schäden eintreten, wenn Pflichtbewusstsein sie hätte vermeiden können. Auch wer durch leichtsinnige Verwaltungsgeschäfte das Kirchenvermögen schädigt, muss den Verlust ersetzen.

Schlusswort

Die Erläuterung der Haftungsmöglichkeiten sollte vorhandene Befürchtungen nicht verstärken. Die Sorge um das eigene Vermögen wird die dankenswerte Einsatzbereitschaft nicht schmälern, wenn man sich dem Ansehen und Vermögen der Kirche und der Gemeinde verbunden weiß. Sich über die Rechte und Pflichten des Amtes zu unterrichten, wird dazu dienen, beides zu erhalten und zu vermehren. Vielleicht kann auch dieses Büchlein dazu einen Beitrag leisten.

Anhang

Gesetz über die Verwaltung des katholischen Kirchenvermögens vom 24. Juli 1924

– gültig in allen NRW-Bistümern –
PrGS. S. 585; gilt gemäß § 4 Nr. 6 des Gesetzes zur Bereinigung des in NW geltenden preußischen Rechts v. 7.11.1961 (GV NW S. 325 SGV NW 114) weiter, ohne dass eine Überarbeitung des Gesetzes erfolgt ist; geändert durch Gesetz v. 17.6.2003 (GV NRW S. 313), in Kraft getreten am 1. September 2003.

1. Einzelgemeinden

§ 1
1. Der Kirchenvorstand verwaltet das Vermögen in der Kirchengemeinde. Er vertritt die Gemeinde und das Vermögen.
2. Das Vermögen umfaßt die kirchlichen Vermögensstücke und die unter die Verwaltung kirchlicher Organe gestellten örtlichen Stiftungen.
3. Die Rechte der Kirchendiener an den zu ihrer Besoldung bestimmten Vermögensstücken werden hierdurch nicht berührt.

§ 2
1. Der Kirchenvorstand besteht aus:
    1. dem Pfarrer oder dem von der bischöflichen Behörde mit der Leitung der Gemeinde betrauten Geistlichen als Vorsitzenden;
    2. den gewählten Mitgliedern;
    3. dem auf Grund besonderer Rechtstitel Berechtigten oder dem von ihm Ernannten.
2. Die bischöfliche Behörde kann für ihren Bereich bestimmen, daß auch andere hauptamtlich angestellte Seelsorgegeistliche der Gemeinde aus dem Weltklerus, soweit sie das Wählbarkeitsalter erreicht haben, zum Kirchenvorstand gehören.

§ 3
Im Lande Nordrhein-Westfalen gilt § 3 in der Fassung des § 1 des Gesetzes zur Abänderung des KVG. vom 7.12.1948:
Die Zahl der gewählten Mitglieder beträgt in Gemeinden bis 1500 Seelen 6, bis 5000 Seelen 8, bis 10000 Seelen 10, in größeren Gemeinden 16.
Im Lande Rheinland-Pfalz gilt § 3 in der Fassung des § 1 des Gesetzes zur Änderung des KVG. vom 19.1.1950:
Die Zahl der gewählten Mitglieder beträgt in den Gemeinden bis 500 Seelen 4, bis 1000 Seelen 6, bis 3000 Seelen 8, bis 5000 Seelen 10, in größeren Gemeinden 12.

§ 4
1. Wahlberechtigt sind alle Mitglieder der Gemeinde, die am Wahltage 18 Jahre alt sind und seit einem Jahr an dem Orte der Gemeinde wohnen.
2. Vom Wahlrecht ist ausgeschlossen:
    1. derjenige, für den wegen einer psychischen Krankheit oder einer geistigen oder seelischen Behinderung zur Besorgung aller seiner Angelegenheiten ein Betreuer bestellt ist; dies gilt auch, wenn der Aufgabenkreis des Betreuers die in § 1896 Abs. 4 und § 1905 des Bürgerlichen Gesetzbuches bezeichneten Angelegenheiten nicht erfaßt;
    2. wer infolge strafgerichtlicher Verurteilung das Recht, in öffentlichen Angelegenheiten zu wählen oder zu stimmen, nicht besitzt;
    3. wer das Wahlrecht nach § 6 Abs. 4 oder § 7 Abs. 2 verloren hat.
3. Die bischöfliche Behörde kann für ihren Bereich bestimmen, daß die dem Seelsorgeklerus angehörenden Geistlichen nicht wahlberechtigt sind.

4. Behindert an der Ausübung ihres Wahlrechts sind Straf- und Untersuchungsgefangene.
5. Die Wahl ist unmittelbar und geheim; jeder Wähler hat eine Stimme. Zur Ausübung des Wahlrechts ist die Eintragung in die Wählerliste erforderlich.

§ 5

1. Wählbar ist jeder Wahlberechtigte, der am Wahltage 21 Jahre alt ist, sofern er nicht durch kirchenbehördliche Entscheidung von den allen Kirchengliedern zustehenden Rechten ausgeschlossen ist.
2. Die bischöfliche Behörde kann bestimmen, daß wenigstens die Hälfte der Gewählten Männer sein müssen.

§ 6

1. Frauen können das Amt als Kirchenvorsteher ablehnen und jederzeit niederlegen, Männer nur aus erheblichen Gründen. Einen erheblichen Grund hat stets, wer
a) 60 Jahre alt ist,
b) das Amt sechs Jahre bekleidet hat,
c) mehr als vier minderjährige Kinder hat.
2. Das Recht zur Ablehnung und Niederlegung verliert, wer das Amt trotz der ihm bekannten Gründe ausübt.
3. Über die Ablehnung und Niederlegung entscheidet der Kirchenvorstand. Gegen seine Entscheidung ist binnen zwei Wochen nach Empfang der Entscheidung die Berufung an die Bischöfliche Behörde zulässig.
4. Wer nach Rechtskraft der Entscheidung bei seiner Weigerung bleibt, verliert das Wahlrecht. Der Kirchenvorstand kann es ihm wiederverleihen.

§ 7

1. Die Mitglieder verlieren ihr Amt, wenn sie nicht mehr wählbar sind, wenn die Wahl für ungültig erklärt oder das Wahlergebnis nachträglich geändert wird. § 6 Abs. 3 gilt entsprechend.
2. Die Bischöfliche Behörde kann Mitglieder wegen grober Pflichtwidrigkeit oder Ärgernis erregenden Lebenswandels durch einen begründeten schriftlichen Bescheid entlassen und ihnen zugleich das Wahlrecht entziehen; sie muß aber das Mitglied und den Kirchenvorstand zuvor hören.

§ 8

1. Das Amt der gewählten Mitglieder dauert sechs Jahre. Von drei zu drei Jahren scheidet die Hälfte aus. Die Reihenfolge wird das erstemal durch das Los bestimmt. Das Ausscheiden erfolgt mit dem Eintritt der Nachfolger.
2. Falls ein Mitglied sich weigert, sein Amt auszuüben, oder die Mitgliedschaft außer der Zeit endet, treten die gewählten Ersatzmitglieder in der Reihenfolge der Ersatzliste ein.
3. Wenn die Ersatzliste erschöpft ist, wählt der Kirchenvorstand.

§ 9

Das Amt des Kirchenvorstehers ist ein Ehrenamt. Für außergewöhnliche Mühewaltung kann ihm der Kirchenvorstand mit Genehmigung der bischöflichen Behörde eine angemessene Entschädigung bewilligen.

§ 10

1. Der Kirchenvorstand hat ein Vermögensverzeichnis zu errichten und fortzuführen.
2. Er hat einen Voranschlag der Jahreseinnahmen und -ausgaben aufzustellen und am Schlusse jedes Rechnungsjahres die Rechnung zu prüfen.
3. Der Haushalt ist nach Feststellung, die Jahresrechnung nach Entlastung für die Gemeindemitglieder nach ortsüblicher Bekanntmachung auf zwei Wochen öffentlich auszulegen.

§ 11

1. Der Vorsitzende beruft den Kirchenvorstand, so oft es zur ordnungsmäßigen Erledigung der Geschäfte erforderlich ist.

2. Er hat ihn zu berufen auf Verlangen der Bischöflichen Behörde oder eines Drittels der Mitglieder.

3. Wenn der Vorsitzende diesem Verlangen nicht entspricht oder ein Vorsitzender und ein Stellvertreter nicht vorhanden sind, so kann die bischöfliche Behörde die Berufung vornehmen und den Vorsitzenden bestimmen.

§ 12

Zu den Sitzungen sind sämtliche Mitglieder schriftlich unter Angabe des Gegenstandes spätestens am Tage vor der Sitzung einzuladen. Ist nicht vorschriftsmäßig eingeladen, so kann ein Beschluß nur gefaßt werden, wenn alle Mitglieder anwesend sind und niemand widerspricht.

§ 13

1. Der Kirchenvorstand ist beschlußfähig, wenn die Hälfte der gewählten Mitglieder anwesend ist. Er ist stets beschlußfähig, wenn er zum zweiten Male zur Sitzung mit derselben Tagesordnung einberufen und auf diese Folge dabei ausdrücklich hingewiesen worden ist.

2. Beschlüsse werden durch Stimmenmehrheit der Erschienenen gefaßt. Im Falle der Stimmengleichheit entscheidet bei Wahlen das Los, sonst der Vorsitzende.

3. Sind Mitglieder an dem Gegenstand der Beschlußfassung selbst beteiligt, so haben sie keine Stimme und dürfen bei der Beratung und Abstimmung nicht anwesend sein.

4. Die Beschlüsse werden unter Angabe des Tages und der Anwesenden in ein Sitzungsbuch eingetragen und von dem Vorsitzenden und zwei Mitgliedern unter Beidrückung des Amtssiegels unterschrieben.

§ 14

Bekundet werden die Beschlüsse durch Auszüge aus dem Sitzungsbuche, die der Vorsitzende beglaubigt. Die Willenserklärungen des Kirchenvorstandes verpflichten die Gemeinde und die vertretenen Vermögensmassen nur dann, wenn sie der Vorsitzende oder sein Stellvertreter und zwei Mitglieder schriftlich unter Beidrückung des Amtssiegels abgeben. Hierdurch wird nach außen die Ordnungsmäßigkeit der Beschlußfassung festgestellt.

§ 15*

1. Beschlüsse des Kirchenvorstandes bedürfen der Genehmigung der Staatsbehörde bei:
   1. Veräußerung von Gegenständen, die einen geschichtlichen, wissenschaftlichen oder Kunstwert haben;
   2. Anleihen, die nicht bloß zur vorübergehenden Aushilfe dienen;
   3. Verwendung des Kirchenvermögens zu anderen als den bestimmungsmäßigen Zwecken. Ausgenommen sind Bewilligungen, die insgesamt für ein Jahr 10 vom Hundert der Solleinnahmen nicht übersteigen;
   4. Sammlungen, die nicht im Zusammenhange mit kirchlichen Veranstaltungen vorgenommen werden;

§ 16

1. Die Staatsbehörde ist berechtigt, in die Vermögensverwaltung Einsicht zu nehmen und Gesetzwidrigkeiten zu beanstanden.

2. Der Kirchenvorstand kann gegen die Beanstandung im Verwaltungsstreitverfahren das Oberverwaltungsgericht anrufen.

---

* § 15 Abs. 1 Nr. 5 und Abs. 2 aufgehoben durch Gesetz v. 17.6.2003 (GV NRW S. 313); in Kraft getreten am 1. September 2003

§ 17

1. Wenn der Kirchenvorstand sich weigert, gesetzliche Leistungen auf den Haushalt zu bringen, festzusetzen oder zu genehmigen oder begründete Ansprüche gerichtlich geltend zu machen oder unbegründete abzuwehren, so kann die Bischöfliche Behörde im Einvernehmen mit der Staatsbehörde die erforderlichen Maßnahmen treffen.

2. Der Kirchenvorstand kann hiergegen im Verwaltungsstreitverfahren das Oberverwaltungsgericht anrufen.

§ 18

Wenn der Kirchenvorstand wiederholt seine Pflicht gröblich verletzt, so kann ihn die Bischöfliche Behörde auflösen. Mit der Auflösung ist sofort die Neuwahl anzuordnen.

§ 19

Wenn die Wahl der Mitglieder überhaupt nicht zustandekommt oder der nach Auflösung neu gewählte Kirchenvorstand wieder aufgelöst werden muß, so kann die Bischöfliche Behörde im Einvernehmen mit der Staatsbehörde einen Verwalter bestellen.

§ 20

Solange die Bischöfliche Behörde in den Fällen der §§ 11 Abs. 3 und 17 bis 19 von ihrer Befugnis keinen Gebrauch macht, kann die Staatsbehörde nach Benehmen mit ihr die erforderlichen Maßnahmen selbst treffen. Auf Widerspruch der Bischöflichen Behörde entscheidet der für kirchliche Angelegenheiten zuständige Minister.

§ 21

1. Die Bischöfliche Behörde kann nach Benehmen mit der Staatsbehörde Anweisungen über die Geschäftsführung erteilen und Wahlordnungen erlassen.

2. In welchen Fällen ein Beschluß erst durch die Genehmigung der Bischöflichen Behörde rechtsgültig wird, bestimmt die Geschäftsanweisung.

3. Die Bestimmung der Bischöflichen Behörde in den Fällen der §§ 2 Abs. 2, 4 Abs. 3 und 5 Abs. 2, die Geschäftsanweisungen und Wahlordnungen sind nach näherer Anordnung der Staatsbehörde zu veröffentlichen.

2. Gemeindeverbände

§ 22

1. Kirchengemeinden können zu einem Verbande zusammengeschlossen werden.

2. Der Verband kann durch Anschluß anderer Gemeinden erweitert werden.

§ 23

1. Die Bildung und die Erweiterung des Verbandes sowie der Umfang seiner Rechte und Pflichten werden nach Zustimmung der Kirchenvorstände der beteiligten Gemeinden von der Bischöflichen Behörde mit Genehmigung der Staatsbehörde angeordnet. Zur Zustimmung genügt, daß die Seelenzahl der zustimmenden Gemeinden größer ist als die Seelenzahl der übrigen.

2. Dasselbe gilt für das Ausscheiden einzelner Gemeinden und für die Auflösung des Verbandes mit der Maßgabe, daß zum Ausscheiden auch die Zustimmung der betroffenen Gemeinde und zur Auflösung eine Mehrheit von drei Vierteilen erforderlich ist.

§ 24

Der Verband kann ganz oder teilweise die Erfüllung gemeinsamer örtlicher Aufgaben sowie die Versorgung der Gemeinden mit äußeren kirchlichen Einrichtungen und mit Mitteln zur Erfüllung ihrer gesetzlichen Leistungen übernehmen. Er kann Gebühren festsetzen, Steuern erheben und Anleihen aufnehmen.

§ 25

1. Die Angelegenheiten des Verbandes werden von der Verbandsvertretung wahrgenommen. Diese besteht aus den Vorsitzenden und je zwei Mitgliedern der einzelnen Kirchenvorstände, die von diesen aus ihren wählbaren Mitgliedern für die Dauer ihres Hauptamtes gewählt, bei Domgemeinden aus dem Pfarrer und zwei Mitgliedern, die von den Verwaltungskörpern aus den wählbaren Gemeindemitgliedern ernannt werden.

2. Der Vorsitz steht dem ranghöchsten Dechanten oder Pfarrer zu. Dieser kann ihn mit Genehmigung der Bischöflichen Behörde auf ein anderes Mitglied der Verbandsvertretung übertragen.

§ 26

Die Verbandsvertretung kann einen Ausschuß bestellen. Dieser vertritt den Verband und verwaltet das Vermögen nach Maßgabe der Beschlüsse der Verbandsvertretung.

§ 27

Die §§ 9 bis 21 finden auf Gemeindeverbände entsprechende Anwendung.

3. Diözesen

§ 28

1. Auf die Vermögensstücke der Bischöflichen Stühle, Bistümer, Kapitel und die unter Verwaltung kirchlicher Organe gestellten Anstalten, Stiftungen und Vermögensstücke, die nicht unter § 1 fallen, finden die §§ 15 bis 17 sinngemäß Anwendung.

2. Die erste Haussammlung im Jahre für bedürftige Gemeinden in der Diözese bedarf keiner Genehmigung, ist aber der Staatsbehörde anzuzeigen.

3. Zu den im § 17 bezeichneten Maßnahmen ist die Staatsbehörde befugt.

4. Schlußbestimmungen

§ 29

Die Gesetze vom 20. Juni 1875 über die Vermögensverwaltung in den katholischen Kirchengemeinden (Gesetzsamml. S. 241) und vom 7. Juni 1876 über die Aufsichtsrechte des Staates bei der Vermögensverwaltung in den katholischen Diözesen (Gesetzsamml. S. 149) und das Gesetz, betreffend die Bildung von Gesamtverbänden in der katholischen Kirche, vom 29. Mai 1903 (Gesetzsamml. S. 179) werden aufgehoben. Die §§ 39 und 40 des ersten Gesetzes bleiben jedoch mit der Maßgabe in Kraft, daß im § 39 Abs. 2 an die Stelle der §§ 27 bis 29 der § 5 dieses Gesetzes tritt und im § 40 Abs. 2 die Worte »und der Gemeindevertretung« wegfallen.

§ 30

1. Das Staatsministerium bestimmt die Behörden, die die hier festgesetzten Rechte des Staates auszuüben haben.

2. Der für die kirchlichen Angelegenheiten zuständige Minister führt das Gesetz aus. Das vorstehende, vom Landtage beschlossene Gesetz wird hiermit verkündet. Die verfassungsmäßigen Rechte des Staatsrats sind gewährt.

Berlin, den 24. Juli 1924. (Siegel)
Das Preußische Staatsministerium:
Braun
Für den Minister für Wissenschaft, Kunst und Volksbildung:
v. Richter

Wahlordnung für die Wahl der Kirchenvorstände im nordrhein-westfälischen und rheinland-pfälzischen Anteil des Erzbistums Köln

Veröffentlicht im Amtsblatt des Erzbistums Köln vom 29.02.2012, Nr. 34, S. 37

Artikel 1 Anordnung der Wahl, Aufstellung und Auslegung der Wählerliste

(1) Der Kirchenvorstand ordnet spätestens sechs Wochen vor dem Wahltermin die Wahl der Kirchenvorsteher an und stellt die Wählerliste auf oder erkennt die von anderer Seite aufgestellte Liste als richtig an. Jeder Wahlberechtigte hat das Recht, die Wählerliste in der Zeit vom fünften Sonntag vor der Wahl bis zum vierten Sonntag vor der Wahl zu den allgemeinen Öffnungszeiten des Pastoralbüros einzusehen und die Richtigkeit und Vollständigkeit der zu seiner Person in der Wählerliste eingetragenen Daten zu prüfen.

(2) Während der gesamten Auslegungsdauer sind Zeit und Ort der Auslegung in, an oder vor allen Kirchen der Kirchengemeinde durch Aushang bekannt zu machen mit dem Hinweis, dass nach Ablauf der Auslegungsfrist Einsprüche gegen die Liste nicht mehr zulässig sind. Auf den Aushang ist durch Verkündigung in allen Sonntagsgottesdiensten hinzuweisen.

(3) Die Liste muss die Wähler[1] übersichtlich nach Vor- und Zunamen sowie Wohnung enthalten. Sind Wähler gleichen Vor- und Zunamens mit derselben Anschrift vorhanden, müssen sie durch einen unterscheidenden Zusatz gekennzeichnet sein. In die Wählerliste sind nur Wähler aufzunehmen, die ihre Hauptwohnung in der Kirchengemeinde haben.

(4) Die dem Seelsorgeklerus angehörenden Welt- und Ordensgeistlichen sind nicht wahlberechtigt. Hierzu gehören auch die in der Kirchengemeinde wohnenden emeritierten Geistlichen. Die nach den Sätzen 1 und 2 nicht wahlberechtigten Personen sind in der Wählerliste vor deren Auslegung zu streichen.

Artikel 2 Einspruch gegen Wählerliste

Während der Auslegungsdauer kann Einspruch gegen die Wählerliste erhoben werden. Zur Erhebung des Einspruchs ist jedes wahlberechtigte Mitglied der Kirchengemeinde befugt. Der Kirchenvorstand entscheidet unverzüglich über die Einsprüche. Er berichtigt die Liste unter gleichzeitiger Benachrichtigung des Einspruch Erhebenden und der von der Entscheidung betroffenen Personen. Die Entscheidung ist zu begründen. Gegen einen ablehnenden Bescheid steht den Beteiligten binnen einer Frist von einer Woche seit Bekanntgabe die Berufung an die Erzbischöfliche Behörde zu; auf diese Frist ist im Bescheid hinzuweisen. 7Durch Einlegung der Berufung wird die Wahl nicht aufgehalten.

Artikel 3 Anzahl der Kirchenvorsteher

(1) Die Zahl der zu wählenden Kirchenvorsteher folgt aus § 3 des Gesetzes über die Verwaltung des katholischen Kirchenvermögens vom 24. Juli 1924 (VVG) in der jeweils geltenden Fassung.

(2) Hat sich die Seelenzahl seit der letzten Wahl vergrößert, sind nach Ausscheiden der Hälfte der Mitglieder so viele Mitglieder zu wählen, dass die gemäß § 3 VVG vorgeschriebene Zahl erreicht wird.
Rechtzeitig vor der nächsten Wahl ist durch Los zu bestimmen, wer außer den durch Ablauf der Wahlzeit ausscheidenden Mitgliedern zusätzlich ausscheidet.

(3) Hat sich seit der letzten Wahl die Seelenzahl verringert, scheiden außer der vorgesehenen Hälfte so viele durch Los zu bestimmende Mitglieder aus, dass die Hälfte der nach § 3 VVG vorgesehenen Mitgliederzahl neu hinzu gewählt werden kann.

---

[1] Soweit personenbezogene Bezeichnungen im Interesse der Lesbarkeit und Verständlichkeit in der männlichen Form stehen, wird diese Form verallgemeinernd verwendet und bezieht sich auf beide Geschlechter.

Artikel 4 Wahrnehmung der Aufgaben des Vorsitzenden des Kirchenvorstandes im Zusammenhang mit der Durchführung der Kirchenvorstandswahlen

Im Zusammenhang mit der Durchführung der Kirchenvorstandswahlen sind von dem Vorsitzenden des Kirchenvorstandes bzw. dem nach der Geschäftsanweisung für die Verwaltung des Vermögens in den Kirchengemeinden und Gemeindeverbänden der Erzdiözese Köln in der jeweils geltenden Fassung bestellten geschäftsführenden Vorsitzenden der Wahlausschuss zu berufen (Art. 5 Abs. 1), der Vorsitz im Wahlausschuss zu führen (Art. 5 Abs. 2 a), der Wahlvorstand zu berufen (Art. 10) und die konstituierende Sitzung (Art. 24 Abs. 4) abzuhalten.

Diese Aufgaben werden im Falle und für die Dauer der Verhinderung des Vorsitzenden des Kirchenvorstandes gemäß der Geschäftsanweisung für die Verwaltung des Vermögens in den Kirchengemeinden und Gemeindeverbänden der Erzdiözese Köln in der jeweils geltenden Fassung durch den ersten bzw. zweiten Stellvertreter des Vorsitzenden wahrgenommen, bei Bestelltsein eines geschäftsführenden Vorsitzenden in dessen Verhinderungsfall von dem zweiten Stellvertreter des Vorsitzenden, es sei denn, die sich danach ergebende Person kandidiert für den Kirchenvorstand oder ist anderweitig verhindert. In diesem Fall beruft die nach vorstehend genannter Regelung sich prioritär ergebende und nicht verhinderte Person, die die Aufgaben des Vorsitzenden des Kirchenvorstandes wahrnimmt, ein anderes wählbares und nicht für den Kirchenvorstand kandidierendes Gemeindemitglied, um die in dieser Wahlordnung genannten Aufgaben des Vorsitzenden des Kirchenvorstandes wahrzunehmen.

Artikel 5 Berufung des Wahlausschusses

(1) Derjenige, der die Aufgaben des Vorsitzenden des Kirchenvorstandes nach Art. 4 wahrnimmt, beruft spätestens sechs Wochen vor dem Wahltermin einen Wahlausschuss.

(2) Dem Wahlausschuss gehören an:

a) als Vorsitzender die Person, die gemäß Artikel 4 die Aufgaben des Vorsitzenden des Kirchenvorstandes wahrnimmt,

b) zwei von dem Pfarrgemeinderat aus seiner Mitte (einschließlich von gegebenenfalls gebildeten Ortsausschüssen[2]) zu wählende Mitglieder,

c) zwei vom Kirchenvorstand zu wählende Mitglieder aus dem Kreis der gewählten Mitglieder des Kirchenvorstandes, deren Amtszeit nicht abläuft.

(3) Für die erste Wahl in einer neuen Gemeinde ist der vom Bischof mit der Leitung der Gemeinde beauftragte Geistliche der Vorsitzende des Wahlausschusses. Jedoch kann die Erzbischöfliche Behörde einen anderen Vorsitzenden bestimmen. Der Vorsitzende beruft vier wahlberechtigte Mitglieder.

(4) Im Fall der Auflösung eines Kirchenvorstandes benennt die Erzbischöfliche Behörde den Wahlausschuss und dessen Vorsitzenden.

Artikel 6 Aufstellung und Veröffentlichung der Vorschlagsliste

(1) Der Wahlausschuss hat die Vorschlagsliste für die Kirchenvorstandswahl aufzustellen. Er beschließt mit einfacher Mehrheit. Bei Stimmengleichheit gibt die Stimme des Vorsitzenden den Ausschlag.

(2) Die Liste soll wenigstens ein Drittel mehr Namen enthalten, als Mitglieder zu wählen sind. Es muss jedoch mindestens ein Kandidat mehr aufgestellt sein, als Mitglieder zu wählen sind.

(3) In der Vorschlagsliste sind die Namen der Kandidaten in alphabetischer Reihenfolge mit Angabe von Alter, Beruf und Wohnung aufzuführen.

(4) Spätestens fünf Wochen vor dem Wahltermin hat der Vorsitzende die Vorschlagsliste durch Aushang in, an oder vor allen Kirchen der Kirchengemeinde bis zum Ablauf des Wahltages zu veröffentlichen.

---

[2] Vgl. Geschäftsordnung zur Bildung von Ortsausschüssen, Amtsblatt des Erzbistums Köln 2009, Nr. 31

(5) Während der Zeit der Veröffentlichung ist in jedem Sonntagsgottesdienst auf die Aushänge hinzuweisen. Dabei soll auch auf die Möglichkeit der Ergänzung gemäß Artikel 7 hingewiesen werden.

(6) Auf der Vorschlagsliste sind Ort, Beginn und Ende des Aushangs vom Vorsitzenden mit Unterschrift zu vermerken.

Artikel 7 Ergänzungsliste

(1) Die Vorschlagsliste ist auf Antrag von wahlberechtigten Gemeindemitgliedern zu ergänzen.

(2) Der Ergänzungsvorschlag ist gültig, wenn er von mindestens zwanzig Wahlberechtigten mit Vor-, Zunamen und Anschrift unterzeichnet und mit der Erklärung, dass die Vorgeschlagenen zur Annahme einer etwaigen Wahl bereit wären, bis drei Wochen vor dem Wahltermin beim Wahlausschuss eingereicht ist.

(3) Die Ergänzungsvorschläge sind vom Wahlausschuss zu prüfen und nach Feststellung ihrer Ordnungsmäßigkeit spätestens zwei Wochen vor dem Wahltage entsprechend dem in Artikel 6 Abs. 3 bis 6 für die Veröffentlichung der Vorschlagsliste genannten Verfahren bekannt zu geben.

Artikel 8 Herstellung der Stimmzettel

(1) Auf Stimmzetteln, für deren rechtzeitige Herstellung der Wahlausschuss zu sorgen hat, sind die Kandidaten in alphabetischer Reihenfolge mit Angabe von Alter, Anschrift und Beruf aufzuführen.

(2) Der Stimmzettel muss einen Hinweis auf die Anzahl der Personen enthalten, die höchstens gewählt werden dürfen.

Artikel 9 Einladung zur Wahl

(1) Die Einladung zur Wahl erfolgt spätestens zwei Wochen vor dem Wahltermin entsprechend dem in Art. 6 Abs. 4 bis 6 für die Veröffentlichung der Vorschlagsliste genannten Verfahren.

(2) In der Einladung zur Wahl müssen die Zeit der Wahl und der Wahlraum sowie die Zahl der zu wählenden Kirchenvorsteher angegeben sein. Wird die Wahl in mehreren Wahlräumen zugelassen, dürfen sich die Wahlzeiten nicht überschneiden. Satz 2 gilt nicht für Stimmabgaben in weiteren Wahllokalen nach Briefwahlgrundsätzen nach der Regelung in Artikel 15.

(3) Die Einladung soll eine Belehrung über die Wahlberechtigung (§ 4 VVG) enthalten.

Artikel 10 Wahlvorstand

(1) Derjenige, der die Aufgaben des Vorsitzenden des Kirchenvorstandes nach Art. 4 wahrnimmt, beruft spätestens zwei Wochen vor dem Wahltermin einen Wahlvorstand. Dieser besteht aus vier, sechs oder acht wählbaren Gemeindemitgliedern als Beisitzern und dem ersten bzw. zweiten Stellvertreter des Vorsitzenden des Kirchenvorstandes als Vorsitzendem, bei Bestelltsein eines geschäftsführenden Vorsitzenden dem zweiten Stellvertreter als Vorsitzendem. Ist die die Aufgaben des Vorsitzenden des Wahlvorstandes nach Art. 10 Abs. 1 S. 2 wahrnehmende Person verhindert oder kandidiert diese selbst, so beruft sie ein anderes wählbares Gemeindemitglied zum Vorsitzenden des Wahlvorstandes. Wer die Aufgabe des Vorsitzenden des Kirchenvorstandes gemäß Art. 4 wahrnimmt, kann nicht zugleich zum Vorsitzenden des Wahlvorstandes bestellt werden.

(2) Für die erste Wahl in einer neuen Kirchengemeinde ist der vom Bischof mit der Leitung der Gemeinde beauftragte Geistliche der Vorsitzende des Wahlvorstandes. Jedoch kann die Erzbischöfliche Behörde einen anderen Vorsitzenden bestimmen.

Der Vorsitzende beruft die Beisitzer.

(3) Im Falle der Auflösung eines Kirchenvorstandes ernennt die Erzbischöfliche Behörde den Wahlvorstand.

(4) In den Fällen der Absätze 2 und 3 obliegen dem Wahlvorstand die mit der Wahl verbundenen Aufgaben des Kirchenvorstandes.

Artikel 11 Wahlhandlung

(1) Die Wahlhandlung bis zur Feststellung des Wahlergebnisses ist öffentlich. Sie wird durch die die Aufgaben des Vorsitzenden des Wahlvorstandes gem. Art. 10 wahrnehmende Person eröffnet und geleitet. Während der Wahlhandlung kann sie den Vorsitz einem Beisitzer übertragen.

(2) Es müssen stets wenigstens drei Wahlvorsteher bzw. im Fall der Wahl an weiteren Kirchen gem. Artikel 15 Abs. 4 wenigstens zwei Wahlvorsteher im Wahlraum anwesend sein.

(3) Die die Aufgaben des Vorsitzenden des Wahlvorstandes gem. Art. 10 wahrnehmende Person hat im Wahlraum für Ruhe und Ordnung zu sorgen; sie kann jeden aus diesem verweisen, der die Wahlhandlung stört.

(4) Über die Wahlhandlung muss eine Niederschrift aufgenommen werden, die auch das Ergebnis der Wahl bekundet.

(5) Der Wahlvorstand beschließt mit Stimmenmehrheit; bei Stimmengleichheit entscheidet der Vorsitzende.

Artikel 12 Stimmabgabe

(1) Der Wahlvorstand hat durch geeignete Vorkehrungen dafür zu sorgen, dass geheim gewählt werden kann.

(2) Das Wahlrecht wird persönlich durch die Kenntlichmachung der Gewählten auf dem Stimmzettel ohne Unterschrift ausgeübt.

(3) Vor Abgabe des ersten Stimmzettels hat sich der Wahlvorstand davon zu überzeugen, dass die Wahlurne leer ist.

(4) Vor der Aushändigung des Stimmzettels prüft der Wahlvorstand die Eintragung des Wählers in der Wählerliste und vermerkt die Stimmabgabe. Der Wähler wirft den gefalteten Stimmzettel in die Wahlurne.

Artikel 13 Schließung der Abstimmung

Nach Ablauf der bestimmten Wahlzeit dürfen nur noch die Wähler zur Stimmabgabe zugelassen werden, die vorher schon im Wahlraum anwesend waren. Alsdann erklärt der Vorsitzende die Abstimmung für geschlossen.

Artikel 14 Briefwahl

(1) Briefwahl ist auf Antrag möglich.

(2) Der Antrag kann bis zum Mittwoch vor der Wahl während der Öffnungszeiten des Pfarrbüros gestellt werden. Er ist an den Vorsitzenden des Wahlausschusses zu richten. Der Briefwahlschein wird zusammen mit dem Briefwahlumschlag, dem Stimmzettel und dem amtlichen Wahlumschlag dem Antragsteller oder seinem mit schriftlicher Empfangsvollmacht versehenen Vertreter ausgehändigt oder zugesandt.

(3) Die Ausstellung eines Briefwahlscheines ist in der Wählerliste zu vermerken oder in einem besonderen Verzeichnis festzuhalten, das dem Wahlvorstand zur Dokumentation der ausgestellten Briefwahlscheine übergeben wird.

(4) Der Wähler hat dafür zu sorgen, dass der Briefwahlschein und der verschlossene amtliche Wahlumschlag mit seinem Stimmzettel in dem verschlossenen Briefwahlumschlag so rechtzeitig übersandt oder übergeben wird, dass der Wahlbrief spätestens am Wahltag bis zum Ende der festgesetzten Wahlzeit bei dem Wahlvorstand eingeht. Auf dem Briefwahlschein hat der Wähler zu versichern, dass er den Stimmzettel persönlich gekennzeichnet hat.

Artikel 15 Stimmabgabe in Wahllokalen an weiteren Kirchen innerhalb einer Kirchengemeinde oder innerhalb eines Seelsorgebereichs

(1) In Kirchengemeinden mit einer oder mehreren weiteren Kirchen kann neben der Wahl im Wahlraum an der Pfarrkirche entgegen Artikel 9 Abs. 2 Satz 2 gleichzeitig (vgl. Artikel 9 Abs. 2 Satz 3) auch die Wahl in Wahlräumen an den weiteren Kirchen stattfinden, in denen jedes wahlberechtigte Mitglied der Kirchengemeinde wählen kann. Für diese Wahl ist eine Wahlliste zu führen, in welche der Wähler mit vollständigem Namen und seiner Hauptwohnung einzutragen ist.

(2) Nach Eintragung in die Wahlliste erhält der Wähler die für die Wahl im Wahllokal an der weiteren Kirche erforderlichen Wahlunterlagen (Stimmzettel, amtlicher Wahlumschlag und Briefwahlumschlag). Der ausgefüllte Stimmzettel wird abweichend von Artikel 12 Abs. 4 Satz 2 in den Wahlumschlag und dieser verschlossen in den Briefwahlumschlag gegeben. Vor Einwurf des Briefwahlumschlages in die Wahlurne ist der Umschlag mit vollständigem Namen und der Hauptwohnung des Wählers zu versehen.

(3) Nach Ende der Wahl wird der Zeitpunkt der Schließung des Wahlraumes in der Wahlliste vermerkt, die Wahlurne geschlossen und versiegelt. Wahlurne und Wahlliste werden unverzüglich in den Wahlraum an der Pfarrkirche gebracht, wo sodann die Auszählung der abgegebenen Stimmen durch den Wahlvorstand erfolgt.

(4) Für die Wahl an den weiteren Kirchen ist vom Kirchenvorstand jeweils ein Wahlvorstand für jede weitere Kirche zu bestellen, der aus zwei bis vier wählbaren Gemeindemitgliedern besteht. Dieser leitet die Wahl und ist dem Wahlvorstand gegenüber verantwortlich. Er bestätigt nach Ende der Wahl den ordnungsgemäßen Wahlverlauf durch abschließenden Vermerk und Unterschrift auf der Wahlliste.

(5) Nach den gleichen Grundsätzen der Stimmabgabe in Wahllokalen an weiteren Kirchen innerhalb der Kirchengemeinde nach Briefwahlgrundsätzen (vgl. Absätze 1 bis 4) kann die Wahl in einer anderen Pfarrkirche oder ggf. dortigen weiteren Kirche innerhalb des Seelsorgebereichs erfolgen, falls dort weitere Wahllokale eingerichtet und Wahlvorstände an den weiteren Kirchen gemäß Abs. 4 bestellt wurden.

Artikel 16 Stimmauszählung und Beschluss über die Ungültigkeit von Stimmzetteln

(1) Nach Schluss der Abstimmung werden zunächst die Briefwahlumschläge nacheinander geöffnet und Briefwahlschein und Wahlumschlag entnommen. Sodann wird die Wahlberechtigung des Wählers geprüft und der Wahlumschlag ungeöffnet in die Wahlurne gelegt.

(2) Sodann sind, wenn eine Wahl nach Artikel 15 stattgefunden hat, jeweils nacheinander die Wahlurnen aus den Wahllokalen an den weiteren Kirchen zu öffnen und die abgegebenen Briefwahlumschläge mit den Eintragungen in der Wahlliste und der amtlichen Wählerliste gem. Art. 1 zu vergleichen. Hat ein Wähler sowohl im Wahllokal an seiner Pfarrkirche, als auch mittels Wahlbrief nach Artikel 15 in einem Wahllokal an einer anderen Pfarrkirche oder weiteren Kirche gewählt, wird der Wahlbrief eingezogen. Dasselbe gilt, wenn mehrfach durch Wahlbrief oder Briefwahl gewählt wurde. Erst wenn alle Wahlbriefe geprüft sind, werden sie geöffnet und die Wahlumschläge in die Wahlurne des Wahllokals an der Pfarrkirche des Wählers gegeben.

(3) Danach werden alle Stimmzettel/ Umschläge aus der Urne entnommen und gezählt. Deren Anzahl wird sodann mit der Anzahl der in der Wählerliste eingetragenen Wähler verglichen. Ergibt sich dabei auch nach wiederholter Zählung eine Verschiedenheit, so ist diese in der Niederschrift anzugeben und, soweit möglich, zu erläutern.

(4) Nach Öffnung der Umschläge werden die ungültigen Stimmzettel ausgeschieden.

(5) Über die Ungültigkeit von Stimmzetteln beschließt der Wahlvorstand.

(6) Ungültig sind Stimmzettel:

a) die unterschrieben oder kenntlich gemacht sind,

b) deren Umschläge kenntlich gemacht sind,

c) die keinen Kandidaten ausreichend bezeichnen,
d) die außer der Kennzeichnung der Gewählten weitere Zusätze enthalten,
e) auf denen mehr Namen gekennzeichnet als Personen zu wählen sind,
f) die zu mehreren in einem Umschlag enthalten sind.
(7) Die Stimmzettel, über die gemäß vorstehenden Absätzen 5 und 6 Beschluss gefasst worden ist, sind mit fortlaufender Nummer zu versehen und der Wahlniederschrift beizufügen. In der Niederschrift werden die Gründe der Entscheidung kurz angegeben.

Artikel 17 Feststellung und Bekanntgabe des Wahlergebnisses
(1) Die auf den gültigen Stimmzetteln gekennzeichneten Namen werden laut vorgelesen und von einem Wahlvorsteher in einer Liste vermerkt. Ein anderer Wahlvorsteher führt eine Gegenliste.
(2) Danach wird festgestellt, wie viele gültige Stimmen jeder Kandidat erhalten hat.
(3) Zu Mitgliedern sind so viele Kandidaten in der Reihenfolge der auf sie entfallenen Stimmen gewählt, wie Kirchenvorsteher zu wählen waren. Alle übrigen Kandidaten sind in der Reihenfolge der auf sie entfallenen Stimmen zu Ersatzmitgliedern gewählt. Bei Stimmengleichheit entscheidet das Los.
(4) Der Wahlvorstand stellt das Wahlergebnis fest und gibt es im Wahlraum bekannt.

Artikel 18 Ersatzmitglieder
Die Anwartschaft der Ersatzmitglieder endet mit Rechtskraft der nächsten Wahl. Tritt ein Ersatzmitglied anstelle eines vorzeitig ausgeschiedenen Mitglieds in den Kirchenvorstand ein, so setzt es dessen Amtszeit fort. Wenn die Ersatzliste erschöpft ist, wählt der Kirchenvorstand ein weiteres Mitglied hinzu (§ 8 Abs. 3 VVG).

Artikel 19 Abschluss der Wahl
(1) Die Niederschrift ist von dem Vorsitzenden und wenigstens zwei Beisitzern zu unterschreiben. Mit der Unterzeichnung schließt die öffentliche Wahlhandlung ab.
(2) Die Wahlakten sind von dem Vorsitzenden des Kirchenvorstandes in Verwahrung zu nehmen und bis zum Abschluss der nächsten Kirchenvorstandswahl aufzubewahren. Die Wählerlisten für die Kirchenvorstandswahl sind mindestens zehn Jahre über den Abschluss der Wahl hinaus aufzubewahren.

Artikel 20 Veröffentlichung des Wahlergebnisses
Der bisherige Kirchenvorstand veröffentlicht spätestens am Montag nach dem Wahlsonntag das Wahlergebnis für die Dauer einer Woche durch Aushang in, an oder vor allen Kirchen der Kirchengemeinde.
Das Wahlergebnis wird in der Form veröffentlicht, dass die gewählten Mitglieder in der Reihenfolge ihrer Wahl und anschließend die Ersatzmitglieder in der Reihenfolge ihrer Wahl jeweils unter Bekanntgabe der erreichten Stimmenzahl aufgeführt werden.
Während der Zeit der Veröffentlichung ist in jedem Sonntagsgottesdienst auf den Aushang hinzuweisen. Auf die Möglichkeit des Einspruchs gemäß Artikel 21 ist hinzuweisen.
Auf der Bekanntmachung des Wahlergebnisses sind Ort, Beginn und Ende des Aushangs vom Vorsitzenden mit Unterschrift zu vermerken.

Artikel 21 Einsprüche gegen die Wahl
(1) Einsprüche gegen die Wahl sind innerhalb von 14 Tagen nach dem Wahlsonntag bei dem bisherigen Kirchenvorstand schriftlich unter Angabe von Gründen zu erheben.
(2) Der bisherige Kirchenvorstand beschließt über die Einsprüche. Ergibt die Prüfung, dass infolge Verletzung wesentlicher Wahlvorschriften das Wahlergebnis ganz oder zum Teil beeinflusst sein kann, hat er die Wahl ganz oder zum Teil für ungültig zu erklären. Eine falsche

Feststellung des Wahlergebnisses hat er zu berichtigen.

(3) Der Beschluss ist zu begründen und dem, der Einspruch erhoben hat, sowie dem bzw. den Betroffenen zuzustellen.

(4) Auf die Möglichkeit der Berufung gemäß Artikel 22 Abs. 1 ist hinzuweisen.

Artikel 22 Berufung an die Erzbischöfliche Behörde

(1) Gegen den Beschluss des Kirchenvorstandes steht den in Artikel 21 Abs. 3 Genannten innerhalb einer Woche nach Zustellung des Einspruchsbescheides die Berufung an die Erzbischöfliche Behörde zu. Diese entscheidet endgültig.

(2) Die Erzbischöfliche Behörde kann von Amts wegen über die Gültigkeit der Wahl entscheiden und eine falsche Feststellung des Wahlergebnisses richtig stellen.

(3) Steht die Ungültigkeit der Wahl endgültig fest, so ist sie unverzüglich zu wiederholen.

Artikel 23 Mitteilung des Wahlergebnisses an die Erzbischöfliche Behörde

Die Namen, Anschriften und der Beruf der Gewählten sind der Erzbischöflichen Behörde unverzüglich nach der konstituierenden Sitzung mitzuteilen.

Artikel 24 Bestimmung des Wahltermins, Kooptation weiterer Kirchenvorstandsmitglieder und Einführung der Kirchenvorsteher

(1) Den Wahltermin bestimmt die Erzbischöfliche Behörde. Als einheitlicher Termin für das Ausscheiden der Hälfte der Kirchenvorsteher und das Eintreten einer neu gewählten Hälfte ist möglichst der 15. November 2012, 2015 und so fort einzuhalten, ohne Rücksicht darauf, an welchem Tage die betreffenden Kirchenvorsteher in ihr Amt eingeführt worden sind.

(2) Die nach Abs. 1 festgelegten Termine haben auch für die Fälle des Artikels 5 Abs. 3 und 4 Geltung, sofern die Kirchenvorsteher vor dem 1. Januar eines allgemeinen Wahljahres in ihr Amt eingeführt worden sind; andernfalls wird ein Termin überschlagen.

(3) Sind bei der Wahl weniger Mitglieder gewählt worden, als zu wählen waren, so wählt der Kirchenvorstand in seiner ersten Sitzung nach der Wahl die erforderliche Anzahl weiterer Mitglieder hinzu.

(4) Die neuen Kirchenvorsteher sind gem. Art. 4 Geschäftsanweisung innerhalb eines Monats nach Rechtskraft ihrer Wahl oder nach ihrer Berufung in einer Sitzung des Kirchenvorstandes von dem Vorsitzenden bzw. geschäftsführendem Vorsitzenden in ihr Amt einzuführen und auf treue Erfüllung ihrer Obliegenheiten mittels Handschlags zu verpflichten (konstituierende Sitzung).

(5) Dem Sitzungsbuch ist gem. Art. 4 Geschäftsanweisung ein Verzeichnis der Kirchenvorsteher mit ihrer Amtsdauer und der Ersatzmitglieder in der Reihenfolge ihrer Berufung beizufügen, das nach jeder Wahl und Veränderung zu berichtigen oder fortzuschreiben ist.

Artikel 25 Inkrafttreten

Diese Wahlordnung für die Wahl der Kirchenvorstände im nordrhein-westfälischen und rheinland-pfälzischen Anteil des Erzbistums Köln tritt zum 1. März 2012 in Kraft. Gleichzeitig tritt die Wahlordnung vom 20. April 2006 (Amtsblatt des Erzbistums Köln 2006, Nr. 129) außer Kraft.

Köln, den 07.02.2012

+ Joachim Card. Meisner
Erzbischof von Köln

Folgende Bestimmungen bisherigen Rechts einschließlich späterer Änderungen treten zum 1. März 2012 außer Kraft:
Erlass vom 23. Juli 1976 »Wahlordnung für die Wahl der Kirchenvorstände im Erzbistum Köln« (Kirchlicher Anzeiger für die Erzdiözese Köln 1976, Nr. 331),
Erlass vom 27. Januar 1994 »Wahlordnung für die Wahl der Kirchenvorstände im Erzbistum Köln« (Amtsblatt des Erzbistums Köln 1994, Nr. 49),
Erlass vom 15. Mai 1997 »Änderung der Wahlordnung für die Wahl der Kirchenvorstände im Erzbistum Köln« (Amtsblatt 1997, Nr. 134).

Die auf frühere Fassungen der Wahlordnung Bezug nehmenden Bekanntmachungen des Erzbischöflichen Generalvikariates:
Bekanntmachung vom 28. Juli 1976 »Kirchenvorstandswahl« (Kirchlicher Anzeiger 1976, Nr. 332),
Bekanntmachung vom 17. Januar 1994 »Neufassung der Wahlordnung für die Wahl der Kirchenvorstände im Erzbistum Köln« (Amtsblatt 1994, Nr. 50),
Bekanntmachung vom 20. April 2006 »Hinweise zur Neufassung der Wahlordnung für die Wahl der Kirchenvorstände im Erzbistum Köln« (Amtsblatt 2006, Nr. 155),
sind nicht mehr anzuwenden.

Köln, den 07.02.2012

+ Joachim Card. Meisner
Erzbischof von Köln

Geschäftsanweisung für die Verwaltung des Vermögens in den Kirchengemeinden und Gemeindeverbänden der Erzdiözese Köln

(Geschäftsanweisung 2009)* Amtsblatt des Erzbistums Köln 2009, S. 194 ff.
Aufgrund von § 21 des Gesetzes über die Verwaltung des katholischen Kirchenvermögens vom 24. Juli 1924 (PrGS. S.585), zuletzt geändert durch das Gesetz über das Friedhofs- und Bestattungswesen NRW vom 17. Juni 2003 (GVBl. 2003, S.313) wird die nachfolgend veröffentlichte neugefasste Geschäftsanweisung bekanntgemacht:

Art. 1 Obliegenheiten des Vorsitzenden

(1) Der Vorsitzende des Kirchenvorstandes sorgt für die gründliche Vorbereitung der Beratungsgegenstände, leitet in den Sitzungen die Verhandlung, bestimmt zunächst die Reihenfolge der Beratungsgegenstände und der Abstimmungen. Er hat die Ruhe und die Ordnung in den Sitzungen aufrechtzuerhalten und sorgt für die Eintragung der Beschlüsse in das Sitzungsbuch.

(2) Er nimmt alle Schriftstücke für den Kirchenvorstand in Empfang und vermerkt den Tag des Eingangs

(3) Er hat das Amtssiegel zu führen und aufzubewahren. Das Amtssiegel trägt den Namen der Kirchengemeinde. Der Titel der Kirche kann beigefügt und die Ortsbezeichnung durch einen Zusatz ergänzt werden.

(4) Der Vorsitzende sorgt für die Ausführung der Beschlüsse. Dabei kann er die Mitwirkung der übrigen Mitglieder in Anspruch nehmen. Er bestimmt auch die Geschäftsverteilung.

Art. 2 Erster und zweiter Stellvertreter

(1) Der Kirchenvorstand wählt beim turnusmäßigen Wechsel seines Mitgliederbestandes aus seiner Mitte einen ersten und zweiten Stellvertreter des Vorsitzenden. Der erste stellvertretende Vorsitzende vertritt den Vorsitzenden in den Fällen der Verhinderung. Der zweite stellvertretende Vorsitzende tritt bei gleichzeitiger Verhinderung des Vorsitzenden und des ersten stellvertretenden Vorsitzenden in die Rechte und Pflichten des Vorsitzenden ein. Die Ämter des ersten und des zweiten stellvertretenden Vorsitzenden enden mit dem nächsten turnusmäßigen Wechsel des Mitgliederbestandes.

(2) Der Vorsitzende hat die Namen des ersten und des zweiten Stellvertreters unverzüglich nach der Wahl der Erzbischöflichen Behörde anzuzeigen.

Art. 2a Geschäftsführender Vorsitzender

(1) Unbeschadet des § 2 Abs. 1 Nr. 1 VVG kann im besonderen Fall auf Antrag des Vorsitzenden für die Dauer seiner Amtszeit und der Wahlperiode des Kirchenvorstandes der Kirchenvorstand den ersten stellvertretenden Vorsitzenden mit dem geschäftsführenden Vorsitz betrauen. Der Beschluss bedarf zu seiner Rechtswirksamkeit der Genehmigung durch die Erzbischöfliche Behörde.

(2) In seiner Eigenschaft als geschäftsführender Vorsitzender übernimmt der erste stellvertretende Vorsitzende den Vorsitz im Kirchenvorstand mit allen Rechten und Pflichten. Er ist verpflichtet, den Pfarrer, der Vorsitzender des Kirchenvorstandes bleibt, über alle Angelegenheiten des Kirchenvorstandes zu unterrichten, die Tagesordnung und die Sitzungstermine mit ihm abzustimmen und ihn über die Beratungsergebnisse auf Grund des Protokolls zu informieren.

(3) Sofern der Pfarrer an den Sitzungen des Kirchenvorstandes teilnimmt, hat er den Vorsitz inne.

---

* Geltend für den nordrhein-westfälischen und rheinland-pfälzischen Gebietsteil des Erzbistums Köln

Art. 3 Der Rendant
(aufgehoben, da gegenstandslos aufgrund der Einführung der Rendanturen, vgl. zuletzt Ordnung für die Rendanturen im Erzbistum Köln (Rendanturordnung 2009))

Art. 4 Die Kirchenvorsteher
(1) Die neuen Kirchenvorsteher sind innerhalb eines Monats nach Rechtskraft ihrer Wahl oder nach ihrer Berufung in einer Sitzung des Kirchenvorstandes von dem Vorsitzenden in ihr Amt einzuführen und auf treue Erfüllung ihrer Obliegenheiten mittels Handschlages zu verpflichten.
(2) Dem Sitzungsbuche ist ein Verzeichnis der Kirchenvorsteher und der Ersatzmitglieder beizufügen. Die Ersatzmitglieder sind in der Reihenfolge ihrer Berufung aufzuführen. Nach jeder Veränderung ist das Verzeichnis zu berichtigen.
(3) Die Mitglieder des Kirchenvorstandes sind zur Amtsverschwiegenheit über Angelegenheiten verpflichtet, die im Einzelfalle durch Beschluss des Kirchenvorstandes oder von der Erzbischöflichen Behörde als vertraulich bezeichnet werden.

Art. 5 Ausschüsse und Kuratorien
Der Kirchenvorstand kann aus seiner Mitte Ausschüsse bilden, um seine Beschlüsse vorzubereiten und auszuführen. Auf diese Aufgaben beschränkt sich auch die Zuständigkeit der sogenannten Kuratorien. Zu den Ausschüssen und Kuratorien können auch andere Personen hinzugezogen werden.

Art. 6 Genehmigungspflicht der Beschlüsse des Kirchenvorstandes durch die Staatsbehörde
(aufgehoben, da gegenstandslos durch spezialgesetzliche Regelungen für den jeweiligen Sachbereich, z.B. für Schulen, Krankenhäuser und aufgrund der staatskirchenrechtlichen Gewährleistungen des Art. 140 Grundgesetz i.V.m. Art. 137 Weimarer Reichsverfassung, nach denen die Kirche frei von staatlichem Einfluss bei der Ordnung ihrer eigenen Angelegenheiten ist, daher nicht mehr abgedruckt)

Art. 7 Fälle, in denen Rechtsgeschäfte und Rechtsakte erst durch die Genehmigung der Erzbischöflichen Behörde rechtswirksam werden
Nachstehend aufgeführte Rechtsgeschäfte und Rechtsakte der Kirchenvorstände und der Vertretungen von Gemeindeverbänden bedürfen zu ihrer Rechtsgültigkeit der schriftlichen Genehmigung der Erzbischöflichen Behörde:

1. **Bei Rechtsgeschäften und Rechtsakten ohne Rücksicht auf den Gegenstandswert:**
   a) Erwerb, Belastung, Veräußerung von Grundstücken und Aufgabe des Eigentums an Grundstücken sowie Erwerb, Änderung, Veräußerung und Aufgabe von Rechten an Grundstücken,
   b) Zustimmung zur Veräußerung, Änderung und Belastung von Rechten Dritter an kirchlichen Grundstücken, insbesondere Erbbaurechten,
   c) Begründung bauordnungsrechtlicher Baulasten und Zustimmung zu behördlicher Widmung kirchlicher Grundstücksflächen,
   d) Annahme von Schenkungen und Zuwendungen, die mit einer Verpflichtung belastet sind, sowie Annahme und Ausschlagung von Vermächtnissen,
   e) Aufnahme von Darlehen, Abgabe von Bürgschafts- und Garantieerklärungen, Übernahme von Fremdverpflichtungen,

f) Rechtsgeschäfte über Gegenstände, die einen wissenschaftlichen, geschichtlichen oder künstlerischen Wert haben sowie die Aufgabe des Eigentums an diesen Gegenständen,

g) Begründung und Änderung von kirchlichen Beamtenverhältnissen,

h) Abschluss und vertragliche Änderung von Dienst- und Arbeitsverträgen*,

i) gerichtliche und außergerichtliche Vergleiche,

j) Versicherungsverträge, ausgenommen Pflichtversicherungsverträge,

k) Gestellungsverträge, Beauftragung von Rechtsanwälten, Dienst und Werkverträge über Architekten- und Ingenieurleistungen sowie Verträge mit bildenden Künstlern,

l) Abschluss von Reiseverträgen,

m) Gesellschaftsverträge, Erwerb und Veräußerung von Geschäftsanteilen, Begründung von Vereinsmitgliedschaften und Beteiligungsverträge jeder Art,

n) Erteilung von Gattungsvollmachten,

o) Errichtung, Erweiterung, Übernahme, Übertragung und Schließung von Einrichtungen, einschließlich Friedhöfen, sowie die vertragliche oder satzungsrechtliche Regelung ihrer Nutzung,

p) Verträge über Bau- und Kultuslasten sowie entsprechende Geld- und Naturalleistungsansprüche,

q) Begründung öffentlich-rechtlicher Verpflichtungen, unbeschadet der unter Nr. 1, Buchstabe c) und g) genannten Verpflichtungstatbestände, insbesondere Erschließungsverträge, Kraftfahrzeug-Stellplatz-Ablösungsvereinbarungen,

r) Rechtsgeschäfte mit Mitgliedern des Kirchenvorstandes und des Pfarrgemeinderates, es sei denn, dass das Rechtsgeschäft ausschließlich in der Erfüllung einer Verbindlichkeit besteht,

s) Einleitung von Rechtsstreitigkeiten vor staatlichen Gerichten und deren Fortführung in einem weiteren Rechtszug, soweit es sich nicht um ein Verfahren des einstweiligen Rechtsschutzes handelt; im letzteren Fall ist die Erzbischöfliche Behörde unverzüglich zu benachrichtigen.

2. bei Rechtsgeschäften und Rechtsakten mit einem Gegenstandswert von mehr als 15.000,00 Euro

a) Schenkungen,

b) Gewährung von Darlehen, mit Ausnahme von Einlagen bei Kreditinstituten,

c) Kauf- und Tauschverträge,

d) Erwerb, Belastung und Veräußerung von Wertpapieren und Anteilsscheinen,

e) Werkverträge mit Ausnahme der unter Nr. 1, Buchstabe k) genannten Verträge und Treuhandverträge,

f) Geschäftsbesorgungsverträge mit Ausnahme der unter Nr. 1, Buchstabe k) genannten Verträge und Treuhandverträge,

g) Abtretung von Forderungen, Schulderlass, Schuldversprechen, Schuldanerkenntnisse gem. §§ 780, 781 BGB, Begründung sonstiger abstrakter Schuldverpflichtungen einschließlich wertpapierrechtlicher Verpflichtungen.

---

* Der diözesanrechtlichen Regelung bleibt es vorbehalten, bestimmte Dienst- und Arbeitsverträge von der Genehmigungspflicht freizustellen.

3. bei Miet-, Pacht-, Leasing- und Leihverträgen

Miet-, Pacht-, Leasing- und Leihverträge, die unbefristet sind oder deren befristete Laufzeit länger als ein Jahr beträgt oder deren Nutzungsentgelt auf das Jahr berechnet 15.000,00 Euro übersteigt.

4. Genehmigungsbestimmungen für den Bereich der kirchlichen Krankenhäuser und Heime

Für den Bereich der kirchlichen Krankenhäuser und Heime gelten folgende Genehmigungsbestimmungen:

(1) Ohne Rücksicht auf den Gegenstandswert sind genehmigungspflichtig

    a) alle unter Nr. 1, Buchstabe a) bis g) und i) bis m), r) und s) genannten Rechtsgeschäfte bzw. Rechtsakte,

    b) Abschluss und vertragliche Änderung von Dienst- und Arbeitsverträgen mit Mitarbeitern in leitender Stellung, insbesondere mit Chefärzten und leitenden Oberärzten, Verwaltungs-, Heim- und Pflegedienstleitern sowie Oberärzten,

    c) Belegarztverträge.

(2) Mit einem Gegenstandswert von mehr als 150.000,00 Euro sind genehmigungspflichtig alle in Nr. 2 aufgeführten Rechtsgeschäfte/Rechtsakte.

(3) Miet-, Pacht-, Leasing- und Leihverträge sind genehmigungspflichtig, wenn sie unbefristet geschlossen werden, ihre befristete Laufzeit länger als ein Jahr beträgt oder ihr Nutzungsentgelt auf das Jahr berechnet: 150.000,00 Euro übersteigt.

5. Bestimmung des Gegenstandswertes

Für die Bestimmung des Gegenstandswertes gelten in Zweifelsfällen die Vorschriften der Zivilprozessordnung.

Art. 7 a Vorausgenehmigung

Die zuständige kirchliche Autorität kann anordnen, unter welchen Voraussetzungen die Genehmigung der Erzbischöflichen Behörde zu einem der in Art. 7 aufgeführten Rechtsgeschäfte oder Rechtsakte vorab erteilt wird (Vorausgenehmigung). Diese Regelung ist im Amtsblatt des Erzbistums Köln zu veröffentlichen.

Art. 8 Genehmigung der Erzbischöflichen Behörde in anderen Fällen

(aufgehoben, da gegenstandslos aufgrund kirchenrechtlicher, partikularrechtlicher und diözesanrechtlicher Regelungen zum jeweiligen Sachbereich)

Art. 9 Willenserklärungen und Mitteilungen

Willenserklärungen des Kirchenvorstandes müssen vom Vorsitzenden oder seinem Stellvertreter und zwei Mitgliedern schriftlich unter Beidrückung des Amtssiegels abgegeben werden. Bloße Mitteilungen des Kirchenvorstandes sind von dem Vorsitzenden zu unterschreiben.

Art. 10 Sitzungsraum

(aufgehoben)

Art. 11 Registratur

(1) Der Kirchenvorstand hat dafür zu sorgen, dass alle Schriftstücke und Urkunden, die sich auf das Vermögen der Kirchengemeinde beziehen, im Archiv aufbewahrt und in übersichtlicher Ordnung erhalten werden. Für die Ordnung ist der Vorsitzende verantwortlich.

(2) Es muss ein Tagebuch mit fortlaufenden Nummern geführt werden, in dem alle Schrei-

ben unter Angabe des Ein- und Abgangstages, des Einsenders oder Empfängers, des Gegenstandes und des Tages zu verzeichnen sind. Die Nummer des Tagebuches wird auf dem Schriftstücke vermerkt.

(3) Die Inhaber von Pfründen können Einsicht in die Schriftstücke fordern, die sich auf ihr Pfründenvermögen beziehen.

Art. 12 – 23 (Vermögensverwaltung, Haushalts- und Rechnungsführung)

(Art. 12–17 und 19–23 aufgehoben, da gegenstandslos aufgrund der diözesanrechtlichen Regelungen in den Ausführungsbestimmungen für die Vermögensverwaltung in den Kirchengemeinden, Kirchengemeindeverbänden und Gemeindeverbänden der Erzdiözese Köln (AusfbestGA – Vermögensverwaltung) –
Art.18 »Sondervorschrift für die linksrheinischen Kirchengemeinden« aufgehoben als entbehrliche formelle Verwaltungsvorschrift, die die im Einzelfall betroffenen materiellen staatskirchenrechtlichen Rechtsgrundlagen unberührt lässt)

Art. 24 Verbandsvertretungen und Ausschüsse

(1) Die vorstehenden Bestimmungen finden auf die Geschäftsführung der Verbandsvertretungen der Kirchengemeindeverbände auf Seelsorgebereichsebene und der Verbandsvertretungen der Gemeindeverbände auf Stadt- und Kreisdekanatsebene sinngemäße Anwendung.

(2) Die Verbandsvertretung kann einen Ausschuss bestellen. Dieser vertritt den Verband in vermögensrechtlicher Beziehung, in streitigen und nicht streitigen Rechtssachen nach außen und verwaltet das Vermögen nach Maßgabe der Beschlüsse der Verbandsvertretung.

(3) Der Ausschuss beschließt in Sitzungen, zu denen sämtliche Mitglieder einzuladen sind. Der Vorsitzende hat die Sitzung einzuberufen, so oft es zur ordnungsmäßigen Erledigung der Geschäfte dienlich ist, ferner dann, wenn ein Ausschussmitglied es schriftlich beantragt. Beschlüsse werden mit Stimmenmehrheit gefasst, es muss ein Sitzungsbuch geführt werden.

(4) Willenserklärungen der Verbandsvertretungen und des Ausschusses müssen, wenn sie verpflichten sollen, vom Vorsitzenden und zwei Mitgliedern unter Beidrückung des Amtssiegels des Verbandes abgegeben werden. Der Beschluss der Verbandsvertretungen und des Ausschusses ist in der Urkunde aufzuführen.

(5) Der Beschluss der Verbandsvertretung über die Bestellung des Ausschusses und die Namen seiner Mitglieder sind der Erzbischöflichen Behörde mitzuteilen.

Art. 25 Inkrafttreten

Diese Geschäftsanweisung tritt zum 01.09.2009 in Kraft.

Köln, den 28. Juli 2009
+ Joachim Card. Meisner
Erzbischof von Köln

Ordnung für die Rendanturen im Erzbistum Köln (Rendanturordnung 2009)

vom 27.03.2009, Amtsblatt des Erzbistums Köln 2009, S. 98 ff.

§ 1 Allgemeines

Im Bereich des Erzbistums Köln obliegen Vertretung und Verwaltung des Vermögens in den einzelnen Kirchengemeinden dem Kirchenvorstand, der sich bei Wahrnehmung der letztgenannten Aufgabe der Unterstützung der Rendanturen bedient.
Auch die Gemeindeverbände (Gemeindeverbände auf Stadt- und Kreisdekanatsebene sowie die Kirchengemeindeverbände auf Seelsorgebereichsebene) bedienen sich zur Wahrnehmung der ihnen obliegenden Verwaltungsaufgaben der Rendanturen.

§ 2 Rechtsträgerschaft

Rechtsträger der Rendanturen sind die Gemeindeverbände auf Stadt- und Kreisdekanatsebene.
Der räumliche Zuständigkeitsbereich einer Rendantur wird vom Erzbischöflichen Generalvikariat festgelegt.

§ 3 Beauftragung

Die Beauftragung der Rendantur erfolgt auf der Grundlage einer zwischen Gemeindeverband und Kirchengemeinde bzw. Kirchengemeindeverband abzuschließenden Vereinbarung.
Der Gemeindeverband erbringt die kirchenhoheitlichen Verwaltungstätigkeiten für die Kirchengemeinden und Kirchengemeindeverbände im Rahmen einer nicht steuerrelevanten Beistandsleistung.
Auf Antrag können mit Zustimmung des Erzbischöflichen Generalvikariates auch sonstige kirchliche Rechtsträger und Einrichtungen Angelegenheiten ihrer Vermögensverwaltung durch die Rendanturen wahrnehmen lassen.

§ 4 Aufgaben

Die Aufgabenwahrnehmung durch die Rendantur richtet sich nach den einschlägigen Vorschriften und Richtlinien.
Zu den Aufgaben der Rendantur gehören insbesondere:

1. die Führung des Finanz- und Rechnungswesens für die angeschlossenen kirchlichen Rechtsträger unter Beachtung der Grundsätze ordnungsgemäßer Buchführung sowie staatlicher und kirchlicher Bestimmungen,
2. die Erstellung der Wirtschaftspläne für die bei den angeschlossenen Rechtsträgern eingerichteten Mandanten,
3. die umfassende Vorbereitung zur Genehmigung der erstellten Wirtschaftspläne,
4. die rechtzeitige Aufstellung der Jahresabschlüsse (GuV, Bilanzen) für die bei den angeschlossenen Rechtsträgern eingerichteten Mandanten und deren Unterstützung im Zusammenhang mit der Durchführung des Genehmigungsverfahrens durch das Erzbischöfliche Generalvikariat,
5. die gesamte Abwicklung und Verwaltung von Personalangelegenheiten der angeschlossenen Rechtsträger, unter Beachtung kirchenaufsichtsrechtlicher, steuerrechtlicher sowie sozialversicherungsrechtlicher Erfordernisse unter Einbeziehung der zuständigen Fachabteilung des Erzbischöflichen Generalvikariates, unbeschadet der Rechte der jeweils zuständigen Dienstvorgesetzten,
6. die Wahrnehmung der Aufgabe der Vermögensverwaltung im Rahmen der übertragenen Zuständigkeit, insbesondere die der Gebäude- und Liegenschaftsverwaltung incl. Vorbereitung und Abwicklung von Baumaßnahmen entsprechend den Bestimmungen

der Kirchlichen Bauregel sowie der sich hieraus ergebenden Verwaltungsvorschriften in der jeweils geltenden Fassung.

Sofern die Rendantur von Mängeln Kenntnis erlangt, hat sie diese umgehend dem Kirchenvorstand mitzuteilen und auf Finanzierungsmöglichkeiten für mögliche Instandsetzungsmaßnahmen hinzuweisen,

7. die Geltendmachung von Rechtsansprüchen (Zahlungs-, Erfüllungs-, Gewährleistungs-, Schadensersatzansprüche etc.) sowie deren Abwehr in Abstimmung mit dem Kirchenvorstand und der zuständigen Fachabteilung des Erzbischöflichen Generalvikariates,

8. die Vorbereitung von Anträgen auf Gewährung von öffentlichen Zuschüssen und sonstigen Finanzierungsmitteln und die sorgfältige Einhaltung aller Fristen,

9. die rechtzeitige Erneuerung bzw. Verlängerung von auslaufenden Pacht-, Miet- und Erbbaurechtsverträgen sowie die fristgerechte Anpassung von Pachten, Mieten und Erbbauzinsen an die jeweilige Preisentwicklung,

10. die Vor- und Nachbereitung sowie Teilnahme an den Sitzungen der Kirchenvorstände und Verbandsgremien nach Maßgabe des Rahmenkontrakts.

§ 5 Aufgabenwahrnehmung

1. Die Rendantur erledigt die ihr übertragenen Aufgaben eigenverantwortlich, jedoch unter Beachtung der Entscheidungsvorgaben der angeschlossenen Rechtsträger sowie der einschlägigen staatlichen und kirchlichen Bestimmungen. Hierzu gehören die entsprechende Beratung des Rechtsträgers sowie die Beachtung der von ihm erteilten Weisungen.

   Die nach den staatskirchenrechtlichen Vorschriften den Kirchenvorständen der angeschlossenen Kirchengemeinden hinsichtlich Vertretung und Verwaltung zugewiesenen Verantwortlichkeiten werden durch die Übertragung von Aufgaben an eine Rendantur nicht berührt. Die Rendantur trägt Sorge, dass die notwendigen kirchlichen und staatlichen Genehmigungen rechtzeitig eingeholt werden.

2. Das Vermögen der angeschlossenen Rechtsträger, insbesondere deren Grund- und Kapitalvermögen, ist von dem der übrigen angeschlossenen Rechtsträger getrennt zu verwalten.

3. Die Belange der einzelnen Rechtsträger sind mit der notwendigen Vertraulichkeit zu behandeln.

4. Bei allen Dienstgeschäften der Rendantur sind die Vorschriften der Anordnung über den kirchlichen Datenschutz (KDO), die Durchführungsverordnung zur KDO (KDO-DVO) sowie weitere Ausführungsbestimmungen und -richtlinien in der jeweils geltenden Fassung zu beachten und einzuhalten.

§ 6 Formbedürftigkeit rechtsgeschäftlicher Erklärungen

Das Vermögen der angeschlossenen Rechtsträger verpflichtende rechtsgeschäftliche Erklärungen der Rendanturen müssen schriftlich erfolgen. Sie sind durch den Leiter* der Rendantur oder seinen Stellvertreter zusammen mit einem weiteren mitzeichnungsberechtigten Mitarbeiter der Rendantur abzugeben.

§ 7 Finanzierung

Zur Erfüllung der Aufgaben der Rendantur stellt das Erzbistum Köln dem Rechtsträger die finanziellen Mittel zur Verfügung.

---

* Dieser Text verzichtet aus Gründen der besseren Lesbarkeit auf die gleichzeitige Verwendung der weiblichen und der männlichen Sprachform. Damit ist aber keinesfalls eine Wertung verbunden.

Die Aufwendungen und Erträge der Rendantur werden vom Gemeindeverband (Träger) als eigenes Abrechnungsobjekt (Kostenstelle) gebucht.
Werden durch die Rendantur Aufgaben der Vermögensverwaltung für sonstige kirchliche Rechtsträger (vgl. § 3 Satz 3) wahrgenommen, sind im Zusammenhang mit der Entscheidung über den Aufnahmeantrag Vereinbarungen über die Höhe der Kostenübernahme zu treffen. Für die Berechnung sind die Vorgaben der Ausführungsbestimmungen für die Zuweisungsordnung in der jeweils geltenden Fassung entsprechend anzuwenden.

§ 8 Personal
Die Anstellung von Mitarbeitern der Rendantur erfolgt auf der Grundlage und nach Maßgabe des jeweiligen Stellenplanes. Dienstvorgesetzter ist der jeweilige Stadt- oder Kreisdechant.

§ 9 Mitgliederausschuss
Zur effektiven Zusammenarbeit zwischen Gemeindeverband, Rendantur und den angeschlossenen Rechtsträgern kann zur Wahrnehmung von Mitgliederinteressen ein Mitgliederausschuss gebildet werden. Er ist zu bilden, wenn mindestens 1/3 der angeschlossenen Rechtsträger dies beantragt.
Jede angeschlossene Kirchengemeinde entsendet ein Kirchenvorstandsmitglied in den Mitgliederausschuss, entsprechendes gilt für sonstige angeschlossene kirchliche Rechtsträger.
Dem Mitgliederausschuss gehört ferner der für den Leiter der Rendantur zuständige Dienstvorgesetzte als Vorsitzender an.
Der Mitgliederausschuss wird vom Vorsitzenden einberufen, wenn nach dessen Meinung Entscheidungen zu treffen sind, die gleichzeitig die Interessen des Trägers der Rendantur wie auch die der angeschlossenen Rechtsträger berühren; er wird im Übrigen – jeweils unter Angabe der Tagesordnung und unter Einhaltung einer Ladungsfrist von zwei Wochen – einberufen, wenn 1/3 der Mitglieder schriftlich darum gebeten hat.
Der Mitgliederausschuss ist bei ordnungsgemäßer Einladung beschlussfähig, wenn mehr als die Hälfte der Mitglieder anwesend sind. Er fasst seine Beschlüsse mit einfacher Mehrheit der anwesenden stimmberechtigten Mitglieder. Bei Stimmengleichheit entscheidet der Vorsitzende.
Die Beschlüsse des Mitgliederausschusses sind von dem Leiter der Rendantur zu beachten. Vertritt dieser eine abweichende Auffassung, hat sich der Mitgliederausschuss mit dem Vorgang erneut zu befassen. Wird eine Einigung nicht erzielt, kann das Erzbischöfliche Generalvikariat um Schlichtung angerufen werden.
Über die Sitzung des Mitgliederausschusses ist eine Niederschrift zu fertigen. Sie muss mindestens enthalten:
– Ort und Datum der Sitzung,
– Name des Vorsitzenden,
– Name der anwesenden Mitglieder und die Beschlüsse.
Die Sitzungsniederschrift ist vom Vorsitzenden und zwei weiteren Mitgliedern des Mitgliederausschusses zu unterzeichnen.

§ 10 Zusammenarbeit mit dem Erzbischöflichen Generalvikariat
Die Mitarbeiter der Rendantur sind den jeweils zuständigen Fachabteilungen des Erzbischöflichen Generalvikariats zur Auskunftserteilung verpflichtet.
Die Prüfung der angeschlossenen Rechtsträger sowie die Prüfung des laufenden Geschäftsbetriebs der Rendantur erfolgt durch das Erzbischöfliche Generalvikariat – Stabsabteilung Rechnungskammer.

§ 11 Genehmigung des Erzbischöflichen Generalvikariats

Der Genehmigung durch das Erzbischöfliche Generalvikariat bedürfen
– die Entscheidungen über die Errichtung, Auflösung und Zusammenlegung von Rendanturen,
– die Vereinbarung über die Beauftragung zwischen Gemeindeverband und Kirchengemeinde bzw. Kirchengemeindeverband, bzw. sonstigen Rechtsträgern (vgl. §§ 3, 7),
– der für die Rendantur erstellte Stellenplan.

§ 12 Inkrafttreten

Diese Ordnung tritt rückwirkend zum 01.01.2009 in Kraft.

Köln, den 27.03.2009

+ Joachim Card. Meisner
Erzbischof von Köln

Ausführungsbestimmungen für die Vermögensverwaltung in den Kirchengemeinden, Kirchengemeindeverbänden und Gemeindeverbänden der Erzdiözese Köln (AusfbestGA – Vermögensverwaltung)

vom 25.03.2009, Amtsblatt des Erzbistums Köln 2009, S. 101 ff, zuletzt geändert zum 01.01.2011, Amtsblatt des Erzbistums Köln 2011, S. 9.

Zum Gesetz über die Verwaltung des Katholischen Kirchenvermögens vom 24.07.1924 (VermVerwG) und zur Geschäftsanweisung für die Verwaltung des Vermögens in den Kirchengemeinden und Gemeindeverbänden der Erzdiözese Köln vom 11.07.1928 in der jeweils geltenden Fassung* werden nachfolgende Ausführungsbestimmungen erlassen. Sie konkretisieren und erläutern die Rechte und Pflichten von Pfarrer, Kirchenvorstand und der auf der Ebene der Gemeindeverbände eingerichteten Rendanturen, die im Rahmen der Verwaltung und Vertretung des Vermögens wahrzunehmen sind.

§ 1 Pflichten des Kirchenvorstands

1. Die Verwaltung und Vertretung des Vermögens in der Kirchengemeinde ist entsprechend den Regelungen des VermVerwG, hier insbesondere § 1, die vordringliche Pflicht des Kirchenvorstands als Organ der Kirchengemeinde.

   Damit gehören alle Entscheidungen im Bereich der Vermögensverwaltung einschließlich der Investitions- und Anlageentscheidungen zum Aufgabenbereich des Kirchenvorstands. Unbeschadet der auf die Rendantur übertragenen Aufgaben ist der Kirchenvorstand darüber hinaus auch zuständig für die nachfolgenden Aufgabenbereiche:

   – Der Kirchenvorstand trägt als Bauherr die Gesamtverantwortung für die Vorbereitung und Durchführung von Baumaßnahmen und Abwicklung von Lieferungen und Leistungen. Insbesondere ist er für die Kostenentwicklung vorgenannter Vorhaben verantwortlich.**

   Ihm obliegt, nach Beratung durch das Erzbischöfliche Generalvikariat, die Auswahl der hierzu benötigten Erfüllungsgehilfen (Architekten, Ingenieure etc.).

   – Der Kirchenvorstand hat als Arbeitgeber und als Auftraggeber für unentgeltliche Tätigkeiten (Ehrenämter) die Verantwortung für die in der Kirchengemeinde Beschäftigten. Dazu zählen insbesondere die Gewinnung und Auswahl von neu einzustellendem Personal sowie die Gestaltung der Arbeitsbedingungen nach Maßgabe der Grundordnung für Arbeitsverhältnisse im kirchlichen Dienst wie auch die Gewährleistung des Arbeitsschutzes für entgeltlich und unentgeltlich Beschäftigte.

2. Der Vorsitzende hat als Anordnungsberechtigter alle Ausgaben anzuweisen, die nach § 14 dieser Ausführungsbestimmungen der Anordnung bedürfen.

   Der Kirchenvorstand ist gehalten, möglichst zu Beginn seiner Wahlperiode die Anordnungsbefugnis auf einen vom Pfarrer vorgeschlagenen Kämmerer, der gewähltes Mitglied des Kirchenvorstandes sein muss, zu übertragen. Der Beschluss des Kirchenvorstandes bedarf der Genehmigung des Erzbischöflichen Generalvikariates. Die Übertragung gilt jeweils bis Ablauf der Wahlperiode. Sie kann mit Zustimmung des Pfarrers vorzeitig widerrufen werden. Sind sowohl der Vorsitzende als auch der Kämmerer an der Ausübung des Amtes verhindert, ist für diese Zeit der erste stellvertretende Vorsitzende, bei dessen Verhinderung der zweite stellvertretende Vorsitzende zur Anordnung berechtigt.

   Der Kämmerer ist darüber hinaus für die Rendantur der Ansprechpartner des Kirchen-

---

* Auch für den rheinland-pfälzischen Gebietsteil des Erzbistums Köln geltend gemäß Erzbischöflichem Erlass vom 25. November 1975 über die Fortgeltung des Vermögensverwaltungsgesetzes und der Geschäftsanweisung als kirchliches Recht mit Ausnahme der staatlichen Aufsichts-, Mitwirkungs- und Genehmigungsrechte (Kirchlicher Anzeiger für die Erzdiözese Köln 1975, S. 646).

** Dieser Text verzichtet aus Gründen der besseren Lesbarkeit auf die gleichzeitige Verwendung der weiblichen und der männlichen Sprachform. Damit ist aber keinesfalls eine Wertung verbunden.

vorstands in allen Fragen der allgemeinen Vermögensverwaltung. Insbesondere hat die Rendantur dem Kämmerer auf Anforderung die Auswertungen des Rechnungswesens sowie alle zur ordnungsgemäßen Aufgabenerfüllung erforderlichen Unterlagen zur Verfügung zu stellen.

§ 2 Vermögensverwaltung durch die Rendanturen im Auftrag der Kirchengemeinden

Die Rendantur führt im Auftrag der Kirchengemeinde deren Vermögensverwaltung nach Maßgabe dieser Ausführungsbestimmungen und der Ordnung für Rendanturen im Erzbistum Köln sowie den Grundsätzen der ordnungsgemäßen Buchführung und Bilanzierung durch. Hierzu wird zwischen dem Verband der Katholischen Kirchengemeinden auf Stadt- bzw. Kreisdekanatsebene, zu dem die Kirchengemeinde örtlich gehört, und der Kirchengemeinde eine Vereinbarung abgeschlossen, die der Genehmigung durch das Erzbischöfliche Generalvikariat bedarf.

§ 3 Bevollmächtigung der Rendantur

1. Der Leiter der Rendantur oder sein Stellvertreter können zusammen mit einem weiteren Mitarbeiter der Rendantur zur Vornahme von Rechtsgeschäften im Einzelfall (Spezialvollmacht) oder zur Vornahme bestimmter Arten von Rechtsgeschäften (Gattungsvollmacht) durch Beschluss des angeschlossenen Rechtsträgers bevollmächtigt werden. Die Gattungsvollmacht muss sich auf einen deutlich beschriebenen Handlungsrahmen beziehen (z. B. begrenzt auf eine näher zu bezeichnende Baumaßnahme). In diesem Sinne kann auch die Ermächtigung eingeräumt werden, Geschäfte des täglichen Bedarfs mit einem Geschäftswert von maximal 15.000,00 Euro je Fall und Rechtsträger im Namen und für Rechnung des jeweiligen Rechtsträges zu tätigen.
2. Der Rendantur ist Bankvollmacht zu erteilen, wobei das Vier-Augen-Prinzip strikt zu beachten ist.
   Für alle Konten ist der Rendantur Bankvollmacht dergestalt zu erteilen, dass ein Mitarbeiter der Rendantur nur gemeinsam mit dem Leiter / stv. Leiter der Rendantur oder dem Fachsachbearbeiter des Finanz- und Rechnungswesens zeichnungsberechtigt ist. Wird der Zahlungsverkehr elektronisch abgewickelt, ist innerhalb der Rendantur durch entsprechende Zugangsberechtigungen das Vier-Augen-Prinzip sicher zu stellen.
   Verfügungen über Kapital des Substanzvermögens dürfen – mit Ausnahme der Übertragung von Zinserträgen auf die allgemeine Rücklage – nur mit einem entsprechenden Beschluss des Kirchenvorstands erfolgen.

§ 4 Arten des Kirchenvermögens

Zum Kirchenvermögen gehören:
1. Substanzvermögen
   Es dient aufgrund seiner Widmung der dauerhaften Sicherstellung der kirchlichen Zwecke. Zum Substanzvermögen gehören
   a.) das auf den Namen der Kirchengemeinde bzw. einzelner Fonds lautende Grundvermögen,
   b.) das Kapitalvermögen.
2. Allgemeine Rücklagen
3. Mietrücklagen
4. Projektrücklagen
   Projekte sind zeitlich befristete Maßnahmen zur Erreichung eines definierten Zwecks. Hierzu können projektgebundene Rücklagen (z. B. aus Sammlungen, Spenden etc.) eingerichtet werden.
5. Inventarvermögen

§ 5 Erhaltung und Verwaltung des Kirchenvermögens

1. Erhaltung und Verwaltung des Grundvermögens
   (zu § 4, Ziffer 1.a.)
   a.) Ein Verkaufserlös ist dem Kapitalvermögen desselben Fonds, zu dem das verkaufte Grundstück gehört hat, zuzuführen und sicher und ertragreich anzulegen. Gleiches gilt für eine aufzulösende Mietrücklage.
   Bei einem Grundstückstausch ist der zu erhaltende oder zu zahlende Wertausgleich dem Kapitalvermögen des betreffenden Fonds zuzuführen oder aus diesem zu entnehmen.
   Bei der Umschichtung von Kapitalvermögen in Grundvermögen ist auf eine ausreichende Rendite zu achten. Dies gilt insbesondere bei der Reinvestition von Verkaufserlösen aus Grundstücksveräußerungen.
   In allen Fällen ist darauf zu achten, dass die durch Stiftungen und Schenkungen bedingten Auflagen aus den erwirtschafteten Erträgen ungeschmälert erfüllt werden können.
   b.) Der Kirchenvorstand hat – ggf. in Zusammenarbeit mit dem Sicherheitsbeauftragten – dafür zu sorgen, dass die kirchlichen Gebäude sowie der bebaute und unbebaute Grundbesitz in gutem Zustand gehalten werden.
   c.) Der Kirchenvorstand hat nach Beratung durch die Rendantur im Rahmen von Pacht-, Miet- und Erbbaurechtsverträgen für eine wirtschaftliche Nutzung Sorge zu tragen.
2. Erhaltung und Verwaltung des Kapitalvermögens (zu § 4, Ziffer 1.b. und Ziffer 2 bis 4)
   Das Kapitalvermögen ist unter Berücksichtigung der Gesamtvermögenssituation nach den Anlagerichtlinien für das Kapitalvermögen der Kirchengemeinden und Gemeindeverbände im Erzbistum Köln in der jeweils geltenden Fassung anzulegen.

§ 6 Bücher, Verzeichnisse und Akten

1. Für die Vermögensverwaltung gelten folgende Dokumentationspflichten:
   a.) Rendantur -unbeschadet der Eigenverantwortung des Kirchenvorstands -:
      – Liegenschaftsverzeichnis,
      – Stiftungsverzeichnis,
      – Inventarverzeichnis,
      – die nach § 10 vorgesehenen Bücher, Verzeichnisse und Pläne, sofern die Friedhofsverwaltung nicht auf einen Dritten übertragen wurde.
   b.) Pfarrer bzw. mit der Vermögensverwaltung der Kirchengemeinde beauftragte Geistliche:
      – Stiftungsbuch.
   c.) Kirchenvorstand:
      – Kollekteneingangsbuch,
      – Protokollbuch des Kirchenvorstands.
2. Die Anlage, Formierung, Aufbewahrung und Aussonderung aller Bücher, Verzeichnisse, Pläne und Akten, sei es in Papierform oder in digitaler Form, richten sich nach den einschlägigen Verwaltungsvorschriften, Aktenordnungen, Aktenplan und archivischen Anordnungen, die auch im Managementhandbuch Rendanturen dokumentiert sind.
   Bis zur Einführung eines zentralen Dokumentenmanagement-Systems ist die Nutzung neuer DV-Anwendungen in diesem Bereich nur mit Zustimmung des Erzbischöflichen Generalvikariats möglich.
3. Eine EDV-gestützte Führung der Bücher, Verzeichnisse und Akten ist mit Ausnahme des Stiftungsbuches mit folgenden zusätzlichen Maßgaben zulässig:
   a.) EDV-gestützte Bücher, Verzeichnisse oder Akten müssen inhaltlich den jeweils geltenden Vordrucken in Papierform entsprechen. Bei Nutzung verbindlich vorgegebe-

ner Software (Finanz- und Rechungswesen, Gebäude- und Liegenschaftssystem) sind die Verzeichnisse in der dort hinterlegten Form zu nutzen.

b.) Die Vollständigkeit der Eintragungen muss durch systemtechnisch sichergestellte fortlaufende Nummerierung belegbar sein.

c.) Bei der EDV-gestützten Führung der Bücher, Verzeichnisse und Akten muss sichergestellt sein, dass Änderungen nachvollziehbar (Historie) und Löschungen ausgeschlossen sind.

d.) Sicherungskopien EDV-gestützter Bücher, Verzeichnisse und Akten sind regelmäßig anzufertigen und an geeigneter Stelle zu hinterlegen.

e.) Bücher, Verzeichnisse und Akten, die EDV-gestützt geführt werden, müssen gemäß den geltenden Datenschutzbestimmungen vor unberechtigtem Zugriff geschützt sein. Berechtigter Zugang muss aber auch für den Vertretungsfall geregelt sein.

f.) Bei EDV-gestützter Führung der Bücher, Verzeichnisse und Akten ist vor der Archivierung eine gedruckte Version herzustellen. Die gedruckte Version dient später als Originalfassung.

g.) KV-Protokolle können EDV-gestützt erstellt werden. Dabei ist insbesondere zu beachten, dass die Beschlüsse des KV noch während der Sitzung unter Angabe des Tages und der Anwesenden in das elektronische Protokollbuch eingetragen werden müssen. EDV-gestützt erstellte Protokolle sind noch am Sitzungstag auszudrucken und zu unterzeichnen, die Seiten fortlaufend zu nummerieren und die angefallenen Protokolle nach Ablauf eines Kalenderjahres in Buchform zu binden.

4. Für die Führung von Verzeichnissen, Büchern und Akten in Papierform gilt: Eintragungen haben mit dokumentenechter Tinte oder dokumentenfestem Kugelschreiber sorgfältig zu erfolgen.
Jedwede Korrektur (z. B. Radierungen, Überklebungen etc.) ist zu unterlassen. Ist eine Berichtigung in den Büchern erforderlich, so ist das Falsche so durchzustreichen, dass es lesbar bleibt und das Richtige darüber zu schreiben.

5. Die Bücher, Verzeichnisse und Akten sind sicher und in verschlossenen Schränken an einem geeigneten Ort aufzubewahren. Abgeschlossene Bücher und Verzeichnisse sind dem Pfarrarchiv zuzuführen. Sie werden zeitlich unbegrenzt aufbewahrt, soweit nicht kürzere Aufbewahrungsfristen zugelassen sind.

6. Alle Bücher, Verzeichnisse und Akten dürfen außer im Rahmen der kirchlichen Aufsicht anderen Personen nur mit Erlaubnis des Kirchenvorstands im Pastoralbüro oder in den Geschäftsräumen der Rendantur zur Einsicht vorgelegt werden, wenn der Antragsteller ein rechtliches Interesse an der Kenntnis der begehrten Information geltend macht und überwiegende schutzwürdige Belange der betroffenen Person der Offenbarung nicht entgegenstehen. Im Übrigen gilt die Anordnung über den kirchlichen Datenschutz (KDO). Für Personalakten gilt ferner das Personalaktengeheimnis; sie sind sowohl innerhalb des Betriebes als auch gegenüber außenstehenden Dritten vertraulich zu behandeln und vor unbefugter Einsicht zu schützen*
Die Einsichtnahme, das rechtliche Interesse und die Bezeichnung der amtlichen Unterlagen, in die die Einsicht gewährt wurde, sind zu dokumentieren.

---

* Vgl. auch Richtlinien zu Inhalt von und Umgang mit Personalakten von Laien- Mitarbeitern und Laien-Mitarbeiterinnen (Amtsblatt des Erzbistums Köln 1998, Nr. 10)

§ 7 Liegenschaftsverzeichnis

1. Mit dem Einsatz der Gebäude- und Liegenschaftssoftware in den Rendanturen entfällt die Führung des bisherigen Lagerbuchs in Papierform. Der Einsatz der Software ist verpflichtend.
2. Das Liegenschaftsverzeichnis muss mindestens folgende Bestandsmerkmale dokumentieren:
   - Grundvermögen,
   - Erbbaurechte,
   - Rechte an Grundstücken Dritter,
   - Baulasten.
3. Das Liegenschaftsverzeichnis ist stets auf dem neuesten Stand zu halten. Der Rendantur müssen daher alle Unterlagen über Änderungen und Ergänzungen zur Verfügung gestellt werden.
   Die Eintragungen sind vorzunehmen, sobald alle Genehmigungen erteilt sind.
   Zu den Sachakten zum Liegenschaftsverzeichnis sind Katasterauszüge, unbeglaubigte Grundbuchauszüge und Flurkarten (im Maßstab 1:500 bzw. im kleinsten amtlich vorhandenen Maßstab), zu nehmen. Fehlende Unterlagen sind unverzüglich zu beschaffen. Alle Änderungen müssen auch durch diese genannten Unterlagen belegt sein.
4. Die Bewertung und Aktivierung des Anlagevermögens ist nach den Richtlinien zur Anlagebuchhaltung in der jeweils geltenden Fassung vorzunehmen.

§ 8 Stiftungsverzeichnis

1. In das Stiftungsverzeichnis sind alle Land- und Kapitalstiftungen der Kirchengemeinde aufzunehmen.
   Dabei ist zu unterscheiden zwischen den Landstiftungen, die überwiegend für Messverpflichtungen errichtet werden, den Land- und Kapitalstiftungen, die in erster Linie für andere Zwecke errichtet werden, und den Kapital-Messstiftungen. Neben dem Namen des Stifters, der Stiftungsauflage und dem Datum der Genehmigung sind bei Landstiftungen die Größe und die genau Lage des Grundstücks mit Flur- und Parzellenbezeichnung, bei Kapitalstiftungen der Kapitalbetrag anzugeben. Bei Messstiftungen ist die Intention des Stifters, die Art und Weise sowie die Dauer der Messverpflichtung zu vermerken.
2. Bei EDV-gestützter Führung des Stiftungsverzeichnisses ist sicher zu stellen, dass die vorgenannten Angaben erfolgen können.
3. Jede neu errichtete Messstiftung ist vom Pfarrer in das Stiftungsbuch einzutragen.

§ 9 Die Inventarverzeichnisse

(Kultgegenstände – Allgemeines Inventar)
1. In jeder Kirchengemeinde muss für jede Kirche und Kapelle getrennt je ein Inventarverzeichnis aller unter die kirchliche Denkmalpflege fallenden Gegenstände geführt werden. Die Richtlinien für Pflege, Erhaltung und Neuanschaffung von Kultgegenständen (kirchliche Ausstattungsordnung – kAusO) in der jeweils geltenden Fassung sind zu beachten.
2. Mit dem Einsatz der neuen Software für das Finanz- und Rechnungswesen in den Rendanturen entfällt die Führung des allgemeinen Inventarverzeichnisses in Papierform.
3. Die Bewertung und Aktivierung des Anlagevermögens ist nach den Richtlinien zur Anlagebuchhaltung in der jeweils geltenden Fassung vorzunehmen.

§ 10 Bücher, Verzeichnisse und Pläne für den Friedhof

Für die Friedhofsverwaltung gelten folgende Dokumentationspflichten:
1. Ein Bestattungsbuch, das in elektronischer Form zu führen ist, bestehend aus:
   a.) einem Gräberverzeichnis, sortiert nach den Nummern der Reihen- und Wahlgräber,
   b.) einem Namensverzeichnis (Beerdigungsverzeichnis).
   Die Eintragungen haben
   – Namen,
   – Tag der Geburt und des Todes,
   – Vermerk, ob der Tote an einer ansteckenden Krankheit litt, ggf. an welcher,
   – Stand,
   – Wohnort,
   – Nutzungs- und Ruhezeit
   zu enthalten.
2. Ein Gesamtplan.

§ 11 Friedhofsverwaltung

1. Die Friedhofsverwaltung ist bis einschließlich Rechnungslegung von der Friedhofsträgerin bzw. von einem beauftragten Dritten wahr zu nehmen, der entweder ehrenamtlich oder im Rahmen eines Werkvertrags tätig wird. Im Ausnahmefall kann nach Genehmigung durch das Erzbischöfliche Generalvikariat die Rendantur hiermit beauftragt werden, um den Betrieb des Friedhofes entsprechend den landesrechtlichen Vorschriften sicher zu stellen. Die Höhe der Vergütung richtet sich nach den Festlegungen in den Ausführungsbestimmungen zur Zuweisungsordnung für die Kirchengemeinden in der jeweils geltenden Fassung.
   Die Verwaltung nach Rechnungslegung wird stets von der Rendantur wahrgenommen. Die im Rahmen der Friedhofsverwaltung wahrzunehmenden Aufgaben ergeben sich aus dem im Amtsblatt veröffentlichten Tätigkeitskatalog in der jeweils geltenden Fassung.
2. Alle Einnahmen und Ausgaben sind im Friedhofsmandanten zu buchen.

§ 12 Finanz- und Rechnungswesen

1. Für das Finanz- und Rechnungswesen ist die vom Erzbischöflichen Generalvikariat vorgesehene Software anzuwenden.
2. Die Belegablage richtet sich nach der eingesetzten Software für das Finanz- und Rechnungswesen. Die Belege werden je Rechtsträger mandantenspezifisch nach Belegnummern abgelegt. Bei KiTa-Mandanten erfolgt die Belegablage ergänzend nach Einrichtungen. Die Belege aus Projekten für Bau- und Investitionsmaßnahmen sind gesondert abzulegen. Bei Bauprojekten erfolgt dabei die Belegablage zunächst nach Gewerken und weiter nach Belegnummern.
3. Hinsichtlich der Dauer der Aufbewahrung sind die vorgeschriebenen Fristen zu beachten (Fristenkatalog und Kassationsordnung für die Pfarrgemeinden des Erzbistums Köln in der jeweils geltenden Fassung).

§ 13 Erhebung und Buchung der Einnahmen

1. Alle die Kirchengemeinde betreffenden Einnahmen sind durch die Rendantur zu buchen.
2. Es ist für den ordnungsgemäßen Eingang der Pachten, Mieten, Erbbauzinsen etc. Sorge zu tragen.
   Die Rendantur hat darauf zu achten, dass Zahlungsansprüche der Kirchengemeinde nicht der Verjährung unterfallen und notfalls verjährungsunterbrechende Maßnahmen einzuleiten. Die Rendantur selbst darf von sich aus keine Beträge niederschlagen. Stun-

dungen dürfen nur in Abstimmung mit dem Kirchenvorstand erfolgen. Die zuständige Fachabteilung des Erzbischöflichen Generalvikariats ist frühest möglich einzuschalten, um gegebenenfalls die Beauftragung eines Rechtsanwalts abzustimmen. Der Kirchenvorstand hat unter Beachtung von Art. 7 der Geschäftsanweisung für die Verwaltung des Vermögens zu beschließen, was im einzelnen Fall zu geschehen hat. Bleiben alle Bemühungen erfolglos oder ist der Schuldner zahlungsunfähig, so kann der Kirchenvorstand die Niederschlagung der Rückstände ganz oder teilweise beschließen. Die klageweise Geltendmachung von Ansprüchen, die Beauftragung eines Rechtsanwaltes sowie der Beschluss über die Niederschlagung einer Forderung bedürfen gem. Art. 7 der Geschäftsanweisung der kirchenaufsichtsrechtlichen Genehmigung.

3. Die Kollekten werden durch die vom Kirchenvorstand bestimmten Zähler in das Kollekteneingangsbuch eingetragen und von diesen auf ein Konto der Kirchengemeinde eingezahlt. Die von der Bank quittierten Einzahlungsbelege werden der Rendantur übergeben, die berechtigt ist, das Kollekteneingangsbuch und die Einzahlungsbelege zu überprüfen. Auf die Ordnung über die Behandlung von Kollekten, Spenden und sonstigen Einnahmen in den Kirchengemeinden in der jeweils geltenden Fassung wird verwiesen.

4. Bezüglich der Gelder aus Opferstöcken, die für die Kirche bestimmt sind, ist entsprechend zu verfahren.

§ 14 Zahlung und Buchung der Ausgaben

1. Alle die Kirchengemeinde betreffenden Ausgaben sind grundsätzlich von der Rendantur zu leisten.

2. Eine Zahlung darf nur dann erfolgen, wenn eine Rechnung vorliegt, aus der sich neben der Höhe des Betrages eindeutig ergibt, wofür die Zahlung zu leisten ist. Die Rechnung ist auf ihre sachliche und rechnerische Richtigkeit zu überprüfen. Die sachliche Richtigkeit wird zweckmäßigerweise von dem bescheinigt, der den Auftrag erteilt oder die Ware bzw. Leistung entgegengenommen hat.

3. Barzahlungen gegen Quittungen durch den Anordnungsberechtigten dürfen nur aufgrund geprüfter Rechnungen an Personen, Firmen usw. erfolgen, die entsprechende Forderungen an die Kirchengemeinde für geleistete Dienste oder gelieferte Waren haben. Erstattungen an den Pfarrer oder andere Personen für verauslagte Beträge sind ohne Quittungen der Endempfänger nicht zulässig.

4. Die im Wirtschaftsplan veranschlagten wiederkehrenden Ausgaben aufgrund rechtlicher Verpflichtungen, wie Gehälter, Steuern und Sozialversicherungsbeiträge, Grundstücksabgaben, Strom, Gas, Wasser, Versicherungsprämien, Zinsen und Tilgungsleistungen für Darlehen, Telefongebühren können ohne förmliche Anweisung geleistet werden.

5. Die anderen Ausgaben sind schriftlich von dem nach der Geschäftsanweisung Anordnungsberechtigten zur Zahlung anzuweisen. Die im Managementhandbuch Rendanturen dokumentierten Muster zur Kontierung sind zu verwenden.

6. Die Zahlungen sollen nach Möglichkeit unbar durch Überweisungen von den Konten der Kirchengemeinde geleistet werden.

7. Die Ausstellung von Verrechnungsschecks ist unzulässig. Barschecks dürfen nur für Vorschusszahlungen zur Auffüllung von Barkassen (z. B. Pfarrbüro, Kindergarten) ausgestellt werden.

8. Für alle Barzahlungen ist ein Kassenbuch zu führen, aus dem sich alle Barein- und -ausgänge mit Datum und Begründung sowie der jeweilige Bestand ergeben.
Bei Barzahlungen müssen die Empfänger auf der Rechnung oder gesondert quittieren.

9. Auszahlungen sind nur im Rahmen der jeweils verbindlichen Wirtschaftsplansätze zu leisten. Etwaige Planabweichungen müssen vorher, soweit nicht durch einen vorher be-

schlossenen Deckungsring gedeckt, vom Kirchenvorstand, der für die Deckung zu sorgen hat, genehmigt werden. Falls vorgeschrieben, ist auch die Zustimmung des Erzbischöflichen Generalvikariats einzuholen.

Bis zur Genehmigung des Wirtschaftsplans bleiben die endgültigen Planansätze des Vorjahres – soweit sie auch im laufenden Wirtschaftsplanjahr benötigt werden – verbindlich.

10. Die Zahlungen haben so zeitig zu erfolgen, dass evtl. eingeräumte Skontobeträge abgezogen werden können.

§ 15 Aufbewahrung von Sparbüchern, Wertpapieren etc.

Sparbücher sollen in einem verschlossenen Stahlschrank oder in ähnlicher Weise aufbewahrt werden, sofern diese nicht bei einem Geldinstitut auf den Namen der Kirchengemeinde deponiert oder in ein Schließfach gegeben werden. Von der Rendantur ist in jedem Fall eine Aufstellung über die vorhandenen Sparbücher – getrennt von diesen – aufzubewahren.

Schuldscheine, Hypothekenbriefe, Wertpapiere und Bürgschaften sind ebenso zu verwahren.

§ 16 Aufstellung des Wirtschaftsplans

1. Der Vorsitzende des Kirchenvorstands oder die von ihm beauftragte Person hat den Entwurf des Wirtschaftsplans nach Vorbereitung durch die Rendantur so rechtzeitig aufzustellen und dem Kirchenvorstand vorzulegen, dass die vom Erzbischöflichen Generalvikariat festgelegte Abgabefrist eingehalten werden kann.
2. Der Kirchenvorstand hat über den Wirtschaftsplan zu beraten und über diesen, ggf. nach Änderung von Planansätzen, zu beschließen.
   Dieser ist sodann nach vorheriger Bekanntmachung zwei Wochen an geeigneter Stelle (Kontaktbüro, Pastoralbüro) öffentlich zur Einsichtnahme auszulegen.
   Danach ist er mit den geforderten Anlagen dem Erzbischöflichen Generalvikariat zu dem festgelegten Termin einzureichen.
3. Der Wirtschaftsplan gilt immer für ein Geschäftsjahr (= Kalenderjahr) und muss ausgeglichen sein.

§ 17 Jahresabschluss

1. Die Jahresabschlüsse aller Mandanten je Rechtsträger sind so rechtzeitig aufzustellen und dem Kirchenvorstand vorzulegen, dass der vom Erzbischöflichen Generalvikariat festgelegte Abgabetermin eingehalten werden kann.
2. Der Jahresabschluss besteht grundsätzlich aus:
   – den Bilanzen der einzelnen Mandanten sowie der Sondereinrichtungen und
   – den Gewinn- und Verlustrechnungen (GuV) sowie
   – den Erläuterungsberichten.
   Ein Lagebericht kann zusätzlich zum Jahresabschluss erstellt werden, wenn besondere Umstände dies als geboten erscheinen lassen.
3. Der Jahresabschluss ist zunächst dem Kirchenvorstand vorzulegen, der ihn durch zwei dafür gewählte Mitglieder in den Räumen der Rendantur möglichst während der Öffnungszeiten überprüfen lässt. Diese haben dem Kirchenvorstand über das Ergebnis der Prüfung zu berichten.
   Der Kirchenvorstand beschließt daraufhin die Abnahme des Jahresabschlusses. Dieser ist sodann nach vorheriger Bekanntmachung zwei Wochen an geeigneter Stelle (Kontaktbüro, Pastoralbüro) öffentlich zur Einsichtnahme auszulegen.
   Der Jahresabschluss und die Buchhaltungsbelege sind für eine Prüfung durch die Stabs-

abteilung Rechnungskammer des Erzbischöflichen Generalvikariats in der Rendantur bereit zu halten.

§ 18 Durchführung von Baumaßnahmen

1. Bei Baumaßnahmen sind die Finanzierungsrichtlinie Bau, die kirchliche Bauregel (kBauR), die kirchliche Ausstattungsordnung (kAusO) sowie die kirchliche Vergabeordnung (kVergO) besonders zu beachten und die dort beschriebenen Prozesse einzuhalten.
2. Bau- und Reparaturmaßnahmen sind grundsätzlich bis zu einer Wertgrenze von 15.000,00 Euro als Aufwand unter der entsprechenden Gebäudekostenstelle zu buchen. Bei zu erwartender Überschreitung der Wertgrenze ist auf Grundlage des jeweils vom Erzbischöflichen Generalvikariat zu genehmigenden Finanzierungsplans ein Bauprojekt im jeweiligen Mandanten einzurichten.
3. Der Architekt hat die Rechnungen vor der Bezahlung fachlich zu prüfen und deren Richtigkeit zu bescheinigen. Hierzu ist das Formblatt Zahlungsfreigabe des Architekten (Formular FB-06-02) zu verwenden und zusammen mit dem Rechnungsoriginal dem Bauherrn zu übergeben.
4. Nach Abschluss der Bauarbeiten, Abnahme der Leistungen und nach Auszahlung aller Rechnungsbeträge, ist die Bauprojektabrechnung von der Rendantur, unter Berücksichtigung der zur Sicherheit einbehaltenen Beträge, zu erstellen und dem Kirchenvorstand vorzulegen.
   Dieser lässt die Abrechnung durch zwei von ihm beauftragte Mitglieder des Kirchenvorstands in den Räumen der Rendantur möglichst während der Öffnungszeiten prüfen, die dann dem Kirchenvorstand über das Ergebnis berichten.
5. Nach dem Beschluss des Kirchenvorstands über die Abnahme der Bauprojektabrechnung ist dem Erzbischöflichen Generalvikariat die Kostenfeststellung des Architekten zu übersenden. Die Prüfung der Baumaßnahme durch die Stabsabteilung Rechnungskammer erfolgt in der Rendantur. Die hierzu erforderlichen Unterlagen sind im Managementhandbuch Rendanturen dokumentiert.

§ 19 Überwachungspflichten des Kirchenvorstands

1. Dem Kirchenvorstand obliegt die Aufsichtspflicht. Er kann sich jederzeit über die Vermögenslage und über die Geschäftsführung der Rendantur unterrichten. Mindestens einmal im Jahre muss er die Kirchenkasse unvermutet, innerhalb der Öffnungszeiten der Rendantur, prüfen und hierüber ein Protokoll (Muster) anfertigen. Eine Ausfertigung dieses Protokolls wird zu den Akten der Rendantur genommen. Die unvermutete Kassenprüfung ist auch aus versicherungsrechtlichen Gründen erforderlich.
2. Werden bei der Kassenprüfung oder auch sonst wesentliche Mängel in der Amtsführung der Rendantur festgestellt oder befindet sie sich mit der Buchführung oder mit der Vorlage des Wirtschaftsplans oder des Jahresabschlusses länger als drei Monate im Rückstand, so ist dies unverzüglich dem Erzbischöflichen Generalvikariat (Stabsabteilung Rechnungskammer) zu melden.
   Der Gemeindeverband haftet für alle Schäden, die der Kirchengemeinde infolge von Pflichtversäumnissen der Rendanturen entstehen.

§ 20 Entsprechende Anwendung für die Kirchengemeindeverbände und Gemeindeverbände

Oben stehende Ausführungsbestimmungen für die Vermögensverwaltung der Kirchenvorstände gelten für die Vermögensverwaltung durch die Verbandsvertretungen der Kirchengemeindeverbände auf Seelsorgebereichsebene und die Verbandsvertretungen der Gemeindeverbände auf Stadt- und Kreisdekanatsebene entsprechend.

§ 21 Inkrafttreten

Diese Ausführungsbestimmungen zur Geschäftsanweisung für die Vermögensverwaltung treten rückwirkend zum 01.01.2009 in Kraft.

Köln, den 25.03.2009

Ausführungsverordnung zu Art. 7 a der Geschäftsanweisung für die Verwaltung des Vermögens in den Kirchengemeinden und Gemeindeverbänden der Erzdiözese Köln (AusfVO - GA Vorausgenehmigung Friedhofsordnung)
vom 16.07.2010, Amtsblatt des Erzbistums Köln 2010, S. 164

Gemäß Art. 7 der Geschäftsanweisung für die Verwaltung des Vermögens in den Kirchengemeinden und Gemeindeverbänden der Erzdiözese Köln - Geschäftsanweisung 2009 (Amtsblatt des Erzbistums Köln 2009, Nr. 178) bedürfen die dort aufgeführten Rechtsgeschäfte und Rechtsakte der Kirchenvorstände zu ihrer Rechtsgültigkeit der schriftlichen Genehmigung der Erzbischöflichen Behörde.

§ 1 Vorausgenehmigung für Friedhofsordnungen (Friedhofssatzungen)

Für die Ordnungen kirchlicher Friedhöfe mit Ausnahme von Friedhofsgebührenordnungen (s. Ziff. 2) wird unter den nachstehend genannten Voraussetzungen generell die kirchenaufsichtliche Genehmigung als Vorausgenehmigung gemäß Art. 7 a Geschäftsanweisung erteilt, sofern die Willensbildung des Kirchenvorstandes gem. § 14 Vermögensverwaltungsgesetz gegenüber der Rendantur durch einen beglaubigten Auszug aus dem Protokoll des Kirchenvorstandes dokumentiert ist.

1. Friedhofsordnungen (Friedhofssatzungen)
Die nach Art. 7 Ziffer 1 Buchstabe o der Geschäftsanweisung erforderliche Genehmigung der Erzbischöflichen Behörde zur satzungsrechtlichen Regelung der Nutzung kirchlicher Friedhöfe (Friedhofsordnungen) wird gemäß Art. 7 a Geschäftsanweisung vorab erteilt (Vorausgenehmigung), wenn
die Friedhofsordnung dem jeweils aktuellen Muster des Erzbischöflichen Generalvikariates entspricht, das auf der Internetseite der Stabsabteilung Recht hinterlegt ist und
die in der Friedhofsordnung zugelassenen Wahlmöglichkeiten zutreffend ausgefüllt sind,
in der Friedhofsordnung keine Änderungen, Streichungen oder Ergänzungen vorgenommen wurden und
in der Fußzeile der Friedhofsordnung die aktuelle Version des Musters erkennbar ist.

Ist die Friedhofsordnung entsprechend der vorgenannten Regelung vorab genehmigt, so ist bei ihrer öffentlichen Bekanntmachung nachfolgender Genehmigungsvermerk hinzuzufügen:

Diese Friedhofsordnung ist gemäß Ausführungsverordnung zur Geschäftsanweisung (Art. 7 a Vorausgenehmigung) des Erzbistums Köln vom 16.07.2010 veröffentlicht im Amtsblatt des Erzbistums Köln 2010, Nr............. vorab genehmigt.

Geprüft und unterzeichnet: ....
Ort, den ....
Geschäftszeichen
Rendanturleiter (oder Vertretung)

Die auf der Grundlage der Vorausgenehmigung vorab genehmigte Friedhofsordnung ist dem Erzbischöflichen Generalvikariat (Stabsabteilung Recht) zur Anzeige vorzulegen. Die Friedhofsordnung ist entsprechend den Hinweisen auf der Ordnung durch Aushang und

Hinweis im Internet-Auftritt der Kirchengemeinde und in den ortsüblichen Tageszeitungen bekannt zu machen, jedoch nicht vor Ablauf von vier Wochen vom Zeitpunkt der vorgenannten Anzeige an.

2. Gebührenordnungen (vgl. § 37 Musterfriedhofsordnung)
Der Erlass einer Friedhofsgebührenordnung wird von der Vorausgenehmigung nach Ziff. 1 nicht erfasst. Daher ist eine vom Kirchenvorstand beschlossene Gebührenordnung in jedem Einzelfall dem Erzbischöflichen Generalvikariat (Stabsabteilung Recht) zur Genehmigung vorzulegen.

§ 2 Inkrafttreten

Diese Ausführungsverordnung zu Art. 7 a Geschäftsanweisung tritt am 01.08.2010 in Kraft.

Generalvikar

Ausführungsverordnung zu Art. 7 a der Geschäftsanweisung für die Verwaltung des Vermögens in den Kirchengemeinden und Gemeindeverbänden der Erzdiözese Köln (AusfVO - GA Vorausgenehmigung Nutzungs- und Wartungsverträge, Kapitalanlagen) vom 15.11.2010, Amtsblatt des Erzbistums Köln 2011, S. 9 ff.

Gemäß Art. 7 der Geschäftsanweisung für die Verwaltung des Vermögens in den Kirchengemeinden und Gemeindeverbänden der Erzdiözese Köln - Geschäftsanweisung 2009 (Amtsblatt des Erzbistums Köln 2009, Nr. 178) bedürfen die dort aufgeführten Rechtsgeschäfte und Rechtsakte der Kirchenvorstände und der Vertretungen von Gemeindeverbänden und Kirchengemeindeverbänden zu ihrer Rechtsgültigkeit der schriftlichen Genehmigung der Erzbischöflichen Behörde.

§ 1 Vorausgenehmigung

Für die nachfolgend genannten Verträge wird unter den nachstehend genannten Voraussetzungen[1] generell die kirchenaufsichtsrechtliche Genehmigung als Vorausgenehmigung gemäß Art. 7 a Geschäftsanweisung erteilt, sofern die Willensbildung des Kirchenvorstandes bzw. der Verbandsvertretung gem. § 14 Vermögensverwaltungsgesetz durch einen beglaubigten Auszug aus dem Protokollbuch gegenüber der zuständigen Rendantur dokumentiert ist. Die nachfolgenden Regelungen entbinden Kirchenvorstand und Rendantur nicht von ihrer Verantwortung und Sorgfaltspflicht.

I. Mietverträge

Die nach Art. 7 Nr. 3 der Geschäftsanweisung erforderliche Genehmigung der Erzbischöflichen Behörde zum Abschluss von Mietverträgen über Wohnraum wird gemäß Art. 7 a Geschäftsanweisung vorab erteilt (Vorausgenehmigung), wenn
- der Mietvertrag dem jeweils aktuellen Muster des Erzbischöflichen Generalvikariates entspricht, das auf der Internetseite der Hauptabteilung Seelsorgebereiche hinterlegt ist,[2]
- die im Vertragsmuster zugelassenen Wahlmöglichkeiten zutreffend ausgefüllt sind,
- in dem Vertrag keine Änderungen oder Streichungen vorgenommen und keine sonstigen Vereinbarungen getroffen wurden,
- der vereinbarte Mietzins (Nettomiete) mindestens der ortsüblichen Vergleichsmiete oder dem zuletzt veröffentlichten Mietspiegel oder bei sozial gefördertem Wohnungsbau der Kostenmiete entspricht, deren letzte Festsetzung nicht älter als fünf Jahre ist, und
- die gesetzlich zulässige Kaution vereinbart wurde.

Ist der Mietvertrag entsprechend der vorgenannten Regelung vorab genehmigt, so ist bei der Ausfertigung des Mietvertrages nachfolgender Genehmigungsvermerk durch die Rendantur nach den Unterschriften der Vertragsparteien einzufügen:

»Dieser Mietvertrag ist gemäß Ausführungsverordnung zu Art. 7 a der Geschäftsanweisung (AusfVO – GA Vorausgenehmigung Nutzungs- und Wartungsverträge, Kapitalanlagen) des Erzbistums Köln vom ...., veröffentlicht im Amtsblatt des Erzbistums Köln .... vorab genehmigt.

---

[1] Gilt nicht bei einem Gegenstandswert ab 100.000 Euro
[2] Es ist darauf zu achten, dass jeder Mietvertrag jeweils mit der Versionsnummer (Fußnote auf Seite 1 des Vertrages) ausgedruckt und abgespeichert wird.

Geprüft und unterzeichnet: ....

Ort, den ....

Aktenzeichen EGV: ....

Rendanturleitung oder Stellvertretung«

Nach Abschluss des Mietvertrages ist der zuständigen Abteilung der Hauptabteilung Seelsorgebereiche des Erzbischöflichen Generalvikariates eine Ausfertigung des Mietvertrages, die von beiden Vertragsparteien wirksam unterzeichnet ist, sowie die vollständig ausgefüllte Mietliste zu übersenden, wobei die Übersendung in elektronischer Form ausreichend ist.

II. Pachtverträge

Die nach Art. 7 Nr. 3 der Geschäftsanweisung erforderliche Genehmigung der Erzbischöflichen Behörde zum Abschluss von Landpachtverträgen wird gemäß Art. 7 a Geschäftsanweisung vorab erteilt (Vorausgenehmigung), wenn
- der Pachtvertrag dem jeweils aktuellen Muster des Erzbischöflichen Generalvikariates entspricht, das auf der Internetseite der Hauptabteilung Seelsorgebereiche hinterlegt ist, [3]
- die im Vertragsmuster erforderlichen Ausfüllungen erfolgt sind und die §§ 1 Abs. 3 und 7a des Vertragsmusters wegen der Übertragung von Zahlungsansprüchen auf Anwendbarkeit geprüft und ggfls. gestrichen wurden,
- in dem Vertrag keine Änderungen und sonstigen Streichungen erfolgt sind und keine sonstigen Vereinbarungen getroffen wurden und
- der vereinbarte Pachtzins den Wert von mindestens 1,20 Euro pro Ackerzahl pro Morgen zuzüglich einer gesondert auszuweisenden Nebenkostenpauschale von 10% nicht unterschreitet.

Ist der Pachtvertrag entsprechend der vorgenannten Regelung vorab genehmigt, so ist bei der Ausfertigung des Pachtvertrages nachfolgender Genehmigungsvermerk durch die Rendantur nach den Unterschriften der Vertragsparteien einzufügen:

»Dieser Pachtvertrag ist gemäß Ausführungsverordnung zu Art. 7 a der Geschäftsanweisung (AusfVO – GA Vorausgenehmigung Nutzungs- und Wartungsverträge, Kapitalanlagen) des Erzbistums Köln vom ...., veröffentlicht im Amtsblatt des Erzbistums Köln .... vorab genehmigt.

Geprüft und unterzeichnet: ....

Ort, den ....

Aktenzeichen EGV: ....

Rendanturleitung oder Stellvertretung«

Nach Abschluss des Pachtvertrages sind der zuständigen Abteilung der Hauptabteilung Seelsorgebereiche des Erzbischöflichen Generalvikariates Kopien der beiden ersten Seiten sowie der letzten Seite, die von beiden Vertragsparteien wirksam unterzeichnet ist, des Pachtvertrages sowie die vollständig ausgefüllte Pachtliste zu übersenden, wobei die Übersendung in elektronischer Form ausreichend ist.

---

[3] Es ist darauf zu achten, dass jeder Pachtvertrag jeweils mit der Versionsnummer (Fußnote auf Seite 1 des Vertrages) ausgedruckt und abgespeichert wird.

III. Wartungsverträge

1. Vorbemerkung

Der Abschluss von Orgelpflegeverträgen und Glockenwartungsverträgen der Kirchengemeinden gemäß Art. 7 Nr. 2 Buchstabe e) der Geschäftsanweisung bedarf keiner Genehmigung der Erzbischöflichen Behörde, wenn der Wert des Vertrages nicht über 15.000,00 g liegt. Bei einer festen Laufzeit des Wartungsvertrages beziffert sich der Wert aus der Summe der zu zahlenden Entgelte zuzüglich Umsatzsteuer. Bei Verträgen ohne feste Laufzeit berechnet sich der Wert nach dem 3,5-fachen des für ein Jahr vereinbarten Entgeltes zuzüglich Umsatzsteuer.

2. Orgelpflegeverträge

Die nach Art. 7 Nr. 2 Buchstabe e) der Geschäftsanweisung erforderliche Genehmigung der Erzbischöflichen Behörde zum Abschluss von Orgelpflegeverträgen wird gemäß Art. 7 a Geschäftsanweisung vorab erteilt (Vorausgenehmigung), wenn

- der Orgelpflegevertrag dem jeweils aktuellen Muster des Erzbischöflichen Generalvikariates entspricht, das auf der Internetseite der Hauptabteilung Seelsorgebereiche hinterlegt ist[4],
- die vereinbarten Entgelte den im Amtsblatt des Erzbistums Köln zuletzt veröffentlichten Werten entsprechen,
- der Vertrag mit einer Frist von längstens einem Jahr gekündigt werden kann. Bei Orgelpflegeverträgen neu errichteter Orgeln reicht es aus, dass der Vertrag nach Ablauf der vereinbarten Gewährleistungsfrist kündbar ist.

Ist der Orgelpflegevertrag entsprechend der vorgenannten Regelung vorab genehmigt, so ist bei der Ausfertigung des Orgelpflegevertrages nachfolgender Genehmigungsvermerk durch die Rendantur nach den Unterschriften der Vertragsparteien einzufügen:

»Dieser Orgelpflegevertrag ist gemäß Ausführungsverordnung zu Art. 7 a der Geschäftsanweisung (AusfVO – GA Vorausgenehmigung Nutzungs- und Wartungsverträge, Kapitalanlagen) des Erzbistums Köln vom ...., veröffentlicht im Amtsblatt des Erzbistums Köln .... vorab genehmigt.

Geprüft und unterzeichnet: ....
Ort, den ....
Aktenzeichen EGV: ....
Rendanturleitung oder Stellvertretung«

Nach Abschluss des Orgelpflegevertrages ist der zuständigen Abteilung der Hauptabteilung Seelsorgebereiche des Erzbischöflichen Generalvikariates eine Kopie des von beiden Vertragsparteien wirksam unterzeichneten Orgelpflegevertrages zu übersenden, wobei die Übersendung in elektronischer Form ausreichend ist.

3. Glockenwartungsverträge

Es ist davon auszugehen, dass Glockenwartungsverträge wegen der Wertgrenze des Art. 7 Nr. 2 Buchstabe e) der Geschäftsanweisung in der Regel nicht genehmigungspflichtig sind.

---

[3] Es ist darauf zu achten, dass jeder Orgelpflegevertrag jeweils mit der Versionsnummer (Fußnote auf Seite 1 des Vertrages) ausgedruckt und abgespeichert wird.

Der Stabsstelle Erzdiözesanbaumeister des Erzbistums Köln ist eine Kopie des Wartungsvertrages zur Kenntnis vorzulegen. Sollte im Einzelfall die Wertgrenze des Art. 7 Nr. 2 der Geschäftsanweisung überschritten werden, ist in diesem Einzelfall die Genehmigung der Erzbischöflichen Behörde bei der zuständigen Abteilung der Hauptabteilung Seelsorgebereiche einzuholen. Eine Vorausgenehmigung wird insoweit nicht erteilt.

IV. Kapitalanlagen

1. Kapitalanlagen bis 100.000 Euro

Die nach Art. 7 Nr. 2 Buchstabe d) der Geschäftsanweisung erforderliche Genehmigung der Erzbischöflichen Behörde zum Erwerb, zur Belastung und Veräußerung von Wertpapieren und Anteilsscheinen (Kapitalanlagen) bei einem Wert von mehr als 15.000 g und bis zu 100.000 g wird gem. Art. 7 a Geschäftsanweisung vorab erteilt (Vorausgenehmigung), wenn die Rendanturleitung oder ihre Stellvertretung bestätigt, dass die Kapitalanlage in Übereinstimmung mit den Anlagerichtlinien für das Kapitalvermögen der Kirchengemeinden und Gemeindeverbände im Erzbistum Köln (Amtsblatt 2011, Nr. ...) steht.
Zu den genehmigungspflichtigen Kapitalanlagen gehören nach dem diözesanen Recht jedoch nicht »Einlagen bei Kreditinstituten« gem. Art. 7 Nr. 2 Buchstabe b) der Geschäftsanweisung, das sind insbesondere Sichteinlagen, Termingelder, Tagesgeldkonten, Sparbücher.

Ist die Kapitalanlage entsprechend der vorgenannten Regelung vorab genehmigt, so ist zu dem Kapitalanlagedokument der ausgebenden Bank ein Dokument mit nachfolgendem Genehmigungsvermerk durch die Rendantur nach den Unterschriften der Vertragsparteien zu erstellen:

»Diese Kapitalanlage ist gemäß Ausführungsverordnung zu Art. 7 a der Geschäftsanweisung (AusfVO – GA Vorausgenehmigung Nutzungs- und Wartungsverträge, Kapitalanlagen) des Erzbistums Köln vom ...., veröffentlicht im Amtsblatt des Erzbistums Köln .... vorab genehmigt.

Geprüft und unterzeichnet: ....
Ort, den ....
Aktenzeichen EGV: ....
Rendanturleitung oder Stellvertretung«

2. Kapitalanlagen von über 100.000 Euro

Kapitalanlagen im Wert von über 100.000 g werden von der Vorausgenehmigung nach der vorstehenden Ziffer 1 nicht erfasst. Für diese gilt:
Die kirchenaufsichtsrechtliche Genehmigung für Kapitalanlagen über 100.000 g wird unabhängig von dem Zeitpunkt des Vertragsabschlusses erteilt, wenn die konto- oder depotführende Bank oder Kapitalanlagegesellschaft gegenüber der Kirchengemeinde bestätigt, dass sie die Anlagerichtlinien für das Kapitalvermögen der Kirchengemeinden und Gemeindeverbände im Erzbistum Köln strikt beachtet und die Kapitalanlage in Übereinstimmung mit diesen Kapitalanlagerichtlinien steht. Diese schriftliche Bestätigung, die auch als generelle Erklärung erfolgen kann, ist dem Erzbischöflichen Generalvikariat vorzulegen.

V. Friedhofsverwaltungsverträge

Es ist davon auszugehen, dass Friedhofsverwaltungsverträge wegen der Wertgrenze des Art. 7 Nr. 2 Buchstabe e) der Geschäftsanweisung nicht genehmigungspflichtig sind. Sollte im Einzelfall die Wertgrenze des Art. 7 Nr. 2 der Geschäftsanweisung überschritten werden, ist in diesem Einzelfall die Genehmigung der Erzbischöflichen Behörde bei der Stabsabteilung Recht einzuholen. Eine Vorausgenehmigung wird insoweit nicht erteilt.

§ 2 Revision durch die Stabsabteilung Rechnungskammer

Die Stabsabteilung Rechnungskammer wird beauftragt, bei den regelmäßigen Rechnungsprüfungsterminen die Vorgänge einer besonderen Prüfung zu unterziehen, bei denen gemäß Art. 7 a Geschäftsanweisung in Verbindung mit dieser Ausführungsverordnung die Genehmigung der Erzbischöflichen Behörde vorab erteilt wurde.

§ 3 Inkrafttreten

Diese Ausführungsverordnung zu Art. 7 a der Geschäftsanweisung tritt am 01.01.2011 in Kraft.

Anlagerichtlinie für das Kapitalvermögen der Kirchengemeinden und Gemeindeverbände im Erzbistum Köln (AnlageRL - Kirchengemeinden/Gemeindeverbände)
vom 25.11.2010 Amtsblatt des Erzbistums Köln 2011, S. 11 ff.

Das Vermögen der Kirchengemeinden gliedert sich in das Substanzvermögen, die Allgemeine Rücklage und die zweckbestimmten Rücklagen (z.B. Mietrücklagen und Projektrücklagen) und in das Inventarvermögen (vgl. § 4 Ausführungsbestimmungen für die Vermögensverwaltung in den Kirchengemeinden, Kirchengemeindeverbänden und Gemeindeverbänden der Erzdiözese Köln in der jeweils geltenden Fassung). Das Substanzvermögen kann sowohl aus Grundvermögen als auch aus Kapitalvermögen bestehen (vgl. § 4 Ziffer 1 Buchstaben a.) und b.) AusfbestGA – Vermögensverwaltung). Die nachfolgenden Anlagerichtlinien gelten für die Anlage des Kapitalvermögens im Substanzvermögen (§ 4 Ziffer 1 Buchstabe a.) AusfbestGA – Vermögensverwaltung) und in den Allgemeinen und zweckbestimmten Rücklagen (§ 4 Ziffer 2 bis 4 AusfbestGA – Vermögensverwaltung).

Soweit in diesen Richtlinien von »Kirchengemeinde« die Rede ist, beziehen sich die Richtlinien entsprechend auch auf die Kirchengemeindeverbände und die Gemeindeverbände.

1. **Erhaltung und Verwaltung des Kapitalvermögens im Substanzvermögen[1] (§ 4 Ziffer 1 Buchstabe b.) AusfbestGA – Vermögensverwaltung)**

   a. Das Substanzvermögen der Kirchengemeinde bzw. einzelner von der Kirchengemeinde verwalteter kirchlicher Fonds (Substanzkapital) ist so anzulegen, dass die stete Zahlungsfähigkeit gesichert ist. Bei der Kapitalanlage stehen Sicherheitsinteressen und Ertragskraft im Vordergrund. Diese Ziele müssen gegeneinander abgewogen werden und sich an dem finanzwirtschaftlichen Risiko der Verpflichtungen des Substanzvermögens orientieren. Die Verpflichtung ergibt sich aus dem Finanzierungszweck des Substanzkapitals; sie ist damit langfristig ausgelegt.

Das Substanzvermögen darf keinesfalls – auch nicht vorübergehend – zur Deckung von laufenden Betriebsausgaben verwendet werden.

Bei der Verwaltung des Substanzvermögens ist auf die reale Kapitalerhaltung zu achten. Die Forderung nach realem Kapitalerhalt hat zum Ziel, dass die Wertentwicklung des Vermögens im Durchschnitt über der Inflationsrate im Euro-Währungsraum, vor allem über der in Deutschland liegt. Bei der Anlage ist auf eine ausreichende Diversifikation, d. h. Mischung und Streuung der einzelnen Anlageklassen, Einzeltitel und deren Aussteller zu achten.

Die ordentlichen Erträge[2] des Substanzvermögens sind jährlich nach Gutschrift von den betreffenden Bankkonten den Mitteln der Allgemeinen Rücklage zuzuführen. Die ordentlichen Erträge dienen zur Finanzierung der laufenden Betriebsausgaben des Betriebsmandanten, sofern nicht eigenständige Mandanten, z.B. Friedhöfe, Kindertagesstätten bestehen.

Alle Konten, Wertpapiere und Depots müssen auf den vollen Namen der Kirchengemeinde

---

[1] Im Folgenden: Substanzvermögen
[2] Unter Berücksichtigung der Regelungen in der Zuweisungsordnung (§ 6)

lauten; sie dürfen nicht auf den Namen des Stelleninhabers oder einer anderen Person ausgestellt werden. Die Angabe des oder der betreffenden kirchlichen Fonds, zu welchem das Kapital gehört, sollen zusätzlich angegeben werden. Jedoch können Kapitalien mehrerer kirchlicher Fonds in einem Anlageprodukt, Depot oder Investmentfonds gebündelt werden. Die Differenzierung ist in diesen Fällen über die Grunddaten der Finanzanlagen sicher zu stellen.

Bei der Auswahl der Anlagen hat die Kirchengemeinde die ethischen und moralischen Normen der katholischen Kirche zu beachten. Diese Richtlinie bezieht sich auf die Aussteller der Wertpapiere, die für das Vermögen erworben werden. Bei der indirekten Anlage (Investmentfonds) ist im Einzelfall zu prüfen, in wie weit die Normen eingehalten werden.

Alle prozentualen Angaben in diesen Anlagerichtlinien beziehen sich auf den Buchwert des Substanzvermögens des jeweiligen Fonds der Kirchengemeinde.

Kommt es aufgrund von Änderungen in der Wertpapierqualität und/oder aufgrund von Änderungen der Buchwerte zu einer Nichteinhaltung der Anlagerichtlinien, dann sind diese Interessen wahrend, jedoch zeitnah (in der Regel innerhalb eines Monats) so zu disponieren, dass diese Anlagerichtlinien wieder eingehalten werden.

Ausnahmen von diesen Anlagerichtlinien können im Einzelfall vom Erzbischöflichen Generalvikariat genehmigt werden. Diese sind entsprechend zu dokumentieren.

b. Substanzvermögen ist unter Berücksichtigung der Gesamtvermögenssituation der Kirchengemeinde in folgenden Anlageformen anzulegen:

aa. Geldanlagen (Sichteinlagen, Termingelder, Tagesgeldkonten, Sparbücher) dürfen nur auf Konten von Banken, öffentlich-rechtlichen und anderen Kreditinstituten unterhalten werden, soweit die Institute Mitglied einer Einlagensicherungseinrichtung sind oder die Geldanlagen durch einen Garantiefonds gesichert sind. Eine ausreichende Streuung der schuldnerspezifischen und liquiditätsbezogenen Risiken der Geldanlagen ist sicherzustellen.

ab. Verzinsliche Wertpapiere (Renten) können direkt erworben werden, wenn diese als Schuldverschreibung (auf den Inhaber oder Namen lautend), Schuldscheindarlehen, oder Sparbrief ausgestellt werden.

Die Ausstattung muss fest- oder variabel verzinslich sein. Nullkuponanlagen und diskontierte Wertpapiere dürfen nicht erworben werden. Die Renten müssen eine reguläre Zins- und Tilgungsvereinbarung haben. Strukturierte Wertpapiere dürfen nicht erworben werden, da diese Anlagen Optionen oder andere Formen von Termingeschäften beinhalten und damit typischer Weise keine reguläre Zins- und Tilgungsvereinbarung haben.

Die Qualität der Aussteller und die Risiken der Wertpapieranlage dürfen nicht gegen die Bestimmung zu den Anlagemärkten und –grenzen gemäß Ziffer 1. Buchstabe c. verstoßen.

ac. Aktien, sonstige beteiligungsähnliche Rechte, Zertifikate, nachrangige Wertpapiere und Genussrechte dürfen nicht direkt erworben werden. Fremdwährungs-quoten im Direktbestand sind nicht erlaubt.

ad. Fondsanlagen (indirekte Anlagen) im Sinne des Investmentgesetzes (InvG), d. n. richtlinienkonforme Sondervermögen und Immobilien-Sondervermögen und Anlagen in Geldmarktfonds, sofern der Fonds ausschließlich in Aussteller mit der höchsten Bonität investiert und die ordentlichen Erträge mindestens jährlich ausschüttet, sind zulässig. Die Vermögensstruktur der Fondsanlage darf nicht gegen die Bestimmung zu den Anlagemärkten und –grenzen gemäß Ziffer 1. Buchstabe c. verstoßen. Die Fonds müssen die ordentlichen Erträge mindestens jährlich ausschütten. Andere Fonds, als die genannten (z.B. Hedge-Fonds, Private Equity-Fonds) dürfen nicht erworben werden.

Die Qualität der Fondsanlage ist von der depotführenden Bank vor Kauf und während der Haltedauer regelmäßig zu prüfen. Bei der Prüfung der Qualität ist die vergangene Ertragsentwicklung des Fonds relativ zu einer angemessenen Vergleichsgruppe maßgeblich und ein Fondsrating hinzuzuziehen. Alternativ kann eine Bankexpertise oder die schriftliche Einschätzung eines renommierten Finanzdienstleistungsunternehmens zur Prüfung herangezogen werden.

ae. Derivative Instrumente sind im Freiverkehr und an der Börse gehandelte, feste Termingeschäfte und Optionen, bezogen auf unterschiedliche Basiswerte. Derivative Instrumente dürfen nicht direkt erworben werden. Derivative Instrumente in Fondsanlagen sind zulässig.

af. Darlehen sind als Form der Kapitalanlage nur als genehmigungspflichtige Ausnahme zugelassen. Dies gilt in gleicher Weise für interne Darlehen.

c. Bei der Anlage des Substanzvermögens sind unter Berücksichtigung der Gesamtvermögenssituation der Kirchengemeinde folgende Anlagegrenzen und -grundsätze zu beachten:

aa. Die Basiswährung des Vermögens ist der Euro. Effektive Fremdwährungsanlagen außerhalb des Euro-Währungsraums (EWU) sind auf maximal 10% des gesamten Kapitalvermögens der Kirchengemeinde beschränkt. Zur Bestimmung der effektiven Fremdwährungsanlagen sind alle Anlagen und die Einflüsse aus derivativen Positionen des Vermögens zu berücksichtigen.

ab. Effektive Aktienanlagen sind auf maximal 15% des Substanzvermögens des Anlagefonds beschränkt. Zur Bestimmung der effektiven Aktienanlage sind alle Anlagen und die Einflüsse aus derivativen Positionen des Vermögens zu berücksichtigen. Aktienanlagen sind international zu streuen und auf eine hohe Diversifikation der Einzeltitel ist zu achten.

ac. Die Anlage in Immobiliensondervermögen ist grundsätzlich möglich. Auf eine ausgewogene Struktur des Gesamtvermögens der Kirchengemeinde ist zu achten.

ad. Die Restlaufzeiten und Zinsbindung der Rentenanlagen haben sich generell an der Laufzeit der Verpflichtungen des Substanzvermögens und dem Ziel des Realwerterhalts zu orientieren. Unter Verpflichtung werden die zu erwartenden Auszahlungen in Höhe und zeitlicher Folge verstanden, die gegen das Substanzvermögen gerichtet sind. Da das Substanzvermögen die Mitfinanzierung der kirchlichen Aufgaben dauerhaft und damit langfristig absichern muss, ist diese Verpflichtung bei der Anlage des Substanzvermögens in der Planung der Restlaufzeiten zu beachten.

ae. Rentenanlagen außerhalb des Euro-Währungsraums (EWU) sind auf maximal 10% des gesamten Vermögens der Kirchengemeinde beschränkt. Die Fremdwährungsquote, gemäß Ziffer 1.c.aa. darf jedoch nicht überschritten werden

af. Kreditrisiken sind bei allen Anlagen zu beachten, die vom Kreditausfallrisiko bedroht sind oder für die am Kapitalmarkt im Verhältnis zu Staatsanleihen der Bundesrepublik Deutschland Renditeaufschläge gehandelt werden. Kreditrisiken sind auch bei Fondsanlagen zu beachten, es gelten immer die Kreditrisiken der Anlagen des Fonds.

Die Kreditrisikorestriktionen beziehen sich auf das Rating des Wertpapiers, wenn dieses nicht vorliegt auf das Rating des Ausstellers für vergleichbare Wertpapiere. Von der Kreditrisikorestriktion ausgenommen sind Anleihen der Bundesrepublik Deutschland, öffentlich-rechtliche Pfandbriefe nach deutschem Recht und Anleihen von öffentlich-rechtlichen Einrichtungen mit Garantie der Bundesrepublik Deutschland bzw. und supranationale Einrichtungen, soweit diese ein Rating besser als AA von Standard & Poors und/oder Aa von Moody's haben.

Für Fonds und direkte Anlagen in Renten gelten unterschiedliche Regelungen. Direkte Rentenanlagen dürfen nur in Wertpapieren erfolgen, für die keine Kreditrisikorestriktion gilt. Fondsanlagen dürfen im »Investment-Grade-Bereich« erfolgen mit einem Rating besser oder gleich einem BBB- von Standard & Poors und/oder einem Baa3 von Moody's. Die Fondsanlage in diesem Ratingbereich ist auf maximal 20% beschränkt und muss über die Ratingklassen, Sektoren und Einzeltitel hoch diversifiziert sein. Anlagen mit einem Rating schlechter einem BBB- von Standard & Poors und/oder einem Baa3 von Moody's sind nicht zugelassen.

Das Kreditrisiko in Geldmarktfonds muss im Bereich höchster Bonität liegen.

2. Erhaltung und Verwaltung des Kapitalvermögens in den zweckbestimmten Rücklagen (z.B. Mietrücklagen und Projektrücklagen)[3], (§ 4 Ziffern 3 und 4 AusfbestGA – Vermögensverwaltung)

a. Die in der Regel aus Spenden und Sammlungen oder Zuschüssen stammenden Mittel dürfen nur für die Finanzierung zweckbestimmter Maßnahmen verwandt werden. Diese zweckbestimmten Mittel sind so anzulegen, dass die Finanzierung des jeweiligen Zwecks gesichert ist. Bei der Kapitalanlage stehen Sicherheitsinteressen und Ertragskraft im Vordergrund. Diese Ziele müssen gegeneinander abgewogen

---

[3] Im Folgenden: zweckbestimmte Mittel

werden und müssen sich an dem finanzwirtschaftlichen Risiko der Verpflichtungen orientieren.

Bei der Verwaltung der Kapitalanlagen ist auf die reale Kapitalerhaltung zu achten.

Die ordentlichen Erträge sind den Zweckbindungen entsprechend zu verwenden.

Bei der Auswahl der Anlagen hat die Kirchengemeinde die ethischen und moralischen Normen der katholischen Kirche zu beachten. Diese Richtlinie bezieht sich auf die Aussteller der Wertpapiere, die für das Vermögen erworben werden. Bei der indirekten Anlage (Investmentfonds) ist im Einzelfall zu prüfen, in wie weit die Normen eingehalten werden.

Kommt es aufgrund von Änderungen in der Wertpapierqualität und/oder aufgrund von Änderungen der Buchwerte zu einer Nichteinhaltung der Anlagerichtlinien, dann sind diese Interesse wahrend, jedoch zeitnah (innerhalb eines Monats) wieder einzuhalten. Ausnahmen von diesen Anlagerichtlinien können im Einzelfall vom Erzbischöflichen Generalvikariat genehmigt werden. Diese sind entsprechend zu dokumentieren.

b. Zweckbestimmte Mittel sind in folgenden Anlageformen anzulegen:

aa. Geldanlagen (Sichteinlagen, Termingelder, Tagesgeldkonten, Sparbücher) dürfen nur auf Konten von Banken, öffentlich-rechtlichen und anderen Kreditinstituten unterhalten werden, soweit die Institute Mitglied einer Einlagensicherungseinrichtung sind oder die Geldanlagen durch einen Garantiefonds gesichert sind. Eine ausreichende Streuung der schuldnerspezifischen und liquiditätsbezogenen Risiken der Geldanlagen ist sicherzustellen.

ab. Verzinsliche Wertpapiere (Renten) können direkt erworben werden, wenn diese als Schuldverschreibung (auf den Inhaber oder Namen lautend), Schuldscheindarlehen, oder Sparbrief ausgestellt werden.

Die Ausstattung muss fest- oder variabel verzinslich sein. Nullkuponanlagen und diskontierte Wertpapiere dürfen nicht erworben werden. Die Renten müssen eine reguläre Zins- und Tilgungsvereinbarung haben. Strukturierte Wertpapiere dürfen nicht erworben werden, da diese Anlagen Optionen oder andere Formen von Termingeschäften beinhalten und damit typischer Weise keine reguläre Zins- und Tilgungsvereinbarung haben.

Die Qualität der Aussteller und die Risiken der Wertpapieranlage dürfen nicht gegen die Bestimmung zu den Anlagemärkten und – grenzen gemäß Ziffer 1. Buchstabe c. verstoßen.

ac. Eine Anlage in Rentenfonds und Immobilienfonds gem. Investmentgesetz ist zulässig. Die Rentenfondsanlagen dürfen sich ausschließlich im Bereich »Investment-Grade« bewegen. Die Fonds müssen die ordentlichen Erträge mindestens jährlich ausschütten.

Eine Anlage in Geldmarktfonds ist zulässig, wenn der Fonds ausschließlich in Aussteller mit der höchsten Bonität investiert. Der Fonds muss die ordentlichen Erträge mindestens jährlich ausschütten.

Die Qualität der Fondsanlage ist vor Kauf und während der Haltedauer regelmäßig zu prüfen. Bei der Prüfung der Qualität ist die vergangene Ertragsentwicklung des Fonds relativ zu einer angemessenen Vergleichsgruppe maßgeblich und ein Fondsrating hinzuzuziehen. Alternativ kann eine Bankexpertise oder die schriftliche Einschätzung eines renommierten Finanzdienstleistungsunternehmens zur Prüfung herangezogen werden.

ad. Andere Anlagen sind nicht zulässig.

c. Bei der Anlage der zweckbestimmten Mittel sind folgende Anlagegrenzen und Anlagegrundsätze zu beachten:

aa. Die Basiswährung der zweckbestimmten Rücklagen ist der Euro. Effektive Fremdwährungsanlagen außerhalb des Euro-Währungsraums (EWU) sind nicht zugelassen.

ab. Aktienanlagen sind nicht zugelassen.

ac. Die Anlage in Immobiliensondervermögen ist zugelassen, wenn die Laufzeit der Verpflichtungen dies rechtfertigt.

ad. Die Restlaufzeiten und Zinsbindung der Rentenanlagen haben sich an der Laufzeit der Verpflichtungen zu orientieren. Bei der Anlage der zweckbestimmten Mittel ist diese Verpflichtung jeweils in der Planung der Restlaufzeiten zu beachten.

ae. Rentenanlagen außerhalb des Euro-Währungsraums (EWU) sind nicht zugelassen.

af. Kreditrisiken sind bei allen Anlagen zu beachten, die vom Kreditausfallrisiko bedroht sind oder für die am Kapitalmarkt im Verhältnis zu Staatsanleihen der Bundesrepublik Deutschland Renditeaufschläge gehandelt werden. Kreditrisiken sind auch bei Fondsanlagen zu beachten, es gelten immer die Kreditrisiken der Anlagen des Fonds.

Die Kreditrisikorestriktionen beziehen sich auf das Rating des Wertpapiers, wenn dieses nicht vorliegt auf das Rating des Ausstellers für vergleichbare Wertpapiere. Von der Kreditrisikorestriktion ausgenommen sind Anleihen der der Bundesrepublik Deutschland, öffentlich-rechtliche Pfandbriefe nach deutschem Recht und Anleihen von öffentlich-rechtlichen Einrichtungen mit Garantie der Bundesrepublik Deutschland bzw. und supranationale Einrichtungen, soweit diese ein Rating besser als AA von Standard & Poors und/oder Aa von Moody's haben.

Andere Kreditrisiken sind nicht zulässig.

3. Erhaltung und Verwaltung des Kapitalvermögens in der Allgemeinen Rücklage[4] (§ 4 Ziffer 2 AusfbestGA – Vermögensverwaltung)

a. Die für den laufenden Betrieb erforderlichen Mittel der Allgemeinen Rücklage sind im Sinne der Geldanlage gemäß nachfolgendem Buchstaben b., Doppelbuchstaben aa. anzulegen. Für den Teil der Mittel der Allgemeinen Rücklagen, der den laufenden Finanzbedarf übersteigt, können andere Anlagen getätigt werden, die sich an dem finanzwirtschaftlichen Risiko der Verpflichtungen orientieren.

Bei der Auswahl der Anlagen hat die Kirchengemeinde die ethischen und moralischen Normen der katholischen Kirche zu beachten. Diese Maßgabe bezieht sich auf die Aussteller der Wertpapiere, die für das Vermögen erworben werden. Bei der indirekten Anlage (Investmentfonds) ist im Einzelfall zu prüfen, in wie weit die Normen eingehalten werden.

Kommt es aufgrund von Änderungen in der Wertpapierqualität und/oder aufgrund von Änderungen der Buchwerte zu einer Nichteinhaltung der Anlagerichtlinien, dann sind diese Interessen wahrend, jedoch zeitnah (innerhalb eines Monats) so zu disponieren, dass diese Anlagerichtlinien wieder eingehalten werden. Ausnahmen von diesen Anlagerichtlinien können im Einzelfall vom Erzbischöflichen Generalvikariat genehmigt werden. Die Ausnahmen mit der entsprechenden Genehmigung sind zu dokumentieren.

b. Die Mittel der Allgemeinen Rücklagen sind in folgenden Anlageformen anzulegen:

aa. Geldanlagen (Einlagen, Termingelder, Tagesgeldkonten, Sparbücher) dürfen nur auf Konten von Banken, öffentlich-rechtlichen und anderen Kreditinstituten unterhalten werden, soweit die Institute Mitglied einer Einlagensicherungseinrichtung sind oder die Geldanlagen durch einen Garantiefonds gesichert sind. Eine ausreichende Streuung der schuldnerspezifischen und liquiditätsbezogenen Risiken der Geldanlagen ist sicherzustellen.

ab. Verzinsliche Wertpapiere (Renten) können direkt erworben werden, wenn diese als Schuldverschreibung (auf den Inhaber oder Namen lautend), Schuldscheindarlehen, oder Sparbrief ausgestellt werden.

Die Ausstattung muss fest- oder variabel verzinslich sein. Nullkuponanlagen und diskontierte Wertpapiere dürfen nicht erworben werden. Die Renten müssen eine reguläre Zins- und Tilgungsvereinbarung haben. Strukturierte Wertpapiere dürfen nicht erworben werden, da diese Anlagen Optionen oder andere Formen von Termingeschäften beinhalten und damit typischer Weise keine reguläre Zins- und Tilgungsvereinbarung haben.

Die Qualität der Aussteller und die Risiken der Wertpapieranlage dürfen nicht gegen die Bestimmung zu den Anlagemärkten und –grenzen gemäß Ziffer 1. Buchstabe c. verstoßen.

---

[4] Im Folgenden: Mittel der Allgemeinen Rücklage

ac. Eine Anlage in Rentenfonds und Immobilienfonds gem. Investmentgesetz ist zulässig. Die Rentenfondsanlagen dürfen sich ausschließlich im Bereich »Investment-Grade« bewegen. Die Fonds müssen die ordentlichen Erträge mindestens jährlich ausschütten.

Eine Anlage in Geldmarktfonds ist zulässig, wenn der Fonds ausschließlich in Aussteller mit der höchsten Bonität investiert. Der Fonds muss die ordentlichen Erträge mindestens jährlich ausschütten.

Die Qualität der Fondsanlage ist vor Kauf und während der Haltedauer regelmäßig zu prüfen. Bei der Prüfung der Qualität ist die vergangene Ertragsentwicklung des Fonds relativ zu einer angemessenen Vergleichsgruppe maßgeblich und ein Fondsrating hinzuzuziehen. Alternativ kann eine Bankexpertise oder die schriftliche Einschätzung eines renommierten Finanzdienstleistungsunternehmens zur Prüfung herangezogen werden.

ad. Andere Anlagen sind nicht zulässig.

c. Bei der Anlage der Mittel der Allgemeinen Rücklage sind folgende Anlagegrenzen und Anlagegrundsätze zu beachten:

aa. Die Basiswährung der zweckbestimmten Rücklagen ist der Euro. Effektive Fremdwährungsanlagen außerhalb des Euro-Währungsraums sind nicht zugelassen.

ab. Aktienanlagen sind nicht zugelassen.

ac. Die Anlage in Immobiliensondervermögen ist zugelassen, wenn die Laufzeit der Verpflichtungen dies rechtfertigt.

ad. Die Restlaufzeiten der Rentenanlagen haben sich an der Laufzeit der Verpflichtungen der Mittel der Allgemeinen Rücklage zu orientieren. Unter Verpflichtung werden die zu erwarteten Auszahlungen in Höhe und zeitlicher Folge verstanden, die sich gegen die Mittel der Allgemeinen Rücklage richten. Bei der Anlage der Mittel der Allgemeinen Rücklage sind diese Verpflichtungen jeweils in der Planung der Restlaufzeiten zu beachten.

ae. Rentenanlagen außerhalb des Euro-Währungsraums (EWU) sind nicht zugelassen.

af. Kreditrisiken sind bei allen Anlagen zu beachten, die vom Kreditausfallrisiko bedroht sind oder für die am Kapitalmarkt im Verhältnis zu Staatsanleihen der Bundesrepublik Deutschland Renditeaufschläge gehandelt werden. Kreditrisiken sind auch bei Fondsanlagen zu beachten, es gelten immer die Kreditrisiken der Anlagen des Fonds.

Die Kreditrisikorestriktionen beziehen sich auf das Rating des Wertpapiers, wenn dieses nicht vorliegt auf das Rating des Ausstellers für vergleichbare Wertpapiere. Von der Kreditrisikorestriktion ausgenommen sind Anleihen der der Bundesrepublik Deutschland, öffentlich-rechtliche Pfandbriefe nach deutschem

Recht und Anleihen von öffentlich-rechtlichen Einrichtungen mit Garantie der Bundesrepublik Deutschland bzw. und supranationale Einrichtungen, soweit diese ein Rating besser als AA von Standard & Poors und/oder Aa von Moody's haben.

Andere Kreditrisiken sind nicht zulässig.

4. Genehmigung durch das Erzbischöfliche Generalvikariat

Kapitalanlagen mit Ausnahme von Einlagen bei Kreditinstituten bedürfen gemäß Art. 7 der Geschäftsanweisung für die Verwaltung des Vermögens in den Kirchengemeinden und Gemeindeverbände der Erzdiözese Köln zu ihrer Wirksamkeit der Genehmigung der kirchlichen Aufsichtsbehörde.

Die Genehmigung wird nach näherer Maßgabe der Ausführungsverordnung zu Art. 7 a der Geschäftsanweisung für die Verwaltung des Vermögens in den Kirchengemeinden und Gemeindeverbänden der Erzdiözese Köln (AusfVO - GA Vorausgenehmigung Nutzungs- und Wartungsverträge, Kapitalanlagen) in der jeweils geltenden Fassung[5] erteilt, und zwar für Kapitalanlagen bis 100.000 Euro als Vorausgenehmigung gemäß Art. 7 a der Geschäftsanweisung und für Kapitalanlagen über 100.000 Euro als kirchenaufsichtsrechtliche Genehmigung des Erzbischöflichen Generalvikariats.

5. Inkrafttreten

Diese Anlagerichtlinien treten zum 01. Januar 2011 in Kraft.

---

[5] Vgl. Amtsblatt 2011, Nr. ...

Zuweisungsordnung für die Kirchengemeinden und Kirchengemeindeverbände in den Seelsorgebereichen des Erzbistums Köln (Zuweisungsordnung 2009) vom 27.03.2009, Amtsblatt des Erzbistums Köln 2009, S. 100 f.

§1 Allgemeine Grundsätze

In der Erzdiözese Köln wird die Kirchensteuer als Diözesansteuer erhoben.

Den Kirchengemeinden und Kirchengemeindeverbänden sind vom Erzbistum im Rahmen der zur Verfügung stehenden Finanzmittel Mittel zuzuweisen, sofern der notwendige Finanzbedarf nicht durch eigene Einnahmen und Leistungen Dritter gedeckt werden kann. Zuweisungsempfänger ist in der Regel die Kirchengemeinde bzw. der Kirchengemeindeverband.

Die Zuweisungen werden nach den folgenden Bestimmungen bemessen.

§2 Zuweisungen für allgemeine kirchliche Zwecke

1. Für allgemeine kirchliche Zwecke erhalten die Kirchengemeinden und Kirchengemeindeverbände nach Maßgabe dieser Ordnung
   * Pauschalen für
     – Seelsorge und Verwaltung,
     – Bewirtschaftung,
     – Instandhaltung,
     – Dienstwohnungen,
   * Sonderzuweisungen in begründeten Ausnahmefällen,
   * Bedarfszuweisungen für Personalkosten.
2. Auf die Zuweisungen nach Ziffer 1 werden die Einnahmen nach Maßgabe des § 6 angerechnet.

§3 Pauschalen

1. Für Seelsorge und Verwaltung erhalten die Kirchengemeinden ab 01.01.2009 eine Pauschale. Diese beinhaltet folgende Beträge:
   – Schlüsselzuweisung für Seelsorge und Verwaltung gemäß dem genehmigten Haushaltsplan 2008.
   – Freibetrag i. H. v. 1.500,00 Euro, der bis 2008 im Rahmen der Anrechnung von Einnahmen gewährt wurde.
   – Sonderzuweisung zum Ausgleich fusionsbedingter Nachteile im Fall des Zusammenschlusses von Kirchengemeinden vor dem 31.12.2008.
2. Für die Bewirtschaftung der pastoral notwendigen Gebäude bzw. Flächen erhält die Kirchengemeinde eine Pauschale. Diese entspricht der Schlüsselzuweisung gemäß dem Haushaltsplan 2008, unter Berücksichtigung des genehmigten Gebäudekonzeptes.
3. Für die Instandhaltung der unter 2. genannten Gebäude bzw. Flächen erhält die Kirchengemeinde eine Pauschale. Diese entspricht der Schlüsselzuweisung für Instandhaltung gemäß dem genehmigten Haushaltsplan 2008.
4. Das Erzbischöfliche Generalvikariat kann die Pauschalen im Rahmen des Wirtschaftsplanaufstellungsverfahrens an die wirtschaftliche Entwicklung anpassen.

Das Erzbischöfliche Generalvikariat kann allgemein oder im Einzelfall festlegen, in welchem Umfang pastoral notwendige Ausgaben vom Kirchenvorstand bzw. von der Verbandsvertretung vorrangig im Wirtschaftsplan der Kirchengemeinde bzw. des Kirchengemeindeverbandes zu veranschlagen sind.

§4 Sonderzuweisungen in begründeten Ausnahmefällen

In begründeten Ausnahmefällen kann das Erzbischöfliche Generalvikariat neben den Pauschalen Sonderzuweisungen gewähren, wenn ausreichende Finanzmittel zur Verfügung stehen.

Planbare Sonderzuweisungen sind jährlich im Rahmen des Wirtschaftsplanaufstellungsverfahrens (mit Beschluss des Kirchenvorstandes) zu beantragen. Bei Dauersachverhalten erfolgt eine zeitliche Befristung auf längstens drei Jahre, nach deren Ablauf eine erneute Prüfung stattfindet.

Unterjährig genehmigte Sonderzuweisungen werden als Einmalzahlung geleistet.

§5 Personalaufwendungen

1. Für die Personalaufwendungen werden im Rahmen des genehmigten Folgedienstkonzeptes Bedarfszuweisungen gewährt.
2. Andere Personalaufwendungen sind aus den Pauschalen sowie eigenen Erträgen zu finanzieren.

§6 Anzurechnende Einnahmen

1. Einnahmen aus Grund- und Kapitalvermögen (Pachten, Erbpachten, Zinsen, Dividenden u. s. w.) der Substanzvermögen Fabrikfonds und Stellenfonds werden nach Abzug eines Bonus von zurzeit 30 % auf die Kirchensteuerzuweisung angerechnet. Dies gilt nicht, wenn es sich um Vermögen des Allgemeinen Fonds ohne Anrechnung oder um Stiftungsvermögen sowie Vermögen des Armenfonds handelt, welches bis zum 31.12.2008 in einem gesonderten Teilhaushalt verwaltet wurde.
2. Anzurechnen sind:
   – Nutzungsentgelte für Dienstwohnungen,
   – Mieten, die vom Erzbistum für Flächen der kategorialen Seelsorge gezahlt werden, wenn das Erzbistum die Bauunterhaltung übernimmt,
   – Verwaltungskosten.

§7 Berechnung der Kirchensteuerzuweisung

Die Summe der nach den §§ 3 – 5 zu gewährenden Beträge ergibt nach Abzug der gem. § 6 anzurechnenden Einnahmen die jeweilige Zuweisung für das Wirtschaftsjahr. Die Zuweisungsbeträge werden monatlich zahlbar gemacht. Ein verbleibender Überschuss ist an das Erzbistum abzuführen.

Bei der Abrechnung der Kirchensteuerzuweisung für ein abgeschlossenes Wirtschaftsjahr werden die dafür vorgesehenen Plansätze mit dem Ist-Ergebnis abgeglichen. Die daraus resultierenden Rückforderungen oder Nachbewilligungen sind nach Abschluss des Wirtschaftsjahres an das Erzbistum zu überweisen bzw. werden von dort ausgezahlt. Die Prüfung der jährlichen Kirchensteuerabrechnungen obliegt der Stabsabteilung Rechnungskammer.

§8 Vermietete Einheiten
(Wohn- und Geschäftseinheiten)

Die Überschüsse aus vermieteten Einheiten sind jährlich anhand der Gebäude-/ Nutzungskostenstellen nach Fondszugehörigkeit zu ermitteln und werden in Höhe von jeweils 50 % dem Substanzkapital des jeweiligen Fonds sowie der Mietrücklage im Betriebsmandanten zugeführt.

§9 Zuweisungen für Tageseinrichtungen für Kinder

1. Zuweisungen für Tageseinrichtungen für Kinder werden für die vom Erzbischöflichen Generalvikariat unter Berücksichtigung der voraussichtlichen künftigen Zahl katholischer Kleinkinder festgelegte Anzahl und Art von Gruppen gewährt. Auf dieser Basis können die örtlichen Träger die betreffenden Einrichtungen und Gruppen einvernehmlich benennen.

2. Zuweisungen für Tageseinrichtungen für Kinder im nordrhein-westfälischen Teil des Erzbistums Köln richten sich nach der Richtlinie des Erzbistums Köln zur Finanzierung und Personalbemessung von Kindertageseinrichtungen in NRW in der jeweils geltenden Fassung.

3. Im rheinland-pfälzischen Teil des Erzbistums Köln werden Personalkosten für Tageseinrichtungen für Kinder, einschließlich Personalnebenkosten und Fortbildungskosten, nach den dafür jeweils geltenden staatlichen Bestimmungen anerkannt und gefördert. Für Sachkosten werden Pauschalbeträge zugewiesen, die vorn Erzbischöflichen Generalvikariat festgesetzt und geändert werden können. Nicht verbrauchte Pauschalzuweisungen sind einer zweckbestimmten Reparaturrücklage zuzuführen. Für andere Ausgaben darf diese Rücklage nur mit Zustimmung des Erzbischöflichen Generalvikariates verwandt werden.

4. Kosten für Küchenpersonal und Mittagessen der Kinder werden nicht gefördert.

§10 Zuweisungen für Einrichtungen der Jugendpflege

Für Einrichtungen der Jugendpflege können Festbeträge oder Höchstbeträge als Anteilsfinanzierung bewilligt werden.

§11 Bedarfszuweisungen für Baumaßnahmen, Reparaturen und sonstigen Investitionen

Zur Finanzierung von Neubauten sowie von Reparaturen pastoral notwendiger Gebäude und sonstigen notwendigen Investitionen im kirchengemeindlichen Bereich, und zwar für genehmigungspflichtige Maßnahmen, können im Rahmen der verfügbaren Finanzmittel des Erzbistums Zuweisungen insoweit gewährt werden, als die für den betreffenden Zweck verwendbaren Eigenmittel der Kirchengemeinde und die Zuschüsse anderer Stellen nicht ausreichen und die Aufnahme von Darlehen nicht zugemutet werden kann.

Für die Bewilligung gelten die Richtlinien zur Finanzierung von Bau- und Instandhaltungsmaßnahmen an kirchengemeindlichen Gebäuden, deren Ausstattung und Freiflächen im Erzbistum Köln – Finanzierungsrichtlinie Bau – in der jeweils geltenden Fassung.

Für Dienstwohnungen wird auf die Ordnung zur Finanzierung von Dienstwohnungen in der jeweils geltenden Fassung verwiesen.

§12 Ausführungsbestimmungen

Einzelheiten für die Zuweisungen für allgemeine kirchliche Zwecke regeln Ergänzend zu dieser Ordnung Ausführungsbestimmungen, die vom Generalvikar erlassen werden.

§13 Kürzung von Zuweisungen

Der Generalvikar ist befugt, die Kirchensteuerzuweisungen für die Kirchengemeinden und Kirchengemeindeverbände ganz oder teilweise zu kürzen, wenn Regelungen dieser Zuweisungsordnung und der hierzu ergangenen Ausführungsbestimmungen oder sonstige die Kirchengemeinden und Kirchengemeindeverbände betreffenden Ordnungen nicht eingehalten werden.

§14 Inkrafttreten
Diese Ordnung tritt rückwirkend zum 1. Januar 2009 in Kraft.

Köln, den 27.03.2009

+ Joachim Card. Meisner
Erzbischof von Köln

Ausführungsbestimmungen zur Zuweisungsordnung für die Kirchengemeinden und Kirchengemeindeverbände in den Seelsorgebereichen des Erzbistums Köln

vom 25.03.2009, Amtsblatt des Erzbistums Köln 2009, S. 106 ff.

1. Allgemeines

Zuweisungen an Kirchengemeinden und Kirchengemeindeverbände im Erzbistum Köln für allgemeine kirchliche Zwecke erfolgen auf der Grundlage der Zuweisungsordnung für die Kirchengemeinden und Kirchengemeindeverbände in den Seelsorgebereichen des Erzbistums Köln (Zuweisungsordnung) in der jeweils geltenden Fassung.

2. Seelsorgebereich

2.1 Die Bemessungsgrundlage für die Pauschalen Bewirtschaftung und Instandhaltung von Versammlungs- und Büroflächen, für die Pauschale Dienstwohnungen, für die Bedarfszuweisungen für Folgedienste sowie für die Zuweisungen für die Tageseinrichtungen für Kinder ist der jeweilige Seelsorgebereich.

2.2 Die Aufteilung/Festlegung der Bezugsgrößen der einzelnen Zuweisungsarten erfolgte im Rahmen des Projektes »Zukunft heute«. Änderungen hierzu bedürfen eines übereinstimmenden Beschlusses der Kirchenvorstände des Seelsorgebereichs sowie der Genehmigung des Erzbischöflichen Generalvikariates.

2.3 Ist der Kirchengemeindeverband des Seelsorgebereichs Anstellungsträger des Personals oder Träger der Tageseinrichtung für Kinder, entscheidet die Verbandsvertretung.

2.4 Empfänger der Zuweisungen ist die Kirchengemeinde. Soweit Aufgaben gem. Ziffer 2.3 vom Kirchengemeindeverband wahrgenommen werden, ist dieser Zuweisungsempfänger.

3. Richtwerte für Versammlungsflächen

Die im Rahmen des Projektes »Zukunft heute« erstellten und genehmigten Konzepte für die Versammlungsflächen haben weiter Bestand.

4. Richtwerte für Büroflächen

Die im Rahmen des Projektes »Zukunft heute« erstellten und genehmigten Konzepte für die Büroflächen haben weiter Bestand.

5. Richtwerte für Gruppen in Tageseinrichtungen für Kinder

Die Anzahl der Gruppen in Tageseinrichtungen für Kinder, für die der gesetzliche Trägeranteil vom Erzbistum entsprechend § 9 der Zuweisungsordnung übernommen wird, bestimmt sich nach der jeweils vom Erzbistum Köln genehmigten Seelsorgebereichsplanung. Die Tageseinrichtungen für Kinder, in denen sich diese Gruppen befinden, werden durch Beschlüsse der Verbandsvertretung des Kirchengemeindeverbandes auf Seelsorgebereichsebene festgelegt. Sofern die Kirchengemeinde Träger der Einrichtung ist, entscheidet der Kirchenvorstand.

6. Richtwerte für den Beschäftigungsumfang der sog. Folgedienste

Für die Personalbereiche Küsterdienst, Kirchenmusik und Pastoralbüro wird der ab dem 1.1.2007 zuweisungsrelevante Gesamtbeschäftigungsumfang unter Berücksichtigung der ab dem 01.10.2008 geltenden 39 Stunden-Woche (vgl. Amtsblatt 2008, Nr. 259) für jeden Seelsorgebereich vom Erzbischöflichen Generalvikariat entsprechend der vom Erzbistum Köln genehmigten Seelsorgebereichsplanung festgelegt. Innerhalb des genehmigten Stellenplans sind Stundenverschiebungen der jeweiligen Dienstarten (mit Ausnahme der Seel-sorgebereichsmusiker- und qualifizierten A- und B-Kirchenmusikerstellen) möglich, so-lange die festgelegte Gesamtstundenzahl des Stellenplans nicht überschritten wird. Dabei soll nach Möglichkeit in jedem Seelsorgebereich ein vollzeitlich beschäftigter Seelsorgebe-reichsmusiker beschäftigt werden.

Für allgemeine Vertretungen bei den Folgediensten erhält jeder Seelsorgebereich einen Pauschalbetrag, der an den Kirchengemeindeverband ausgezahlt wird. Bis zu seiner Grün-dung wird der Pauschalbetrag an die Kirchengemeinde gezahlt, an der der leitende Pfarrer seinen Wohnsitz hat; die jeweiligen Kirchengemeinden haben die Pauschale untereinander aufzuteilen. Gibt es in einem Seelsorgebereich wegen der Fusion von Kirchengemeinden nur eine Kirchengemeinde, erhält diese die Vertretungspauschale.

7. Bau- und Reparaturmaßnahmen an vermieteten Einheiten
Wenn die Kosten einer notwendigen Bau- und Reparaturmaßnahme den in der Mietrück-lage vorhandenen Betrag übersteigen, ist eine Entnahme aus dem Substanzvermögen des jeweiligen Fonds mit Genehmigung des Erzbischöflichen Generalvikariates zulässig.

8. Festlegung der zuweisungsrelevanten Versammlungsflächen
Für die in den genehmigten Gebäudekonzepten enthaltenen Flächen stehen Bistumsmit-tel für Bau- und Reparaturmaßnahmen im Rahmen der verfügbaren Finanzmittel zur Ver-fügung. Näheres regeln die Richtlinien zur Finanzierung von Bau- und Instandhaltungs-maßnahmen an kirchlichen Gebäuden, deren Ausstattung und Freiflächen im Erzbistum Köln – Finanzierungsrichtlinie Bau – in der jeweils geltenden Fassung.

9. Rücklagen für eigenfinanzierte Versammlungs- und Büroflächen
Versammlungs- und Büroflächen der Kirchengemeinden, für die keine Pauschalen mehr aus Kirchensteuermitteln zur Verfügung gestellt werden, sind zu verwerten (Verkauf, Ver-mietung, Erbbaurechtsvergabe) oder in eigener Verantwortung der Kirchengemeinde zu fi-nanzieren. Die Kirchengemeinden müssen für diese Flächen sowohl die Bewirtschaftungs-als auch die Instandhaltungskosten tragen. Zuweisungen für Bau- und Reparaturmaßnah-men werden für diese Flächen vom Erzbistum nicht gewährt.

10. Behandlung von Erlösen und Erträgen* aus Verwertungen

10.1   Seit dem 1. Oktober 2004 können im Rahmen des Projektes »Zukunft heute« mit Ge-nehmigung des Erzbischöflichen Generalvikariates die Erlöse aus dem Verkauf von Versammlungs- und Büroflächen dem Allgemeinen Fonds ohne Anrechnung (Fa-brikfonds II) zugeführt werden, wenn dadurch Überhangflächen abgebaut werden. Voraussetzung ist, dass das betreffende Grundstück dem Substanzvermögen Fabrik-fonds zuzuordnen ist. Für andere Fonds ist diese Regelung nicht zulässig. Die Erträge aus der Anlage des Verkaufserlöses werden der Allgemeinen Rücklage zugeführt.

10.2   Bei der Vergabe im Erbbaurecht wird der Verkaufserlös für das Gebäude in den All-gemeinen Fonds ohne Anrechnung (Fabrikfonds II) eingestellt (s. o.). Der Erbbauzins wird der Allgemeinen Rücklage des Betriebsmandanten zugeführt.

10.3   Werden nicht mehr bezuschusste Versammlungsflächen dem Erzbistum Köln für Einrichtungen der kategorialen Seelsorge zur Verfügung gestellt, zahlt das Erzbis-tum eine ortsübliche Miete an die Kirchengemeinde. Diese Miete ist im Betriebs-

---

* Unter Erlös wird der Kaufpreis aus der Veräußerung eines Grundstücks und unter Ertrag
  die Zinsen aus der Anlage dieses Erlöses verstanden.

mandanten der Kirchengemeinde zu vereinnahmen und damit in voller Höhe auf die Kirchensteuerzuweisung anzurechnen. Das Erzbistum Köln übernimmt während der Nutzungsdauer die Bauunterhaltung dieser Gebäude in voller Höhe auf eigene Kosten. Soweit eine gemischte Nutzung erfolgt, gilt das Vorstehende anteilig im Verhältnis der Nutzungsanteile.

11. Werklohn / Verwaltungskosten

11.1.　Für das Wirtschaftsjahr 2009 (Übergangsjahr) gelten die bisherigen Ansätze für Werklohn und Verwaltungskosten (mit Ausnahme der Ansätze für Bau- und Investitionsmaßnahmen) je ehemaligen Teilhaushalt.

11.2　Mit dem Wirtschaftsjahr 2010 erfolgt eine Neuregelung.

12. Inkrafttreten, Außerkrafttreten

Diese Ausführungsbestimmungen zur Zuweisungsordnung für die Kirchengemeinden und Kirchengemeindeverbände in den Seelsorgebereichen des Erzbistums Köln treten rückwirkend zum 01.01.2009 in Kraft. Gleichzeitig treten die Ausführungsbestimmungen zur Zuweisungsordnung für die Seelsorgebereiche des Erzbistums Köln vom 24.11.2005 (Amtsblatt des Erzbistums Köln 2005, Nr. 336) außer Kraft.

Köln, den 25.03.2009

Tätigkeitskatalog für die Friedhofsverwaltung
vom 25.03.2009, Amtsblatt des Erzbistums Köln 2009, S. 108

I. Aufgaben der Friedhofsträgerin bzw. des beauftragten Dritten

1. Führung der Bücher, Verzeichnisse und Pläne gemäß den einschlägigen landesrechtlichen Vorschriften (vgl. § 5 BestG NRW) und § 10 der Ausführungsbestimmungen für die Vermögensverwaltung in den Kirchengemeinden, Kirchengemeindeverbänden und Gemeindeverbänden der Erzdiözese Köln (AusfbestGA-Vermögensverwaltung),
2. Überwachung der Fristen (z. B. Einhaltung der Ruhefristen, Ablauf von Nutzungsrechten),
3. Beratung und Begleitung der Interessenten bei der Auswahl der Grabstätten,
4. Ausfertigung von Urkunden, Genehmigungen, Bescheinigungen und Rechnungen (z B. Nutzungsurkunden, Genehmigung zur Aufstellung von Grabmalen, Bescheinigungen für Krematorien),
5. Koordination der Bestattungstermine und Arbeiten auf dem Friedhof (z. B. rechtzeitige Aushebung der Grabstätten),
6. Überwachung von Arbeiten auf dem Friedhof (z. B. Ordnungsgemäßes Ausheben der Grabstellen, Reinigung und Instandhaltung der Wege, Reinigung der Friedhofskapelle),
7. Überwachung der Verkehrssicherheit auf dem Friedhof, insbesondere jährliche Überprüfung der Grabsteine und Ausübung des Hausrechts auf dem Friedhof,
8. Entgegennahme und Abwicklung von Beschwerden und Reklamationen,
9. Überwachung von Grabpflegeverpflichtungen des Friedhofsträgers,
10. Mitwirkung bei der Überarbeitung der Friedhofsgebührenordnung.

II. Aufgaben der Rendantur
Finanz- und Rechnungswesen, einschließlich der Vorbereitung von Vollstreckungsmaßnahmen.

Köln, den 25.03.2009

Musterfriedhofsordnung des Erzbistums Köln:

Friedhofsordnung der Katholischen Kirchengemeinde

I. Allgemeine Vorschriften

§ 1 Verwaltung

Der Friedhof in _____ ist ein kirchlicher Friedhof im Sinne des kirchlichen Gesetzbuches (cc. 1240 - 1243 CIC). Die Kirchengemeinde _____ ist als Körperschaft des öffentlichen Rechts Trägerin des Friedhofs. Die Verwaltung des Friedhofs obliegt gem. § 1 VVG 1924 dem Kirchenvorstand.

§ 2 Friedhofszweck

Der Friedhof dient der Bestattung der Katholiken der Pfarrei _____ die bei ihrem Tod in dieser Pfarrei wohnten oder sich aufhielten und der Bestattung der Personen, die zu Lebzeiten ein Recht auf Bestattung (Nutzungsrecht) in einer bestimmten Grabstätte hatten. Die Bestattung anderer Verstorbener bedarf der vorherigen, schriftlichen Zustimmung der Kirchengemeinde. Sie wird nicht versagt, wenn kein anderer Friedhof in der Zivilgemeinde vorhanden ist.

§ 3 Schließung und Entwidmung

(1) Der Friedhof, Friedhofsteile und einzelne Grabstätten können durch Beschluss des Kirchenvorstands mit Genehmigung des Erzbischöflichen Generalvikariates in Köln geschlossen oder entwidmet werden.

(2) Durch die Schließung wird die Möglichkeit weiterer Bestattungen ausgeschlossen. Soweit durch Schließung das Recht auf weitere Bestattungen an Wahlgrabstätten erlischt, wird dem Nutzungsberechtigten für die restliche Nutzungszeit bei Eintritt eines weiteren Bestattungsfalles auf Antrag eine andere Wahlgrabstätte als Ersatzgrabstätte zur Verfügung gestellt. Außerdem kann er eine Umbettung bereits bestatteter Leichen verlangen.

(3) Durch die Entwidmung verliert der Friedhof seine Eigenschaft als Ruhestätte der Toten. Die Bestatteten werden, falls die Ruhezeit (bei Reihengrabstätten) bzw. die Nutzungszeit (bei Wahlgrabstätten) noch nicht abgelaufen ist, auf Kosten der Kirchengemeinde in Ersatzgrabstätten umgebettet.

(4) Schließung und Entwidmung werden öffentlich bekannt gemacht. Der Nutzungsberechtigte einer Wahlgrabstätte erhält zudem einen schriftlichen Bescheid, wenn sein Aufenthalt bekannt oder ohne besonderen Aufwand zu ermitteln ist.

(5) Umbettungstermine werden einen Monat vorher öffentlich bekannt gemacht. Gleichzeitig sind sie bei Reihengrabstätten einem Angehörigen des Verstorbenen, bei Wahlgrabstätten dem Nutzungsberechtigten mitzuteilen.

(6) Ersatzgrabstätten werden von der Kirchengemeinde auf ihre Kosten in ähnlicher Weise wie die ursprünglichen Grabstätten hergerichtet. Die Ersatzwahlgrabstätten werden Gegenstand des Nutzungsrechts.

§ 4 Begräbnis und sonstige Feierlichkeiten auf dem Friedhof

(1) Das christliche Begräbnis ist eine gottesdienstliche Handlung.

(2) Die Amtsausübung ortsfremder Geistlicher auf dem Friedhof bedarf der vorherigen schriftlichen Erlaubnis des Pfarrers.

(3) Für Beerdigungsfeiern (-ansprachen) auf dem Friedhof durch Angehörige anderer Religionsgesellschaften oder Weltanschauungen ist die vorherige, schriftliche Erlaubnis des Pfarrers erforderlich. Dasselbe gilt auch für alle sonstigen Feierlichkeiten.

II. Ordnungsvorschriften

§ 5 Verhalten auf dem Friedhof

(1) Jeder hat sich auf dem Friedhof der Würde des Ortes und der Achtung der Persönlichkeitsrechte der Angehörigen und Besucher entsprechend zu verhalten. Die Anordnungen des Friedhofspersonals sind zu befolgen.

(2) Kinder unter zwölf[1] Jahren dürfen den Friedhof nur in Begleitung und unter der Verantwortung Erwachsener betreten. Die Kirchengemeinde kann in begründeten Einzelfällen Ausnahmen zulassen.

(3) Auf dem Friedhof ist insbesondere nicht gestattet:

    a) die Wege mit Fahrzeugen aller Art und Sportgeräten (z.B. Rollschuhen, Inlineskatern, Skateboards), ausgenommen sind Kinderwagen und Rollstühle sowie Fahrzeuge der Friedhofsverwaltung und der für den Friedhof zugelassenen Gewerbetreibenden gemäß § 6, zu befahren,

    b) der Verkauf und das Bewerben von Waren aller Art, insbesondere Kränzen und Blumen sowie das Anbieten und Bewerben von Dienstleistungen,

    c) an Sonn- und Feiertagen oder in der Nähe einer Bestattung Arbeiten auszuführen,

    d) die Erstellung und Verwertung von Film-, Ton-, Video- und Fotoaufnahmen, außer zu privaten Zwecken,

    e) Druckschriften zu verteilen, ausgenommen Drucksachen, die im Rahmen der Bestattungsfeier notwendig und üblich sind,

    f) Abraum und Abfälle außerhalb der dafür bestimmten Stellen abzulagern,

    g) den Friedhof und seine Einrichtungen und Anlagen zu verunreinigen oder zu beschädigen, Einfriedungen und Hecken zu übersteigen und Rasenflächen (soweit sie nicht als Wege dienen), Grabstätten und Grabeinfassungen zu betreten,

    h) zu lärmen und zu spielen, zu essen und zu trinken sowie zu lagern,

    i) Tiere mitzubringen, ausgenommen Blindenführhunde.

Die Kirchengemeinde kann Ausnahmen zulassen, soweit sie mit dem Zweck des Friedhofs vereinbar sind.

§ 6 Gewerbliche Arbeiten

(1) Gewerbetreibende bedürfen zur Ausführung von Arbeiten auf dem Friedhof der vorherigen Zulassung durch die Kirchengemeinde.

(2) Zuzulassen sind Gewerbetreibende, die

    a) in fachlicher, betrieblicher und persönlicher Hinsicht zuverlässig sind,

    b) einen für die Ausübung der Tätigkeit ausreichenden Haftpflichtversicherungsschutz[2] besitzen und

    c) die Berechtigung zur Ausübung des entsprechenden Handwerkes oder des entsprechenden Gewerbes darlegen. Dabei sind die Regeln des jeweiligen EU-Staates, in dem der Antragsteller seinen Sitz oder seine Niederlassung hat, zu beachten.[3] Für Nicht-EU-Ausländer gelten die Voraussetzungen, die für deutsche Gewerbetreibende gelten.

(3) Die Zulassung erfolgt durch Ausstellen einer Berechtigungskarte, die alle zwei Jahre zu erneuern ist. Die zugelassenen Gewerbetreibenden haben für jeden ihrer Bediensteten

---

[1] Der Friedhofsträger kann in begründeten Einzelfällen Ausnahmen zulassen.

[2] Die Mindestdeckungssumme darf 1,5 Millionen Euro keinesfalls unterschreiten. Laut Aussage der Versicherungswirtschaft sind 3 Millionen Euro Mindestdeckungssumme üblich.

[3] Die für Gewerbetreibende aus EU-Staaten geltenden Bestimmungen finden sich auf der Informationsseite des Bundesministeriums für Wirtschaft und Technologie www.portal21.de.

einen Bedienstetenausweis auszustellen. Die Berechtigungskarte und die Bediensteten-ausweise sind auf Verlangen dem Friedhofspersonal vorzuweisen.

(4) Die Gewerbetreibenden und ihre Bediensteten haben die Friedhofsordnung und die dazu ergangenen Regelungen zu beachten. Die Gewerbetreibenden haften für alle Schäden, die sie oder ihre Bediensteten im Zusammenhang mit ihrer Tätigkeit auf dem Friedhof schuldhaft verursachen.

(5) Gewerbliche Arbeiten auf dem Friedhof dürfen nur werktags innerhalb der Öffnungs-zeiten ausgeführt werden. Die Arbeiten sind eine halbe Stunde vor Ablauf der Öff-nungszeiten zu beenden. Die Kirchengemeinde kann in begründeten Einzelfällen Aus-nahmen zulassen.

(6) Die für die Arbeiten erforderlichen Werkzeuge dürfen auf dem Friedhof nur an den von der Kirchengemeinde genehmigten Stellen gelagert werden. Bei Beendigung der Arbei-ten sind die Arbeits- und Lagerplätze wieder in einen ordnungsgemäßen Zustand zu versetzen. Die Gewerbetreibenden dürfen auf dem Friedhof keinerlei Abraum lagern. Gewerbliche Geräte dürfen nicht an oder in den Wasserentnahmestellen des Friedhofs gereinigt werden.

(7) Gewerbetreibenden, die trotz schriftlicher Verwarnung gegen die Bestimmungen der Friedhofsordnung oder Anordnungen der Kirchengemeinde verstoßen oder bei denen die Voraussetzungen des Absatzes 2 ganz oder teilweise nicht mehr gegeben sind, kann die Kirchengemeinde auf Zeit oder dauerhaft die Zulassung durch schriftlichen Be-scheid entziehen. Bei einem schwerwiegenden Verstoß ist eine vorherige Verwarnung entbehrlich.

III. Bestattungsvorschriften

§ 7 Anmeldung zur Bestattung und Bestattungsfristen

(1) Bestattungen sind unverzüglich nach Beurkundung des Sterbefalles durch die Zivilge-meinde bei der Kirchengemeinde anzumelden. Der Anmeldung sind die erforderlichen Unterlagen beizufügen. Wird eine Bestattung in einer vorher erworbenen Wahlgrab-stätte beantragt, ist auch das Nutzungsrecht nachzuweisen.

(2) Die Kirchengemeinde setzt Ort und Zeit der Bestattung fest.

(3) Erdbestattungen sollen in der Regel spätestens am vierten Tag nach Eintritt des Todes erfolgen. Leichen, die nicht binnen acht Tagen nach Eintritt des Todes und Aschen, die nicht binnen drei Monaten nach der Einäscherung bestattet werden, werden auf Kos-ten des Bestattungspflichtigen in einer Reihengrabstätte bestattet.

§ 8 Anlage der Grabstätten

(1) Die Kirchengemeinde veranlasst das ordnungsgemäße Ausheben und Verfüllen der Grabstätten.

(2) Jedes Grab, mindestens aber jedes Grabfeld[4], wird mit einer fest in der Erde anzubrin-genden Marke versehen, welche die Nummer des Grabes bzw. der Gräber trägt, so dass jedes Grab identifizierbar ist.

(3) Die Gräber für Erdbestattungen müssen voneinander durch mindestens 0,30 m starke Erdwände getrennt sein.

(4) Die Grabtiefe für Erdbestattungen beträgt 1,80 m und bei Tiefgräbern 2,40 m[5], bei Ver-

---

[4] Grundsätzlich ist jedes Grab zu markieren. Eine Ausnahme ist zulässig, wenn eine Kennzeichnung mindestens für jedes Grabfeld erfolgt. Es muss jedoch stets jedes Grab auffindbar sein.
[5] Tiefgräber dürfen nur angelegt werden, wenn deren Lage und Tiefe mit dem örtlichen Gesundheitsamt abgestimmt sind.

storbenen bis zum vollendeten fünften Lebensjahr ist eine Grabtiefe von 1,40 m erforderlich. Bei Urnen ist eine Grabtiefe von 0,70 m vorzusehen.

§ 9 Ruhezeiten
Die Ruhezeit beträgt bei
1. Leichen von Verstorbenen bis zum vollendeten fünften Lebensjahr _____ Jahre[6],
2. Leichen von Verstorbenen ab dem vollendeten fünften Lebensjahr _____ Jahre[7],
3. Urnen _____ Jahre[8],
4. Totgeburten _____ Jahre[9] und Fehlgeburten _____ Jahre[10].

§ 10 Wiederbelegung
(1) Vor Ablauf der Ruhefrist darf ein Grab nicht wiederbelegt werden.
(2) Werden bei Öffnung eines Grabes zwecks Wiederbelegung noch nicht völlig verweste Leichenteile gefunden, so ist die Wiederbelegung unzulässig und das Grab sofort wieder zu verschließen. Hierbei sind die Leichenteile mit einer Erdschicht von mindestens 0,90 m zu bedecken.

§ 11 Schutz der Totenruhe, Umbettungen und Exhumierungen
(1) Die Ruhe der Toten darf grundsätzlich nicht gestört werden.
(2) Die Umbettung von Leichen und Totenaschen ist nur auf Antrag und nur dann zulässig, wenn sie durch wichtige Gründe gerechtfertigt ist. Umbettungen von Särgen innerhalb der ersten fünf Jahre nach der Bestattung dürfen nur bei Vorliegen eines dringenden öffentlichen Bedürfnisses erfolgen.
(3) Umbettungen werden nur von den von der Kirchengemeinde hierzu Beauftragten durchgeführt. Die Kirchengemeinde bestimmt den Zeitpunkt der Umbettung. Die Umbettung darf nicht ohne die vorherige schriftliche Genehmigung der örtlich zuständigen Ordnungsbehörde erfolgen.
(4) Umbettungen innerhalb des Friedhofes aus einer Reihengrabstätte in eine andere Reihengrabstätte sind nicht zulässig.
(5) Nach Ablauf der Ruhefrist und der Verwesung noch vorhandene Leichenreste können in belegte Grabstätten aller Art umgebettet werden.
(6) Noch vorhandene Urnen werden nach Ablauf der Ruhefrist und des Nutzungsrechtes an der Grabstätte in einer Gemeinschaftsgrabstätte bestattet.
(7) Antragsberechtigt ist bei Umbettungen aus Reihengrabstätten jeder Angehörige des Verstorbenen; er bedarf jedoch der Zustimmung des nach § 17 b) Verpflichteten. Bei Wahlgrabstätten ist der jeweilige Nutzungsberechtigte antragsberechtigt.
(8) Umbettungen werden von der Kirchengemeinde auf Kosten des Antragstellers durchgeführt. Dieser haftet für Schäden, die bei Durchführung der Umbettung an benachbarten Grabstätten und Anlagen zwangsläufig entstehen.

---

[6] Maßgebend sind die jeweils von dem Erzbischöflichen Generalvikariat in Köln genehmigten Fristen, die sich nach der örtlichen Bodenbeschaffenheit richten. Sofern von den bereits genehmigten Ruhefristen abgewichen wird, bedarf es einer gesonderten Genehmigung. Änderungen der Ruhefristen sind mit dem örtlichen Gesundheitsamt abzustimmen.

[7] Maßgebend sind die jeweils von dem Erzbischöflichen Generalvikariat in Köln genehmigten Fristen, die sich nach der örtlichen Bodenbeschaffenheit richten. Sofern von den bereits genehmigten Ruhefristen abgewichen wird, bedarf es einer gesonderten Genehmigung. Änderungen der Ruhefristen sind mit dem örtlichen Gesundheitsamt abzustimmen.

[8] Die Ruhefrist richtet sich nach der Ruhefrist der Leichen von Verstorbenen unter fünf Jahren.

[9] Die Dauer der Ruhefristen ist mit dem örtlichen Gesundheitsamt abzustimmen.

[10] Die Dauer der Ruhefristen ist mit dem örtlichen Gesundheitsamt abzustimmen.

(9) Der Lauf von Ruhe- und Nutzungszeiten wird durch eine Umbettung nicht unterbrochen oder gehemmt.

(10) Die Ausgrabung (Exhumierung) von Leichen zu anderen als Umbettungszwecken darf nur auf Grund einer behördlichen oder richterlichen Anweisung erfolgen.

§ 12 Särge und Urnen

(1) Die Särge müssen festgefügt und so abgedichtet sein, dass jedes Durchsickern von Feuchtigkeit ausgeschlossen ist und die chemische, physikalische oder biologische Beschaffenheit des Bodens oder des Grundwassers nicht nachteilig verändert wird. Bei Särgen muss überdies die Verwesung der Leichen innerhalb der Ruhefrist ermöglicht werden. Für die Bestattung sind zur Vermeidung von Umweltbelastungen nur Särge aus leicht abbaubarem Material (z. B. Vollholz) erlaubt, die keine PVC-, PCP-, formaldehydabspaltenden, nitrozellulosehaltigen oder sonstigen umweltgefährdenden Lacke und Zusätze enthalten. Entsprechendes gilt für Sargzubehör und -ausstattung.

(2) Die Särge sollen höchstens 2,05 m lang, 0,65 m hoch und im Mittelmaß 0,65 m breit sein. Sind in Ausnahmefällen größere Särge erforderlich, ist die Zustimmung der Kirchengemeinde bei der Anmeldung der Bestattung einzuholen. Die Kleidung der Leiche soll nur aus Papierstoff und Naturtextilien bestehen. Auch Überurnen, die in die Erde eingesetzt werden, müssen aus leicht abbaubarem, umweltfreundlichem Material bestehen.

§ 13 Sarglose Bestattungen

(1) Sarglose Bestattungen werden nur zugelassen, wenn der Verstorbene einen entsprechenden Wunsch geäußert hatte oder die bestattungspflichtigen Angehörigen eine derartige Bestattungsform wählen. Eine Entscheidung anderer Personen bzw. Behörden ist vom Friedhofsträger nicht zu berücksichtigen.

(2) Bei sarglosen Bestattungen obliegt es der Kirchengemeinde lediglich, das Ausheben und Verfüllen der Grabstätten zu veranlassen; sie kann vom Bestattungspflichtigen verlangen, dass dieser selbst geeignete Personen bereitstellt, die zur Verbringung des Leichnams in das Grab benötigt werden.

§ 14 Verstreuen von Aschen

Das Verstreuen von Aschen über oder unterhalb der Grasnarbe ist untersagt.

§ 15 Grüfte

(1) Die Neuanlage von Grüften ist unzulässig.

(2) Sofern auf Grund bestehender Nutzungsrechte noch Bestattungen in Grüften erfolgen, ist die Bestattung nur in Metallsärgen oder Holzsärgen mit Metalleinsatz zugelassen, die luftdicht verschlossen sind.

IV. Grabstätten

§ 16 Eigentumsverhältnisse

(1) Die Grabstätten bleiben Eigentum des Friedhofsträgers. An ihnen können Rechte nur nach dieser Ordnung erworben werden.

(2) Es besteht kein Anspruch auf eine Unveränderlichkeit der Umgebung.

§ 17 Verpflichtete

Verpflichtete im Sinne dieser Ordnung sind:
   a) bei Wahlgräbern

der/die Nutzungsberechtigte/n - vgl. § 20 - bzw. nach dem Tod des letzten Nutzungsberechtigten dessen Rechtsnachfolger,
b) bei Reihengräbern
der Inhaber der Grabnummernkarte bzw. der Auftraggeber der Bestattung bzw. sein/e Rechtsnachfolger.

§ 18 Grabarten
Die Grabstätten werden unterschieden in
1. Reihengrabstätten für Erdbestattungen und Urnen (§ 19 Absatz 2 lit. (a))
2. Rasenreihengrabstätten für Erdbestattungen und Urnen (§ 19 Absatz 4 iVm Absatz 2 lit. (a))
3. Urnenreihengrabstätten (§19 Absatz 2 lit. (b))
4. Rasenreihengrabstätten für Urnen (§ 19 Absatz 4 iVm Absatz 2 lit. (b))
5. Reihengrabstätten für die Bestattung von Tot- und Fehlgeburten (§ 19 Absatz 2 (c))
6. Wahlgrabstätten für Erdbestattungen (§ 20 Absätze 3 und 4)
7. Urnenwahlgrabstätten (§ 20 Absätze 5 und 6)
8. Kolumbarien (§ 21)[11]

§ 19 Reihengrabstätten
(1) Unter Reihengrabstätten sind Grabstätten zu verstehen, die im Beerdigungsfall der Reihe nach, ohne Auswahl des Platzes abgegeben werden.

(2) Belegungsmöglichkeiten:
a) In einer Reihengrabstätte für Erdbestattungen dürfen nur eine Leiche oder eine Urne bestattet werden. Ausnahmen können bei gleichzeitig verstorbenen Elternteilen und ihren Kindern zugelassen werden, sofern diese das erste Lebensjahr nicht überschritten haben und im Sarg des gleichzeitig verstorbenen Elternteils mit bestattet werden können.
b) In einer Reihengrabstätte für Urnen darf nur eine Urne bestattet werden.
c) Reihengrabstätten für Tot- und Fehlgeburten dienen jeweils der Aufnahme einer Tot- oder Fehlgeburt.

(3) Grabgrößen:
Die Größe für Reihengrabstätten für Erdbestattungen und Urnen beträgt:
a) bei Verstorbenen bis zum vollendeten fünften Lebensjahr:
Länge _____ m, Breite _____ m.[12]
b) bei Verstorbenen ab dem vollendeten 5. Lebensjahr: Länge _____ m, Breite _____ m.[13]
c) bei Urnenreihengräbern _____ m x _____ m.[14]

(4) Reihengrabstätten werden auch als Rasengräber angeboten. Bei diesen wird die gesamte Grabfläche mit Rasen bepflanzt und von der Kirchengemeinde während der Dauer der Ruhezeit gepflegt. Die Kirchengemeinde versieht jede belegte Grabstätte mit einer Grabplatte in der Größe von _____ ,[15] die den Namen, Tag der Geburt und des Todes der in der Grabstätte bestatteten Person enthält. Die Aufstellung von Grablichtern oder Ablage von Gegenständen jeder Art (Blumen, Kränze oder Gestecke) ist auf derartigen Grabstätten untersagt.

---

[11] Wenn Kolumbarien nicht vorhanden sind, bitte eintragen: »(derzeit nicht vorhanden)«.
[12] Sofern die Mindestmaße von 1,20 m Länge und 0,60 m Breite eingehalten werden, bedürfen Abweichungen keiner Genehmigung.
[13] Sofern die Mindestmaße von 2,10 m Länge und 0,60 m Breite eingehalten werden, bedürfen Abweichungen keiner Genehmigung.
[14] Sofern die Mindestgröße von 0,80 m x 0,80 m eingehalten wird, bedürfen Abweichungen keiner Genehmigung.
[15] Sofern die Mindestgröße von 0,20 m x 0,20 m eingehalten wird, bedürfen Abweichungen keiner Genehmigung.

(5) Das Abräumen von Reihengrabfeldern oder einzelnen Reihengrabstätten wird sechs Monate vor Ablauf der Ruhezeiten öffentlich und durch einen Hinweis auf dem betreffenden Grabfeld bzw. Grab bekannt gemacht. Eine separate Mitteilung an die Angehörigen bzw. Erben der Verstorbenen erfolgt nicht.

(6) Die Kirchengemeinde hat die Wahl, vorhandene Grabanlagen nach Ablauf der Ruhezeiten von der Grabstätte zu entfernen und zu vernichten oder von dem nach § 17 b) Verpflichteten zu verlangen, die Anlagen auf dessen Kosten zu beseitigen. Im letzteren Fall findet § 33 Absätze 1 und 2 Anwendung.

§ 20 Wahlgrabstätten

(1) Wahlgrabstätten sind Grabstätten, an denen auf Antrag ein Nutzungsrecht für die Dauer der Nutzungszeit verliehen und deren Lage im Benehmen mit dem Erwerber bestimmt wird. Der Wiedererwerb eines Nutzungsrechtes ist nur auf Antrag und nur für die gesamte Wahlgrabstätte möglich. Die Kirchengemeinde kann Erwerb und Wiedererwerb von Nutzungsrechten an Wahlgrabstätten ablehnen, insbesondere wenn die Schließung gem. § 3 beabsichtigt ist.

(2) Wahlgrabstätten können sowohl als Grabstätten für Erdbestattungen als auch als Urnenwahlgrabstätten vergeben werden. Sofern in dieser Ordnung nichts Abweichendes bestimmt ist, gelten für Urnenwahlgrabstätten die gleichen Regelungen wie für Wahlgrabstätten für Erdbestattungen.

(3) Wahlgräber für Erdbestattungen und Urnen werden als ein- und mehrstellige Grabstätten vergeben. Mehrstellige Grabstätten können sowohl aus nebeneinander liegenden Gräbern als auch als Tiefgräber bestehen[16]. In einem Tiefgrab können in jedem Grab jeweils ein Sarg und bis zu zwei Urnen bestattet werden. Die Größe für Wahlgrabstätten für Erdbestattungen und Urnen beträgt:
   a) bei Verstorbenen ab dem vollendeten fünften Lebensjahr: Länge 2,10 m, Breite 0,60 m.[17]
   b) bei Urnenwahlgräbern 0,80 m x 0,80 m.[18]

(4) Wahlgrabstätten für Erdbestattungen und Urnen werden für eine Nutzungszeit von 30[19] Jahren vergeben. In ihnen können ein Sarg und zusätzlich bis zu zwei Urnen oder - wenn keine Sargbestattung erfolgt - bis zu vier Urnen bestattet werden. Sofern vor einer Sargbestattung Urnen bestattet wurden, sind diese Urnen vor der Bestattung des Sarges zu entfernen. Nach der Einbringung des Sarges in das Grab sind die Urnen anschließend wieder in die Grabstätte einzubringen.

(5) Eine Urnenwahlgrabstätte wird für eine Nutzungszeit von _____ Jahren[20] vergeben. Sie kann bis zu vier Urnen aufnehmen und hat eine Größe von _____ [21].

(6) Das Nutzungsrecht entsteht nach Zahlung der Nutzungsgebühr durch die Aushändigung der Nutzungsurkunde. In dieser werden der Nutzungsberechtigte, die Lage des Wahlgrabs und die Nutzungsdauer angegeben.

(7) Der jeweilige Nutzungsberechtigte hat - im Rahmen dieser Ordnung - das Recht, in der Grabstätte bestattet zu werden, über deren Belegung unter den Vorgaben des § 2 dieser Ordnung zu entscheiden und Art und Umfang der Grabpflege zu bestimmen.

(8) Er ist zur Pflege und Unterhaltung der Grabstätte verpflichtet.

(9) Das Nutzungsrecht kann in der Regel einmal wiedererworben werden. Ein Wiedererwerb

---

[16] Die Anlage von Tiefgräbern bedarf einer gesonderten Erlaubnis des Erzbischöflichen Generalvikariates in Köln; Tiefgräber sind nur bei geeigneter Bodenbeschaffenheit möglich.
[17] Sofern die Mindestmaße von 2,10 m Länge und 0,60 m Breite eingehalten werden, bedürfen Abweichungen keiner Genehmigung.
[18] Sofern die Mindestgröße von 0,80 m x 0,80 m eingehalten wird, bedürfen Abweichungen keiner Genehmigung).
[19] Eine Nutzungszeit von weniger als 30 Jahren ist mit dem örtlichen Gesundheitsamt abzustimmen.
[20] Die Nutzungszeit muss mindestens die Dauer der Ruhezeit umfassen.
[21] Sofern Grabmaße von 1m x 1m nicht überschritten werden, bedürfen Abweichungen keiner Genehmigung.

ist nur auf Antrag und nur für die gesamte Wahlgrabstätte möglich. In begründeten Ausnahmefällen kann die Kirchengemeinde einen mehrmaligen Wiedererwerb zulassen.

(10) Auf den Ablauf des Nutzungsrechts wird der jeweilige Nutzungsberechtigte sechs Monate vorher schriftlich oder - falls er nicht bekannt oder nicht ohne weiteres zu ermitteln ist -durch eine öffentliche Bekanntmachung und durch einen Hinweis auf der
Grabstätte hingewiesen.

(11) Bei der Beantragung des Nutzungsrechts soll der Erwerber für den Fall seines Ablebens
gegenüber der Kirchengemeinde aus dem in § 8 BestG NRW genannten Personenkreis
einen Nachfolger im Nutzungsrecht bestimmen. Nach Möglichkeit soll der Nachfolger
der Kirchengemeinde gegenüber schriftlich erklären, dass er mit der Rechtsnachfolge
einverstanden ist. Trifft der Nutzungsberechtigte keine derartige Entscheidung, geht
das Nutzungsrecht in der in § 8 BestG NRW genannten Reihenfolge auf die Angehörigen des verstorbenen Nutzungsberechtigten über, soweit diese damit einverstanden
sind und die Kirchengemeinde zustimmt. Kommen innerhalb der in § 8 BestG NRW genannten Gruppen mehrere Erwerber in Betracht, ist der jeweils Ältere zum Erwerb berechtigt. Sofern er verzichtet, kann jeweils der nächst Ältere das Nutzungsrecht erhalten.

(12) Der jeweilige Nutzungsberechtigte kann das Nutzungsrecht unter Lebenden nur auf
eine Person aus dem Kreis der in § 8 BestG NRW genannten Personen übertragen. Er bedarf hierzu der vorherigen Zustimmung der Kirchengemeinde.

(13) Jeder Rechtsnachfolger hat das Nutzungsrecht unverzüglich nach Erwerb auf sich um-
schreiben zu lassen. Absatz 11 gilt im Fall der Rechtsnachfolge im Nutzungsrecht entsprechend.

(14) Steht bei einer Beerdigung in einem Wahlgrab fest, dass die Ruhezeit die Nutzungszeit
überschreiten wird, so kann die Bestattung erst nach Zahlung der dafür festgesetzten
Gebühr (Ausgleichsgebühr) erfolgen. Bei mehrstelligen Grabstätten muss die Verlängerung des Nutzungsrechts für die gesamte Grabanlage erfolgen.

(15) Wird auf Grund gesetzlicher Bestimmungen eine Verlängerung der in § 9 genannten
Ruhezeiten erforderlich, ist das Nutzungsrecht an einer belegten Grabstätte um den
Zeitraum zu verlängern, der zur Erreichung der neu festgesetzten Ruhefrist erforderlich
ist. Die von dem Nutzungsberechtigten zu entrichtende Gebühr bemisst sich nach der
zum Zeitpunkt der Verlängerung der Ruhezeiten geltenden Friedhofsgebührenordnung. Absatz 14 gilt entsprechend.

(16) Das Nutzungsrecht an unbelegten Grabstätten kann jederzeit, an belegten oder teilbe-
legten Grabstätten jedoch erst nach Ablauf der letzten Ruhezeit zurückgegeben werden. Eine Rückgabe ist nur für die gesamte Grabstätte möglich; ein Anspruch auf Erstattung der bezahlten anteiligen Gebühren besteht nicht.

(17) Sechs Monate vor Ablauf des Nutzungsrechts an Wahlgräbern werden die nach § 17 a)
Verpflichteten aufgefordert, nach Ablauf des Nutzungsrechts alle Grabanlagen zu entfernen, sofern die Kirchengemeinde diese Verpflichtung nicht gegen Erhebung einer
Gebühr übernommen hat. Die Bestimmungen des § 33 Absätze 1 und 2 finden entsprechende Anwendung. Die Kirchengemeinde ist nicht verpflichtet, das Grabmal oder
sonstige bauliche Anlagen zu verwahren.

§ 21 Kolumbarien[22]

(1) Soweit auf dem Friedhof Kolumbarien vorhanden sind, gelten die Bestimmungen dieser Ordnung für Urnenwahlgrabstätten entsprechend, soweit nichts Anderweitiges bestimmt wird.

(2) In jeder Urnenkammer können bis _____ [23] Urnen bestattet werden.

---

[22] Wenn Kolumbarien nicht vorhanden sind, bitte eintragen: »(derzeit nicht vorhanden)«.

[23] Sofern die Höchstzahl von vier Urnen nicht überschritten wird, bedürfen Abweichungen keiner Genehmigung.

(3) Die Kirchengemeinde lässt auf Kosten des jeweiligen Nutzungsberechtigten auf jeder Urnenkammer eine Platte anbringen, welche die Namen sowie Geburts- und Sterbejahr der/des Verstorbenen trägt, deren/dessen Asche in der Urnenwand bestattet wird. Soweit dies möglich ist, wird die Kirchengemeinde bei der Gestaltung der Platte die Wünsche der Angehörigen berücksichtigen.

(4) Nach Ablauf des Nutzungsrechtes an der Urnenkammer werden noch vorhandene Urnen bzw. Aschenreste, soweit deren Ruhezeit abgelaufen ist, auf einem von der Kirchengemeinde dafür vorgesehenen Gemeinschaftsfeld auf dem kircheneigenen Friedhof bestattet.

V. Gestaltung der Grabstätten

§ 22 Anpassung an die Würde des Friedhofs

Jede Grabstätte ist - unbeschadet der zusätzlichen Anforderungen des § 27 für Abteilungen mit zusätzlichen Gestaltungsvorschriften - so zu gestalten und so an die Umgebung anzupassen, dass die Würde des Friedhofs in seinen einzelnen Teilen und in seiner Gesamtanlage gewahrt wird.

§ 23 Religiöses Zeichen

Jedes Grabmal soll in sichtbarer und würdiger Weise ein religiöses Zeichen des christlichen Glaubens und den Namen des Verstorbenen tragen.

§ 24 Standsicherheit der Grabmale

(1) Die Grabmale sind ihrer Größe entsprechend nach den allgemein anerkannten Regeln des Handwerks (Richtlinien des Bundesinnungsverbandes des Deutschen Steinmetz-, Stein- und Holzbildhauerhandwerks für das Fundamentieren und Versetzen von Grabdenkmälern) in der jeweils geltenden Fassung zu fundamentieren und so zu befestigen, dass sie dauerhaft standsicher sind und auch beim Öffnen benachbarter Gräber nicht umstürzen oder sich senken können. Satz 1 gilt für sonstige bauliche Anlagen entsprechend.

(2) Die Mindeststärke von Grabmalen bestimmt sich nach den §§ 26 und 27.

(3) Die Kirchengemeinde kann überprüfen, ob die Fundamentierung von Grabmalen und Grabumrandungen ordnungsgemäß durchgeführt wurde.

§ 25 Wahlmöglichkeit

(1) Auf den Friedhöfen werden Abteilungen mit allgemeinen (§ 26) und Abteilungen mit zusätzlichen (§ 27) Gestaltungsvorschriften eingerichtet.

(2) Es besteht die Möglichkeit, eine Grabstätte in einer Abteilung mit oder einer Abteilung mit allgemeinen Gestaltungsmöglichkeiten zu wählen. Auf diese Wahlmöglichkeit ist vor dem Erwerb eines Nutzungsrechts hinzuweisen. Wird von dieser Wahlmöglichkeit (bei Anmeldung der Bestattung) kein Gebrauch gemacht, hat die Bestattung in einer Abteilung mit zusätzlichen Gestaltungsvorschriften zu erfolgen.

(3) Die einzelnen Abteilungen werden im Belegungsplan, der Bestandteil dieser Satzung ist, ausgewiesen.

§ 26 Abteilungen mit allgemeinen Gestaltungsvorschriften

(1) Unbeschadet der Vorschriften der §§ 22 bis 24 und 32 werden in Abteilungen mit allgemeinen Gestaltungsvorschriften keine zusätzlichen Anforderungen an die Gestaltung von Grabmalen und baulichen Anlagen gestellt, soweit nicht die Würde des Friedhofs beeinträchtigt wird.

Aus Gründen der Standsicherheit wird jedoch die Mindeststärke der Grabmale wie folgt festgelegt[24]:

ab 0,40 m - 1,00 m Höhe	0,14 m,
ab 1,00 m - 1,50 m Höhe	0,16 m,
ab 1,50 m Höhe	0,18 m.

(2) Im Einzelfall kann die Kirchengemeinde aus Gründen der Standsicherheit weitere Anforderungen stellen.

§ 27 Abteilungen mit zusätzlichen Gestaltungsvorschriften

(1) Als Material für Grabmale kommen Stein, Holz, Eisen, Kupfer und Bronze in Betracht.

(2) Nicht gestattet sind:

a) die Nachahmung von Holzkreuzen in Stein, von Baumstämmen, von Felsen oder von Mauerwerk,

b) Zementmasse, Terrazzo oder schwarzer Kunststein, Schlackensteine, Lava, Tropfstein sowie alle nicht wetterbeständigen Werkstoffe wie Gips, Rinde, Kork u.ä.,

c) in Zement aufgetragener ornamentaler oder figürlicher Schmuck,

d) Porzellan- und Terrakotta-Figuren als Massenware,

e) Ölfarbenanstrich auf Steingrabmalen,

f) Inschriften und Darstellungen, die der christlichen Religion widersprechen.

(3) Auf Grabstätten für Erdbestattungen sind die nachstehend bezeichneten Grabmale mit bis zu folgenden Größen[25] zulässig:

a) bei einstelligen Grabstätten:

aa. bei einstelligen Wahlgrabstätten:

stehende Grabmale:

Höhe 1,00 m – 1,30 m, Breite bis 0,60 m, Mindeststärke 0,18 m.

liegende Grabmale:

Breite bis 0,50 m, Länge bis 0,90 m, Mindesthöhe 0,16 m

ab. bei Reihengrabstätten:

stehende Grabmale:

Höhe bis 1,20 m, Breite bis 0,45 m, Mindeststärke 0,16 m.

liegende Grabmale:

Breite: bis 0,50 m, Länge bis: 0,70 m, Mindeststärke bis 0,14 m.

b) bei zwei- und mehrstelligen Grabstätten:

stehende Grabmale:

Höhe 0,80 m - 1,00 m, Breite bis 1,40 m, Mindeststärke 0,22 m

liegende Grabmale:

Breite bis 1,20 m, Länge bis 1,20 m, Mindesthöhe 0,18 m

c) Die Abdeckung der Gräber für Erdbestattungen mit Steinplatten ist nur bis zu einem Anteil von einem Drittel der Fläche zulässig.

(4) Auf Urnengrabstätten sind Grabmale bis zu folgenden Größen[26] zulässig:

a) liegende Grabmale:

Größe 0,60 m x 0,60 m, Mindesthöhe 0,16 m

b) stehende Grabmale:

Grundriss 0,40m x 0,40 m, Höhe von _____ bis 1,20 m

§ 28 Antrags- und Zustimmungserfordernis

(1) Die Errichtung von Grabmalen und sonstigen baulichen Anlagen und deren Änderung bedarf der schriftlichen Genehmigung durch die Kirchengemeinde. Sie ist bereits vor

---

[24, 25, 26] Es wird empfohlen, die voreingetragenen Maße zu übernehmen, um das Risiko von Verkehrssicherungspflichtverletzungen zu reduzieren. Auf eigenes Risiko der Kirchengemeinde können andere Maße eingetragen werden.

Beginn der Herstellungsarbeiten einzuholen.

(2) Auch provisorische Grabmale sind genehmigungspflichtig, sofern sie größer als 15 cm x 30 cm sind.

(3) Die Anträge sind durch die nach § 17 Verpflichteten zu stellen.

(4) Den Anträgen sind zweifach beizufügen:

    a) der Grabmalentwurf mit Grundriss und Seitenansicht im Maßstab 1:10 unter Angabe des Materials, seiner Bearbeitung, des Inhalts, der Form und der Anordnung. Ausführungszeichnungen sind einzureichen, soweit es zum Verständnis erforderlich ist;

    b) Zeichnungen der Schrift, der Ornamente und der Symbole im Maßstab 1:1 unter Angabe des Materials, seiner Bearbeitung, des Inhalts, der Form und der Anordnung, Ausführungszeichnungen sind einzureichen, soweit es zum Verständnis erforderlich ist. In besonderen Fällen kann die Vorlage eines Modells im Maßstab 1:5 oder das Aufstellen eines Modells in natürlicher Größe auf der Grabstätte verlangt werden.

§ 29 Anlieferung der Grabmale und baulichen Anlagen

(1) Die Grabmale und die sonstigen baulichen Anlagen sind so zu liefern, dass sie am Friedhofseingang von der Kirchengemeinde überprüft werden können.

(2) Beim Liefern von Grabmalen und sonstigen baulichen Anlagen sind der Kirchengemeinde vorzulegen:

    a) die Gebührenempfangsbescheinigung,

    b) die Genehmigung nach § 28 dieser Ordnung.

§ 30 Zuwiderhandlungen

Entspricht eine Grabanlage nicht den genehmigten Zeichnungen oder wurde sie ohne Genehmigung errichtet, so kann die Kirchengemeinde den nach § 17 Verpflichteten zur entsprechenden Änderung bzw. Beseitigung auffordern. Die Vorschrift des § 33 findet entsprechende Anwendung.

§ 31 Entfernen einer Grabanlage

(1) Grabanlagen dürfen vor Ablauf der Ruhezeit bzw. des Nutzungsrechts nur mit vorheriger schriftlicher Genehmigung der Kirchengemeinde entfernt werden.

(2) Die Wiederverwendung von Grabanlagen auf anderen Grabstätten auf dem Friedhof bedarf der schriftlichen Genehmigung durch die Kirchengemeinde. Die Genehmigung wird erteilt, wenn die Grabanlagen den geltenden Genehmigungserfordernissen entsprechen.

(3) Die Entfernung von Grabanlagen nach Ende der Ruhezeit bzw. des Nutzungsrechts richtet sich nach § 19 Absätze 5 und 6 bzw. nach § 20 Absatz 17.

§ 32 Pflege der Grabstätten

(1) Alle Gräber sind bis zum Ablauf von sechs Wochen nach dem Begräbnis von Kränzen und Blumenschmuck freizuräumen und in einer weiteren Frist von sechs Wochen gärtnerisch herzurichten sowie bis zum Ablauf der Ruhezeit (bei Reihengräbern) bzw. der Nutzungszeit (bei Wahlgräbern) ordnungsgemäß in Stand zu halten.

(2) Die Gestaltung der Gräber ist dem Gesamtcharakter des Friedhofes, insbesondere seiner unmittelbaren Umgebung, anzupassen. Das betrifft auch die Höhe des Grabbewuchses, die 2,00 m nicht überschreiten darf.[27]

(3) Grabbeete dürfen nicht über 0,20 m hoch sein.

(4) Zur Bepflanzung der Gräber sind nur geeignete Gewächse zu verwenden, welche die

---

[27] Die Höhe des Grabbewuchses kann festgelegt werden. Grundsätzlich ist dies nicht erforderlich, da der Gesamtcharakter des Friedhofs bereits die Höhe begrenzt. Daher kann der Satz auch vollständig gestrichen werden.

benachbarten Gräber nicht stören.

(5) Für Beeinträchtigungen der Grabstätten und Grabanlagen durch Wurzelwuchs ist die Haftung der Kirchengemeinde ausgeschlossen.

(6) Verwelkte Blumen und Kränze sind von den Gräbern zu entfernen.

(7) Die Verwendung von Pflanzenschutz- und Unkrautverhütungsmitteln ist nicht gestattet.

(8) Mit Ausnahme von Grablichtern und Vasen ist die Verwendung von Materialien, die Kunststoff oder sonstige nicht verrottende Bestandteile enthalten, auf der Grabstelle untersagt.

(9) Soweit auf dem Friedhof Einrichtungen zur getrennten Erfassung von Abfällen vorhanden sind, sind diese gemäß ihrer Zweckbestimmung in Anspruch zu nehmen.

(10) Als Friedhofsabfälle gelten alle Reststoffe, die bei der Unterhaltung und Pflege der Grabstätten auf dem Friedhof angefallen sind, mit Ausnahme der gewerblichen Abfälle.

(11) Die Entsorgung von Abfällen, deren Anfallort außerhalb des Friedhofsgeländes liegt, ist auf dem Friedhof verboten.

§ 33 Vernachlässigung der Grabstätten

(1) Wird eine Grabstätte nicht ordnungsgemäß hergerichtet oder gepflegt, fordert die Kirchengemeinde den Verpflichteten durch schriftlichen Bescheid auf, die Grabstätte innerhalb einer Frist von zwei Monaten in Ordnung zu bringen. Ist der Verpflichtete nicht bekannt oder nicht ohne besonderen Aufwand zu ermitteln, erfolgt anstatt der schriftlichen Aufforderung eine öffentliche Bekanntmachung an der Friedhofstafel. Daneben wird der Verpflichtete durch ein Hinweisschild auf der Grabstätte aufgefordert, sich bei der Kirchengemeinde zu melden.

(2) In der Aufforderung gemäß Absatz 1 ist anzudrohen, dass die Kirchengemeinde bei erfolglosem Ablauf der Frist das Erforderliche auf Kosten des Aufgeforderten (Ersatzvornahme) veranlassen wird. In der Mitteilung ist der voraussichtliche Kostenbetrag bekannt zu geben. Des Weiteren wird in dem Bescheid darauf hingewiesen, dass das Recht auf Nachforderung unberührt bleibt, wenn die Ersatzvornahme einen höheren Kostenaufwand verursacht. Die Kosten der Ersatzvornahme werden von der Kirchengemeinde durch Leistungsbescheid erhoben. In diesem Bescheid ist darauf hinzuweisen, dass die Zahlung innerhalb eines Monats zu erfolgen hat. Auf die Bekanntgabe des Bescheides finden Absatz 1 Sätze 2 und 3 entsprechende Anwendung.

(3) Ist die Kirchengemeinde auf Grund der vorgenannten Bestimmungen zur Ersatzvornahme berechtigt, kann sie bei Wahlgrabstätten an Stelle einer Ersatzvornahme das Nutzungsrecht an der Grabstätte entschädigungslos entziehen. Die Entziehung des Nutzungsrechtes erfolgt ebenfalls durch einen Verwaltungsakt, auf dessen Bekanntgabe Absatz 1 Sätze 2 und 3 entsprechende Anwendung finden.

§ 34 Beseitigung von Gefahren

(1) Es dürfen keinerlei Gefahren von einer Grabstätte, insbesondere den Grabanlagen, ausgehen. Jedes Grabmal muss daher dauerhaft gegründet sein. Die Verpflichteten im Sinne des § 17 sind für jeden Schaden haftbar, der durch einen ordnungswidrigen Zustand der Grabstätte, insbesondere der Grabanlagen, entsteht.

(2) Stellt die Kirchengemeinde fest, dass von einer Grabstätte, insbesondere den Grabanlagen, eine akute Gefahr ausgeht, so wird die Kirchengemeinde diese auf Kosten der Verpflichteten im Sinne des § 17 sofort beseitigen. Es dürfen jedoch nur die Maßnahmen getroffen werden, die zur Abwendung der akuten Gefahr erforderlich sind. Bezüglich der Erstattung der Kosten finden die Bestimmungen des § 33 Absatz 2 Satz 4 bis 6, entsprechende Anwendung.

(3) Bildet eine Grabstätte einschließlich ihrer Anlagen eine Gefahrenquelle, ohne dass eine akute Gefahr besteht, so fordert die Kirchengemeinde die Verpflichteten im Sinne des § 17 zur Beseitigung der Gefahr auf. Die Bestimmungen des § 33 Absatz 1 und 2 finden entsprechende Anwendung.

VI. Schlussvorschriften

§ 35 Kriegsgräber
Für die Gräber der Opfer von Krieg und Gewaltherrschaft gelten die besonderen gesetzlichen Bestimmungen des Gesetzes über die Erhaltung der Gräber der Opfer von Krieg und Gewaltherrschaft (Gräbergesetz).

§ 36 Listenführung
Es werden geführt:
(1) Ein Bestattungsbuch, das in elektronischer Form zu führen ist, bestehend aus
- a) einem Gräberverzeichnis, sortiert nach den Nummern der Reihen- und Wahlgräber,
- b) einem Namensverzeichnis (Beerdigungsverzeichnis),

Die Eintragungen haben
- Namen,
- Tag der Geburt und des Todes,
- Vermerk, ob der Tote an einer ansteckenden Krankheit litt, ggf. an welcher,
- Stand,
- Wohnort,
- Nutzungs- und Ruhezeit

zu enthalten.
(2) ein Gesamtplan

§ 37 Gebührenordnung
Für die Erhebung der Gebühren ist die jeweilige Gebührenordnung (Anlage I) maßgebend.

§ 38 Haftung der Kirchengemeinde
(1) Der Kirchengemeinde obliegen außer der Verkehrssicherungspflicht keine besonderen Obhuts- und Überwachungspflichten.
(2) Die Kirchengemeinde haftet insbesondere nicht für Schäden, die
- a) durch eine nicht satzungsgemäße Benutzung des Friedhofes, seiner Anlagen oder seiner Einrichtungen,
- b) durch strafbare Handlungen Dritter,
- c) durch unabwendbare Ereignisse,
- d) durch Wurzelwuchs (siehe § 32 Abs. 5)
- e) durch Tiere verursacht werden.
(3) Im Übrigen haftet die Kirchengemeinde nur bei Vorsatz und grober Fahrlässigkeit.

§ 39 Benutzung der Friedhofskapelle und Leichenhalle[28]
(1) Die Friedhofskapelle steht für Begräbnisfeierlichkeiten zur Verfügung.
(2) Die Leichen werden, soweit es der Raum gestattet, in die Leichenhalle aufgenommen. Die Aufnahme erfolgt entweder auf Wunsch der Hinterbliebenen oder auf behördliche Anweisung. Die Särge werden vor dem Verlassen der Leichenhalle geschlossen. Bis zu diesem Zeitpunkt ist es den Angehörigen gestattet, die Leiche zu sehen.

---

[28] Sofern nicht vorhanden, ist der Paragraph zu streichen.

(3) Der Sarg einer rasch verwesenden Leiche ist geschlossen zu halten.

(4) Die Leichen der an anzeigepflichtigen Krankheiten Verstorbenen müssen sofort in ge-schlossenen Särgen in die Leichenhalle gebracht und in einem besonderen Raum ver-schlossen aufgestellt werden. Sie dürfen zur Besichtigung seitens der Angehörigen nur mit Genehmigung der zuständigen Behörde nochmals geöffnet werden.

(5) Särge, welche von auswärts kommen, bleiben geschlossen. Ihre Öffnung ist gleichfalls nur mit Genehmigung der zuständigen Behörde zulässig.

Vorstehende Friedhofsordnung wurde in der Sitzung des Kirchenvorstandes vom heutigen Tage festgelegt.

Sie tritt am _____ in Kraft. Gleichzeitig treten alle den Friedhof betreffenden bisherigen Vorschriften außer Kraft.

...., ...

Ort   Datum

Die Kath. Kirchengemeinde ....

....
Vorsitzender des Kirchenvorstandes

....
Mitglied des Kirchenvorstandes
(L. S.)
....
Mitglied des Kirchenvorstandes

VII. Genehmigung der Friedhofsordnung

Diese Friedhofsordnung ist gemäß Ausführungsverordnung zur Geschäftsanweisung Art. 7 a Vorausgenehmigung) des Erzbistums Köln vom 01.08.2010, veröffentlicht im Amtsblatt des Erzbistums Köln 2010, Nr. 154 vorab genehmigt.

Geprüft und unterzeichnet: ....

Ort, den ....

Geschäftszeichen
Rendantur

HINWEIS

Die auf der Grundlage der Vorausgenehmigung vorab genehmigte Friedhofsordnung ist dem Erzbischöflichen Generalvikariat (Stabsabteilung Recht) zur Anzeige vorzulegen. Die Friedhofsordnung ist entsprechend den Hinweisen auf der Ordnung durch Aushang und Hinweis im Internet-Auftritt der Kirchengemeinde und in den ortsüblichen Tageszeitungen bekannt zu machen, jedoch nicht vor Ablauf von vier Wochen vom Zeitpunkt der vorge-nannten Anzeige an.

Musterfriedhofsgebührenordnung des Erzbistums Köln:

Friedhofsgebührenordnung der Katholischen Kirchengemeinde

Nach § 4 BestG NRW in der Fassung vom 17.06.2003 (GV.NRW 2003, S. 311 ff.) in Verbindung mit § der Friedhofsordnung hat der Kirchenvorstand der katholischen Kirchengemeinde in der Sitzung vom die nachstehende Friedhofsgebührenordnung beschlossen.

§ 1 Gebührenpflicht

(1) Für die Inanspruchnahme des kircheneigenen Friedhofs in – einschließlich der sonstigen Bestattungseinrichtungen - sowie für damit zusammenhängende besondere Leistungen der Friedhofsverwaltung werden Gebühren nach dieser Satzung in Verbindung mit dem anliegenden Gebührentarif erhoben.

(2) Die Gebühren ergeben sich aus dem Gebührentarif, der Bestandteil dieser Satzung ist.

§ 2 Gebührenpflichtiger

(1) Zur Zahlung der Gebühren gemäß § 1 ist verpflichtet, wer selbst oder durch Dritte, deren Handeln ihm zuzurechnen ist,

a) den Antrag auf Benutzung der Bestattungseinrichtung gestellt hat,

b) den Auftrag zu einer Leistung erteilt hat,

c) das Nutzungsrecht an einer Grabstätte erwirbt,

d) die Gebühren durch eine gegenüber der Friedhofsverwaltung abgegebene oder über Beauftragte mitgeteilte Erklärung übernommen hat.

(2) Mehrere Gebührenpflichtige haften als Gesamtschuldner.

§ 3 Fälligkeit der Gebühren

(1) Die Festsetzung der Gebühren erfolgt durch einen schriftlichen Gebührenbescheid.

(2) Die Gebühren werden mit Bekanntgabe des Gebührenbescheides fällig.

§ 4 Inkrafttreten

Diese Friedhofsgebührenordnung tritt zum in Kraft. Gleichzeitig tritt die am beschlossene Gebührenordnung außer Kraft.

den

Die Kath. Kirchengemeinde

....

Vorsitzender des Kirchenvorstandes
bzw. stellvertretender Vorsitzender

....

Mitglied des Kirchenvorstandes

(L. S.)

....

Mitglied des Kirchenvorstandes

Gebührentarif zu § 1 der Friedhofsgebührenordnung
der Kath. Kirchengemeinde in vom

Es sind folgende Gebühren zu entrichten:

I. für Gräber:
1. Reihengrabstätten:
   a) Kinder bis zum vollendeten 5. Lebensjahr   EUR
      [vgl. § 19 Abs. 3 lit. (a) OFrdh]
   b) Reihengrabstätten für Erdbestattungen und Urnen   EUR
      [vgl. § 19 Abs. 3 lit. (b) OFrdh]
   c) Rasenreihengrabstätten für Erdbestattungen und Urnen   EUR
      (vgl. § 18 Ziff. 2 OFrdh)
   d) Urnenreihengrabstätten   EUR
      (vgl. § 18 Ziff. 3 OFrdh)
   e) Rasenreihengrabstätten für Urnen   EUR
      (vgl. § 18 Ziff. 4 OFrdh)
   f) Reihengrabstätten für die Bestattung von Tod-
      und Fehlgeburten   EUR
   (vgl. § 18 Ziff. 5 OFrdh)

2. Wahlgrabstätten:
   a) Wahlgrabstätten für Erdbestattungen
      (vgl. § 20 Abs. 2 und 4 OFrdh)
      aa) Einzelgrabstätten   EUR
      ab) Familiengrabstätten für Erdbestattungen   EUR
   b) Urnenwahlgrabstätten
      (vgl. § 20 Abs. 5 und 6 OFrdh)
   c) Kolumbarien: EUR
      (vgl. § 21 OFrdh)
3. Verlängerung der Nutzungszeit (Wahlgräber)   EUR
   a) Einzelgrabstätten (Verlängerungsgebühr)   EUR
      (vgl. § 20 Abs. 9 OFrdh)
   b) Einzelgrabstätten (Ausgleichsgebühr) pro Jahr   EUR
      (vgl. § 20 Abs. 14 OFrdh)
   c) Familiengrabstätten (Verlängerungsgebühr)   EUR
      (vgl. § 20 Abs. 9 OFrdh)
   d) Familiengrabstätten (Ausgleichsgebühr) pro Jahr   EUR
      (vgl. § 20 Abs. 14 OFrdh)
   e) Urnenwahlgrabstätten (Verlängerungsgebühr)   EUR
      (vgl. § 20 Abs. 9 OFrdh)
   f) Urnenwahlgrabstätten (Ausgleichsgebühr) pro Jahr   EUR
      (vgl. § 20 Abs. 14 OFrdh)
   g) Kolumbarium (Verlängerungsgebühr je Kammer)   EUR
      (vgl. § 20 Abs. 9 OFrdh)
   h) Kolumbarium (Ausgleichsgebühr je Kammer) pro Jahr   EUR
      (vgl. § 20 Abs. 14 OFrdh)

II. im Genehmigungsverfahren für:
1. ein Grabmal auf einer
   a) Reihengrabstätte EUR
   b) Einzelgrabstätte EUR
   c) Familiengrabstätte EUR
2. sonstige bauliche Anlagen EUR
   (z.B. Grabeinfassung)
3. die Erteilung einer Erlaubnis EUR
   (vgl. § 4 Abs. 3 OFrdh)
4. eine Exhumierung EUR
5. die Erteilung einer Berechtigungskarte EUR
   (vgl. § 6 Abs. 3 OFrdh)
6. die Ausstellung einer Verleihungsurkunde EUR
   (gilt auch für Rechtsnachfolger vgl. § 20 Abs. 6 OFrdh)
7. das Entfernen von Grabanlagen EUR
   (vgl. § 31 OFrdh)

III. für die Anfertigung (Öffnung und Schließung der Grabstätte) einer:
1. kleinen Reihengrabstätte
   [vgl. § 19 Abs. 3 lit. (a) OFrdh] EUR
2. großen Reihengrabstätte
   [vgl. § 19 Abs. 3 lit. (b) OFrdh] EUR
3. Wahlgrabstätte je Grabbelegung EUR
4. Urnengrabstätte
5. Tiefgrabes (soweit vorhanden)
   a) untere Bestattung in einem Sarg EUR
   b) untere Bestattung einer Urne EUR
   c) obere Bestattung eines Sarges EUR
   d) obere Bestattung einer Urne EUR
   e) Tieferlegung eines Sarges EUR
   f) Tieferlegung einer Urne EUR

IV. für eine Exhumierung **EUR**

V. für eine Umbettung **EUR**

VI. Benutzung der Friedhofskapelle (soweit vorhanden) **EUR**
   a) ohne Dekoration EUR
   b) mit Dekoration EUR

VII. Benutzung des Kühlraumes (soweit vorhanden) pro Tag **EUR**

VIII. Inkrafttreten

Dieser Gebührentarif tritt zum   in Kraft.
Gleichzeitig tritt der am   beschlossene Gebührentarif außer Kraft.

den

Die Kath. Kirchengemeinde

....

Vorsitzender des Kirchenvorstandes
bzw. stellvertretender Vorsitzender

....

Mitglied des Kirchenvorstandes

(L. S.)

....

Mitglied des Kirchenvorstandes

Kirchliche Bauregel (kBauR) für die Kath. Kirchengemeinden und Gemeindeverbände im Erzbistum Köln (Auszug)

vom 01.11.2006, Amtsblatt des Erzbistums Köln 2006, S. 189 ff.

1. Allgemeines

1.1 Zuständigkeiten der Kirchenvorstände und der Verbandsvertreter

1.1.1 Bei der Planung und Durchführung von Baumaßnahmen sind die Kirchenvorstände und Verbandsvertretungen (nachfolgend kirchlicher Bauherr genannt) verpflichtet, das von ihnen vertretene Vermögen sinnvoll, wirtschaftlich und sparsam zu verwalten, damit die Aufgaben der Kirchengemeinden und Gemeindeverbände zweckmäßig und auf Dauer erfüllt werden können. Ebenso ist mit Kirchensteuermitteln oder Zuschüssen Dritter umzugehen.

1.1.2 Jährlich sind von den kirchlichen Bauherren Begehungen der einzelnen Objekte durchzuführen, um den baulichen Zustand der kirchlichen Gebäude festzustellen und etwaigen Sanierungsbedarf frühzeitig zu erkennen und Reparaturen einzuplanen.

1.1.3 Nr. 1.1.2 gilt sinngemäß auch für die künstlerische Ausstattung, siehe hierzu auch die kirchliche Ausstattungsordnung (kAusO) für Pflege, Erhaltung und Neuanschaffung von Kultgegenständen.

1.1.4 Für die Finanzierung, Antragsstellung, Beauftragung, Durchführung und Abrechnung von Bauvorhaben in den Kirchengemeinden und Gemeindeverbänden ist der kirchliche Bauherr zuständig und verantwortlich. Zur Aufgabenerfüllung kann der kirchliche Bauherr Architekten, Fachingenieure und Sonderfachleute auf der Grundlage der HOAI (Honorarordnung für Architekten und Ingenieure) einschalten.

1.1.5 Voraussetzung für die Durchführung aller beschriebenen Maßnahmen und Verfahrensschritte sind Kirchenvorstands- bzw. Verbandsbeschlüsse.

1.1.6 Zur Begleitung von Baumaßnahmen empfiehlt sich die Einsetzung eines »Bauausschusses«, der mit mind. 3, höchstens 5 fachkundigen Personen besetzt ist, und dem der Kirchenvorstand die Aufgaben aus Nr. 1.1.4 überträgt. Der Hauptabteilung Seelsorgebereiche sind mind. 2 Mitglieder als Ansprechpartner mitzuteilen. Die Arbeitsergebnisse, Vergabevorschläge oder Empfehlungen des Bauausschusses werden dem kirchlichen Bauherren vorgetragen. Den endgültigen Beschluss fasst der kirchliche Bauherr (Kirchenvorstand/Verbandsvertretung).

1.2

nicht abgedruckt

1.3 Genehmigungsvorbehalt

1.3.1 Baumaßnahmen, die nach der Landesbauordnung und dem Denkmalschutzgesetz der Länder Nordrhein-Westfalen bzw. Rheinland-Pfalz genehmigungspflichtig sind, bedürfen auch der kirchenaufsichtlichen Genehmigung.

1.3.2 In jedem Fall genehmigungspflichtig sind alle Baumaßnahmen von Kirchengemeinden und Gemeindeverbänden, die den Aufwand von 15.000,00 Euro überschreiten.

1.3.3 Baumaßnahmen an kirchlichen Krankenhäusern und Heimen mit Gesamtkosten von mehr als 150.000,00 Euro sind ebenfalls genehmigungspflichtig.*

1.3.4 Darüber hinaus sind alle Gestaltungs-, Restaurierungs-, Instandhaltungs-, Umbau- und Anschaffungsmaßnahmen in Kirchen und Kapellen, welche die Liturgie betreffen, genehmigungspflichtig (siehe Nr. 2.3 kBauR).

1.3.5 Bei Neubaumaßnahmen und Umbauten sowie Reparaturen mit Gesamtkosten über 500.000,00 Euro ist der Stadt- bzw. Kreisdechant in das Verfahren einzubinden.

1.3.6 Der Genehmigungsvorbehalt gilt auch für Maßnahmen, die unter der Wertgrenze von 15.000,00 Euro begonnen werden und während der Durchführung einen Gesamtaufwand von 15.000,00 Euro übersteigen.

1.3.7 Der Genehmigungsvorbehalt bezieht sich auch auf die Durchführung manueller Eigenleistungen gemäß Nr. 10 kBauR.

1.3.8 Eine Genehmigung kann nachträglich eingeholt werden, wenn es sich um dringende Maßnahmen zur Beseitigung unmittelbar drohender Gefahren oder Sofortmaßnahmen zur Vermeidung weitergehender Schäden handelt. Hier ist unverzüglich die Hauptabteilung Seelsorgebereiche zu verständigen.

* Für Baumaßnahmen an caritativen Einrichtungen wie Krankenhäusern, Wohn- und Altenheimen von Kirchengemeinden oder deren 100%iger Tochtergesellschaften wurden folgenden Änderungen im Genehmigungsverfahren festgelegt. Baumaßnahmen sind erst ab Gesamtkosten von 500 000,- Euro genehmigungspflichtig. Im Einzelnen richtet sich die Genehmigungspflicht nach den Ausführungsbestimmungen des DiCV für das Erzbistum Köln e.V. zum Genehmigungsverfahren bei Baumaßnahmen von OCVs. Die entsprechende Anpassung der Bauregel wird in Kürze erfolgen.

Kirchenvorstandswahlen Zeitplan »to-do-Liste«

Datum	Maßnahme	zu erledigen durch:
bis 7 Wochen vorher	Auslieferung der Wählerliste	Meldewesen im EGV
bis spätestens 6 Wochen vorher	Prüfung und Anerkennung der Wählerliste	Kirchenvorstand
bis spätestens 6 Wochen vorher	Anordnung der Kirchenvorstandswahlen. Beschluss zur Benennung von min. 2 Mitgliedern des Kirchenvorstandes, deren Amtszeit nicht abläuft, in den Wahlausschuss	Kirchenvorstand
bis spätestens 6 Wochen vorher	Beschluss zur Benennung von 2 Mitgliedern des Pfarrgemeinderat in den Wahlausschuss	Pfarrgemeinderat
spätestens 6 Wochen vorher	Einberufung des Wahlausschusses bestehend aus: – Vorsitzender des KV – 2 Mitglieder des Pfarrgemeinderat – min. 2 Mitglieder des Kirchenvorstand	Vorsitzender des Kirchenvorstandes ggf. geschäftf. Vorsitzender bzw. Stellvertreter (Art. 4 WahlO)
bis 6 Wochen vorher	Aufstellung der Vorschlagsliste für die Kirchenvorstandswahl	Wahlausschuss
in der 5. Woche vor der Wahl	Bekanntmachung der Wählerliste durch Auslegung im Pastoralbüro. Vor oder an allen Kirchen der Kirchengemeinde ist auf Zeit und Ort der Auslegung durch Aushang hinzuweisen. Ebenfalls ist darauf hinzuweisen, dass nach Ablauf der Auslegungsfrist Einsprüche gegen die Liste nicht mehr zulässig sind.	Kirchenvorstand
von Beginn der 5. Woche bis zum Wahlsonntag	Aushang der Vorschlagsliste an oder vor jeder Kirche der Kirchengemeinde	Vorsitzender des Kirchenvorstand ggf. geschäftf. Vorsitzender bzw. Stellvertreter (Art. 4 WahlO)
von Beginn der 5. Woche bis zum Wahlsonntag	Hinweis auf die Aushänge in jedem Sonntagsgottesdienst	Seelsorger
bis zum Ende der 5. Woche vor der Wahl	Ablauf der Ergänzungsantragsfrist zur Vorschlagsliste	

Datum	Maßnahme	zu erledigen durch:
in der 3. Woche vor der Wahl	Prüfung und Feststellung der Ordnungsmäßigkeit der Ergänzungsvorschläge	Wahlausschuss
am 2. Wochenende vor der Wahl	Veröffentlichung der Ergänzungsliste	Vorsitzender des Kirchenvorstandes ggf. geschäftf. Vorsitzender bzw. Stellvertreter (Art.4 WahlO)
spätestens am Beginn des 2. Wochenendes vor der Wahl	Einladung zur Wahl (entsprechend des Aushanges der Vorschlagsliste). Die Einladung hat die Zahl der zu wählenden Kirchenvorsteher, sowie die Zeit der Wahl und den Wahlraum zu enthalten. Ebenso soll sie eine Belehrung über die Wahlberechtigung (§4 VVG) enthalten.	Vorsitzender des Kirchenvorstandes ggf. geschäftf. Vorsitzender bzw. Stellvertreter (Art.4 WahlO)
spätestens am Beginn des 2. Wochenendes vor der Wahl	Einberufung des Wahlvorstandes bestehend aus: 1. od. 2. stellv. Vorsitzenden des Kirchenvorstand als Vorsitzenden und 4, 6 oder 8 wählbare Gemeindemitglieder	Vorsitzender des Kirchenvorstandes geschäftf. Vorsitzender bzw. Stellvertreter (Art.4 WahlO)
rechtzeitig vor dem Wahltermin	Versand der Briefwahlunterlagen und Herstellung der Stimmzettel	Wahlvorstand
Mittwoch vor der Wahl	Ablauf der Antragsfrist zur Briefwahl	
Wahlwochenende	**Wahl** und Auszählung sowie Bekanntgabe des Ergebnisses im Wahlraum	Wahlvorstand
Montag nach der Wahl bis zum darauf folgenden Montag	Veröffentlichung des Wahlergebnisses durch Aushang in oder an allen Kirchen der Kirchengemeinde. In der Veröffentlichung ist auf die Einspruchsmöglichkeit gem. Art. 21 der WahlO hinzuweisen. Ebenso sind Ort, Beginn und Ende des Aushangs vom Vorsitzenden des Kirchenvorstands mit Unterschrift zu vermerken.	Bisherige Kirchenvorstand
bis zum 2. Sonntag nach der Wahl	Einspruchsmöglichkeit gegen die Wahl.	Kirchenvorstand
nach der konstituierenden Sitzung	Meldung der Ergebnisse an -Erzbischöfliches Generalvikariat - Gemeindeverband - Katholikenrat o.ä.	Neugewählter Kirchenvorstand

VVG = Gesetz über die verwaltung des katholischen Kirchenvermögens vom 24.07.1924
WahlO= Wahlordnung für die Wahl der Kirchenvorstände vom 07.02.2012

Satzung für die Pfarrgemeinderäte im Erzbistum Köln
vom 8. Dezember 2008, Amtsblatt des Erzbistums Köln 2009, S. 2 ff.

Präambel
»Ihr aber seid der Leib Christi und jeder Einzelne ist ein Glied an ihm« (1 Kor. 12,27). Christus ist das Haupt seiner Kirche und einem jedem einzelnen seiner Glieder teilt Gott, der Vater, durch den Heiligen Geist eine besondere Gabe zu. Im Bild vom mystischen Leib Christi und im Bild vom Volk Gottes auf dem Weg durch die Zeit erinnert das II. Vatikanische Konzil die Kirche an zwei große Perspektiven: dass Christus, der Herr, sie leitet und der Heiligen Geist das gibt, was sie braucht.

Alle Glieder des Gottesvolkes sind durch Taufe und Firmung zur gemeinsamen Verantwortung für den Heilsauftrag der Kirche berufen. Gott hat seinem Volk vielfältige Begabungen geschenkt. Für das Leben, den Aufbau und die Sendung der Kirche ist es wichtig, diese Begabungen zu erkennen, zu entfalten und in ihrer spezifischen Eigenart aufeinander zu beziehen. In diesem Sinne sind die Verantwortung der Gläubigen aufgrund ihrer gemeinsamen Berufung und Geistbegabung und der Leitungsauftrag sowie die Leitungsverantwortung des Pfarrers aufgrund seiner Weihe und Sendung aufeinander verwiesen.

Auf diesem Hintergrund wurden im Anschluss an das II. Vatikanische Konzil seit 1968 auch im Erzbistum Köln Pfarrgemeinderäte zur Mitwirkung und Mitverantwortung am Heilsdienst und am Weltauftrag der Kirche eingerichtet.

Die derzeitige Neuordnung der territorialen Seelsorge im Erzbistum Köln und neue pastorale Herausforderungen machen eine Neufassung der Satzung für die Pfarrgemeinderäte unumgänglich. Diese soll auch dazu beitragen, die Wahrnehmung der missionarischen Sendung der Kirche zu fördern. Es gilt die Chance, die in dieser pastoralen Herausforderung für die missionarische Sendung der Kirche liegt, zu nutzen.

§ 1 Errichtung und Auftrag des Pfarrgemeinderates
(1) In jedem Seelsorgebereich ist ein Pfarrgemeinderat zu bilden.
(2) Im Pfarrgemeinderat wirken Vertreterinnen und Vertreter einer oder mehrerer Pfarrgemeinden gemeinsam mit dem Pfarrer und den dort in der Seelsorge tätigen Geistlichen sowie den hauptberuflichen Pastoralen Diensten – künftig hier Pastoralteam genannt – an der Planung und Gestaltung des kirchlichen Lebens und der Pastoral im Seelsorgebereich mit und verantworten das christliche Engagement in Kommune, Staat und Gesellschaft.

§ 2 Aufgaben des Pfarrgemeinderates
(1) Der Pfarrgemeinderat hat die Aufgabe, unter Wahrung der spezifischen Verantwortung des Pfarrers gemeinsam mit ihm und dem Pastoralteam das pastorale Wirken entsprechend den Herausforderungen im Seelsorgebereich so zu entwickeln und zu gestalten, dass die Kirche in den Lebensräumen und Lebenswelten der Menschen wirksam präsent ist.
(2) Der Pfarrgemeinderat wirkt an der Erarbeitung und Realisierung eines Pastoralkonzeptes mit, das in jedem Seelsorgebereich vom Pfarrer zu verantworten ist. Gemeinsam stellen Pfarrer und Pfarrgemeinderat die pastoralen Herausforderungen fest und entwickeln Handlungsperspektiven und benennen Leitlinien, Schwerpunkte und Zielsetzungen des Pastoralkonzeptes. Der Pfarrgemeinderat gibt dazu ein Votum ab. Danach entscheidet der Pfarrer über das Konzept und setzt es in Kraft.
Das Pastoralkonzept wird regelmäßig überprüft und fortgeschrieben. Das Pastoralkonzept sowie dessen Fortschreibungen sind zu veröffentlichen.
Das Pastoralkonzept beschreibt besonders Ziele und Umsetzungsschritte einer missionari-

schen Ausrichtung der Pastoral durch
– die ehrfürchtige und lebendige Feier der Liturgie
– die unverkürzte und angemessene Glaubensverkündigung
– die geisterfüllte und tatkräftige Caritas.
Die Sorge um Jugend, Ehe und Familie findet dabei besondere Berücksichtigung.
(3) Bei der Wahrnehmung des Laienapostolates berät und beschließt der Pfarrgemeinderat unter Wahrung der Eigenständigkeit von katholischen Verbänden und Vereinigungen über das sozial- und gesellschaftspolitische Engagement im Seelsorgebereich insbesondere in folgenden Handlungsfeldern:
  – Bildung, Erziehung und Kultur
  – Ehe, Familie und Generationen
  – Migration, Integration und interkultureller Dialog
  – Mission Entwicklung, Frieden
  – Umwelt und Bewahrung der Schöpfung
  – Kommunalpolitik
Der Pfarrgemeinderat fördert die Mitwirkung von Gläubigen in öffentlichen und gesellschaftlichen Institutionen und Initiativen.
(4) In wichtigen Fragen der Pastoral ist der Pfarrer verpflichtet, den Rat des Pfarrgemeinderates einzuholen. Dies gilt z. B. für:
  – die Änderung der Pfarrorganisation
  – die Festlegung regelmäßiger Gottesdienstzeiten
  – die Konzepte für die Sakramentenpastoral
  – die künstlerische und liturgische Ausstattung der Kirche
  – das kirchenmusikalische Konzept in Absprache mit den kirchenmusikalisch Verantwortlichen
  – die Ausgestaltung und Förderung der Ökumene
  – das Konzept für die Öffentlichkeitsarbeit
  – die Regelung zur Nutzung kirchlicher Versammlungsräume in Absprache mit dem Kirchenvorstand bzw. der Verbandsvertretung des Kirchengemeindeverbandes
(5) Nach der Abgabe des Votums des Pfarrgemeinderates entscheidet der Pfarrer über die Einrichtung und Größe von Ortsausschüssen.
Der Pfarrgemeinderat entscheidet über die Einrichtung von Sachausschüssen und Projektgruppen und regelt die jeweilige Mitgliedschaft.
Näheres ist im § 8 geregelt.
(6) Der Pfarrgemeinderat stellt fest, an welchen Orten und in welchen Einrichtungen, Verbänden und Vereinigungen, Gruppen und Projekten im Seelsorgebereich sich kirchliches Leben ereignet. Er trägt dafür Sorge, dass diese in geeigneter Weise untereinander vernetzt und an der Arbeit des Pfarrgemeinderates sowie der Orts- und Sachausschüsse beteiligt werden.
Diese Vernetzung hat ein missionarisches Ziel: das christliche Leben in die Lebenswelten der Menschen einzubringen und durch ein glaubwürdiges Zeugnis die Menschen herauszufordern und für Christus und seine Kirche zu gewinnen.
(7) Der Pfarrgemeinderat fördert eine Kultur des Ehrenamtes. Insbesondere ermöglicht er die Qualifizierung und Weiterbildung für ehrenamtlich Tätige, um so die Charismen der Gläubigen zu entdecken und zu fördern.
(8) Der Pfarrgemeinderat initiiert und fördert die Kooperation mit den Gremien und Organisationen in anderen Seelsorgebereichen, auf der Ebene der Dekanate und des Erzbistums.
(9) Der Pfarrgemeinderat berichtet für die Besetzung der Pfarrerstelle dem Erzbischof über die Situation im Seelsorgebereich, die pastoralen Herausforderungen sowie das Pastoralkonzept des Seelsorgebereichs.

Der Pfarrer kann vor der Besetzung von Stellen anderer pastoraler Dienste im Seelsorgebereich das Stellenprofil mit dem Pfarrgemeinderat beraten und das Ergebnis an das Erzbischöfliche Generalvikariat weiterleiten.

(10) Der Pfarrgemeinderat stellt unter Bezug auf das Pastoralkonzept den Bedarf an finanziellen Mitteln im Bereich der Pastoral fest und meldet diesen beim Kirchenvorstand bzw. der Verbandsvertretung des Kirchengemeindeverbandes an (vgl. § 12).

(11) Der Pfarrgemeinderat berät und entscheidet über die Verwendung von Erlösen aus von ihm durchgeführten Festen und Aktionen und informiert den Kirchenvorstand bzw. die Verbandsvertretung des Kirchengemeindeverbandes.

(12) Der Pfarrgemeinderat teilt dem Erzbistum über den Diözesanrat folgende Angaben mit:

- die Zahl der gewählten und der berufenen Mitglieder
- den Namen, die Anschrift, die Email-Adresse der oder des Vorsitzenden sowie der Vorstandsmitglieder und
- die festgelegten Strukturen unterhalb der Ebene des Pfarrgemeinderates (vgl. § 8)

§ 3 Mitglieder des Pfarrgemeinderates

(1) Stimmberechtigte Mitglieder
    a) Geborene Mitglieder:
       Geborene Mitglieder sind der Pfarrer, die Pfarrvikare und maximal zwei weitere Mitglieder des Pastoralteams. Der Pfarrer entscheidet in Abstimmung mit dem Pastoralteam, wer von den weiteren Mitgliedern Sitz und Stimme im Pfarrgemeinderat wahrnimmt.
    b) Gewählte Mitglieder:
       Jeder Pfarrgemeinderat legt entsprechend der folgenden Regelung die Anzahl der zu wählenden Mitglieder fest:

bis 10.000 Katholiken	8 – 14 Mitglieder
10.000 – 16.000 Katholiken	10 – 16 Mitglieder
über 16.000 Katholiken	12 – 20 Mitglieder

       Dabei müssen mindestens 2/3 der stimmberechtigten Mitglieder gewählte Mitglieder sein. Gegebenenfalls ist die Zahl der Mitglieder entsprechend zu erhöhen.
       Der Pfarrgemeinderat kann für von ihm festgelegte Gebiete die Zahl der zu wählenden Mitglieder proportional oder paritätisch aufteilen, damit dementsprechend jedes Gebiet im Pfarrgemeinderat vertreten ist (vgl. §§ 4 und 5 der Wahlordnung).
    c) Berufene Mitglieder:
       Der Pfarrer kann in Abstimmung mit den gewählten Mitgliedern je nach Bedarf bis zu vier weitere Mitglieder berufen. Allerdings müssen mindestens 2/3 der stimmberechtigten Mitglieder gewählte Mitglieder sein.

(2) Nicht stimmberechtigte beratende Mitglieder
    a) alle weiteren Mitglieder des Pastoralteams
    b) ein/e Vertreter/in des Kirchenvorstandes bzw. der Verbandsvertretung des Kirchengemeindeverbandes
    c) je ein/e Vertreter/in der im Seelsorgebereich tätigen Internationalen Katholischen Seelsorge.

(3) Gäste und Sachkundige
    a) Die Vorsitzenden der Sachausschüsse, die Sachbeauftragten und je ein/e Vertreter/in der Angestellten der Kirchengemeinde bzw. des Kirchengemeindeverbandes sowie ein/e Vertreter/in der im Seelsorgebereich tätigen Ordensleute haben das Recht, an den Sitzungen des Pfarrgemeinderates als Gäste beratend teilzunehmen.

b) Der Pfarrgemeinderat soll in der Regel zur Beratung von Themen, die kirchliche Einrichtungen im Seelsorgebereich betreffen, Vertreter/innen dieser Einrichtungen einladen.

c) Der Pfarrgemeinderat kann zu seinen Sitzungen Sachkundige einladen.

§ 4 Wahlgrundsätze

(1) Die Mitglieder der Pfarrgemeinderäte gemäß § 3 Abs. 1 b werden in allgemeiner, unmittelbarer, freier, gleicher und geheimer Wahl gewählt.

(2) Wahlberechtigt sind alle Katholiken, die am Wahltag das 16. Lebensjahr vollendet und ihren Wohnsitz im Seelsorgebereich haben.

(3) Wählbar sind alle Wahlberechtigten, die in der Ausübung ihrer allgemeinen kirchlichen Gliedschaftsrechte nicht behindert sind. Sie sollen das Sakrament der Firmung empfangen haben bzw. bereit sein, es zu empfangen.

(4) Es können auch außerhalb des Seelsorgebereiches wohnende Katholiken aktives und passives Wahlrecht ausüben, wenn sie am kirchlichen Leben im Seelsorgebereich aktiv Anteil nehmen. Die Ausübung des aktiven und passiven Wahlrechts kann nur in einem Seelsorgebereich erfolgen.

Das Nähere regelt die Wahlordnung.

(5) Über Ausnahmen von diesen Wahlgrundsätzen entscheidet im Einzelfall der Erzbischof

§ 5 Amtszeit

(1) Die Amtszeit des Pfarrgemeinderates beträgt vier Jahre. Sie beginnt mit der konstituierenden Sitzung und endet mit der Konstituierung des nächsten gewählten Pfarrgemeinderates (vgl. § 6,1).

(2) Ist ein Pfarrgemeinderat mit der Genehmigung des Erzbischofs erst während der allgemeinen Amtszeit der Pfarrgemeinderäte im Erzbistum Köln gewählt worden, so endet dessen Amtszeit gleichzeitig mit der der übrigen Pfarrgemeinderäte im Erzbistum.

(3) Die Mitgliedschaft endet, wenn die Wählbarkeit entfällt (vgl. § 4 Abs. 3), ein Mitglied den Rücktritt gegenüber dem Pfarrer sowie der oder dem Vorsitzenden des Pfarrgemeinderates erklärt oder ausgeschlossen wird.

(4) Bei Vorliegen von schwer wiegenden Gründen kann ein Mitglied aus dem Pfarrgemeinderat ausgeschlossen werden. Der Ausschluss erfolgt auf Antrag des Pfarrgemeinderates oder des Pfarrers durch den Erzbischof, nachdem die Sach- und Rechtslage mit dem auszuschließenden Mitglied sowie dem Pfarrer und mindestens zwei weiteren Vertretern des Pfarrgemeinderates erörtert und der Vorstand des zuständigen Dekanatsrates und des Diözesanrates angehört worden ist.

(5) Scheidet ein gewähltes Mitglied vorzeitig aus, so wählt der Pfarrgemeinderat für die verbleibende Amtszeit mit Mehrheit ein neues Mitglied hinzu (Kooptation). Bei Mitgliedern gem. § 3 Abs. 1 c kann der Pfarrer nach Anhörung des Pfarrgemeinderates für die restliche Amtszeit eine Nachberufung vornehmen.

(6) Scheiden mehr als die Hälfte der gewählten Mitglieder aus, findet keine Kooptation statt. Der Erzbischof ist innerhalb eines Monats von der oder dem Vorsitzenden oder vom Pfarrer über die Situation zu informieren. Nach Prüfung der örtlichen Situation entscheidet der Erzbischof über das weitere Vorgehen.

(7) Der Erzbischof kann in begründeten Einzelfällen vom allgemeinen Wahltag abweichende Wahltermine oder auch eine von den allgemeinen Regelungen abweichende Amtsperiode festlegen.

§ 6 Konstituierung des Pfarrgemeinderates

(1) Spätestens drei Wochen nach der Wahl findet die konstituierende Sitzung des Pfarrge-meinderates statt. In ihr wählt der Pfarrgemeinderat aus den Reihen der gewählten Mit-glieder die Vorsitzende oder den Vorsitzenden, den Vorstand sowie eine/n Vertreter/in für den Kirchenvorstand oder Kirchengemeindeverband.

(2) Die konstituierende Sitzung des Pfarrgemeinderates leitet der Pfarrer bis die oder der neue Vorsitzende gewählt ist.

(3) Im Laufe der Pfarrgemeinderatsarbeit können bei späteren Sitzungen je nach Bedarf weitere Mitglieder gemäß § 3 Abs. 1 c berufen werden.

§ 7 Vorstand

(1) Der Vorstand besteht aus dem Pfarrer als geborenem Mitglied und der/dem gewählten Vorsitzenden sowie einem oder drei weiteren Vorstandsmitgliedern, die der PGR aus seiner Mitte wählt, nachdem er die Zahl bestimmt hat.

(2) Der Vorstand hat die Aufgabe, die Arbeit des Pfarrgemeinderates nach Maßgabe dieser Satzung zu leiten und die Rahmenbedingungen im Sinne angemessener Geschäftsabläufe zu regeln.

(3) Der Vorstand bereitet die Sitzungen des Pfarrgemeinderates vor. Die oder der Vorsit-zende beruft die Sitzungen des Pfarrgemeinderates rechtzeitig unter Angabe der Tagesord-nung ein und leitet sie. Sie oder er kann sich von einem Vorstandsmitglied vertreten lassen.

(4) Der Vorstand vertritt den Pfarrgemeinderat in der Öffentlichkeit und in den überörtli-chen Räten, wie Dekanatsrat oder Stadt- bzw. Kreisdekanatsrat.

§ 8 Arbeitsformen und -strukturen

(1) Der Pfarrgemeinderat entwickelt geeignete Arbeitsformen und -strukturen.
   a) Für Sachbereiche, die einer kontinuierlichen Beobachtung und ständigen Mitarbeit des Pfarrgemeinderates bedürfen, können Sachausschüsse gebildet oder Sachbe-auftragte bestellt werden.
   In jedem Pfarrgemeinderat ist mindestens ein/e Sachbeauftragte/r für den Bereich Mission, Entwicklung und Frieden zu bestellen. Es wird empfohlen, dafür einen eige-nen Sachausschuss einzurichten.
   b) Zur Wahrnehmung örtlicher Belange können Ortsausschüsse eingerichtet werden. Näheres ist in der Geschäftsordnung zur Bildung von Ortsausschüssen (Amtsblatt 1/2009) geregelt.
   c) Für zeitlich befristete Aufgaben können Projektgruppen eingerichtet werden.

(2) Die Mitglieder der Sachausschüsse oder Projektgruppen werden vom Pfarrgemeinderat berufen. Es können auch Personen berufen werden, die nicht Mitglied des Pfarrgemeinde-rates sind. Mindestens ein Mitglied des jeweiligen Sachausschusses soll dem Pfarrgemein-derat angehören.

(3) Die Sachausschüsse haben die Aufgabe, in ihrem jeweiligen Sachbereich die Entwick-lung zu beobachten, den Pfarrgemeinderat, Einrichtungen der Pfarrgemeinde und die in dem jeweiligen Sachbereich tätigen Verbände und Institutionen zu beraten sowie Maß-nahmen, für die kein Träger vorhanden ist, im Einvernehmen mit dem Pfarrgemeinderat durchzuführen. Öffentliche Erklärungen und Verlautbarungen bedürfen der Zustimmung des Vorstands; bei Erklärungen und Verlautbarungen, die pastorale Belange betreffen, ist die Zustimmung des Pfarrers unerlässlich.

4) Pfarrer, Mitglieder des Pastoralteams und des Pfarrgemeinderates haben das Recht, aus eigener Initiative heraus Themen und Tätigkeitsbereiche zur Beratung zu bringen.

§ 9 Sitzungen

(1) Der Pfarrgemeinderat tritt auf Einladung der oder des Vorsitzenden regelmäßig zusammen und außerdem dann, wenn ein Drittel der Mitglieder des Pfarrgemeinderates oder der Pfarrer dies wünscht.

(2) Die Sitzungen des Pfarrgemeinderates sind nicht öffentlich. Der Pfarrgemeinderat kann auch öffentliche Sitzungen durchführen, wenn der Vorstand oder der Pfarrgemeinderat dies beschließt. Personalangelegenheiten dürfen nicht in öffentlichen Sitzungen besprochen werden.

(3) Über die Sitzung des Pfarrgemeinderates ist ein Ergebnisprotokoll anzufertigen, das von der oder dem Vorsitzenden und dem/der Protokollführer/in zu unterschreiben ist. Die Protokolle gehören zu den amtlichen Akten, sind im Pfarrarchiv aufzubewahren und bei der bischöflichen Visitation vorzulegen. Die Ergebnisse der Sitzung sind in geeigneter Weise im Seelsorgebereich bekannt zu machen.

§ 10 Beschlussfassung

(1) Der Pfarrgemeinderat ist beschlussfähig, wenn mehr als die Hälfte der gewählten Mitglieder anwesend ist. Er fasst seine Beschlüsse mit der Mehrheit der anwesenden stimmberechtigten Mitglieder.

(2) Beschlüsse, die der verbindlichen Glaubens- und Sittenlehre oder dem allgemeinen oder diözesanen Kirchenrecht widersprechen, können nicht gültig gefasst werden. In Zweifelsfällen entscheidet der Erzbischof.

3) Stimmt der Pfarrer in pastoralen Fragen aufgrund der ihm durch sein Amt gegebenen Verantwortung und unter Angabe der Gründe einem Antrag nicht zu, so ist in dieser Sitzung eine Beschlussfassung nicht möglich. Die anstehende Frage soll im Pfarrgemeinderat innerhalb einer Frist von einem Monat erneut beraten werden. Bei schwer wiegenden Konflikten können die in § 13 aufgeführten Vermittlungsinstanzen angerufen werden.

§ 11 Konvent und Pfarrversammlung

(1) Der Pfarrgemeinderat soll einmal im Jahr die Mitglieder der Sach- und Ortsausschüsse und Projektgruppen sowie die Vertretungen der Orte kirchlichen Lebens und Glaubens zu einem Konvent einladen. Dazu gehören auch die Vertretungen kirchlich anerkannten Gruppierungen, Verbände, Institutionen und Träger.
Aufgabe des Konventes ist es:
- a) die Vielfalt kirchlichen Lebens vor Ort und im Seelsorgebereich erlebbar und erfahrbar zu machen,
- b) zu reflektieren und darzustellen, ob und wie kirchliches Leben in den Lebenswelten der Menschen gestaltet wird,
- c) die Konzeption und Ausgestaltung der pastoralen, politischen und sozialen Arbeit des Pfarrgemeinderates kritisch zu begleiten und Anregungen zu Weiterentwicklung der Arbeit zu geben,

(2) Der Pfarrgemeinderat kann zu einer Pfarrversammlung oder einer Versammlung der Pfarreiengemeinschaft einladen.

§ 12 Zusammenarbeit mit dem Kirchenvorstand oder dem Kirchengemeindeverband

(1) Pfarrgemeinderat und Kirchenvorstand bzw. die Verbandsvertretung des Kirchengemeindeverbandes sind zur Zusammenarbeit verpflichtet.

(2) Ein vom Pfarrgemeinderat zu benennendes Mitglied ist zu den Sitzungen des Kirchenvorstandes, wenn die Pfarrgemeinde einem Seelsorgebereich entspricht, bzw. der Verbandsvertretung des Kirchengemeindeverbandes im Falle einer Pfarreiengemeinschaft als Gast mit dem Recht der Beratung und der Information in allen Belangen des Pfarrgemein-

derates einzuladen. Es unterliegt derselben Verpflichtung zur Wahrung des Sitzungsgeheimnisses wie die Mitglieder des Kirchenvorstandes.

(3) Unter Bezug auf die pastorale Planung teilt der Pfarrgemeinderat dem Kirchenvorstand bzw. der Verbandsvertretung des Kirchengemeindeverbandes den Bedarf an finanziellen Mitteln vor dessen Haushaltsberatung mit (vgl. § 2 Abs. 11).

(4) Zur gegenseitigen Information und gemeinsamer Beratung (z.B. Haushaltsplanung, Caritasarbeit) soll der Pfarrgemeinderat einmal im Jahr den Kirchenvorstand bzw. die Verbandsvertretung des Kirchengemeindeverbandes zu einer gemeinsamen Sitzung einladen.

(5) Der Pfarrgemeinderat ist bei der Planung größerer Projekte vom Kirchenvorstand bzw. der Verbandsvertretung des Kirchengemeindeverbandes an den Beratungen zu beteiligen und hat vor der abschließenden Beschlussfassung des Kirchenvorstandes bzw. des Kirchengemeindeverbandes ein Votum abzugeben.

§ 13 Vermittlungsinstanzen

Bei schwer wiegenden Konflikten, die im Pfarrgemeinderat nicht mehr lösbar sind, sollen der Dekanatsrat und der Dechant oder der Stadt- bzw. Kreisdekanatsrat und der Stadt- bzw. Kreisdechant oder der Diözesanrat zur Vermittlung angerufen werden. Gelingt es auch diesen nicht, eine Einigung herbeizuführen, kann der Erzbischof angerufen werden.

§ 14 Auflösung des Pfarrgemeinderates

Der Erzbischof kann bei Vorliegen schwer wiegender Gründe im Einvernehmen mit dem Diözesanrat einen Pfarrgemeinderat auflösen. Für die verbleibende Amtszeit kann der Erzbischof eine Neuwahl ansetzen.

§ 15 Inkrafttreten und Geltungsdauer

Die vorstehende Satzung für die Pfarrgemeinderäte im Erzbistum Köln tritt zum 1.1.2009 für die Dauer von zunächst vier Jahren in Kraft. Gleichzeitig treten die bisher geltende Satzung der Pfarrgemeinderäte vom 01. März 2005 (Amtsblatt des Erzbistums Köln vom 01. März 2005, Nr. 102) und die Sonderregelungen zur Bildung eines gemeinsamen Pfarrgemeinderates für mehrere Pfarrgemeinden (ebd. Nr. 104) außer Kraft.

§ 16 Übergangsregelung

(1) Die beim Inkrafttreten dieser Satzung errichteten Pfarrgemeinderäte bleiben für die Dauer ihrer Amtszeit bestehen.

(2) In Seelsorgebereichen, in denen zum Zeitpunkt des Inkrafttretens mehr als ein Pfarrgemeinderat besteht, kann es sinnvoll sein, Ortsausschüsse einzurichten.

Der Pfarrer entscheidet im Bezug auf die Pfarrgemeinderatswahl 2009 nach Beratung in der Pfarrverbandskonferenz und nach Anhörung der bisherigen Pfarrgemeinderäte über die Einrichtung und das Verfahren zur Besetzung solcher Ortsausschüsse.

Nach zwei Jahren entscheidet der Pfarrer nach Abgabe des Votums des Pfarrgemeinderates darüber, ob und in welcher Form die dann bestehenden Ortsausschüsse fortgeführt werden. Ebenso entscheidet der Pfarrer nach Beratung in der Pfarrverbandskonferenz und nach Anhörung der bisherigen Pfarrgemeinderäte, ob für von ihr festgelegte Gebiete die Zahl der zu wählenden Mitglieder proportional oder paritätisch aufgeteilt wird, damit dementsprechend jedes Gebiet im Pfarrgemeinderat vertreten ist (vgl. §§ 4 und 5 der Wahlordnung).

Köln, den 8. Dezember 2008

+ Joachim Kardinal Meisner
Erzbischof von Köln

Wahlordnung für die Pfarrgemeinderäte im Erzbistum Köln
Vom 01.01.2009, Amtsblatt des Erzbistums Köln 2009, S. 6 ff.

I. Allgemeine Bestimmungen

§ 1 Wahlgrundsätze
(1) Die Mitglieder der Pfarrgemeinderäte gemäß § 3 Abs. 1 b) der Satzung für die Pfarrgemeinderäte (PGR-Satzung) werden in allgemeiner, unmittelbarer, freier, gleicher und geheimer Wahl gewählt.
(2) Jeder Wahlberechtigte des Seelsorgebereichs kann die entsprechend § 3 Abs. 1 b) PGR-Satzung festgelegte Zahl der Stimmen abgeben.

§ 2 Wahltermin
Die Wahlen der Pfarrgemeinderäte finden regelmäßig alle 4 Jahre statt, soweit nicht der Erzbischof in begründeten Einzelfällen eine andere Amtsperiode festlegt (§ 5 Abs. 1 PGR-Satzung) oder Neuwahlen anordnet (§ 14 PGR-Satzung).

§ 3 Zahl der Mitglieder
Die Zahl der zu wählenden Mitglieder folgt aus § 3 Abs. 1 b) der Satzung.

§ 4 Regelung zur Bildung von Wahlbereichen
In Seelsorgebereichen können Wahlbereiche gebildet werden, wenn dies aus räumlichen und pastoralen Gründen angezeigt ist.
Der Pfarrgemeinderat bzw. die derzeitigen Pfarrgemeinderäte in Absprache mit der Pfarrverbandskonferenz legt/legen die Wahlbereiche fest und teilt/teilen dies dem Wahlausschuss mit.

§ 5 Wahlverfahren für die Wahl eines gemeinsamen Pfarrgemeinderates für mehrere Pfarrgemeinden bzw. bei Bildung von Wahlbereichen
(1) Der Pfarrgemeinderat bzw. die Pfarrgemeinderäte nach Absprache mit der Pfarrverbandskonferenz legt/legen das Wahlverfahren fest und teilt/teilen dies dem Wahlausschuss mit.
(2) Wahlmodus
Für die je nach Größe des Seelsorgebereichs zu wählenden Kandidaten/innen stehen folgende Wahlmodi zur Verfügung:
   a) proportionale Wahl
      Die proportionale Wahl sieht vor, dass die Zahl der zu Wählenden verhältnismäßig nach Größe (Katholikenzahl) der Wahlbereiche aufgeteilt wird.
   b) paritätische Wahl
      Die Zahl der Kandidaten/innen wird in gleicher Weise auf die jeweiligen Wahlbereiche aufgeteilt.
   c) modifiziert proportionale Wahl
      Die Zahl der Kandidaten/innen wird nicht strikt nach der Gläubigenzahl aufgeteilt. Die Beteiligten legen den Proporzschlüssel nach ortsspezifischen Kriterien fest.
(3) Stimmzettel
Für die Durchführung der Wahl wird vom Wahlausschuss ein einheitlicher Stimmzettel mit den Namen aller Kandidaten/innen aus Wahlbereichen erstellt. Die Kandidaten/innen aus verschiedenen Wahlbereichen werden auf dem gemeinsamen Stimmzettel getrennt aufgeführt, entweder unter der Überschrift des jeweiligen Namens des Wahlbereiches oder in getrennten Kolumnen.

(4) Wahlmöglichkeiten
Die Wahlberechtigten im Seelsorgebereich haben gleiches Stimmrecht. Sie können ihre Stimmen gemäß der Zahl der zu wählenden Mitglieder (vgl. § 3 Abs.1 b) PGR-Satzung) auf alle Kandidaten verteilen, die auf dem Stimmzettel verzeichnet sind.

(5) Wahlergebnis
Gewählt sind die Kandidaten/innen mit den meisten Stimmen aus den jeweiligen Wahlbereichen bis zu der Anzahl, die vorher als Mitgliederzahl für den jeweiligen Wahlbereich festgelegt wurde.

§ 6 Aktives und passives Wahlrecht
Das aktive und passive Wahlrecht ist in § 4 Abs. 4 der PGR-Satzung geregelt.

§ 7 Wahlrecht in einem anderen Seelsorgebereich
(1) Wer am Leben eines anderen Seelsorgebereichs innerhalb des Erzbistums Köln, in dem er/sie nicht seinen Hauptwohnsitz hat, aktiv teilnimmt und deshalb in diesem anderen Seelsorgebereich wählen will, stellt einen Antrag an den Wahlausschuss des Wahlseelsorgebereiches auf Anerkennung seiner/ihrer Wahlberechtigung und Aufnahme in die Wählerliste.
(2) Über den Antrag entscheidet der Wahlausschuss. Wird dem Antrag zugestimmt, sind sowohl der/die Antragsteller/in als auch dessen/deren Wohnsitzseelsorgebereich schriftlich zu informieren.
Der Wahlausschuss des Wahlseelsorgebereiches teilt dem Wohnsitzseelsorgebereich die erfolgte Eintragung in die Wählerliste mit und bittet um Streichung des Namens aus der Wählerliste des Wohnsitzseelsorgebereiches.
Die Ausübung des aktiven Wahlrechts in mehreren Seelsorgebereichen ist unzulässig.
(3) Wird der Antrag abgelehnt, ist der/die Antragsteller/in unter Angabe der Gründe hierüber schriftlich zu benachrichtigen.

II. Wahlvorbereitung

§ 8 Berufung und Zusammensetzung des Wahlausschusses
(1) Zur Vorbereitung der Wahl beruft der Pfarrgemeinderat bzw. die Pfarrverbandskonferenz mindestens acht Wochen vor dem Wahltermin einen Wahlausschuss.
(2) Dem Wahlausschuss gehören an:
   a) der Pfarrer oder ein/e von ihm benannte/r Vertreter/in und
   b) sechs bis zwölf vom Pfarrgemeinderat bzw. der Pfarrverbandskonferenz zu wählende wahlberechtigte Gemeindemitglieder.
(3) Der Wahlausschuss wählt aus seiner Mitte eine/n Vorsitzende/n. Beschlüsse werden mit der Mehrheit der Anwesenden gefasst.
(4) Besteht in einem Seelsorgebereich noch kein Pfarrgemeinderat, beruft der Pfarrer sechs bis zwölf wahlberechtigte Gemeindemitglieder aus dem Seelsorgebereich in den Wahlausschuss.

§ 9 Aufgaben des Wahlausschusses
(1) Der Wahlausschuss hat die Aufgaben:
   1. Kandidat/inn/en für die Wahl des Pfarrgemeinderates aufzustellen (§ 10 WO),
   2. die eingehenden Ergänzungsvorschläge auf ihre Ordnungsmäßigkeit zu prüfen (§ 10 Abs. 4 u. 5 WO; § 4 Abs. 3 u. § 5 Abs. 4 PGR-Satzung),
   3. den endgültigen Wahlvorschlag bekannt zu geben (§ 11 WO),
   4. Wahllokale und Zeitdauer für die Wahl zu bestimmen (§ 9 Abs. 2 WO),

5. die Stimmzettel herzustellen (§ 12 WO),
6. das Wählerverzeichnis zu erstellen,
7. den Wahlvorstand zu bestellen (§ 13 WO),
8. das Wahlergebnis zu prüfen und endgültig festzustellen (§ 16 Abs. 1 WO) sowie
9. über den Antrag eines Katholiken oder einer Katholikin eines anderen Seelsorgebereichs auf Anerkennung der Wahlberechtigung in seinem Seelsorgebereich zu entscheiden (§ 7 WO).

(2) Der Wahlausschuss bestimmt das Wahllokal oder die Wahllokale und setzt eine ausreichende Zeitdauer für die Wahl fest. In Pfarrgemeinden mit mehreren Ortschaften oder Ortsteilen können zusätzliche Wahllokale eingerichtet werden. Es ist dafür Sorge zu tragen, dass jede/jeder Wahlberechtigte nur einmal ihre/seine Stimme abgeben kann.

§ 10 Wahlvorschläge
(1) Der vom Wahlausschuss aufzustellende Wahlvorschlag soll um die Hälfte mehr Kandidat/inn/en enthalten, mindestens jedoch zwei mehr, als zu wählen sind. Der Wahlausschuss soll seinen Wahlvorschlag in geeigneter Weise vorstellen und bekannt machen.
(2) Im Wahlvorschlag sind die Namen der Kandidat/inn/en in alphabetischer Reihenfolge mit Angabe von beruflicher Tätigkeit, Alter und Anschrift aufzuführen. Aufgestellt werden können auch Katholik/inn/en aus einem anderen Seelsorgebereich, sofern sie am kirchlichen Leben im Seelsorgebereich aktiv Anteil nehmen, die Anerkennung der Wahlberechtigung in dem Wahlbereich erfolgt ist und sie für keinen anderen Pfarrgemeinderat kandidieren (vgl. § 4 Abs. 4 PGR-Satzung).
(3) Der Wahlausschuss macht spätestens sechs Wochen vor dem Wahltermin seinen Wahlvorschlag im Seelsorgebereich bekannt. Dieser Wahlvorschlag ist unmittelbar nach der Bekanntgabe für die Dauer von zwei Wochen zur Einsicht offen zu legen. Er ist außerdem im Seelsorgebereich in sonstiger geeigneter Weise, z. B. im Gottesdienst, durch Aushang, im Pfarrbrief oder auf der Homepage kundzutun.
Wurde in dem Wahlvorschlag des Wahlausschusses als Kandidat/in eine Person mit Wohnsitz in einem anderen Seelsorgebereich aufgenommen, ist hiervon gleichzeitig mit der Bekanntgabe des Wahlvorschlags dem betroffenen Wohnsitzseelsorgebereich Mitteilung zu machen.
Die Ausübung des passiven Wahlrechts in mehreren Seelsorgebereichen ist unzulässig.
(4) Gleichzeitig sind die Gläubigen im Seelsorgebereich darauf hinzuweisen, dass innerhalb der Offenlegungsfrist des Wahlvorschlags weitere Vorschläge beim Wahlausschuss eingereicht werden können. Der Vorschlag des Wahlausschusses wird nach Prüfung der Ordnungsmäßigkeit (§ 9 Abs. 2 WO) um diese ergänzt.
(5) Ein Ergänzungsvorschlag darf nicht mehr Namen enthalten, als Mitglieder zum Pfarrgemeinderat zu wählen sind.
Für einen solchen Vorschlag sind mindestens 20 Unterschriften von Wahlberechtigten erforderlich.

§ 11 Bekanntgabe des endgültigen Wahlvorschlags
Der Wahlausschuss hat nach Ablauf der Offenlegungsfrist innerhalb einer Woche den endgültigen Wahlvorschlag in alphabetischer Reihenfolge aufzustellen und im Gottesdienst oder in sonstiger Weise (z. B. durch Wahlbenachrichtigung, Aushang oder im Pfarrbrief) bekannt zu geben.

III. Wahldurchführung

§ 12 Stimmzettel

(1) Auf den Stimmzetteln sind die Kandidat/inn/en in alphabetischer Reihenfolge mit den in dem Wahlvorschlag enthaltenen Angaben aufzuführen. Ferner ist die Zahl der zu wählenden Mitglieder zu vermerken.

§ 13 Wahlvorstand

Zur Durchführung der Wahl hat der Wahlausschuss für jedes Wahllokal einen Wahlvorstand mit der erforderlichen Zahl von Mitgliedern, jedoch mindestens drei Mitglieder, zu bestellen. Kandidaten für die Wahl des Pfarrgemeinderates können dem Wahlvorstand nicht angehören. Der Wahlvorstand hat für den ungestörten Ablauf der Wahl zu sorgen, die Wähler zu registrieren, die Stimmzettel entgegenzunehmen und die vorläufige Zählung der abgegebenen Stimmen vorzunehmen. Über die Wahldurchführung hat der Wahlvorstand eine Niederschrift zu erstellen, die von den Mitgliedern des Wahlvorstandes zu unterzeichnen ist.

§ 14 Wahlhandlung

(1) Die Wähler geben zur Kontrolle ihrer Wahlberechtigung und zur Registrierung im Wählerverzeichnis Namen, Alter und Anschrift bekannt. Die Angaben sind in Zweifelsfällen durch Personalpapiere zu belegen.

(2) Die Wähler kreuzen auf dem Stimmzettel höchstens so viele Namen von Kandidat/inn/en an, wie Mitglieder des Pfarrgemeinderates zu wählen sind.

(3) Zu den Grundsätzen eines ordnungsgemäßen Wahlverfahrens gehört die Öffentlichkeit der Wahl (vgl.»Wahlgrundsätze«, § 1 WO). Wichtig ist, dass vor der Eröffnung der Wahlhandlung durch den Wahlvorstand bis zum Abschluss niemandem der Zutritt zum Wahlraum und die Beobachtung des Ablaufs verboten werden können, sofern die Wahlhandlung dadurch nicht gestört wird. Auch nach Schluss der Wahl darf der Wahlraum nicht geschlossen werden, denn auch die Stimmenauszählung und die Verkündigung des Wahlergebnisses mit Eintragung in die Niederschrift und deren abschließende Unterzeichnung gehören noch zur Wahlhandlung.

§ 15 Briefwahl

(1) Briefwahl ist auf Antrag möglich und soll aktiv genutzt werden. Zu ihrer Ausübung bedarf es der Ausstellung eines Briefwahlscheins.

(2) Die Beantragung der Briefwahl kann vom Tage nach der Bekanntgabe des endgültigen Wahlvorschlags bis ein Tag vor dem Wahltag schriftlich oder mündlich beim Wahlvorstand erfolgen. Der Briefwahlschein wird zusammen mit dem Stimmzettel und dem amtlichen Wahlumschlag ausgehändigt.

(3) Die Ausstellung eines Briefwahlscheins ist im Wählerverzeichnis zu vermerken oder in einem besonderen Verzeichnis festzuhalten, das dem Wahlvorstand zur Registrierung übergeben wird.

(4) Der/die Wähler/in hat in einem verschlossenen Umschlag den Briefwahlschein und den verschlossenen amtlichen Wahlumschlag mit seinem Stimmzettel so rechtzeitig zu übersenden, dass der Wahlbrief spätestens am Wahltag bis zum Ende der festgesetzten Wahlzeit beim Wahlvorstand eingeht. Auf dem Briefwahlschein hat der/die Wähler/in zu versichern, dass er/sie den Stimmzettel persönlich durch Kennzeichnung der Kandidat/inn/en ausgefüllt hat.

IV. Abschluss der Wahl

§ 16 Feststellung des Wahlergebnisses

(1) Gewählt als Mitglieder des PGR sind in der Reihenfolge der auf sie entfallenden Stimmen so viele Kandidat/inn/en, wie sie der festgelegten Anzahl der zu wählenden Mitglieder des PGR entsprechen.

Bei der Wahl nach Wahlbereichen sind die Kandidat/inn/en gewählt, die die meisten Stimmen aus den jeweiligen Wahlbereichen bis zu der Anzahl, die vorher als Mitgliederzahl für den jeweiligen Wahlbereich festgelegt wurde, erhalten haben.

(2) Ein Stimmzettel ist ungültig, wenn auf ihm mehr Namen angekreuzt sind, als Kandidat/inn/en zu wählen waren. Er ist auch ungültig, wenn einzelne Kandidat/inn/en mehrfach angekreuzt oder neben der Kennzeichnung des Gewählten weitere Zusätze angebracht wurden.

(3) Über die Gültigkeit von Stimmzetteln mit zweifelhafter Kennzeichnung entscheidet der Wahlvorstand.

(4) Das Ergebnis der vorläufigen Stimmzählung ist in die Niederschrift des Wahlvorstandes aufzunehmen. Die Niederschrift ist dem Wahlausschuss unverzüglich zuzuleiten.

§ 17 Wahlprüfung

(1) Der Wahlausschuss hat das Wahlergebnis zu prüfen und endgültig festzustellen.

(2) Das Wahlergebnis ist von dem auf den Wahltermin folgenden Samstag, für einen Zeitraum von acht Tagen, durch Aushang zu veröffentlichen.

(3) Binnen einer Woche nach Bekanntgabe des Wahlergebnisses kann die Gültigkeit der Wahl beim Wahlausschuss schriftlich unter Angabe der Gründe angefochten werden. Der Einspruch kann nur auf Mängel in der Person einer/eines Gewählten oder auf Verfahrensmängel gestützt werden, die für das Verfahren erheblich sind. Der Wahlausschuss hat Wahlanfechtungen mit seiner Stellungnahme unverzüglich dem Erzbischof vorzulegen, damit darüber entschieden werden kann.

V. Schlussbestimmungen

§ 18 Bekanntgabe

(1) Die Namen der gewählten Mitglieder des Pfarrgemeinderates sowie der/des Vorsitzenden und des Vorstandes sind vom Pfarrer bis spätestens 7 Wochen nach dem Wahltermin der Pfarrgemeinde bekannt zu geben.

(2) Der Vorsitzende des Wahlausschusses sendet zeitnah, mindestens innerhalb einer Woche, den Wahlbericht über den Diözesanrat an den Erzbischof.

(3) Die/der Vorsitzende des PGR teilt innerhalb von acht Wochen nach der Konstituierung dem Erzbischof über den Diözesanrat die Zusammensetzung des Pfarrgemeinderates (Namen und Kontaktdaten aller Mitglieder, der/des Vorsitzenden und des Vorstandes) mit. Diese Daten leitet der Diözesanrat auch an den zuständigen Stadt-Kreiskatholikenrat/Dekanatsrat weiter.

§ 19 Inkrafttreten

Diese Wahlordnung tritt mit ihrer Veröffentlichung im Amtsblatt des Erzbistums Köln zum 01.01.2009 in Kraft. Gleichzeitig tritt die bisher gültige Wahlordnung für die Pfarrgemeinderäte im Erzbistum Köln vom 01. März 2005 außer Kraft.

Köln, den 01.01.2009
+ Joachim Kardinal Meisner
Erzbischof von Köln

1. Geschäftsordnung zur Bildung von Ortsausschüssen
Amtsblatt des Erzbistums Köln 2009, S. 26

1. Prämisse
Der Pfarrer kann nach der Abgabe des Votums des Pfarrgemeinderates gemäß § 2Abs. (5) der Satzung für die Pfarrgemeinderäte im Erzbistum Köln vom 1.1.2009 in bestimmten Wohnbezirken, in Stadtteilen, Dörfern, Pfarrgemeinden und Teilgemeinden Ortsausschüsse einrichten. Diese haben die Aufgabe, kirchliches Leben im Rahmen des Gesamtkonzeptes zu entwickeln und zu organisieren. Ortsauschüsse sind Bestandteile des gemeinsamen pastoralen, sozialen und politischen Handelns des Pfarrgemeinderates. Beschlüsse des Pfarrgemeinderates sind für die Ortsausschüsse bindend (vgl. § 10 der Pfarrgemeinderatssatzung).

2. Aufgaben
(1) Die Ortsausschüsse koordinieren kirchliche Aktivitäten, die primär auf den jeweiligen Ort bezogen sind.

(2) Sofern es aufgrund der sozialen und politischen Gegebenheiten sinnvoll ist, nehmen die Ortsausschüsse im Auftrage des Pfarrgemeinderates ortsbezogene gesellschaftspolitische Aufgaben wahr.

(3) Die Ortsausschüsse können an der Entwicklung des Pastoralkonzeptes mitwirken, indem sie die ortspezifischen pastoralen und gesellschaftlichen Herausforderungen analysieren und beschreiben.

(4) Ebenso können die Ortsausschüsse an der Umsetzung des Pastoralkonzepts durch Übernahme bestimmter Aufgabenbereiche mitwirken, die im Pastoralkonzept festgelegt werden.

3. Mitglieder
(1) Der Pfarrgemeinderat legt gemäß § 2 Abs. (5) der Pfarrgemeinderatssatzung die Zahl der Mitglieder der Ortsausschüsse fest.

(2) Der Pfarrgemeinderat benennt eines seiner gewählten oder berufenen Mitglieder als Ansprechpartner/in für jeden Ortsausschuss. Diese Person ist geborenes Mitglied im Ortsausschuss.

(3) Unabhängig davon kann der Pfarrer ein oder mehrere Mitglieder des Pastoralteams als Mitglieder für die Ortsausschüsse benennen.

4. Verfahren zur Besetzung der Ortsausschüsse
Zur Besetzung von Ortsausschüssen bestehen folgende Möglichkeiten:

4.1. Berufung
Die Mitglieder der Ortsausschüsse werden vom Pfarrgemeinderat analog zum Verfahren für die Besetzung von Sachausschüssen berufen (vgl. § 8 Abs. 2 der Pfarrgemeinderatssatzung).

4.2. Wahl auf einer Ortsversammlung
Die Mitglieder der Ortsausschüsse werden auf einer Ortsversammlung geheim gewählt, sofern sich die Versammlung nicht auf eine andere Form verständigt. Der Pfarrgemeinderat beruft dazu einen Wahlausschuss für die Wahl der Ortsausschüsse, dieser erarbeitet ein angemessenes Wahlverfahren und leitet dieses.

4.3. Wahl analog der Pfarrgemeinderatswahl
Die Mitglieder der Ortsausschüsse werden von den wahlberechtigten Gläubigen eines jeweils genau umschriebenen territorialen Bereichs zur selben Zeit und unter denselben Bedingungen wie der Pfarrgemeinderat gewählt. Die geltende Wahlordnung für

Pfarrgemeinderäte findet entsprechend Anwendung. Vorbereitung und Durchführung der Wahl obliegen dem Wahlausschuss für die Pfarrgemeinderatswahl.

5. Konstituierung, Leitung und Arbeitsweise

(1) Spätestens vier Wochen nach der konstituierenden Sitzung des Pfarrgemeinderates finden auf Einladung des nach Ziffer 3.2 geborenen Mitglieds die konstituierenden Sitzungen der Ortsausschüsse statt.

(2) Die Ortsausschüsse bestimmen aus ihrer Mitte eine Leitung.

(3) Diese kann von einer Person oder einem Team wahrgenommen werden. Die Leitung steht dem Ortsausschuss vor, vertritt ihn in der lokalen Öffentlichkeit und trägt für die Anbindung an den Pfarrgemeinderat Sorge.

(4) Der Ortsausschuss kann eigene Regelungen zu Einberufung, Beschlussfähigkeit, Beschlussfassung und Niederschrift treffen oder die für den Pfarrgemeinderat geltenden Bestimmungen entsprechend anwenden. Gibt sich der Ortsausschuss eine eigene Geschäftsordnung, bedarf diese der Zustimmung des Pfarrgemeinderates.

(5) Öffentliche Verlautbarungen bedürfen der Zustimmung des Vorstands des Pfarrgemeinderates. Bei Erklärungen und Verlautbarungen, die pastorale Belange betreffen, ist die Zustimmung des Pfarrers unerlässlich.

Köln, den 01.01.2009

Dr. Dominik Schwaderlapp
Generalvikar

Statut für die katholischen Kindertageseinrichtungen in den (Erz-)Bistümern Aachen, Essen, Köln[1], Münster[1] und Paderborn[1]

vom 08.12.2011, Amtsblatt des Erzbistums Köln 2012, S. 1 ff.

Aufgrund der Bestimmungen des Kirchlichen Gesetzbuches (cc. 793-795 des Codex Iuris Canonici – CIC) vom 25. Januar 1983 und unter Berücksichtigung der Landesverfassung von Nordrhein-Westfalen und der Landesgesetzgebung in Nordrhein-Westfalen zur Ausführung des SGB VIII in ihrer jeweils geltenden Fassung wird für die Träger von katholischen Kindertageseinrichtungen im nordrhein-westfälischen Teil des Erzbistums Köln Folgendes bestimmt:

§ 1 Zielsetzung

(1) Träger von katholischen Kindertageseinrichtungen im Geltungsbereich erfüllen im Zusammenwirken mit ihrem pädagogischen Personal den eigenständigen Erziehungs-, Bildungs- und Betreuungsauftrag der Einrichtungen auf der Grundlage des katholischen Glaubens. Den Erziehungsberechtigten, die dieses Ziel anstreben oder akzeptieren, bieten sie Hilfe bei der Entfaltung der geistigen und körperlichen Fähigkeiten des Kindes und der Entwicklung seiner Persönlichkeit zu einem vom christlichen Geiste erfüllten und seiner Verantwortung in Kirche und Gesellschaft bewussten Menschen. In Fragen der Bildung und Erziehung erhalten die Erziehungsberechtigten Beratung und Information.

(2) Katholische Kindertageseinrichtungen sind ein Angebot der katholischen Kirche. Träger können die Kirchengemeinden oder andere katholische Einrichtungen sein, deren sich die Kirchengemeinden rechtlich bedienen.

Auch Orden, ordensähnliche Gemeinschaften, caritative Vereine oder andere katholische Organisationen können Träger katholischer Kindertageseinrichtungen sein.

Die Kirchengemeinden, auf deren Territorium sich katholische Kindertageseinrichtungen befinden, sollen auch dann, wenn sie nicht materielle Träger sind, diese Kindertageseinrichtungen in die örtliche Seelsorge und das pastorale Netzwerk einbeziehen. Hierbei übernehmen die Pfarrer eine herausgehobene Verantwortung, die sie gemeinsam mit ihrem Pastoralteam wahrnehmen.

Die gewählten Vertreterinnen und Vertreter der Eltern und die Erziehungsberechtigten insgesamt sind für die Anliegen der Kindertageseinrichtungen im Rahmen der ihnen zugeordneten Aufgaben mitverantwortlich.

Die Träger arbeiten kontinuierlich und aufgeschlossen mit den Erziehungsberechtigten und dem pädagogischen Personal zusammen, um die Erziehung in der Familie kindgerecht und familienbezogen zu ergänzen. Dabei soll auch die gemeinsame Erziehung, Bildung und Betreuung von Kindern mit und ohne Behinderung berücksichtigt werden.

(3) In der engen Zusammenarbeit mit der Elternversammlung und dem Elternbeirat sehen die Träger eine besondere Möglichkeit zur Unterstützung und Ergänzung der Erziehung des Kindes in der Familie. Sie verwirklichen mit dem Elternbeirat und dem in der Einrichtung tätigen pädagogischen Personal im Rat der Kindertageseinrichtung die gemeinsame Verantwortung unbeschadet anderer bestehender Rechte und Pflichten des Trägers.

(4) Im Sinne einer fruchtbaren Zusammenarbeit mit den Erziehungsberechtigten bleibt es dem Träger sowie in Absprache mit ihm den zuständigen Seelsorgerinnen und Seelsorgern und der Einrichtungsleitung unbenommen, ihrerseits die Erziehungsberechtigten zu Gesprächen und zu Veranstaltungen einzuladen.

---

[1] Gilt nur für die Kindertagesstätten im nordrhein-westfälischen Teil der (Erz-) Bistümer.

§ 2 Elternversammlung

(1) Die Erziehungsberechtigten der in der Einrichtung betreuten Kinder bilden die Elternversammlung. In der Elternversammlung informiert der Träger über personelle Veränderungen sowie pädagogische und konzeptionelle Angelegenheiten. Die Elternversammlung hat das Recht, sich dazu zu äußern.

(2) Die Elternversammlung wählt auf ihrer ersten Sitzung durch einfache Mehrheit eine/n Versammlungsleiter/in sowie eine Ersatzversammlungsleiter/in. Der/dem Versammlungsleiter/in obliegt die Einladung zu den folgenden Versammlungen im laufenden Kindergartenjahr und deren Leitung, sofern die Elternversammlung nichts anderes beschließt.

(3) Die Elternversammlung tagt mindestens einmal im Kindergartenjahr. Sie wird vom Träger bis spätestens 10. Oktober durch schriftliche Einladung aller Erziehungsberechtigten mit einer Einladungsfrist von mindestens zwei Wochen einberufen. Darüber hinaus hat eine Einberufung auf Verlangen des Elternbeirates, des Trägers oder der Erziehungsberechtigten mindestens eines Fünftels der in der Einrichtung betreuten Kinder zu erfolgen.

(4) Bei der ersten Zusammenkunft der Elternversammlung im Kindergartenjahr wählt diese aus ihrer Mitte die Mitglieder des Elternbeirates. Je 20 angefangener genehmigter Betreuungsplätze in der Einrichtung ist jeweils ein Mitglied des Elternbeirates zu wählen. Für jedes Mitglied ist ein Ersatzmitglied zu wählen, das im Verhinderungsfall des gewählten Mitgliedes dieses vertritt oder bei Ausscheiden des gewählten Mitgliedes nachrückt.
In Einrichtungen mit mehr als drei Gruppen kann auch auf Gruppenebene gewählt werden. Dazu sind dann je Gruppe ein Mitglied des Elternbeirates sowie ein Ersatzmitglied zu wählen.

(5) Die Elternversammlung ist beschlussfähig, wenn die Einladung nach Absatz 3 erfolgt ist. Eine Mindestanwesenheitsquote ist nicht erforderlich.

(6) Wahlberechtigt mit jeweils einer Stimme pro betreutem Kind sind alle anwesenden Erziehungsberechtigten. Die Wahlen erfolgen durch Handzeichen, wenn nicht mindestens ein Mitglied der Elternversammlung geheime Wahl wünscht. Die Wahl der Mitglieder und stellvertretenden Mitglieder des Elternbeirates nach Absatz 4 erfolgen in zwei getrennten Wahlgängen. Gewählt ist, wer die meisten Stimmen erhalten hat. Bei Stimmengleichheit entscheidet das Los. Zur Wahrnehmung des passiven Wahlrechts bedarf es bei Abwesenheit einer schriftlichen Einverständniserklärung der sich zur Wahl stellenden Erziehungsberechtigten.

§ 3 Elternbeirat

(1) Der Elternbeirat besteht aus mindestens zwei gewählten Mitgliedern und setzt sich nach Maßgabe des § 2 Absatz 4 zusammen. Er tritt mindestens dreimal jährlich zusammen.

(2) Der Elternbeirat vertritt die Interessen der Elternschaft gegenüber dem Träger und der Leitung der Einrichtung.[2] Dabei hat er auch die besonderen Interessen von Kindern mit Behinderung in der Einrichtung und deren Eltern angemessen zu berücksichtigen. Der Elternbeirat ist vom Träger und der Leitung der Einrichtung rechtzeitig und umfassend über wesentliche Entscheidungen in Bezug auf die Einrichtung zu informieren und insbesondere vor Entscheidungen über das pädagogische Konzept der Einrichtung, über die personelle Besetzung, die räumliche und sächliche Ausstattung, die Hausordnung

---

[2] Gemäß den landesrechtlichen Bestimmungen kann sich der Elternbeirat seit dem 1. August 2011 zur Interessenvertretung gegenüber den Trägern der Jugendhilfe mit den Elternbeiräten anderer Kindertageseinrichtungen auf örtlicher und überörtlicher Ebene zur Versammlung von Elternbeiräten zusammenschließen.

und die Öffnungszeiten sowie die Aufnahmekriterien anzuhören. Gestaltungshinweise hat der Träger angemessen zu berücksichtigen. Entscheidungen, die die Eltern in finanzieller Hinsicht berühren, bedürfen der Zustimmung durch den Elternbeirat. Hierzu zählen vor allem die Planung und Gestaltung von Veranstaltungen für Kinder und Eltern sowie die Verpflegung in der Einrichtung.

Alle Personalangelegenheiten sind – unter Beachtung der Kirchlichen Datenschutzordnung (KDO) in ihrer jeweils geltenden Fassung – vertraulich.

(3) Der Elternbeirat kann Vertreterinnen/Vertreter des Trägers, des pädagogischen Personals oder andere Fachleute zu seinen Beratungen einladen.

(4) Der Elternbeirat kann aus seiner Mitte einen Sprecher wählen, der auch zu den Sitzungen einlädt. Er ist zur Einladung verpflichtet, wenn mindestens ein Mitglied des Elternbeirates dies unter Angabe des Beratungsgegenstandes verlangt. Wenn kein Sprecher gewählt ist, steht jedem Mitglied das Recht der Einladung zu.

(5) Die Mitgliedschaft im Elternbeirat endet, wenn das Kind des Erziehungsberechtigten die Einrichtung nicht mehr besucht. In diesem Fall oder wenn ein Mitglied des Elternbeirates vor Ablauf der Wahlzeit aus anderen Gründen ausscheidet, seine Aufgaben nicht mehr wahrnimmt oder an der Wahrnehmung seiner Aufgaben gehindert ist, tritt an seine Stelle das gewählte Ersatzmitglied.

(6) Die Wahlzeit des Elternbeirates endet mit der Wahl des neuen Elternbeirates. Er übt seine Tätigkeit aber bis zum Zusammentreten des neu gewählten Elternbeirates aus.

§ 4 Rat der Kindertageseinrichtung

(1) Der Rat der Kindertageseinrichtung besteht zu je einem Drittel aus Vertreterinnen und Vertretern des Trägers, des Personals und des Elternbeirates. Die Größe des Rates der Kindertageseinrichtung legt der Träger fest. Sie beträgt höchstens das Dreifache der Anzahl der gewählten Elternbeiratsmitglieder. Der Rat der Kindertageseinrichtung kann weitere pädagogisch tätige Kräfte oder andere Fachleute zu seinen Beratungen einladen.

(2) Der Träger bestellt die Vertreterinnen und Vertreter des Trägers und benennt die des pädagogischen Personals. Die Vertreterinnen und Vertreter des Elternbeirates werden vom Elternbeirat benannt.

Zu den Vertretern des Trägers gehört der Pfarrer oder dessen Vertreter.

Die Bestellung der übrigen Vertreterinnen und Vertreter des Trägers und ihrer Stellvertreter erfolgt unter angemessener Berücksichtigung der Vorschläge des Pfarrgemeinderates bzw. des entsprechenden Gremiums. Die Vertreterinnen und Vertreter des Trägers sollen nicht der Elternversammlung angehören.

(3) Die Bestellung der Vertreterinnen und Vertreter des Trägers gemäß Absatz 2 Satz 4 ist widerruflich.

(4) Der Rat der Kindertageseinrichtung wählt aus seiner Mitte die Vorsitzende/den Vorsitzenden und deren Stellvertreterin/dessen Stellvertreter sowie eine Schriftführerin/einen Schriftführer. Die Vorsitzende/der Vorsitzende des Rates der Kindertageseinrichtung soll katholisch sein. Die Schriftführerin/der Schriftführer fertigt über das Ergebnis der Beratungen eine Niederschrift an, die von ihr/ihm und der/dem Vorsitzenden oder deren Stellvertreterin/dessen Stellvertreter unterzeichnet wird.

(5) Die Mitglieder des Rates der Kindertageseinrichtung arbeiten im allseitigen Bemühen um die Verwirklichung der Aufgaben der Einrichtung in gegenseitiger Anerkennung gemeinsamer Verantwortung auf das Engste zusammen.

(6) Der Rat der Kindertageseinrichtung hat insbesondere die Aufgabe,
    a) die Grundsätze für die Erziehungs- und Bildungsarbeit zu beraten,
    b) die erforderliche räumliche, sachliche und personelle Ausstattung zu beraten,
    c) Kriterien für die Aufnahme von Kindern in die Einrichtung zu vereinbaren,

d) die Öffnungs- und Schließungszeiten im Kindergartenjahr zu beraten und
e) die Erziehungsberechtigten umfassend zu informieren und an der Willensbildung zu beteiligen.

Darüber hinaus können dem Rat der Kindertageseinrichtung weitere Aufgaben vom Träger übertragen werden. Er kann vereinbaren, dass bestimmte Beratungspunkte der Vertraulichkeit unterliegen.

Die Vereinbarung der Aufnahmekriterien muss unter Einhaltung der jeweiligen diözesanen Regelungen erfolgen. Davon abweichende Vereinbarungen sind unwirksam.

(7) Sooft es die Erledigung der gemeinsamen Aufgaben erfordert oder dies mindestens drei Mitglieder verlangen, lädt die/der Vorsitzende, im Verhinderungsfall ihre/sein/seine Stellvertreter/in oder der Träger mit einer Einladungsfrist von mindestens einer Woche schriftlich unter Angabe der Tagesordnung zu den Sitzungen ein. In Eilfällen erfolgt die Einladung auf andere geeignete Weise mit einer Frist von drei Tagen.

(8) Der Rat der Kindertageseinrichtung tritt mindestens einmal jährlich zusammen. Er hat über seine Tätigkeit einmal im Jahr der Elternversammlung Bericht zu erstatten.

(9) Die Amtsperiode des Rates der Kindertageseinrichtung endet mit der Wahl des neuen Elternbeirates.

§ 5 Geschäftsordnung
Um die §§ 2 bis 4 näher zu regeln, kann der Träger eine Geschäftsordnung aufstellen.

§ 6 Kindermitwirkung und Kinderrechte
(1) Die Kinder sollen ihrem Alter und ihren Bedürfnissen entsprechend bei der Gestaltung des Alltags in der Kindertageseinrichtung mitwirken.

(2) Die Kinder können eine in der Einrichtung tätige pädagogische Kraft zur Vertrauensperson bestimmen. Die Vertrauensperson wirkt im Elternbeirat und im Rat der Kindertageseinrichtung im Interesse der Kinder beratend mit.

(3) Die Kinder sollen ihrem Alter entsprechend in geeigneter Form über die völkerrechtlichen, die in Deutschland und der Europäischen Union geltenden sowie die einrichtungsbezogenen Kinderrechte nach Absätze 1 und 2 informiert werden.

§ 7 Geltung für andere katholische Träger
Soweit sich katholische Kindertageseinrichtungen nicht in der Trägerschaft einer Kirchengemeinde oder anderer Träger befinden, deren sich die Kirchengemeinden rechtlich bedienen, wird deren Trägern empfohlen, dieses Statut sinngemäß anzuwenden.

§ 8 Inkrafttreten
Dieses Statut tritt am 1. Januar 2012 in Kraft und ersetzt das bisherige Statut (Amtsblatt des Erzbistums Köln, Stück 12 vom 01.10.2008, Nr. 207).

Aachen, den 08.12.2011	Dr. Heinrich Mussinghoff
	Bischof von Aachen
Essen, den 15.12.2011	Dr. Franz-Josef Overbeck
	Bischof von Essen
Köln, den 08.12.2011	Joachim Kardinal Meisner
	Erzbischof von Köln
Münster, den 21.12.2011	Dr. Felix Genn
	Bischof von Münster
Paderborn, den 09.12.2011	Hans-Josef Becker
	Erzbischof von Paderborn

Merkblatt für den Grundstücksverkehr
Herausgeber: Erzbischöfliches Generalvikariat Köln

und

Empfehlungen für die Verwaltung ortskirchlichen Grundvermögens
Herausgeber: Verband der Diözesen Deutschlands (1979)*
– durch den Verfasser zusammengestellte aktualisierte Kombination –

I. Allgemeines
Der Grundbesitz ist wichtigster Bestandteil des kirchlichen Vermögens. Er unterliegt den wirtschaftlichen Schwankungen nicht in dem Maße wie sonstiges Vermögen; in der Regel sind seine jährlichen Erträge gleichbleibend und deshalb geeignet, Grundlage zur Deckung des kirchlichen Finanzbedarfes zu sein. Die Erhaltung und Sicherung des Grundbesitzes ist daher eine wichtige Aufgabe der kirchlichen Verwaltung. Der berufene Verwalter hat vor allem darauf zu achten, dass
1. der Grundbesitz durch Eintragung in Grundbuch und Kataster als Eigentum der betreffenden kirchlichen Institution nach außen gekennzeichnet ist, das Lagerbuch als Verzeichnis des kirchlichen Grundstücksbestandes stets auf dem laufenden gehalten wird und dass schließlich durch regelmäßige Begehung – etwa nach jeder Kirchenvorstandswahl und nach jeder Pfarreinführung – die Kenntnis von Lage und Zustand der Grundstücke lebendig erhalten wird,
2. die Grundstücke so genutzt werden, wie es ihrer Art und Lage entspricht, d.h. Grundstücke mit gutem Nährboden sollen der Landwirtschaft zugänglich gemacht werden; Waldgrundstücke sollen nach den Grundsätzen einer guten Forstkultur bewirtschaftet und baureife Parzellen zur Bebauung freigegeben werden,
3. die Pächte der Ländereien den wirtschaftlichen Verhältnissen entsprechend festgesetzt werden, d.h., es sollen keine überhöhten Preise genommen, aber auch keine Beträge vereinbart werden, die unter dem Durchschnitt liegen.

II. Rechtsgeschäfte mit Grundstücken
Jedes belastende Rechtsgeschäft mit Grundstücken (z.B. Tausch, Veräußerung, Belastung, Verpachtung usw.) bedarf nach dem Kirchenrecht der Genehmigung des Ortsordinarius, unter Umständen auch des Apostolischen Stuhles. Auch nach den staatskirchenrechtlichen Bestimmungen ist die Genehmigung der Bischöflichen Behörde zur Rechtsgültigkeit notwendig. Ein Rechtsgeschäft mit Grundstücken, das ohne die bischöfliche Genehmigung abgeschlossen wird, verpflichtet die Kirchengemeinden (bzw. die einzelnen Fonds) nicht. Vor Abschluss eines Rechtsgeschäftes ist der tatsächliche Eigentümer (Fonds) des in Frage stehenden Grundstückes festzustellen. Nach dem neuen kanonischen Recht ist die Kirchengemeinde zwar nunmehr ebenfalls juristische Person, könnte also auch Eigentum an einem Grundstück erwerben (vgl. can. 515 CIC). Da der veräußernde Eigentümer jedoch der einzelne Fonds ist, gebührt das Tauschgrundstück bzw. der Verkaufserlös ihm. Also ist er und nicht die Kirchengemeinde als Eigentümer einzutragen. Dasselbe gilt für mit Mitteln des jeweiligen Fonds erworbene Grundstücke.

---

* Inzwischen hat der Verband erweiterte, grundsätzliche »Empfehlungen für die Verwaltung kirchlichen Vermögens« herausgegeben: die abgedruckte Veröffentlichung bleibt jedoch aktuell, zum systematischen Studium wird auf diese Veröffentlichung, einzusehen im Erzb. Generalvikariat, zusätzlich hingewiesen.

III. Überlassung, Belastung und Veräußerung von kirchlichen Grundstücken

1. Überlassung von Grundstücken ohne Eigentumsübertragung

a) Im Interesse der ungeschmälerten Erhaltung des kirchlichen Grundvermögens ist zunächst zu prüfen, ob der angestrebte Zweck schon durch eine zeitlich befristete vertragliche Überlassung des Grundstücks erreicht werden kann.

aa) Dies kann insbesondere dann der Fall sein, wenn das Grundstück nur für einen vorübergehenden Zweck, wenn auch über einen langen Zeitraum, genutzt werden soll und anschließend so zurückgegeben werden kann, daß eine der Beschaffenheit des Grundstücks entsprechende Nutzung wieder möglich ist. Das muss durch entsprechende vertragliche Vereinbarung mit dem vorübergehend Nutzungsberechtigten sichergestellt werden.

Als Beispiele für eine solche vorübergehende Grundstücksnutzung kommen in Betracht die Verwendung als Sportplatz, Lagerplatz, Parkplatz, Campingplatz, Kleingartenfläche oder die Verpachtung als landwirtschaftliche oder gärtnerische Nutzfläche. Wenn die Hoffnung auf spätere Rückgabe jedoch unrealistisch ist, – wie beispielsweise oft bei Park- und Spielplätzen, die die Zivilgemeinde einrichtet, – oder rechtlichen Hindernissen begegnet, wie bei Dauerkleingärten, sollte eher an Verkauf gedacht werden.

bb) Soweit das Grundstück durch die Nutzung eine wesentliche Änderung erfährt, zum Beispiel durch den Abbau von Kies, Sand, Stein und dergleichen, kommt es darauf an, ob das so veränderte Grundstück nach erfolgtem Abbau bei realistischer Bewertung wirtschaftlich – wenn auch anders als vor dem Abbau, zum Beispiel als Fischteich – genutzt werden kann oder nicht. Ist später eine solche geänderte Nutzung möglich, besteht grundsätzlich keine Veranlassung, das Grundstück zu veräußern. Die vorübergehende Nutzung ist vertraglich, beispielsweise durch einen Abbauvertrag, genau zu regeln. Die Abfassung solcher oft schwieriger Verträge sollte grundsätzlich im Benehmen mit der Diözesanverwaltung erfolgen. Auch ist deren Genehmigung erforderlich. Eine nur vorübergehende Nutzungsüberlassung hat keinen Sinn, wenn das Grundstück nach Rückgabe vom Eigentümer nicht mehr wirtschaftlich genutzt werden kann. Das Grundstück sollte in solchen Fällen an den Antragsteller veräußert werden.

b) Die Veräußerung kirchlicher Grundstücke ist auch dann noch nicht erforderlich, wenn derselbe Zweck durch die Bestellung entsprechender Baulasten oder Grunddienstbarkeiten, zum Beispiel von Geh- und Fahrrechten, Leitungsrechten, Wasserentnahmerechten, erreicht werden kann.

c) Auf eine angemessene Entschädigung ist bei der Überlassung der Nutzung von Grundstücken in jedem Fall zu achten.

d) Eine weitere Möglichkeit der Nutzungsüberlassung kirchlichen Grundbesitzes ist die Vergabe von Erbbaurechten*)

2. Veräußerung von Grundstücken

Eine Veräußerung von Grundstücken kann durch Tausch oder Verkauf erfolgen. Um eine Grundlage für die Entscheidung zu gewinnen, ist es in jedem Fall erforderlich, zuvor eine fachkundige Bewertung der Grundstücke durch einen unabhängigen Sachverständigen, den bei der Zivilgemeinde bzw. beim Kreis eingerichteten Gutachterausschuss oder die Diözesanverwaltung herbeizuführen.

---

* Siehe Merkblatt Erbbaurecht, nachfolgend abgedruckt.

Bei einem Grundstückstausch ist folgendes zu beachten:
Das angebotene Tauschgrundstück muss auf Dauer wirtschaftlich mindestens genauso gut nutzbar sein wie das abzugebende.
Das angebotene Grundstück soll entweder für sich allein oder im Zusammenhang mit einem anliegenden kirchlichen Grundstück eine ausreichende Größe haben, also eine vertretbare Wirtschaftseinheit darstellen.
Sofern ein Wertunterschied besteht, ist er grundsätzlich in Geld auszugleichen. Zur Flurbereinigung wird auf nachfolgende Richtlinien hingewiesen (Zoff. VII).
3. Grundstückserwerb
Bei dem Erwerb von Grundstücken ist jegliche Spekulation zu vermeiden. Der Kirchenvorstand wird also in jedem Falle zunächst die Notwendigkeit eines Erwerbs prüfen und ausreichend begründen. Ein Erwerb durch Kauf kommt in der Regel in Frage
   1. für neu auftretende kirchliche Zwecke (z.B. für den Bau einer Kirche oder sonstiger kirchlicher Gebäude),
   2. zur Erhaltung des bisherigen Besitzes (d.h. also zur Wiederanlegung des Erlöses aus einem früheren Grundstücksverkauf).
Ist der Kirchengemeinde ein Grundstück durch Schenkung oder Erbschaft zugedacht, hat der Kirchenvorstand zu prüfen, ob durch die Annahme das kirchliche Vermögen keinen Schaden erleidet (Überschuldung usw.) oder ob die Auflagen etwa unerfüllbar sind. Ist dies nicht der Fall, muss der Kirchenvorstand die Annahme beschließen. Eine Ausschlagung ist nach dem kanonischen Recht sonst nicht erlaubt. Der letzte Wille des Gebers muss nach Möglichkeit erfüllt werden.

IV. Kanonischer Grund
Nur bei Vorliegen eines kanonischen Grundes sind Rechtsgeschäfte mit Grundstücken durchzuführen. Kanonische Gründe gemäß can. 1293 des neuen kirchlichen Gesetzbuches sind:
1. Dringende Notwendigkeit,
2. Offenbarer Nutzen,
3. Barmherzigkeit, Caritas oder ein anderer gewichtiger pastoraler Grund.

V. Kirchliche Genehmigung zu den einzelnen Rechtsgeschäften
Zur Erlangung der unter Abschnitt II. genannten Bischöflichen Genehmigung sind folgende Formalitäten zu beachten:
Der Kirchenvorstand hat über das beabsichtigte Rechtsgeschäft zu beschließen. Der Beschluss muss folgende Punkte enthalten:
1. Fondszugehörigkeit,
2. Name des Kontrahenten,
3. Größe der betreffenden Grundstücke,
4. Wertangaben,
5. eventuelle Belastungen der Grundstücke,
6. Grund des Rechtsgeschäftes.

Staatliche Genehmigung im Grundstücksverkehr
Nach § 19 Abs. 4 Ziff. 4 des Baugesetzbuches (BauGB) vom 8.12.1986 – BGBl S. 2253 ff.[*] – ist die Teilung von Grundstücken, an der eine Kirchengemeinde als Erwerber oder Eigentümer beteiligt ist, von der in § 19 Abs. 1 BauGB aufgeführten Genehmigung freigestellt. Die zuständige Baubehörde erteilt stattdessen zur notwendigen Vorlage beim Grundbuchamt

---

[*] In der Fassung der Neubekanntmachung vom 23.09.2004 – BGBl. I S. 2414

gemäß § 23 Abs. 2 BauGB auf Antrag ein sog. Negativattest. Für land- oder forstwirtschaftliche Grundstücke sind im Geltungsbereich eines Bebauungsplanes in den in §§ 191 ff. BauGB aufgeführten Fällen sowie außerhalb eines solchen Bebauungsplanes außerdem die Vorschriften des Grundstücksverkehrsgesetzes (GrdstVG) vom 28. 7. 1961 – BGBl. 61 S. 1091, 1652 und 2000 – anzuwenden. Nach dem GrdstVG ist jedoch für den Erwerb eines land- oder forstwirtschaftlich genutzten Grundstückes durch eine Kirchengemeinde eine Genehmigung nicht erforderlich, es sei denn, dass es sich um einen land- oder forstwirtschaftlichen Betrieb handelt (§ 4 Ziff. 2 GrdstVG). Die zuständige Genehmigungsbehörde (in NRW die Landwirtschaftskammer und in Rheinland-Pfalz das Landratsamt) erteilt auf Antrag ein entsprechendes Zeugnis (§ 5 GrdstVG).

Inhalt und Umfang des beim Kauf von Grundstücken entstehenden gesetzlichen allgemeinen Vorkaufsrechts der Gemeinden ergibt sich aus § 24 BauGB. Über die besonderen Vorkaufsrechte vgl. § 25 BauGB.

VI. Wiederanlegung der Erlöse aus Grundstücksgeschäften

1. Es ist zunächst zu prüfen, ob eine Wiederanlage in Grundvermögen möglich ist.
   a) Beim Erwerb unbebauter Grundstücke sind unter anderem folgende Gesichtspunkte zu bedenken: derzeitige Nutzungsmöglichkeiten und -erwartungen, Verwendbarkeit für eigene Zwecke oder als Vorratsgelände, Kapitaleinsatz und Ertragsmöglichkeiten, Folgelasten wie zum Beispiel Erschließungsbeiträge und andere öffentliche Abgaben und Lasten.
   b) Auch wenn die künftige Wirtschaftsentwicklung nicht vorhergesehen werden kann, sollte man eine Wiederanlage in Wald nur dann erwägen, wenn Waldgrundstücke unter besonders günstigen Bedingungen angeboten werden oder zur Abrundung vorhandenen Besitzes bzw. zu einer besseren Bewirtschaftung desselben führen. In jedem Fall muss der Holzbestand durch einen Sachverständigen vor Erwerb begutachtet und geschätzt werden.
   c) Als andere Form der Wiederanlage kommt der Erwerb solcher Grundstücke in Betracht, auf denen vermietbare Objekte errichtet werden können oder schon errichtet sind. Hierbei ist jedoch große Vorsicht geboten. Wegen der zu erwartenden Folgelasten muss darauf geachtet werden, dass die bei solchen Objekten regelmäßig anfallenden laufenden Verpflichtungen nicht vom Eigentümer, sondern von dem Nutzungsberechtigten getragen werden, dem diese Objekte überlassen werden sollen. Auch kommt ein solcher Ersatzerwerb nur dann in Betracht, wenn die sachkundige Verwaltung nachhaltig gesichert ist.
2. Eine andere Möglichkeit, die der Anlage in Grundstücken am nächsten kommt, ist der Erwerb von Anteilen eines Immobilienfonds.
3. Des weiteren kommt der Erwerb von Anteilen eines Wertpapierfonds sowie der unmittelbare Erwerb von Wertpapieren in Betracht.
4. Eine Anlage als Spargeld empfiehlt sich dann, wenn das Geld in absehbarer Zeit verfügbar sein muss.

Im Interesse einer sachgerechten Entscheidung ist es geboten, rechtzeitig vor jeder Wiederanlage den Rat der Diözesanverwaltung einzuholen, ebenso etwa notwendige Genehmigungen.

VII. Kirchlicher Grundbesitz im Flurbereinigungsverfahren

1. Die Diözesanverwaltung ist über die Einleitung des Verfahrens und über alle Termine unverzüglich zu unterrichten. Soweit die Diözese die Vertretung nicht übernimmt, darf die Wahrnehmung der Interessen der kirchlichen Grundeigentümer nur solchen Personen übertragen werden, die sachverständig und selbst am Verfahren möglichst nicht beteiligt

sind, ihnen sind genaue und bindende Weisungen zu erteilen.

2. Beim Verfahren selbst muss darauf geachtet werden, dass eine dem Wert der jeweiligen Einlagegrundstücke entsprechende Abfindung gewährt wird. Hierbei ist insbesondere folgendes zu berücksichtigen:

a) Der kirchliche Grundeigentümer hat für die eingebrachten Grundstücke einen Anspruch auf Abfindung in Land. Diesen Anspruch soll er aus Gründen der Substanzerhaltung auch grundsätzlich geltend machen. Sofern wirtschaftliche Erwägungen im Ausnahmefall ein Abweichen von dieser Regel rechtfertigen, ist eine vorherige Abstimmung mit der Diözesanverwaltung geboten.
Bei Einlagegrundstücken, die abbaubare Bodenbestandteile (Kies, Bims, Torf, Lehm, Ton, Sand, Bruchsteine usw.) enthalten, ist eine entsprechende Wiederzuteilung anzustreben. Sofern dies nicht durchsetzbar ist, besteht für die Bodenbestandteile ein Anspruch auf angemessene Abfindung in Geld.

b) Im Zuge von Flurbereinigungsverfahren soll auch der kirchliche Grundbesitz möglichst arrondiert werden. Dies gilt auch für den Fall, dass der arrondierte Grundbesitz nach abgeschlossener Zusammenlegung mehreren Interessenten überlassen werden soll, da eine Aufteilung größerer Flächen immer möglich ist. Die oft gewünschte Zusammenlegung (räumliche Verbindung) der neu zugeteilten Flächen mit den Flächen bisheriger Nutzungsberechtigter (zum Beispiel Pächter) kirchlicher Grundstücke ist in der Regel nicht empfehlenswert, da dies der allgemeinen Verwendbarkeit der Grundstücke häufig nicht zugute kommt.

c) Es ist streng darauf zu achten, dass das zugeteilte Land hinsichtlich Bodenqualität, Beschaffenheit und Nutzungsmöglichkeit sowie Ertrag (Pachtzins) den Einlagegrundstücken gleichwertig ist. Dies ist insbesondere in den Gebieten von Bedeutung wo die Nutzung (z.B. Verpachtung) der Grundstücke nicht mehr voll gesichert ist. Bei der Zuteilung darf eine Entfernungsverschlechterung zur Ortslage nur dann hingenommen werden, wenn der Nachteil der größeren Entfernung durch besondere Vorteile ausgeglichen wird. Dem kann nicht entgegengehalten werden, dass der kirchliche Eigentümer mangels Hofstelle an die Flurgrenze ausweichen könnte, da dieser sowohl die Interessen seiner Pächter berücksichtigen als auch gute Verpachtungsergebnisse erzielen muss. Jedenfalls ist zu fordern, dass für im Ort oder ortsnah gelegene eingebrachte Grundstücke wieder Grundstücke in vergleichbarer Lage zugeteilt werden. Entsprechendes gilt für Baugrundstücke.

d) Im Umlegungsverfahren ist vor allem streng darauf zu achten, dass den kirchlichen Grundstückseigentümern keine stärkere Belastung durch Abgabe von Grundstücksteilen für öffentliche Zwecke aufgebürdet wird als den anderen Teilnehmern des Verfahrens.

e) Wegen der Möglichkeit der Inanspruchnahme öffentlicher Zuschüsse ist darauf hinzuwirken, dass Kulturmaßnahmen an den Abfindungsflächen, z.B. Drainagen, im Rahmen des Flurbereinigungsverfahrens durchgeführt werden.

3. Bei den sogenannten freiwilligen Landtauschverfahren sind die unter 1. und 2. genannten Grundsätze besonders dringend zu beachten, da der beteiligte kirchliche Rechtsträger in solchen Verfahren nicht den Schutz gesetzlicher Bestimmungen und die Berücksichtigung seiner Belange durch Behördenvertreter genießt und daher die Gefahr der Benachteiligung des kirchlichen Grundbesitzes in diesem Verfahren besonders groß ist.

VIII. Kirchlicher Grundbesitz und Bauleitplanung nach dem Baugesetzbuch

1. Die Bauleitpläne (Flächennutzungsplan und Bebauungsplan) werden von der Zivilgemeinde in eigener Verantwortung aufgestellt. Die kirchlichen Rechtsträger haben darauf zu achten, dass die Gemeinde die Erfordernisse für Gottesdienst und Seelsorge einschließlich der caritativen Einrichtungen und der Friedhöfe bei der Bauleitplanung berücksichtigt. Das Bistum und die Kirchengemeinde legen diese Erfordernisse fest. Für die Geltendmachung dieser Belange setzt die Zivilgemeinde jeweils eine Frist. Wenn innerhalb dieser Frist keine kirchliche Stellungnahme vorliegt, kann sie davon ausgehen, dass die von der Kirche wahrzunehmenden öffentlichen Belange durch den Bauleitplan nicht berührt werden. Deshalb sind die Fristen sorgfältig zu beachten. Hinsichtlich der nicht für kirchliche Erfordernisse benötigten Grundstücke hat die Kirche keine Sonderstellung.

2. Während der öffentlichen Auslegung können Bedenken und Anregungen geltend gemacht werden. Auch wenn durch die Planungen nur die wirtschaftlichen Interessen der Kirchengemeinde als Grundstückseigentümerin beeinträchtigt werden, sind nach Abstimmung mit der Diözesanverwaltung Einwendungen und Anregungen vorzubringen.

3. Um die Bauleitplanung zu sichern, stellt das Baugesetzbuch der Gemeinde wichtige einschneidende Instrumente zur Verfügung. Dazu gehören die Veränderungssperre, die Grundstücksteilungsgenehmigung, gesetzliche Vorkaufsrechte, die Anordnung von Baumaßnahmen, Pflanz-, Nutzungs- und Abbruchgebote, Modernisierungs- und Instandsetzungsgebote. Diese Instrumente sind häufig gegenüber den Kirchen nicht oder nur beschränkt anwendbar. Sieht sich eine Kirchengemeinde durch die Planung einer solchen Maßnahme im Bauleitplan beeinträchtigt, hat sie unverzüglich den Rat und die Vorschläge der Diözesanverwaltung einzuholen.

Entsprechendes gilt auch für Verfahren der Bodenordnung (Umlegung und Grenzregelung).

IX. Erschließungsbeiträge

Die Zivilgemeinden haben die Möglichkeit, die Grundstückseigentümer zu Erschließungsbeiträgen heranzuziehen. Über Einzelheiten unterrichtet ein Merkblatt, das der Verband der Diözesen entwickelt hat. Über die vielfältigen in diesem Bereich oft auftretenden Rechtsfragen ist zweckmäßigerweise stets die rechtliche Beratung des Generalvikariates in Anspruch zu nehmen. Heranziehungsbescheide sind sofort mit allen der Kirchengemeinde möglichen Vorabinformationen an das Generalvikariat weiterzuleiten. In Zweifelsfällen ist zur Fristwahrung mit der Bemerkung ein Rechtsmittel einzulegen, die ausführliche Begründung werde nachgereicht. Das obenerwähnte Merkblatt ist ebenfalls beim Generalvikariat erhältlich, wird z. Z. allerdings überarbeitet.

Wichtig ist, dass Grundstücke, die im Erbbaurecht vergeben sind, für den Eigentümer nicht erschließungsbeitragspflichtig sind, sondern dass die Erschließungsbeitragspflicht auf dem Erbbaurecht lastet.

X. Schlussbemerkung

Hat die kirchliche Aufsichtsbehörde erklärt, dass Bedenken gegen das Rechtsgeschäft nicht bestehen, ist mit dem Kontrahenten der notarielle Vertrag zu tätigen. Der Vertrag ist dann zur Erteilung der formellen kirchenaufsichtlichen Genehmigung in zweifacher Ausfertigung mit zwei beglaubigten Protokollabschriften, wenn diese nicht bereits vorliegen, bei dem Generalvikariat einzureichen. Dieses erteilt die Genehmigung entweder durch Vermerk auf dem Vertrag oder in besonderer Urkunde. Die genehmigten Verträge bzw. die Genehmigungsurkunden sind daraufhin dem amtierenden Notar auszuhändigen, damit die Umschreibung im Grundbuch veranlasst werden kann. Die Umschreibung im Grundbuch hat Zug um Zug zu erfolgen, d.h., ein Grundstück darf nicht umgeschrieben werden, ohne dass das Tauschgrundstück gleichzeitig umgeschrieben wird. Es ist darauf zu achten, dass das neuerworbene Grundstück wieder auf demselben Fonds eingetragen wird, zu dem das abgegebene Grundstück gehörte. Ein eventueller Wertausgleich durch Barzahlung fließt ebenfalls in diesen Fonds.

Nach Mitteilung des Gerichts über die Umschreibung im Grundbuch ist das Lagerbuch zu ergänzen und der kirchlichen Behörde Mitteilung zu machen.

Nach Ablauf eines Monats seit dem Eingang der Umschreibungsnachricht des Grundbuchamtes bei der Kirchengemeinde ist bei dem Katasteramt über den erfolgten Eigentümerwechsel die Erteilung von zwei Auszügen aus den Katasterbüchern zu beantragen. Ein Auszug ist dann im Generalvikariat zu übersenden, der zweite verbleibt bei den Akten der Kirchengemeinde.

Merkblatt Erbbaurecht (Auszug)
Herausgeber: Erzbischöfliches Generalvikariat Köln
– Fassung 1985 –

1. Einleitung und Begriffsbestimmung
Schon zu Beginn dieses Jahrhunderts ist durch die Einführung neuer gesetzlicher Bestimmungen die Möglichkeit eröffnet worden, breiteren Bevölkerungsschichten zu einem Eigenheim zu verhelfen, ohne dass diese den Kaufpreis für das Grundstück aufwenden müssen.
Die Kirchen haben sich von Anfang an dieser neuen Möglichkeit bedient, nicht zuletzt im Sinne ihrer Zielsetzung, soziale Sicherheit zu fördern und die Grundlage für ein gesundes Familienleben zu schaffen.
Von diesem Angebot haben inzwischen unzählige Familien Gebrauch gemacht. Die Nachfrage nach kirchlichem Bauland, die allerdings nicht mehr voll befriedigt werden kann, hält unvermindert an. Deshalb ist das Erbbaurecht für die kirchliche Vermögensverwaltung von besonderer Bedeutung.
Das Erbbaurecht ist das Recht, auf fremdem Grundstück zu bauen. Der Erbbauberechtigte ist Eigentümer dieses Bauwerks und kann es beleihen, veräußern und vererben.

2. Wirtschaftliche Bedeutung
Die wirtschaftliche Bedeutung liegt für den Erbbauberechtigten darin, dass er einen Bauplatz erhält, für den er keinen Kaufpreis zu zahlen braucht, sondern ein jährliches Nutzungsentgelt, den Erbbauzins (§ 9 ErbbauVO). So kann er seine Ersparnisse für das Bauwerk selbst verwenden. Zudem kann er durch Aufnahme von Hypotheken und Grundschulden einen wesentlichen Teil der erforderlichen Mittel zur Finanzierung des Bauwerks beschaffen. Das Erbbaurecht bietet daher auch weniger bemittelten Bevölkerungsschichten die Möglichkeit der Eigentumsbildung. Für den Grundstückseigentümer besteht der Vorteil darin, dass er das Eigentum behält und für die Überlassung des Grundstücks eine regelmäßige Vergütung bekommt, mit der er kirchliche und caritative Bedürfnisse finanzieren kann. Es handelt sich also um eine nach menschlichem Ermessen und bisheriger Erfahrung sichere, wertbeständige Vermögensanlage, auf die besonders die Kirche im Interesse der notwendigen Zukunftssicherung angewiesen ist. Wenn der kirchliche Eigentümer, etwa durch eine entsprechende Vermächtnisauflage des Grundstücksstifters oder durch kirchenrechtliche Bestimmungen, am Verkauf gehindert ist, kann die Erbbaurechtsbestellung die einzig mögliche Art der baulichen Grundstücksnutzung sein. Dasselbe gilt, wenn weitere Grundstücke zu Bauland werden und der kirchliche Eigentümer selbst nicht bauen kann oder will.

3. Bestellung des Erbbaurechts
Über die Bestellung des Erbbaurechts ist vor einem Notar ein Vertrag abzuschließen. Das Erbbaurecht entsteht durch vertragliche Vereinbarung und Eintragung des Rechtes im Grundbuch. Dafür wird ein eigenes Erbbaugrundbuch angelegt.
Will ein kirchlicher Eigentümer ein Erbbaurecht vergeben, so hat der Kirchenvorstand, beim Pfarrfonds unter Zustimmung des Stelleninhabers, darüber zu beschließen,
a) an wen das Erbbaurecht gegeben werden soll,
b) zu welchem Zweck es bestellt werden soll,
c) an welchem Grundstück es bestellt werden soll,
d) wie lange das Erbbaurecht bestehen soll,
e) wie hoch der Erbbauzins sein soll.
Diese Entscheidung bedarf nach kirchenrechtlichen und auch staatlichen Bestimmungen der kirchenaufsichtlichen Genehmigung.

Zur Prüfung des Genehmigungsantrages sind verschiedene Angaben mit entsprechenden Unterlagen erforderlich:
- Beschlussprotokoll des Kirchenvorstandes in mindestens zweifacher ordnungsgemäßer Ausfertigung,
- Grundstückswert pro Quadratmeter (wie ermittelt? Wertgutachten!),
- bisheriger Pacht- oder Mietertrag des Grundstücks,
- Höhe bereits geleisteter oder angeforderter Erschließungsbeiträge,
- Lageplan, Auszug aus der Flurkarte (evtl. beim Katasteramt anfordern),
- nach dem Bebauungsplan der Zivilgemeinde zulässige Nutzung,
- Fonds, zu welchem das Grundstück gehört,
- Zustimmung des Stelleninhabers, falls es sich um einen Stellenfonds handelt.

Nach Erteilung der Genehmigung trägt der Notar dann für die Eintragung des Erbbaurechts in das Grundbuch und die Anlegung eines Erbbaugrundbuches Sorge. Zugleich ist darauf zu achten, dass auch die kirchlichen Vermögensverzeichnisse entsprechend ergänzt und die notwendigen Vermerke über die erfolgte Belastung des Grundstücks und die Bedingungen des Erbbaurechts angebracht werden.

4. Erbbauzins

Bei Vergabe von Erbbaurechten wird ohne Kaufpreis Bauland zur Verfügung gestellt. Für die Nutzung des Grundstücks ist ein angemessenes Entgelt zu entrichten. Dieses besteht in der Verzinsung des Grundstückswertes. Üblich ist bei fast allen größeren Erbbaurechtsausgebern (Stiftungen, Gemeinden, Kirchen) eine Verzinsung des Bodenwertes in Höhe von jährlich 4 – 8 %, in besonderen Fällen bis zu 10 %.

Bei Wohnbaugrundstücken ist ein Erbbauzins von 5 % des Grundstückswertes anzusetzen und auch im Grundbuch einzutragen. Solange der Erbbauberechtigte sein Haus nachweislich überwiegend selbst bewohnt, wird der Erbbauzins um 20 %, d.h. auf 4 % des Grundstückswertes ermäßigt.

Wenn Grundstücke nicht nur zu Wohnzwecken, sondern teilweise oder ausschließlich für gewerbliche Zwecke abgegeben werden, ist ein Erbbauzins bis zu 8 %, in besonderen Fällen bis zu 10 % des Verkaufswertes zu verlangen. Bei gemischter Nutzung richtet sich der Zins nach Lage des Falles.

Wegen der langen Bindung der Vertragspartner ist es unerlässlich, die Höhe des Erbbauzinses durch eine Wertsicherungsklausel der wirtschaftlichen Entwicklung anzupassen.

5. Erbbauzinsanpassung

Die im Erbbaurechtsvertrag vereinbarte Wertsicherungsklausel gewährleistet die Anpassung des Erbbauzinses an die veränderten allgemeinen wirtschaftlichen Verhältnisse. Sie bestimmt, dass die Veränderung des Lebenshaltungskostenindex Maßstab für die Erhöhung oder Ermäßigung des Erbbauzinses ist und der neue Erbbauzins auf bestimmte Zeit unverändert bleibt. Die Änderung der Höhe des Erbbauzinses tritt nach jeweiligem Ablauf dieses Zeitraumes ein. Das bedeutet, dass ohne Zustimmung des Erbbauberechtigten und ohne besondere Anforderung durch den Eigentümer der jeweils geschuldete Erbbauzins am Fälligkeitszeitpunkt jeweils in der Höhe zu entrichten ist, die sich nach Ablauf der jeweiligen Mindestfrist unter Anwendung des vereinbarten Anpassungsmaßstabes ergibt. Daraus folgt, dass ggf. auch nachträglich Erhöhungsbeträge geschuldet werden und zu entrichten sind.

6. Bauliche Veränderungen

Das Erbbaurecht berechtigt nur zur Verwirklichung eines konkret beschriebenen Bauvorhabens. Spätere Veränderungen, insbesondere Erweiterungen und Umbauten sind nur mit schriftlicher Zustimmung des Grundstückseigentümers und Genehmigung des Erzbischöflichen Generalvikariates zulässig. Bei einer Erweiterung ist der Erbbauzins dem gesteigerten Nutzungswert anzupassen.

7. Erschließung

Nach den gesetzlichen Bestimmungen ist die Verpflichtung des Eigentümers dadurch erfüllt, dass er das Grundstück zur baulichen Nutzung zur Verfügung stellt. Die Kosten der Erschließung hat somit der Erbbauberechtigte selbst zu tragen. Hat der Grundstückseigentümer Erschließungsleistungen bereits erbracht, sind ihm somit diese von dem Erbbauberechtigten zu erstatten.

8. Belastung

Das Erbbaurecht kann wie ein Grundstück belastet werden. Belastungen des Erbbaurechts bedürfen der Zustimmung des Eigentümers und der Genehmigung der kirchlichen Aufsichtsbehörde. Die Erbbaurechtsbewerber werden ganz besonders eindringlich darauf hingewiesen, dass der Grundstückseigentümer aus Gründen der rechtlichen und finanziellen Abwendung von unter Umständen erheblichen Schädigungen des Kirchenvermögens darauf bestehen muss, für Erbbauzins, Vorkaufsrecht und Vormerkung zur Sicherung von Anpassungsansprüchen wegen veränderter allgemeiner wirtschaftlicher Verhältnisse Vorrang bei den Grundbucheintragungen zu erhalten.

Um sich nicht möglichen erheblichen Verzögerungen und Schwierigkeiten bei der Finanzierung durch Hypotheken- und Grundschuldbestellungen auszusetzen, sollten die Interessenten sich frühzeitig bei den in Aussicht genommenen Kreditinstituten vergewissern, dass in dieser Hinsicht keine Einwendungen erhoben werden, da eine Vorrangeinräumung nicht in Aussicht gestellt werden kann. Um die Beleihungsmöglichkeiten dennoch ungeschmälert zu erhalten, ist die Eigentümerin bereit, Kreditgebern zuzusichern, bei einer etwaigen Zwangsversteigerung den Antrag auf Festsetzung besonderer Versteigerungsbedingungen zu stellen oder zu unterstützen, nach denen Erbbauzins, Vormerkung zur Sicherung vor Anpassungsansprüchen und Vorkaufsrecht nicht zu kapitalisieren sind, sondern mit Wirkung für den Ersteher bestehen bleiben. Voraussetzung ist u. a. die rechtzeitige Ankündigung der Zwangsvollstreckung sowie die Erklärung des Erstehers, dass er in alle Rechte und Pflichten des Vertrages eintritt.

9. Übertragung, Vorkaufsrecht und Zwangsversteigerung

Der Erbbauberechtigte kann sein Haus an andere übertragen. Es kann durch Zwangsversteigerung in andere Hände übergehen. In beiden Fällen erhält der kirchliche Eigentümer einen neuen Erbbauberechtigten als Vertragspartner. Das bedeutet für ihn eine wesentliche Änderung. Deshalb ist ihm ein Zustimmungsrecht eingeräumt.

Durch Versagung der Zustimmung kann er einen neuen Partner ablehnen, der keine Gewähr für die Erfüllung des Vertrages und besonders des Vertragszwecks bietet. Die Zustimmung ist erst nach Genehmigung durch das Erzbischöfliche Generalvikariat zu erteilen.

Hat der kirchliche Eigentümer ein eigenes Interesse am Erwerb durch ihn selbst oder durch einen Dritten, so besteht die Möglichkeit, vom vertraglichen Vorkaufsrecht Gebrauch zu machen. Verkauft also der Erbbauberechtigte, so kann der kirchliche Eigentümer innerhalb von 2 Monaten nach Kenntnis von dem Rechtsgeschäft ihm erklären, er übe sein Vorkaufsrecht aus. Damit tritt er selbst oder der von ihm bezeichnete Interessent in den Vertrag ein. Die Erklärung muss vom Erzbischöflichen Generalvikariat genehmigt werden.

Bei Zwangsversteigerungen können für den Eigentümer erhebliche Nachteile eintreten. Um dem vorzubeugen, ist bei Gericht nach dessen Mitteilung über den Antrag auf Zwangsversteigerung mindestens umgehend folgendes zu veranlassen:

a) der rückständige Erbbauzins ist anzumelden,
b) es ist zu beantragen, dass alle im Erbbaugrundbuch für den Eigentümer eingetragenen Rechte bestehen bleiben sollen,
c) in die Versteigerungsbedingungen muss aufgenommen werden, dass der Ersteher in alle Rechte und Pflichten des Erbbauvertrages eintritt.

Umgehend ist darüber hinaus dem Erzbischöflichen Generalvikariat die Einleitung des Versteigerungsverfahrens mitzuteilen.

Die Zustimmung zum Zuschlag, die auch hier erforderlich ist, weil es sich um eine Veräußerung handelt, darf nur mit Genehmigung des Erzbischöflichen Generalvikariates erteilt werden.

Einführung in das Erbbaurecht *und die* Erbbaurechts-verwaltung

von Alois Jütten

Einführung in das Erbbaurecht und die Erbbaurechtsverwaltung
von Alois Jütten

Vorwort

Erbbaurechte haben in den Kirchengemeinden der Erzdiözese Köln einen sehr hohen Stellenwert. Die hohe Anzahl der Erbbaurechte, die die Kirchengemeinden in den letzten Jahrzehnten bis heute ausgegeben haben, bestätigen dies.
Nach kirchlichem Recht soll Grundvermögen nur veräußert werden, wenn ein gerechter Grund vorliegt. Das sind z. B. dringende Notwendigkeit, offenbarer Nutzen, Barmherzigkeit, Caritas oder ein anderer wichtiger pastoraler Grund. Die Nutzungsüberlassung ist der Veräußerung in der Regel vorzuziehen. Außerdem verfügen Kirchengemeinden häufig über Grundbesitz, der wegen spezieller Auflagen der Stifter nicht oder nur im Einzelfall veräußert werden darf. Die Erbbaurechtsvergabe bietet sich aber auch aus wirtschaftlichen Gründen an, da sie eine sichere und rentable Einnahmequelle für die Kirchengemeinden darstellt, ohne das Grundstück veräußern zu müssen und zugleich mithilft, pastorale Aufgaben zu unterstützen.
Es darf jedoch auch nicht verkannt werden, dass die vergebenen Erbbaurechte einer intensiven und gekonnten Verwaltung bedürfen. Erschwerend kommt hinzu, dass die rechtliche Handhabung des Erbbaurechtes sehr komplex ist. Es bedarf daher einer guten Kenntnis der gesamten Thematik.

Der folgende Beitrag soll den Mitgliedern der Kirchenvorstände und den mit Erbbaurechtsvorgängen befassten Mitarbeiterinnen und Mitarbeitern kirchlicher Verwaltungsstellen die wichtigsten Grundzüge rund um das Erbbaurecht erläutern und Hilfe bei den alltäglichen Fragen bezüglich der Erbbaurechtsverwaltung, insbesondere auch bei der Anpassung des Erbbauzinses geben. Dies erfordert, sich an bestimmten Stellen mit den Grundzügen des für den juristischen Laien nicht immer leicht verständlichen Immobiliarsachenrechts zu befassen.

> Köln, im Juli 2012
> Alois Jütten

1. Erbbaurecht

Nach unserer Rechtsordnung ist das mit einem Grundstück fest verbundene Bauwerk in der Regel Grundstücksbestandteil und gehört zum Grundstückseigentum. Gemäß §§ 93, 94 BGB lassen sich normalerweise Grundstück und Bauwerk nicht verschiedenen Eigentümern zuordnen. Der Gesetzgeber hat mit dem Erbbaurecht[1] eine Ausnahme von dieser Regel geschaffen.

§ 1 Abs. 1 ErbbauRG definiert das Erbbaurecht wie folgt: Ein Grundstück kann in der Weise [1] belastet werden, dass **demjenigen,** zu dessen Gunsten die Belastung erfolgt, das **veräußerliche und vererbliche** Recht zusteht, auf oder unter der Oberfläche des Grundstücks ein **Bauwerk** zu haben (Erbbaurecht).

---

1 Von juristischen Laien ist häufig der Begriff »Erbpacht« zu hören. Zur Klarstellung sei deshalb erwähnt,
dass dieses Rechtsinstitut vor dem Inkrafttreten des BGB in einigen norddeutschen Regionen beheimatet war.
Das BGB kennt kein Erbpachtrecht.

Besonders hervorzuheben sind folgende Aussagen der Vorschrift:
- Das Erbbaurecht ist veräußerlich und vererblich.
- Ein Erbbaurecht kann nur an natürliche oder juristische Personen vergeben werden (... dass **demjenigen,** zu dessen Gunsten die Belastung erfolgt ...).
- Das Bauwerk ist der Hauptzweck des Erbbaurechtes. Es bedarf daher im Erbbaurechtsvertrag der Bestimmung des Bauwerks.

2 Das Erbbaurecht besitzt eine Doppelnatur: Es handelt sich um das **Recht an einem Grundstück** und um das **gesonderte Eigentum am Bauwerk.** Das Erbbaurecht muss sich also zwingend auf ein Gebäude bzw. Bauwerk beziehen, und zwar auf das **gesamte** Bauwerk. Das Bauwerk muss wirtschaftliche Hauptsache sein. Es kann sich auf bestehende oder auch auf zukünftig zu errichtende Bauwerke beziehen. Das Erbbaurecht kann auf einen für das Bauwerk nicht erforderlichen Teil des Grundstücks erstreckt werden, solange das Bauwerk Hauptsache des Erbbaurechtes bleibt. Unter einem Bauwerk im Sinne des Gesetzes sind nicht nur Wohnhäuser oder gewerbliche Bauten zu verstehen. So können Bauwerke aller Art, wie Schachtanlagen, gemauerte Brunnen, Windenergieanlagen, Spiel- und Sportanlagen, Parkplätze, sein. Gegenstand eines Erbbaurechtes sein. Damit eine Sache als Bauwerk im Sinne des Gesetzes Anerkennung findet, muss es aus bodenfremdem Material hergestellt und fest mit dem Grundstück verbunden werden.
Nutzungsrecht und Gebäudeeigentum werden als **grundstücksgleiches** Recht verselbstständigt. Daher finden auf das Erbbaurecht grundsätzlich auch die Grundstücksvorschriften anderer Gesetze[2] Anwendung.

3 Das Erbbaurecht entsteht mit Einigung (Abschluss des notariellen Erbbaurechtsvertrages) zwischen dem Grundstückseigentümer und dem Erbbauberechtigten und der **erstrangigen**[3] Eintragung des Erbbaurechtes in Abteilung II des Grundbuchs des Grundstücks. Die Anlegung des Erbbaugrundbuchs erfolgt gleichzeitig von Amts wegen.
Neben dem »Normalfall Erbbaurecht« (das sich auf ein Bauwerk an **einem** Grundstück bezieht) gibt es eine Vielzahl anderer Erbbaurechtstypen, z. B. Eigentümererbbaurecht, Gesamterbbaurecht, Nachbarerbbaurecht, Untererbbaurecht, Wohnungs- und Teilerbbaurecht oder Erbbaurecht an einem realen Grundstücksteil.

4 Von einem **Eigentümererbbaurecht** spricht man, wenn der Grundstückseigentümer gleichzeitig auch Erbbauberechtigter ist. Diese Konstellation ist u. a. denkbar beim Heimfall oder bei Neubestellung zum Zwecke der anschließenden Veräußerung.
Von einem **Gesamterbbaurecht** ist die Rede, wenn ein einheitliches Erbbaurecht an mehreren rechtlich selbstständigen **Grundstücken** bestellt ist. Es kann entstehen durch Bestellung des Erbbaurechtes an mehreren selbstständigen Grundstücken, durch spätere Teilung des Erbbaugrundstücks, durch nachträgliche Erstreckung auf weitere selbstständige Grundstücke oder auch durch Vereinigung von Erbbaurechten.
Beim **Nachbarerbbaurecht** wird ein einheitliches Gebäude auf mehreren Grundstücken errichtet, wobei an den verschiedenen Grundstücken unterschiedlicher Eigentümer jeweils ein selbstständiges Einzelerbbaurecht bestellt wird. Der Anwendungsbereich ist dem des Gesamterbbaurechtes ähnlich. Die Rechtskonstruktion des Nachbarerbbaurechtes wird in der Literatur teilweise für nicht zulässig erachtet. Mit Rücksicht auf die Folgen bei Beendigung des Erbbaurechtes und beim Heimfall sind recht komplexe Regelungen erforderlich, die genaueste Kenntnis der Rechtsfolgen voraussetzen.

---

2 So z. B. §134 Abs. 1 BauGB zur Beitragspflicht für Erschließungsbeiträge: Beitragspflichtig ist derjenige, der im Zeitpunkt der Bekanntgabe des Beitragsbescheids Eigentümer des Grundstücks ist. Ist das Grundstück mit einem Erbbaurecht belastet, so ist der Erbbauberechtigte anstelle des Eigentümers beitragspflichtig.

3 Die sehr speziellen Ausnahmen von dieser grundsätzlichen Regel sind hier nicht dargestellt.

Von einem **Untererbbaurecht** ist dann die Rede, wenn ein Erbbaurecht mit einem weiteren Erbbaurecht belastet wird. Es ist - wie das Nachbarerbbaurecht - sehr kompliziert zu regeln und kommt nicht zuletzt deshalb in der Praxis selten vor.

Das **Wohnungs- und Teilerbbaurecht** entsteht durch Aufteilung eines Erbbaurechtes gemäß den Bestimmungen des Wohnungseigentumsgesetzes. Mit einem (ideellen) Miteigentumsanteil an dem Erbbaurecht wird das Sondereigentum an einer abgeschlossenen Wohnung oder an einer nicht zu Wohnzwecken bestimmten abgeschlossenen Raumeinheit verbunden. Der Erbbauvertrag gilt für sämtliche Wohnungs- und Teilerbbauberechtigte unverändert weiter. Die Erbbauzinsreallast lastet als **Gesamterbbauzins** auf sämtlichen Wohnungs- und Teilerbbaurechten, sofern eine Aufteilung des Erbbauzinses nicht vorgenommen wird. Die Aufteilung des Erbbauzinses auf die einzelnen Raumeinheiten bedarf der Zustimmung des Grundstückseigentümers.

Wird ein Erbbaurecht nur an einem realen Grundstückteil (Teilfläche) begründet, so wird das im Rechtssinne gesamte im Grundbuch unter einer laufenden Nummer des Bestandsverzeichnisses gebuchte Grundstück mit dem Erbbaurecht belastet; die Ausübung des Erbbaurechtes erstreckt sich jedoch nur auf einen realen Grundstücksteil. Sofern eine Grundstücksteilung im Wege der Teilungsvermessung zulässig ist, empfiehlt es sich, die vom Erbbaurecht erfasste Teilfläche auszuparzellieren. Hierdurch wird eine unnötige Belastung des Rechtsverkehrs mit dem nicht vom Erbbaurecht erfassten Grundstücksteil vermieden.

2. Der Erbbaurechtsvertrag

2.1. Gesetzlicher und vertraglicher Inhalt, Form des Erbbaurechtsvertrages

Der Erbbaurechtsvertrag bindet den Grundstückseigentümer und den Erbbauberechtigten meist für einen sehr langen Zeitraum aneinander und bedarf daher einer sehr sorgfältigen Regelung. Die Bestellung eines Erbbaurechtes und der Vertrag über den Erwerb eines Erbbaurechtes bedürfen der notariellen Beurkundung (§§ 11 ErbbauRG und 311b BGB). [5]

Die gesetzlichen Mindestanforderungen an den Inhalt des Erbbaurechtes sind in nur einem einzigen Paragraphen des Erbbaurechtsgesetzes, in § 1 ErbbauRG, geregelt. Darüber hinaus kann aber zwischen den Vertragsparteien alles vertraglich vereinbart werden, was nicht gegen ein Gesetz oder die guten Sitten verstößt. Es herrscht also größte Vertragsfreiheit. [6]

Dem Grundsatz folgend, dass vertraglich vereinbarte Rechte und Pflichten nur zwischen den Vertragsschließenden gelten, gehen diese bei einem Wechsel des Erbbauberechtigten nicht automatisch auf den Erbbaurechtserwerber über. Um den automatischen Übergang zu erreichen, müssten die Rechte und Pflichten untrennbar mit dem Erbbaurecht selbst verbunden werden.

Man spricht von einem **dinglichen Recht**, wenn das Recht untrennbar an dem Grundbesitz/Erbbaurecht haftet, also von selbst z. B. auf einen Sonderrechtsnachfolger (Erwerber)[4] übergeht. Dagegen wirken **schuldrechtliche Vereinbarungen** des Erbbaurechtsvertrages nur zwischen den Vertragsschließenden und gehen nicht ohne Weiteres auf einen Erwerber des Erbbaurechtes über. [7]

---

4 Gesamtrechtsnachfolge/Sonderrechtsnachfolge: Mit dem Tod einer Person (Erbfall) geht deren Vermögen mit allen Rechten und Pflichten kraft Gesetzes »als Ganzes« auf den Erben über. Die Rechtsnachfolge erfolgt durch einen einheitlichen Rechtsakt in das gesamte Vermögen des Erblassers. Dieser Rechtsvorgang wird als Gesamtrechtsnachfolge bezeichnet. Ebenso handelt es sich bei der Übertragung eines gesamten Unternehmens um einen Fall der Gesamtrechtsnachfolge. Dagegen spricht man von Sonder- oder Einzelrechtsnachfolge, wenn nur einzelne Vermögensgegenstände - z. B. ein Erbbaurecht oder ein Grundstück von einem Eigentümer/Inhaber auf den anderen übertragen werden.

Nicht alles, was zwischen den vertragsschließenden Parteien wirksam vereinbart werden kann, wird zwangsläufig auch **dinglicher Inhalt des Erbbaurechtes**. Der Gesetzgeber hat nur bestimmte Vereinbarungen zugelassen, die zum »vertragsmäßigen« Inhalt des Erbbaurechtes gemacht werden können und somit dingliche Wirkung entfalten. Es können nur Vereinbarungen im Rahmen der §§ 2 - 8, 27 und 32 ErbbauRG vertragsmäßiger Inhalt des Erbbaurechtes werden.

8   Die Verdinglichung der hierzu gesetzlich zugelassenen Vereinbarungen geschieht in zwei Stufen: Zunächst wird im Erbbaurechtsvertrag der Grundstein durch die explizite Eintragungsbewilligung der entsprechenden Vereinbarung gelegt. Danach erfolgt die Eintragung der Vereinbarung **als Inhalt des Erbbaurechtes** in das Erbbaugrundbuch. Letzteres erfolgt im Eintragungstext des Grundbucheintrages durch Bezugnahme auf die Eintragungsbewilligung (*»Eingetragen unter Bezugnahme auf die Bewilligung vom ... am...«*).
Soweit sonstige Vereinbarungen wegen der Vorschriften der §§ 2 - 8, 27 und 32 ErbbauRG nicht unmittelbar als Inhalt des Erbbaurechtes selbst verdinglicht werden können, besteht für einzelne, vom Gesetzgeber nach Art und Inhalt festgelegte Rechtstypen die Möglichkeit der gesonderten dinglichen Sicherung am Erbbaurecht (nicht Inhalt des Erbbaurechtes selbst, sondern als selbstständige Rechte eingetragen in Abteilung II und III des Erbbaugrundbuches). Hier ist an erster Stelle der **Erbbauzins** zu nennen, der als Erbbauzinsreallast in Abteilung II des Erbbaugrundbuchs eingetragen werden kann. Aber auch das Vorkaufsrecht, Vormerkungen schuldrechtlicher Ansprüche und/oder Grundpfandrechte sind zu nennen.

9   Was nach diesen Grundsätzen weder als Inhalt des Erbbaurechtes selbst, noch als selbstständiges Recht in Abteilung II oder III des Erbbaugrundbuchs dinglich gesichert wird, **wirkt nur rein schuldrechtlich** und geht nicht bei Inhaberwechsel automatisch auf den Nachfolger des Erbbaurechtes über.
Um rein schuldrechtliche Vereinbarungen auf einen Sonderrechtsnachfolger zu übertragen, bedarf es grundsätzlich der ausdrücklichen Weitergabe dieser vertraglichen Verpflichtungen. So also auch bei der Veräußerung eines Erbbaurechtes auf den Erbbaurechtserwerber. Ausnahme ist Gesamtrechtsnachfolge, z. B. Erbfolge.

10   § 2 ErbbauRG enthält eine Aufzählung der zur Verdinglichung zugelassenen Regelungen. Danach können folgende Vereinbarungen zum (dinglichen) Inhalt des Erbbaurechtes gemacht werden:
Vereinbarungen über:
1. die Errichtung, die Instandhaltung und die Verwendung des Bauwerks,
2. die Versicherung des Bauwerks und seinen Wiederaufbau im Falle der Zerstörung,
3. die Tragung der öffentlichen und privatrechtlichen Lasten und Abgaben,
4. eine Verpflichtung des Erbbauberechtigten, das Erbbaurecht beim Eintreten bestimmter Voraussetzungen auf den Grundstückseigentümer zu übertragen (Heimfall),
5. eine Verpflichtung des Erbbauberechtigten zur Zahlung von Vertragsstrafen,
6. die Einräumung eines Vorrechts für den Erbbauberechtigten auf Erneuerung des Erbbaurechts nach dessen Ablauf,
7. eine Verpflichtung des Grundstückseigentümers, das Grundstück an den jeweiligen Erbbauberechtigten zu verkaufen.

Nach § 5 ErbbauRG kann außerdem als Inhalt des Erbbaurechtes vereinbart werden, dass zur Veräußerung oder Belastung des Erbbaurechtes mit einer Hypothek, Grund- oder Rentenschuld oder einer Reallast die Zustimmung des Grundstückseigentümers erforderlich ist.
Schließlich können nach §§ 27 und 32 ErbbauRG Vereinbarungen über die Höhe der Entschädigung bei Zeitablauf und/oder über die Vergütung beim Heimfall, die Art der Zahlung und über ihre Ausschließung zum Inhalt des Erbbaurechtes gemacht werden. Weitere Ver-

einbarungen können nicht zum (dinglichen) Inhalt des Erbbaurechtes gemacht werden. Um sicher zu stellen, dass bei einer Erbbaurechtsveräußerung - gleich ob durch Rechtsgeschäft oder im Wege der Zwangsversteigerung - auch die schuldrechtlichen Vereinbarungen auf den Rechtsnachfolger übergeleitet werden, empfehlen sich folgende Maßnahmen:

1. Aufnahme einer Rechtsnachfolgeklausel in den Erbbaurechtsvertrag. Diese könnte wie folgt lauten:»*Soweit Verpflichtungen dieses Erbbaurechtsvertrages nicht kraft Gesetzes auf Rechtsnachfolger übergehen, ist jeder Vertragteil verpflichtet, seine sämtlichen Verpflichtungen aus diesem Vertrag auf sämtliche Rechtsnachfolger mit entsprechender Weiterübertragungsverpflichtung zu übertragen.*«

2. Vertragliche Festlegung, dass bei Nichtübernahme sämtlicher schuldrechtlicher Bestimmungen des Erbbaurechtsvertrages ein Anspruch auf Zustimmung zur Veräußerung des Erbbaurechtes nicht besteht.

3. Ausgestaltung des Heimfallrechtes dahin, dass der Heimfall verlangt werden kann, wenn der Erbbaurechtserwerber nicht in alle schuldrechtlichen Verpflichtungen des Erbbaurechtsvertrages eintritt.

2.2. Zweckbestimmung und Vereinbarungen über die Verwendung, Instandhaltung und Versicherung des Gebäudes

Der Erbbaurechtsvertrag enthält meist auch Vereinbarungen über den Verwendungszweck (Zweckbestimmung) des Erbbaurechtes, da ihnen in mehrfacher Hinsicht eine wichtige Bedeutung zu kommt. Sie ist daher sehr sorgfältig zu formulieren.
Mögliche Zweckbestimmungen sind z. B.:

• Förderung des Wohnungsbaues für junge, kinderreiche Familien;
• im Bereich der katholischen Kirche: Förderung des Wohnungsbaues zu Gunsten der Familien, die ihr Familienleben nach christlichen Grundsätzen ausrichten;
• Spezielle gewerbliche oder Soziale Zwecke, wie die Errichtung von Produktionsstätten, Krankenhäusern, Senioreneinrichtungen, Kindergärten.

Der Erbbauberechtigte darf das Erbbaurecht nur innerhalb dieses genau festgelegten Rahmens für die gesamte Vertragslaufzeit nutzen. Die Vereinbarungen zum Verwendungszweck werden regelmäßig eng verknüpft mit den Regelungen zum Heimfall und zur Zustimmung zu Verfügungen über das Erbbaurecht. Der Verwendungszweck beeinflusst die Höhe des Erbbauzinses. Ein Erbbaurecht, das überwiegend zu sozialkaritativen Zwecken ausgegeben wird, wird einen geringeren Erbbauzins erwirtschaften, als ein zu Wohnzwecken oder gar zu gewerblichen Zwecken ausgegebenes Erbbaurecht.

Eine spätere Änderung des Verwendungszweckes ist nur einvernehmlich im Rahmen einer Vertragsänderung möglich. Beabsichtigt der Erbbauberechtigte beispielsweise durch Änderung des Verwendungszweckes das Erbbaurecht ertragreicher zu nutzen, hat der Grundstückseigentümer die Möglichkeit, dies von der Anhebung des Erbbauzinses oder auch von anderen, für den Grundstückseigentümer positiven Vertragsänderungen, abhängig zu machen.

Neben der Festlegung der Verwendung des Bauwerks können auch Vereinbarungen über die Art und Weise der Bauausführung (auch der Größe des Baukörpers), der späteren Veränderung des Bauwerks, von Bebauungsfristen und der Instandhaltung des Bauwerkes Inhalt des Erbbaurechtes sein. Auswirkungen ergeben sich auch beim Heimfall und bei Beendigung des Erbbaurechtes. Die Festlegung von Bebauungsfristen sichert beispielsweise den zeitnahen Abschluss eines Neubaugebietes und wirkt sich damit positiv auf die Vermarktung eines Baugebietes aus. Sind zur Gebäudeinstandhaltung keine Vereinbarungen getroffen, so könnte der Erbbauberechtigte – soweit öffentlich-rechtliche Vorschriften nicht entgegenstehen – das Gebäude verfallen lassen, was ebenfalls nicht Interesse des Grundstückseigentümers ist. Auch zählt die Versicherungspflicht zu den Interessen des

Grundstückseigentümers. Wird das Gebäude zerstört und ist der Wiederaufbau finanziell nicht abgesichert, gerät der Erbbauzins in Gefahr, da er sich dann aus der Nutzung des Erbbaurechtes nicht mehr refinanzieren lässt. Die Verpflichtung des Wiederaufbaues des Gebäudes geht mit der Versicherungspflicht einher und ist ebenfalls zu vereinbaren. Fehlt die Wiederaufbauverpflichtung, so steht es dem Erbbauberechtigten frei, das Gebäude erneut zu errichten.

2.3. Dauer des Erbbaurechtes

15   Im Erbbaurechtsgesetz fehlt eine Regelung über die Dauer des Erbbaurechtes. Dass eine Laufzeitbeschränkung möglich ist, ergibt sich indirekt aus der Vorschrift des § 27 ErbbauRG. Hier heißt es, dass das Erbbaurecht nach Ablauf der Zeit, für die es bestellt ist, erlischt. Die Vertragsbeteiligten haben demnach hinsichtlich der Laufzeit des Erbbaurechtes großen Gestaltungsspielraum, der nur dadurch begrenzt wird, dass keine auflösende Bedingung vereinbart werden kann. Wird ein Erbbaurecht ohne zeitliche Befristung bestellt, läuft es ewig. Dieser Fall kommt allerdings in der Praxis kaum vor. Es hat sich eingebürgert, dass Erbbaurechte zur Schaffung von Wohnraum auf die Dauer von 99 Jahren bestellt werden. Das mag daran liegen, dass das 1. Wohnungsbaugesetz aus dem Jahre 1953 den Wohnungsbau auf einem Erbbaurecht nur dann förderte, wenn die Bestellung des Erbbaurechtes auf mindestens 99 Jahre erfolgte.

2.4. Beendigung des Erbbaurechtes

16   Das Erbbaurecht wird grundsätzlich durch Zeitablauf beendet (§ 27 ErbbauRG). Es kann aber auch durch den beurkundungspflichtigen Aufhebungsvertrag zwischen dem Grundstückseigentümer und den Erbbauberechtigten beendet werden oder durch ein öffentlich-rechtliches Enteignungsverfahren enden.

Dagegen wird das Erbbaurecht **nicht** beendet durch
- Heimfall;
- Untergang des Bauwerks;
- Zwangsversteigerung des Erbbaurechtes;
- Zwangsversteigerung des Grundstückes;
- Vereinigung von Grundstückseigentum und Erbbaurecht in einer Person (z. B. beim Heimfall oder bei Erwerb des Erbbaurechtes (Ausübung des Vorkaufsrechtes);
- einseitige Aufgabeerklärung.

Das Erlöschen ist nicht von irgendwelchen Erklärungen oder Vereinbarungen der Beteiligten abhängig. Der Grundstückseigentümer wird im Augenblick der Beendigung des Erbbaurechtes auch Eigentümer des Gebäudes. Da sich diese Rechtsänderung außerhalb des Grundbuches vollzieht, wird das Grundbuch mit Beendigung des Erbbaurechtes unrichtig und muss in einem dann einzuleitenden Grundbuchberichtigungsverfahren berichtigt werden. In der Praxis sind mit der Durchführung des Grundbuchberichtigungsverfahrens Probleme verbunden, die sich aus den an das Erlöschen des Erbbaurechtes geknüpften Rechtsfolgen ergeben.

17   An die Stelle des nunmehr automatisch in das Eigentum des Grundstückseigentümers fallenden Bauwerks tritt der Anspruch des Erbbauberechtigten auf Entschädigung des Bauwerks, sofern dieser Anspruch in zulässiger Weise vertraglich nicht ausgeschlossen worden ist.

Mit Beendigung des Erbbaurechtes gehen **alle** darauf liegenden dinglichen Rechte unter. Soweit das Erbbaurecht bei Zeitablauf noch mit einer Hypothek, Grundschuld, Rückständen aus Rentenschulden oder Reallasten belastet ist, tritt als Ersatz für das weggefallene Pfandrecht am Gebäude das Pfandrecht an dem Entschädigungsanspruch. Der Entschädigungsanspruch haftet auf dem Grundstück anstelle des Erbbaurechtes. Der Gläubiger hat hieran dieselben Rechte, die er im Falle der Zwangsversteigerung des Erbbaurechtes am Versteigerungserlös gehabt hätte. Das bedeutet aber nicht, dass der Grundstückseigentümer die den Grundpfandrechten zugrunde liegenden Schulden zu übernehmen hat (anders beim Heimfall!). Grundpfandrechtsgläubiger werden maximal bis zur Höhe der Entschädigung abgefunden.

Das Erbbaurechtsgesetz lässt zur Höhe des Entschädigungsanspruchs oder über dessen Ausschluss eine vertragliche Vereinbarung zu. Fehlt eine derartige Vereinbarung, so muss **(nur) für das Bauwerk** eine dem gemeinen Wert, in der Regel dem Verkehrswert, entsprechende Entschädigung gezahlt werden. Zu beachten ist, dass das Bauwerk nicht mit dem Erbbaurecht gleichzusetzen ist. Zum Erbbaurecht zählen auch die Außenanlagen und Erschließungseinrichtungen. Diese werden jedoch nicht mit entschädigt (Unterschied zum Heimfall).

Soll eine Entschädigung ausgeschlossen oder der Höhe nach begrenzt werden, so muss § 27 Abs. 2 ErbbauRG beachtet werden. Wurde das Erbbaurecht zur Befriedigung des Wohnbedürfnisses minderbemittelter Bevölkerungskreise[5] (sozialer Wohnungsbau) bestellt, muss die Entschädigung mindestens zwei Drittel des gemeinen Wertes betragen, den das Bauwerk bei Ablauf des Erbbaurechts hat. Allerdings kommt es hier auf den Wortlaut des Verwendungszweckes und nicht auf die tatsächliche, möglicherweise hiervon abweichende Nutzung an.

18

2.5. Verlängerung des Erbbaurechtes

Die Verlängerung des Erbbaurechtes ist in § 27 Abs. 3 ErbbauRG eher unzureichend geregelt. Danach kann der Grundstückseigentümer seine Verpflichtung zur Zahlung der Entschädigung dadurch abwenden, dass er dem Erbbauberechtigten die Verlängerung des Erbbaurechtes für die voraussichtliche Standdauer des Bauwerks anbietet. Lehnt der Erbbauberechtigte die Verlängerung ab, so erlischt der Anspruch auf Entschädigung. Das Erbbaurecht kann zur Abwendung der Entschädigungspflicht wiederholt verlängert werden.

19

Somit hat das Verlängerungsrecht rechtlich die Funktion, den Grundstückseigentümer vor den wirtschaftlichen Folgen einer Entschädigungszahlung, die er unter Umständen nicht zu leisten im Stande wäre, zu schützen. Der Erbbauberechtigte kann die Verlängerung des Erbbaurechtes nicht verlangen; sie kann nur vom Grundstückseigentümer angeboten werden. Oft wird das Verlängerungsrecht mit dem Vorrecht auf Erneuerung des Erbbaurechtes (§ 31 ErbbauRG) verwechselt.

Die Verlängerung des Erbbaurechtes ist (auch begrifflich) nur möglich, solange das Erbbaurecht noch besteht, also durch Zeitablauf noch nicht erloschen ist. Sie muss also **zwingend vor Zeitablauf des Erbbaurechtes im Grundbuch** durchgeführt sein. Sonst bleibt nur die Abwicklung oder Neubestellung des Erbbaurechtes.

Bei einer Verlängerung des Erbbaurechtes handelt es sich um eine **Inhaltsänderung des noch bestehenden** Erbbaurechtes. Mit Ausnahme der Laufzeit bleibt es unverändert bei allen bis dahin gültigen Vereinbarungen, insbesondere auch bei dem geltenden Erbbauzins.

Das Verlängerungsangebot des Grundstückseigentümers muss sich auf die voraussichtliche Standdauer des Bauwerks beziehen. Hierbei ist nicht von der reinen statischen Standdauer des Gebäudes auszugehen. Auch die nach Zielsetzung des Erbbaurechtsvertrages voraussichtliche Nutzungsfähigkeit des Erbbaurechtes ist mit einzubeziehen. Über den normalen Erhaltungsaufwand hinausgehende Reparaturen kann der Grundstückseigentü-

---

5 Diesen etwas irritierenden Begriff verwendet der Gesetzgeber wörtlich. Es wird davon ausgegangen, dass zu diesem Personenkreis jene zählen, die Anspruch auf Wohnraumförderung im sozialen Wohnungsbau haben.

mer vom Erbbauberechtigten nicht verlangen.

Eine bestimmte Form ist für das Verlängerungsangebot nicht vorgegeben, jedoch müssen folgende Punkte beachtet werden:

- die Beibehaltung der bisherigen Bedingungen,
- der Zeitraum der Verlängerung muss sich auf die voraussichtliche Standdauer des Bauwerks beziehen.

Das Gesetz bestimmt für die Abgabe des Verlängerungsangebotes keine Frist. Nach einhelliger Meinung muss das Angebot aber so rechtzeitig an den Erbbauberechtigten erfolgen, dass dieser ausreichend Zeit für eine angemessene Prüfung des Angebotes hat und die tatsächliche Durchführung vor Ablauf des Erbbaurechtes noch möglich ist. Hinzu kommt, dass die Durchführung teilweise auch von der Zustimmung Drittberechtigter, wie Grundpfandrechtsgläubiger oder von Genehmigungen, wie der kirchenaufsichtlichen Genehmigung, abhängt. Vor diesem Hintergrund ist genügend Zeit (nicht unter einem Jahr) einzuplanen.

Die Annahme des Verlängerungsangebotes ist ebenfalls formlos möglich. Mit der Annahme kommt die Einigung über die Inhaltsänderung zustande. Zum notwendigen grundbuchlichen Vollzug sind die Grundbuchvorschriften zu beachten. Die Inanspruchnahme eines Notars ist unerlässlich.

Hat der Grundstückseigentümer zu vertreten, dass eine Einigung und somit eine Verlängerung nicht zustande kommt, so hat er die Entschädigung zu leisten. Kommt dagegen eine Einigung aus Gründen nicht zustande, die der Erbbauberechtigte zu vertreten hat, so verliert der Erbbauberechtigte und damit verlieren gegebenenfalls auch die Grundpfandrechtsgläubiger den Entschädigungsanspruch. Eine Zustimmung der Gläubiger zur Ablehnung des Verlängerungsangebotes ist im Erbbaurechtsgesetz nicht vorgesehen. Die Entscheidung über Annahme oder Ablehnung der Erbbaurechtsverlängerung liegt allein beim Erbbauberechtigten. Diesem Kreditrisiko können die Gläubiger nur durch eine entsprechend kurze Kreditlaufzeit begegnen.

Das Recht des Grundstückseigentümers, dem Erbbauberechtigten die Verlängerung des Erbbaurechtes mit den aufgezeigten Rechtsfolgen anbieten zu können, kann vertraglich ausgeschlossen werden. Das liegt aber nicht im Interesse des Grundstückseigentümers.

2.6. Vorrecht auf Erneuerung des Erbbaurechtes

20   Das Erbbaurechtsgesetz räumt den Vertragsparteien in § 2 Nr. 6 ErbbauRG die Möglichkeit ein, die Erneuerung des Erbbaurechtes als Inhalt des Erbbaurechtes zu vereinbaren. Automatisch steht dem Erbbauberechtigten jedoch das Recht nicht zu.

Diese Vorschrift ist von geringer praktischer Relevanz. Sie setzt voraus, dass der Grundstückseigentümer einem Dritten[6] innerhalb eines Zeitraumes von drei Jahren nach Ablauf des Erbbaurechtes ein neues Erbbaurecht **mit dem bisherigen wirtschaftlichen Zweck** einräumt. Wegen dieser Ausgestaltung kann das Vorrecht auf Erneuerung des Erbbaurechtes in der Praxis vernachlässigt werden. Es eignet sich nicht, dem Erbbauberechtigten die Fortsetzung des Erbbaurechtes zu gewährleisten.

Legt der Erbbauberechtigte bereits bei Vertragsabschluss Wert auf die Möglichkeit, vor Ablauf des Erbbaurechtes für eine Fortsetzung des Erbbaurechtes zu optieren, so ist das nur durch eine schuldrechtliche Verlängerungsoption zu regeln.

---

6 In der Rechtssprache ist Dritter jede Person, die nicht auf der einen oder anderen Seite einer bestimmten Rechtsbeziehung steht, die vom Gesetz typischerweise als eine Zweierbeziehung gesehen wird (z. B. Käufer und Verkäufer). Es wird jedoch nicht durchgezählt, so dass es keinen »Vierten« gibt. Dritter ist somit immer ein »anderer«, der »keiner von beiden« ist. Das BGB verwendet den Begriff häufig.

2.7. Heimfall

Das Erbbaurecht ist auch bei Vertragsverstößen des Erbbauberechtigten weder kündbar noch ist der Rücktritt von dem Erbbaurechtsvertrag möglich. Der Gesetzgeber hat mit dem Heimfallrecht ein Ersatzinstrumentarium geschaffen, berechtigte Ansprüche durchzusetzen. Das Heimfallrecht ist das dingliche Recht des Grundstückseigentümers, beim Eintreten bestimmter Voraussetzungen die Übertragung des Erbbaurechtes auf sich selbst oder auf einen von ihm zu benennenden Dritten zu verlangen. Über den Umweg des Heimfallrechtes ist eine Verdinglichung von Vereinbarungen zu erreichen, die nicht zum dinglichen Inhalt des Erbbaurechtes gemacht werden können. 21

Die Rechtsfolgen bei Ausübung des Heimfallrechts unterscheiden sich von denen des Zeitablaufs:

- Das Erbbaurecht geht durch die Durchsetzung des Heimfallanspruchs nicht unter, sondern wird entweder auf den Grundstückseigentümer selbst oder auf einen vom Grundstückseigentümer benannten Dritten übertragen. Wird es auf den Grundstückseigentümer übertragen, entsteht ein Eigentümererbbaurecht. Es vereinigen sich Eigentum am Grundstück und Erbbaurecht in einer Person. Das Volleigentum am Grundstück und das Erbbaurecht bleiben auch weiterhin nebeneinander bestehen. 22

- Hypotheken, Grund- und Rentenschulden sowie Reallasten bleiben im Falle des Heimfalls bestehen, sofern sie nicht dem Erbbauberechtigten selbst zustehen. Ferner bleibt nach den Vorschriften des Wohnungseigentumsgesetzes ein Dauerwohn- und Dauernutzungsrecht[7] am Erbbaurecht bestehen. 23

  Wenn und soweit der Erbbauberechtigte auch persönlich für die den Hypotheken, Grund- und Rentenschulden sowie Reallasten zu Grunde liegenden Forderungen haftet, geht die Schuld im Außenverhältnis kraft Gesetzes auf den Grundstückseigentümer über. Die vom Grundstückseigentümer kraft Gesetzes übernommenen Schulden werden auf die eventuell von ihm zu zahlende Vergütung angerechnet. Falls die zu übernehmenden Schulden die zu zahlende Vergütung übersteigen, hat der Grundstückseigentümer nur einen Rückgriffsanspruch gegen den Erbbauberechtigten. Der Grundstückseigentümer sollte sich vor diesen Nachteilen schützen, indem er seine Zustimmung zu einer Überbelastung des Erbbaurechtes versagt (Siehe Rdnrn. 62 ff.). Da ein Grundpfandrechtsgläubiger sich bei der Beleihung des Erbbaurechtes auf den kalendertagsmäßig bestimmten Zeitablauf einstellen kann, nicht aber auf einen den Heimfall auslösenden Vertragsverstoß durch den Erbbauberechtigten, musste der Gesetzgeber die Rechtsfolgen beim Heimfall in vorstehender Weise regeln, um Gläubiger-schutz und damit Beleihungsfähigkeit herzustellen. Nur so konnte das Erbbaurecht verkehrsfähig gemacht werden.

- Im Gegensatz zum Zeitablauf tritt die Rechtswirkung des Heimfalls nicht von selbst ein. Das Heimfallrecht muss eingefordert und durchgesetzt werden. Durch formlose, einseitige empfangsbedürftige Willenserklärung gegenüber dem Erbbauberechtigten wird das Heimfallrecht ausgeübt. Es besteht keine Verpflichtung des Grundstückseigentümers, einen ihm zustehenden Heimfallanspruch auszuüben oder den schon geltend gemachten Anspruch durchzusetzen. Zum Vollzug des Heimfallrechtes bedarf es der Einigung des Erbbauberechtigten und des Grundstückseigentümers (notarieller Vertrag oder rechtskräftiges Urteil) sowie der Eintragung des Inhaberwechsels im Erbbaugrundbuch. Bis zum dinglichen Vollzug des Anspruchs hat der Grundstückseigentümer Anspruch auf Erbbauzinszahlung. 24

---

7 Das Dauerwohn- und Dauernutzungsrecht ist in § 31 Wohnungseigentumsgesetz geregelt und nicht mit dem dinglichen Wohnrecht (§ 1093 BGB) oder dem Nießbrauchrecht (§ 1030 BGB) zu verwechseln.

- Macht der Grundstückseigentümer von seinem Heimfallrecht Gebrauch, so hat er dem Erbbauberechtigten für das Erbbaurecht eine angemessene Vergütung zu gewähren, es sei denn, die Vergütung wurde in zulässiger Weise entweder vertraglich ausgeschlossen oder der Höhe nach begrenzt.

25 Hier wird ein weiterer gravierender Unterschied zu den Rechtsfolgen beim Zeitablauf deutlich: Es wird nicht nur eine Entschädigung für das Bauwerk, sondern eine Vergütung für das (gesamte) Erbbaurecht geschuldet. Die Höhe richtet sich nach dem gemeinen Wert - in der Regel der Verkehrswert - des Erbbaurechtes. Es werden alle Anlagen und Einrichtungen des Erbbaugrundstücks und auch der Bodenwertanteil[8] des Erbbaurechtes in die Bewertung mit einbezogen.

26 Das Gesetz lässt eine Begrenzung oder den Ausschluss der Vergütung zu. Das gilt nicht für den Fall, dass das Erbbaurecht »zur Befriedigung des Wohnbedürfnisses minderbemittelter Bevölkerungskreise« (sozialer Wohnungsbau) bestellt ist. In diesem Falle muss die Vergütung mindestens zwei Drittel des gemeinen Wertes des Erbbaurechtes im Zeitpunkt der Übertragung betragen. Aber auch hier kommt es nicht auf die tatsächliche Nutzung des Erbbaurechtes an, sondern auf die vertraglich vereinbarte Nutzung.

Beispiel: Ist in der Zweckbestimmung des Erbbaurechtsvertrages festgelegt, dass Inhalt des Erbbaurechtes die Errichtung von Wohnraum im Rahmen des sozialen Wohnungsbaues ist, so kann die Vergütung nicht ausgeschlossen werden. Wurde dagegen in der Zweckbestimmung die Errichtung von normalem Wohnraum festgelegt, das Erbbaugebäude aber tatsächlich für den sozialen Wohnungsbedarf genutzt, so wäre ein Ausschluss oder die Herabsetzung der Vergütung unter das Mindestmaß rechtens. Auch hier wird deutlich, welche Gewichtung der dinglichen Zweckvereinbarung zukommt.

27 - Der Heimfallanspruch verjährt in sechs Monaten von dem Zeitpunkt an, an dem der Grundstückseigentümer von dem Vorhandensein der Voraussetzungen Kenntnis erlangt und ohne Rücksicht auf diese Kenntnis binnen zwei Jahren vom Eintreten der Voraussetzungen an.

Die Heimfallgründe regelt das Gesetz nicht, daher ist die Ausgestaltung des Heimfallrechtes den Vertragsparteien überlassen. Es kann nahezu jede Vereinbarung dadurch gesichert werden, dass man an ihre Nichtbefolgung den Heimfall knüpft. Schranken ergeben sich nur bei gesetzlichen Verboten und bei Verstößen gegen die guten Sitten.

28 Als Heimfallgründe sollten z. B. vereinbart werden:
Verstöße gegen
- die Verpflichtung, dass ein Erbbaurechtserwerber in alle schuldrechtlichen Bedingungen des Erbbaurechtsvertrages eintritt,
- Vereinbarungen über die Errichtung, die Instandhaltung und Verwendung des Bauwerks sowie über die Versicherung des Bauwerks,
- Wiederaufbau im Falle der Zerstörung,
- Tragung der öffentlichen und privatrechtlichen Lasten und Abgaben.
Außerdem:
- Insolvenz des Erbbauberechtigten,

---

8 Der Bodenwertanteil des Erbbaurechts entspricht dem wirtschaftlichen Vorteil, den der Erbbauberechtigte ggf. dadurch erlangt, dass er entsprechend den Regelungen des Erbbaurechtsvertrages über die Restlaufzeit des Erbbaurechts nicht den vollen Bodenwertverzinsungsbetrag leisten muss. Der Bodenwertanteil des Erbbaurechtes ergibt sich aus der Differenz zwischen dem erzielbaren Erbbauzins und dem am Wertermittlungsstichtag angemessenen Verzinsungsbetrag des Bodenwertes des unbelasteten Grundstücks. Dieser Vorteil erwächst dem Erbbauberechtigten dadurch, dass die Bodenwertsteigerungen in der Regel größer sind als die Steigerung des wertgesicherten Erbbauzinses.

- Zwangsversteigerung oder Zwangsverwaltung des Erbbaurechtes,
- Verzug mit der Erbbauzinszahlung: der Heimfall kann jedoch aus diesem Heimfallgrund nur geltend gemacht werden, wenn der Erbbauberechtigte mit mindestens zwei Jahresbeträgen im Rückstand ist,
- Belastung des Erbbaurechtes mit dinglichen Rechten oder Vornahme anderer Rechtsgeschäfte, die nicht von der Zustimmung des Grundstückseigentümers gemäß §§ 5 und 6 ErbbauRG abhängig gemacht werden können. Hier sind beispielhaft zu nennen: Nießbrauchrecht, Wohnungsrechte, Dienstbarkeiten, Aufteilung des Erbbaurechtes in Wohnungs- und Teilerbbaurechte.

Es liegt in der Hand des Grundstückseigentümers, das Heimfallrecht als schärfstes Mittel gegen Vertragsverstöße einzusetzen. In Ausnahmefällen kann aber die Ausübung des Heimfallrechtes nach den Grundsätzen von Treu und Glauben rechtsmissbräuchlich und somit unzulässig sein. Dies ist der Fall, wenn ein verhältnismäßig geringer Pflichtverstoß mit dem Heimfallanspruch geahndet würde.

2.8. Vorkaufsrecht (§§ 463 ff. BGB)

29

In der Praxis werden im Erbbaurechtsvertrag häufig wechselseitige Vorkaufsrechte für den jeweiligen Grundstückseigentümer und für den jeweiligen Erbbauberechtigten vereinbart und jeweils durch Grundbucheintragung gesichert. Die Vorkaufsrechte eröffnen den Berechtigten die Möglichkeit, bei einem etwaigen Verkauf selbst in den mit dem Dritten abgeschlossenen Kaufvertrag einzusteigen. Die Ausübung des Vorkaufsrechtes setzt also von der Begrifflichkeit her einen rechtswirksamen Kaufvertrag voraus. Handelt es sich bei dem Rechtsgeschäft nicht um einen Kaufvertrag, so ist auch die Ausübung des Vorkaufsrechtes ausgeschlossen. Das ist z. B. bei Übertragungsverträgen, Schenkungsverträgen oder gemischten Übertragungsverträgen der Fall.

Die Ausübung des Vorkaufsrechtes erfolgt durch Erklärung des Vorkaufsberechtigten gegenüber dem Verpflichteten (also dem Verkäufer!). Aus Beweisgründen sollte mindestens Schriftform eingehalten werden. Eine Zustellung durch Postzustellungsurkunde oder durch Einschreibebrief ist empfehlenswert.

Die Ausübungsfrist beträgt zwei Monate nach Erhalt der Mitteilung des Inhaltes des rechtswirksam abgeschlossenen Kaufvertrages. Sofern zur Wirksamkeit des Vertrages behördliche oder private Genehmigungen erforderlich sind, ist dem Vorkaufsberechtigten schriftlich zu bestätigen, dass alle erforderlichen Genehmigungen rechtswirksam erteilt sind. Auf die Vorlage der Genehmigungen kommt es hingegen nicht an.

Mit Ausübung des Vorkaufsrechtes kommt kraft Gesetzes ein Kaufvertrag zwischen dem (Erbbaurechts-)Verkäufer und dem Vorkaufsberechtigten zu den Bedingungen des ursprünglichen, mit dem Dritten geschlossenen Kaufvertrages zustande. Rechtlich handelt es sich um einen weiteren Kaufvertrag und nicht um den Eintritt des Vorkaufsberechtigten in den bestehenden Kaufvertrag. Der Vorkaufsberechtigte hat neben den Kosten des neuen Vertrages auch die Kosten des mit dem Dritten geschlossenen Kaufvertrages zu zahlen. Ob hierzu auch evtl. Maklerkosten gehören, hängt von der Ausgestaltung des mit dem Dritten geschlossenen Vertrages ab.

Die Ausübung des Vorkaufsrechtes durch eine katholische Kirchengemeinde oder einen katholischen Gemeindeverband bedarf der Genehmigung der kirchlichen Aufsichtsbehörde. Wird die Ausübung des Vorkaufsrechtes erwogen, so ist im Hinblick auf die kurze Erklärungsfrist (2 Monate) schnelles Handeln angezeigt. Die »innerkirchliche Prüfung« des Vorganges verlängert die Erklärungsfrist nicht.

3. Der Erbbauzins – Absicherung und Wertsicherung

30 Für die Bestellung eines Erbbaurechtes kann eine Gegenleistung vereinbart werden, die als wiederkehrende Leistungen und/oder als einmalige Leistung ausgestaltet werden kann. Einmalige Leistungen sind beispielsweise die Erstattung von bereits gezahlten Erschließungsbeiträgen oder der Kaufpreis für auf dem Grundstück bei der Erbbaurechtsbestellung bereits vorhandene Gebäude.
Die Höhe des Erbbauzinses können die Vertragspartner frei vereinbaren.
Wird für die Bestellung des Erbbaurechts ein Entgelt in wiederkehrenden Leistungen (Erbbauzins) vereinbart, so finden die Vorschriften des Bürgerlichen Gesetzbuchs über die Reallasten (§§ 1105 ff. BGB) entsprechende Anwendung (§ 9 Abs. 1 Satz 1 ErbbauRG). Hieraus folgt, dass der Erbbauzins **nur Belastung des Erbbaurechtes und nicht dinglicher Inhalt des Erbbaurechtes** sein kann. Daher muss der Erbbauzins durch **Eintragung der Erbbauzinsreallast in das Grundbuch** gesondert abgesichert werden.

3.1. Erbbauzinsreallast

31 Der dingliche Erbbauzins ist eine Sonderform der Reallast. § 9 ErbbauRG unterstellt die Erbbauzinsreallast den allgemeinen Bestimmungen über die Reallast gemäß §§ 1105 ff. BGB, mit der Besonderheit, dass die Erbbauzinsreallast nur zu Gunsten **des jeweiligen Grundstückseigentümers** eingetragen werden kann. Man spricht von einem subjektiv-dinglichen Recht. Solange der Erbbauzins nicht fällig ist, kann er nicht vom Eigentum am Grundstück getrennt werden.
Die Reallast hat eine Doppelnatur: Unterschieden werden das **Stammrecht** (Hauptanspruch) und die **aus dem Stammrecht fließenden Einzelleistungen**. Beide Ansprüche bilden das dingliche Recht »Reallast«. Die dingliche Haftung für das Recht im Ganzen (Stammrecht oder Hauptanspruch) begründet einen Anspruch auf Wertersatz (Stichwort: Kapitalisierung) in der Zwangsversteigerung. Die Einzelleistungen (die immer wiederkehrenden Erbbauzinsen) geben Anspruch auf Vollstreckung in das Erbbaurecht zur Befriedigung des Gläubigers (Grundstückseigentümers) und begründen eine persönliche Haftung des Erbbauberechtigten.

3.2. Wertsicherung

32 Wegen der langen Laufzeit der Erbbaurechtsverträge ist es aus wirtschaftlicher Sicht unabdingbar, den Erbbauzins gegen das Inflationsrisiko durch eine Wertsicherungsvereinbarung zu schützen.
Bis zum Jahre 1994 musste der dingliche Erbbauzins gemäß § 9 ErbbauVO a.F[9] **nach Zeit und Umfang** von Anfang an bestimmt sein. Daneben bestand die Möglichkeit, **schuldrechtlich** die Anpassung des Erbbauzinses an einen Wertmesser (Index) zu koppeln. Das Gesetz ließ die dingliche Absicherung des Anpassungsanspruches nur durch Eintragung einer separaten Vormerkung gemäß § 883 BGB, aber nicht als Inhalt des dinglichen Erbbauzinses zu. Schrittweise öffnete der Gesetzgeber den Weg, die Anpassung des Erbbauzinses an geänderte Verhältnisse mit dinglicher Wirkung (als Inhalt der Erbbauzinsreallast) zu vereinbaren: Das geschah zunächst mit Inkrafttreten des Sachenrechtsbereinigungsgesetzes am 01.10.1994, durch Einfügung folgenden Satzes in § 9 Abs. 2 Satz 2 ErbbauVO a. F.:
»Inhalt des Erbbauzinses kann auch eine Verpflichtung zu seiner Anpassung an veränderte Verhältnisse sein, wenn die Anpassung nach Zeit und Wertmaßstab bestimmbar ist.«

---

9 Die bisherige Erbbaurechtsverordnung (ErbbauVO) ist - inhaltlich unverändert -
mit Wirkung vom 30.11.2007 in Erbbaurechtsgesetz umbenannt worden.

Wegen Unklarheiten im Gesetz wurden mit Wirkung zum 16.06.1998 gleichzeitig die Vorschriften über die Reallast (§ 1105 Abs. 1 Satz 2 BGB und § 9 ErbbVO) geändert. Diese Gesetzesänderung öffnete nunmehr unmissverständlich den Weg, bestimmte Wertsicherungsklauseln **als Inhalt** der Erbbauzinsreallast zu vereinbaren und somit zu verdinglichen. Die einengende Vorschrift, den Erbbauzins von Anfang an der Zeit und Höhe nach festzulegen, ist entfallen. Stattdessen kann als Inhalt der Reallast auch vereinbart werden, dass sich die zu entrichtenden Leistungen ohne Weiteres an veränderte Verhältnisse anpassen, wenn anhand der in der Vereinbarung festgelegten Voraussetzungen Art und Umfang der Belastung des Grundstücks (Erbbaurechtes) bestimmt werden können. **Diese Voraussetzungen erfüllen Gleitklauseln, die z. B. an den Verbraucherpreisindex (VPI) anknüpfen.**

Schranken der Vereinbarung von Wertsicherungsklauseln bilden die Vorschriften des § 9a ErbbauRG und das am 14. 09. 2007 in Kraft getretene Preisklauselgesetz.

Rückstände auf Erbbauzinsen verjähren nach 3 Jahren. Der Fristlauf beginnt mit dem Jahresende, in dem der Anspruch entstanden ist (§§ 194, 195, 902 Abs. 1 S. 2 BGB). Auf dingliche Erbbauzinsen dürfen wegen des Zinseszinsverbotes keine Verzugszinsen erhoben werden. Das gilt jedoch nicht für den nur mit schuldrechtlicher Wirkung vereinbarten Erbbauzins. *33*

4. Erbbauzinsanpassung

Ein Anspruch auf Anpassung des Erbbauzinses besteht grundsätzlich nur dann, wenn *34*
- mit dem Erbbauberechtigten eine wie auch immer ausgestaltete Wertsicherungsvereinbarung im Erbbaurechtsvertrag getroffen wurde, oder
- sich der Anspruch aus der Vorschrift des § 313 BGB (Wegfall der Geschäftsgrundlage)[10] ableiten lässt.

In der Erbbaurechtsverwaltung ist daher zunächst eine Unterscheidung von Erbbaurechtsverträgen mit und ohne Wertsicherungsvereinbarung vorzunehmen.

4.1. Verträge mit Wertsicherungsklauseln
Da es eine Vielzahl verschiedener Wertsicherungsvereinbarungen gibt, ist die differenzierte Kenntnis der rechtlichen und wirtschaftlichen Auswirkungen der einzelnen Klauseln unerlässlich.

4.1.1. Unterscheidung der Wertsicherungsklauseln
Folgende Wertsicherungsklauseln sind zu unterscheiden:
- Gleitklauseln,
- Automatikklauseln (automatische Gleitklauseln),
- Leistungsvorbehaltsklauseln,
- Spannungsklauseln.

---

10 Seit dem 1.1.2002 ist »Störung der Geschäftsgrundlage« in § 313 BGB wie folgt geregelt:
(1) Haben sich Umstände, die zur Grundlage des Vertrags geworden sind, nach Vertragsschluss schwerwiegend verändert und hätten die Parteien den Vertrag nicht oder mit anderem Inhalt geschlossen, wenn sie diese Veränderung vorausgesehen hätten, so kann Anpassung des Vertrags verlangt werden, soweit einem Teil unter Berücksichtigung aller Umstände des Einzelfalls, insbesondere der vertraglichen oder gesetzlichen Risikoverteilung, das Festhalten am unveränderten Vertrag nicht zugemutet werden kann. (2), (3) p. p. [Zum Begriff »schwerwiegend« im Zusammenhang mit Erbbauzinsanpassungen bei Verträgen ohne Wertsicherungsklausel siehe Kapitel 4.2.].

35 Eine **Gleitklausel** liegt vor, wenn die Anpassungsvereinbarung bei der Neufestsetzung des Erbbauzinses keinen Ermessens- oder Verhandlungsspielraum zulässt. Anhand der vertraglich vereinbarten Vergleichsgröße lässt sich die Veränderung des Erbbauzinses eindeutig berechnen. Bei der »einfachen Gleitklausel« wird die Änderung des Erbbauzinses erst wirksam, wenn eine Partei die Änderung verlangt. Allein das Ausmaß der Änderung ist durch die vertraglich festgelegten Parameter bestimmt.

36 Eine **Automatikklausel** (oder automatische Gleitklausel) liegt vor, wenn die Gleitklausel zudem in der Weise ausgestaltet ist, dass die Änderung des Erbbauzinses wirksam wird, ohne dass eine Vertragsseite die Änderung verlangt. Diese Art der Klausel wird vorherrschend in modernen Erbbaurechtsverträgen verwendet.

37 Eine **Leistungsvorbehaltsklausel** liegt vor, wenn sich die Änderung der Bezugsgröße nur mittelbar auf die Geldschuld auswirkt. Die Änderung der Bezugsgröße ist nur Anlass oder Voraussetzung für die Änderung der Leistung. Das Ausmaß der Anpassung muss dann zwischen den Vertragspartnern neu verhandelt und vereinbart werden. Voraussetzung für den Leistungsvorbehalt ist ein gewisser Ermessens- und Verhandlungsspielraum. Es genügt, wenn sich dieser Spielraum auf das Ausmaß der Änderung oder auf deren Voraussetzungen bezieht.

38 Von einer **Spannungsklausel** wird gesprochen, wenn die gewählte Bezugsgröße mit der Gegenleistung gleichartig oder vergleichbar ist. Das ist z. B. der Fall, wenn vereinbart wird, dass sich der Erbbauzins in dem Verhältnis verändern soll, wie sich die Miete des vom Erbbauberechtigten vermieteten Wohnhauses verändert. Es handelt sich hingegen nicht um eine Spannungsklausel, wenn als Anknüpfungspunkt die Grundstückswertentwicklung vereinbart wäre.

In jüngeren Erbbaurechtsverträgen finden wir vorherrschend Gleitklauseln mit Automatikfunktion, in älteren Erbbaurechtsverträgen wurde häufiger die Leistungsvorbehaltsklausel verwendet. Die Spannungsklausel kommt in Erbbaurechtsverträgen der kirchlichen Rechtsträger eher selten vor. Begrifflich wird die Spannungsklausel häufig mit der in älteren Erbbaurechtsverträgen vorherrschenden Leistungsvorbehaltsklausel verwechselt.

Alle Wertsicherungsklauseln haben die Gemeinsamkeit, dass methodisch zwischen den Voraussetzungen, die den Anspruch auf Anpassung auslösen, und dem Maßstab der Anpassung zu unterscheiden ist.

4.1.2. Genehmigungspflicht von Wertsicherungsklauseln

39 Der Vereinbarung von Wertsicherungsklauseln waren früher vielfach dadurch Grenzen gesetzt, dass ihre Vereinbarung einer staatlichen Genehmigung bedurfte. Genehmigungsfrei waren in der Regel Leistungsvorbehaltsklauseln und Spannungsklauseln. Gleitklauseln, die bis zum Inkrafttreten des Preisklauselgesetzes am 14.09.2007 vereinbart wurden, bedurften zur Wirksamkeit der staatlichen Genehmigung. Zuständig für die Genehmigungserteilung waren die Landeszentralbanken, später das Bundesamt für Wirtschaft und Ausfuhrkontrolle.

Seit dem 14.09.2007 sind nach § 4 des Preisklauselgesetzes (PreisklauselG) Wertsicherungsklauseln (Preisklauseln) in Erbbaurechtsbestellungsverträgen und Erbbauzinsreallasten mit einer Laufzeit von mindestens 30 Jahren zulässig und genehmigungsfrei.

Wird festgestellt, dass eine vor Inkrafttreten des Preisklauselgesetzes vereinbarte Gleitklausel nicht genehmigt wurde, ist anhand der gesetzlichen Übergangsregelungen zu prüfen, ob die Wertsicherungsklausel wirksam ist. Die Wirksamkeit der Gleitklausel ist Voraussetzung für die Zulässigkeit der Erbbauzinsanpassung.

Nach der Übergangsvorschrift (§ 9 PreisklauselG) gilt das Genehmigungserfordernis noch, soweit die Genehmigung bis zur Verkündung des neuen Gesetzes beantragt wurde. Ist für eine Wertsicherungsklausel bis dahin kein Genehmigungsantrag gestellt, gilt das neue

Preisklauselgesetz, auch wenn die Klausel noch während der Geltung der alten Vorschriften vereinbart wurde. Alle bisher genehmigten Wertsicherungsklauseln bleiben wirksam.

4.1.3. Überleitung bisheriger Indices auf den Verbraucherpreisindex (VPI)

Das Statistische Bundesamt hat mit Wirkung zum 01.01.2003 bis dahin gebräuchliche Indices, die an die Lebenshaltung der verschiedensten Haushaltstypen anknüpfen, eingestellt. Die speziellen Haushaltstypen konnten die aktuellen Bevölkerungsstrukturen nicht mehr zutreffend abbilden. Außerdem haben sich die Ergebnisse im längerfristigen Vergleich kaum noch unterschieden. Fortgeführt wurde der Preisindex für die Lebenshaltung aller privaten Haushalte in Deutschland, der Ende 2002 ohne inhaltliche Änderung in den Verbraucherpreisindex für Deutschland - kurz VPI - umbenannt wurde. Gleichzeitig mit dieser Umstellung wurde die neue Basis (Basisjahr) 2000 = 100 eingeführt.

Sofort stellte sich die Frage, ob Wertsicherungsvereinbarungen, die sich auf nicht mehr fortgeführte Indices beziehen, automatisch auf den Verbraucherpreisindex als »Nachfolgeindex« übergeleitet werden dürfen. Schließlich gab und gibt es keine gesetzlichen Überleitungsvorschriften. Inzwischen hat sich in der Fachliteratur die Meinung durchgesetzt, dass die entfallenen Indices durch den VPI ersetzt werden können. Viele Gründe sprechen dafür. Durch die Vereinbarung einer Wertsicherungsklausel wollten die Vertragsparteien die automatische Anpassung des Erbbauzinses an die Veränderung der Lebenshaltungskosten koppeln. Es wäre lebensfremd anzunehmen, die Beteiligten hätten sich für einen Wegfall dieser Regelung entschieden, wenn sie bei Vertragsabschluss bedacht hätten, dass der vereinbarte Wertmesser später durch einen anderen, gleichartigen ersetzt würde. Genau das Gegenteil ist anzunehmen.

Der Übergang auf den VPI hat, wie das Statistische Bundesamt in seiner Allgemeinen Information zu diesem Thema im Februar 2003 klarstellte, nur geringe Auswirkungen. Nach Darstellung des Statistischen Bundesamtes sind die Verläufe der verschiedenen Preisindices in den letzten 20 Jahren fast identisch. So hat sich nach deren Berechnungen beispielsweise der Preisindex für die Lebenshaltung aller privaten Haushalte von 1982 bis 2002 um 49,3% und der Preisindex von 4-Personen-Haushalten mit mittlerem Einkommen um 48,8% verändert. Damit beträgt die jährliche Abweichung durchschnittlich nur 0,03%. Nicht zuletzt deshalb wird in der Literatur die Auffassung vertreten, eine Vertragsänderung sei nicht erforderlich.

Eine Umstellung der Wertsicherungsklausel, die in die Veränderung des Schwellenwertes (Punkte- oder Prozentregelung) eingreift oder diesen gänzlich entfallen lässt, ist nur einvernehmlich im Wege der Vertragsänderung zu erreichen.

4.1.4. Punkteregelungen, Prozentregelungen, Umbasierung, Schwellenwerte

Der Schwankungsbereich einer Wertsicherungsklausel kann entweder in Prozent oder in Punkten (Indexpunkten) angegeben werden.

Die in Prozent berechnete Indexentwicklung von einem Zeitpunkt zum anderen ist unabhängig von der Wahl des Basisjahres.

Eine Indexentwicklung lässt sich aber auch nach Punkten als Differenz zwischen dem alten und dem neuen Indexstand berechnen. **Das Ergebnis unterscheidet sich je nach Wahl des Basisjahres, da der in Punkten gewählte Schwellenwert in direkter Abhängigkeit zur gewählten Basis steht.** Hierzu führt das Statische Bundesamt in seinem Merkblatt April 2008 folgendes aus:

>»Steht in einer Wertsicherungsklausel ein zu erreichender Wert in Punkten (beziehungsweise Prozentpunkten), muss zusätzlich ein Basisjahr mit angegeben sein. Das Basisjahr ist das Bezugsjahr des Preisindex, für das bei diesem Preisindex das Preisniveau auf 100 gesetzt wurde. Das im Vertrag angegebene Basisjahr beeinflusst das Berechnungsergebnis ent-

40

41

scheidend. Es ist zum Beispiel ein großer Unterschied, ob eine Zahlung nach Veränderung um 10 Punkte für einen Preisindex auf Basis 1962=100 oder auf Basis 1985=100 erfolgen soll. Das Problem besteht darin, dass der Verbraucherpreisindex alle fünf Jahre überarbeitet und auf ein neues Preisbasisjahr umgestellt wird und nach der Umbasierung die Daten auf der alten Basis nicht mehr zur Verfügung stehen. Die Vertragspartner müssen nun entweder die zu erreichende Punkteveränderung auf das aktuelle Basisjahr oder die Indexstände des aktuellen Basisjahres auf das ursprünglich vereinbarte Basisjahr umrechnen. Erst danach kann geprüft werden, ob die geforderte Punkteveränderung erreicht und damit eine Anpassung fällig ist. Darüber hinaus muss bei der Punkteregelung im zweiten Schritt die Veränderung in Prozent ermittelt werden, damit die konkrete Erhöhung des zu zahlenden Geldbetrages bestimmt werden kann. Damit sind mehrere Rechenschritte nötig, bis die zu ermittelnde Punktezahl und die dazugehörige Prozentzahl, mit welcher der Geldbetrag dann tatsächlich anzupassen ist, vorliegen. Häufig müssen diese Berechnungsschritte mehrfach durchgeführt werden, da von Zeit zu Zeit geprüft wird, ob eine Anpassung bereits erfolgen kann.«

Die Notwendigkeit der Umrechnung verdeutlicht das folgende Beispiel[11]:

Beispiel: „Erhöht oder ermäßigt sich der Preisindex für die Lebenshaltung aller privaten Haushalte für das frühere Bundesgebiet, Basisjahr 1962, um mehr als 10 Punkte, so kann der Betrag entsprechend angepasst werden". Die letzte Anpassung bezog sich auf den Indexstand Januar 1992.

	1962 = 100	1985 = 100
Januar 1992	274,9	113,1
Januar 1993	287,1	118,1
Veränderung in Punkten	287,1 – 274,9 = 12,2	118,1 – 113,1 = 5
Veränderung in Prozent	287,1/274,9 • 100-100 = 4,4	118,1/113,1 • 100-100 = 4,4

Das Ergebnis in Punkten hängt vom Basisjahr ab, der prozentuale Unterschied ist jedoch bei beiden Basisjahren gleich. Zudem zeigt sich, dass beim Basisjahr 1985 = 100 die Punktedifferenz, die sich zwischen den identischen Zeitpunkten ergibt, geringer ist als beim älteren Basisjahr.

Die zur Umbasierung erforderlichen Umbasierungsfaktoren hat das Statistische Bundesamt bis Februar 2003 veröffentlicht. Mit Umstellung auf die Basis 2000=100 wurde die Berechnung und Veröffentlichung der Umbasierungsfaktoren mit der Begründung eingestellt, dass aus statistischer Sicht die bei Punkteregelungen bestehenden Nachteile die Unterstützung dieser Form von Wertsicherungsklauseln nicht mehr vertretbar machten. Dieser Schritt des Statistischen Bundesamtes ist in vielfacher Hinsicht zu bedauern: Altverträge lassen sich nur einvernehmlich im Wege der Vertragsänderung von einer Punkte- auf eine Prozentregelung umstellen. Die Umrechnung auf die vereinbarten (früheren) Basis-

---

11 Beispiel aus dem Merkblatt für Nutzer von Punkteregelungen in Wertsicherungsklauseln April 2008; © Statistisches Bundesamt, Wiesbaden.

jahre ist dadurch nicht entbehrlich geworden. Durch das Fehlen der Umbasierungsfaktoren ist für alle Beteiligten ein erheblicher Mehraufwand zur Berechnung erforderlich.
Für die Handhabung einer Wertsicherungsklausel ist die Klärung der Frage notwendig, *42*
welche Indexveränderungen zu einer Veränderung des wertgesicherten Betrages führen
sollen. Grundsätzlich sind zwei Berechnungsmöglichkeiten zu unterscheiden: Einerseits
die laufende, z. B. monatliche Anpassung des Betrages an den Index, andererseits die Neufestsetzung des Betrages nach Überschreiten einer bestimmten oder prozentualen Min-
destgrenze. Dieser Grenzwert wird Schwellenwert genannt.
Dient das aufgrund des Erbbaurechtes errichtete Bauwerk Wohnzwecken, sind derart kurze *43*
Anpassungszyklen nicht erlaubt. § 9a ErbbauRG lässt eine Erbbauzinsanpassung frühestens nach Ablauf einer Dreijahresfrist nach Festsetzung bzw. der letzten Anpassung zu.
Wird der Schwankungsbereich in Indexpunkten (und nicht in Prozent) angegeben, so muss *44*
bedacht werden, dass bei steigenden Indexzahlen der (Gegen-)Wert von beispielsweise 10
Indexpunkten umso rascher sinkt, je höher die Indexreihe punktemäßig verläuft.

Beispiel:
Zur Verdeutlichung betrachten wir den Indexverlauf des VPI mit dem Basisjahr bzw. der
Basis 2005=100.
Für den Monat Januar 1991 ist der Index mit 74,2 Punkten ausgewiesen. Tritt eine Anpassung nach oben ein, sobald ein Schwellenwert von 10 Punkten erreicht ist, erfolgt demnach
eine Anpassung, wenn der Index auf 84,2 Punkte gestiegen ist. Der Schwellenwert von 10
Punkten überschritt im Monat Januar 1994 den Index von 84,5 Punkten. Die Veränderung
beträgt 10,3 Punkte, Die prozentuale Veränderung - bezogen auf den Ausgangswert von
74,2 P - beträgt 13,88%.

Das ausgewählte Beispiel lässt die nächste Anpassung frühestens nach Erreichen von erneut 10 Indexpunkten, also bei 94,5 Punkten zu. Von 84,5 Punkten zu 94,5 Punkten beträgt
der prozentuale Abstand jedoch nur noch 11,83%. Der Gegenwert von 10 Punkten beträgt
somit nur noch 11,83%.
Betrachten wir noch den Indexverlauf ab Dezember 2002. Für den Monat Dezember 2002
beträgt der Index 96,4 Punkte. Der Schwellenwert von 10 Punkten ist erreicht, wenn der
Index von mindestens 106,4 Punkten erreicht ist. Um diese Steigerung zu erreichen genügt
eine Veränderung von nur noch 10,37%.
Der Unterschied zwischen Prozent- und Punkteregelung wird durch die bei einer Punkteregelung notwendige Umbasierung der Basisjahre deutlich: Mit jeder Umstellung des Basisjahres wird der Abstand bis zur nächst möglichen Erbbauzinsanpassung kürzer, weil die
auf das aktuelle Basisjahr umbasierte (umgerechnete) Punktezahl geringer wird. Der kriti-
sche Anpassungszeitpunkt wird bei fortschreitender Vertragslaufzeit in immer kürzeren
Abständen erreicht. Dafür fällt gegenüber der Prozentregelung der Anpassungsumfang
geringer aus. Ein in Punkten ausgedrückter Schwellenwert mit einem »alten« Basisjahr verliert mit zunehmender Vertragslaufzeit die von den Vertragsparteien beabsichtigte Funktion, die Anpassung des Erbbauzinses erst dann zuzulassen, wenn eine größere Indexab-
weichung erreicht wird. Da jede der beiden Regelungen für die eine oder die andere
Vertragspartei Nachteile in sich birgt, scheint es am sinnvollsten und gerechtesten zu sein,
für eine Erbbauzinsanpassung lediglich feste Anpassungstermine festzulegen und auf
weitere Anpassungenschwellen zu verzichten.

4.1.5. Beschränkung des Anpassungsanspruches – Billigkeitsprüfung

45 Der Gesetzgeber hat mit dem am 23.01.1974 in Kraft gesetzten § 9a ErbbauVO - heute ErbbauRG - den sozial unerwünschten Auswüchsen bei Erbbauzinserhöhungen, die z .B. bei Koppelung des Erbbauzinses an die Veränderung der Grundstückswerte anzutreffen waren, ein Ende gesetzt. Dies gilt jedenfalls für Erbbaurechte, aufgrund derer zu Wohnzwecken dienende Gebäude errichtet werden.

Bei der Beurteilung der Frage, ob die Vorschrift des § 9a ErbbauRG greift, kommt es nicht auf die tatsächliche Verwendung des Erbbaurechtes an. Ausschlaggebend ist die vertraglich vereinbarte Nutzungsmöglichkeit (Zweckbestimmung des Erbbaurechtes).

Bei gemischt genutzten Gebäuden betrifft die Vorschrift nur den zu Wohnzwecken genutzten Teil und den darauf entfallenden anteiligen Erbbauzins.

46 Die Vorschrift des § 9a ErbbauRG findet **keine** Anwendung,

- wenn der Erbbauzins nach § 9 ErbbauVO a.F. oder § 9 ErbbauRG in differenzierter Höhe bei Vergabe des Erbbaurechtes für die gesamte Laufzeit fest bestimmt ist (z. B. Staffelerbbauzins),
- bei einer späteren, für den Einzelfall frei verhandelten Erbbauzinserhöhung,
- bei Erbbaurechten, aufgrund derer das darauf errichtete Bauwerk nicht Wohnzwecken dient, d. h. nicht zum kurzfristigen Wohngebrauch bestimmt ist. Nebenanlagen, die im Zusammenhang mit Wohngebäuden stehen, beispielsweise Garagen, Schuppen, Schwimmbecken, Sauna etc. sind in den Anwendungsbereich des § 9a ErbbauRG mit einzubeziehen. Gleichgültig ist, ob das Gebäude vom Erbbauberechtigten selbst oder von Dritten bewohnt wird, oder ob es im sozialen Wohnungsbau errichtet ist. Auf gewerbliche oder öffentlich genutzte Bauwerke (Hotel, Schule, Kindergarten, Sportanlagen etc.) findet § 9a ErbbauRG keine Anwendung.

Die Anwendung des § 9a ErbbauRG setzt im Übrigen (irgend)eine (wirksame) Wertsicherungsklausel voraus. Auf Art und Inhalt der Wertsicherungsklausel kommt es hingegen nicht an.

Nach § 9a ErbbauRG begründet eine Anpassungsvereinbarung einen Anspruch auf Erhöhung des Erbbauzinses nur dann, wenn dies unter Berücksichtigung aller Umstände des Einzelfalles **nicht unbillig** ist. Billig im Sinne des Gesetzes ist eine Forderung dann, wenn sie unter Berücksichtigung sämtlicher Umstände angemessen, sachlich begründet und persönlich zumutbar scheint. Nach dem Gesetzeswortlaut ist ein Erhöhungsanspruch regelmäßig als unbillig anzusehen, wenn und soweit die nach der vereinbarten Bemessungsgrundlage zu errechnende Erhöhung über die **seit Vertragsabschluss eingetretene Änderung der allgemeinen wirtschaftlichen Verhältnisse** hinausgeht. Unter Vertragsabschluss ist aber nicht unbedingt der ursprüngliche Erbbaurechtsvertrag zu verstehen. Gemeint ist vielmehr die letzte vertragliche Vereinbarung über die Möglichkeit der Erbbauzinsanpassung (z. B. Eintragung eines erhöhten Erbbauzinses). Auf die letzte durchgeführte Erbbauzinsanpassung ist nicht abzustellen. Änderungen der Grundstückswertverhältnisse bleiben in der Regel außer Betracht.

47 Der Begriff »allgemeine wirtschaftliche Verhältnisse« ist gesetzlich nicht definiert. Der Bundesgerichtshof hat entschieden, dass bei der Billigkeitsprüfung sowohl die Entwicklung der Lebenshaltungskosten wie auch die der Einkommensverhältnisse zu berücksichtigen sind.

Das Maß der Veränderung der allgemeinen wirtschaftlichen Verhältnisse berechnet sich nach folgender Formel:

Lebenshaltungskostenanstieg	Einkommensanstieg	48
(4 Personen-Arbeitnehmerhaushalt mit mittlerem Einkommen; jetzt VPI) +	(Verdienste und Arbeitskkosten Verdienstindizes für Erbbauzinsberechnungen)	

(geteilt durch) **2**

Das Statistische Bundesamt hat mit Wirkung zum ersten Quartal 2007 die Indices »der durchschnittlichen Bruttomonatsverdienste der Arbeiter im Produzierenden Gewerbe im früheren Bundesgebiet und der Angestellten im Produzierenden Gewerbe, Handel, Instandhaltung und Reparatur von Kraftfahrzeugen und Gebrauchsgütern, Kredit- und Versicherungsgewerbe im früheren Bundesgebiet«, die maßgeblich für die Berechnung des Einkommensanstieges herangezogen wurden, eingestellt und zu einer Reihe zusammengefügt. Der Index hat die Bezeichnung »Verdienste und Arbeitskosten Verdienstindizes für Erbbauzinsberechnungen«. Derzeit ist das Basisjahr 2010=100 veröffentlicht.
Um festzustellen, ob die entsprechend der vertraglich vereinbarten Wertsicherungsklausel berechnete Erbbauzinserhöhung nicht gegen die Vorschrift des § 9a ErbbauRG verstößt und damit »unbillig« im Sinne des Gesetzes ist, sind folgende Vergleichsberechnungen erforderlich:

1. Die Berechnung der Erbbauzinsanpassung auf der vertraglichen Grundlage (Index gemäß der Wertsicherungsklausel).
2. Die Berechnung des nach der vorstehenden Formel höchstens zulässigen Erbbauzinsanstieges.

Merke: Die Billigkeitsprüfung kann nie zu einem größeren Anpassungsbetrag führen, als es die vertraglich vereinbarte Wertsicherungsklausel zulässt.

Dem § 9a ErbbauRG kommt nicht der Zweck zu, eine gegen die Vorschrift »verstoßende« Wertsicherungsklausel unwirksam werden zu lassen, was im Zweifel ja auch die Unwirksamkeit des gesamten Erbbaurechtsvertrages zur Folge haben könnte (§ 139 BGB). Die Vorschrift des § 9a ErbbauRG bildet lediglich eine **gesetzlich zwingende Kappungsgrenze** des Erhöhungsanspruchs.

4.1.6. Anpassung des Erbbauzinses bei vereinbartem Leistungsvorbehalt

Es ist kennzeichnend für Leistungsvorbehaltsklauseln, dass die Bewertungsmaßstäbe, die Grundlage jedes Änderungsverlangens sind, nicht konkret benannt sind. Die Anpassungsgrundlagen werden nur abstrakt vereinbart. Im Gegensatz zur Gleitklausel fehlt es an eindeutigen Kriterien, aufgrund derer das genaue Maß der Anpassung bestimmt werden kann. Vielfach wird formuliert, dass Verhandlungen über die Anpassung des Erbbauzinses verlangt werden können,
- *wenn nach allgemeinen wirtschaftlichen Gesichtspunkten der vereinbarte Erbbauzins nicht mehr als angemessenes Entgelt angesehen werden kann* oder
- *wenn sich die allgemeinen wirtschaftlichen Verhältnisse grundlegend geändert haben,* oder
- *bei grundlegenden Änderungen im Wirtschafts- und Währungsbereich.*
Weiteres wesentliches Merkmal der Leistungsvorbehaltsklausel ist der Verhandlungsspielraum beider Vertragsparteien bei den Verhandlungen über die Neufestsetzung des Erb-

49

bauzinses. Eigentümer und Erbbauberechtigter müssen sich im Verhandlungswege auf der Grundlage der getroffenen Vereinbarungen bzw. der Veränderung der allgemeinen wirtschaftlichen Verhältnisse auf den neuen Erbbauzins verständigen. Ist als Bewertungsmaßstab vereinbart, dass wesentliche, grundlegende oder erhebliche Veränderungen der allgemeinen wirtschaftlichen Verhältnisse eine Erhöhung des Erbbauzinses auslösen, so wird unter Beachtung der BGH-Rechtsprechung mindestens eine Veränderung des Mittelwertes der Änderung der Einkommen der Arbeitnehmer einerseits und der Änderung der Verbraucherpreise andererseits (Mischindex) von mehr als 10% verlangt. (Formel siehe Nr. 4.1.5.)

4.2. Erbbauzinsanpassung bei Fehlen einer Anpassungsklausel

50 Früher haben die Vertragspartner beim Abschluss von Erbbaurechtsbestellungsverträgen die langfristig zu erwartenden Veränderungen der wirtschaftlichen Verhältnisse vielfach nicht beachtet. Jeder muss mit dem normalen Risiko rechnen, dass es bei Verträgen mit einer derart langen Laufzeit zu starken Verwerfungen zwischen Leistung und Gegenleistung kommen kann. Eine Anpassung des Erbbauzinses ist daher allenfalls aus den aus §§ 242 und 313 BGB abgeleiteten Grundsätzen der Leistung nach Treu und Glauben und des Wegfalls der Geschäftsgrundlage möglich. Die Rechtsprechung legt aber wegen des Grundsatzes der Vertragstreue sehr strenge Maßstäbe an. Dies bedeutet, dass Anpassungen nur unter ganz besonderen Umständen in Frage kommen. Die Grundsätze über den Wegfall der Geschäftsgrundlage sind durch das Gesetz zur Modernisierung des Schuldrechts mit dem § 313 BGB eingeführt worden.

Der BGH lässt eine nachträgliche Änderung des vereinbarten Erbbauzinses nur dann zu, wenn es zwischen Leistung und Gegenleistung zu einer schwerwiegenden Gleichgewichtsstörung (Äquivalenzstörung) gekommen ist. Das vertragliche Gleichgewicht muss so erheblich gestört sein, dass die Beibehaltung dieses Zustandes der belasteten Partei nicht mehr zugemutet werden kann. Die Grenze des Zumutbaren (auch »Opfergrenze« genannt) ist nach Ansicht des BGH erreicht, wenn es seit Vertragsabschluss zu einer Steigerung der Lebenshaltungskosten von über 150% gekommen ist, was einem Geldwertschwund bzw. Kaufkraftschwund von etwa drei Fünftel entspricht. Zudem darf der Vertrag nicht erkennen lassen, dass die Vertragsparteien die spätere Entwicklung bereits bei Vertragsschluss vorausgesehen und den Erbbaurechtsvertrag inhaltlich in diese Richtung in irgendeiner Weise ausgestaltet haben.

Das Rechtsinstitut des Wegfalls der Geschäftsgrundlage ist nach Auffassung des BGH streng und zurückhaltend zu handhaben und darf nicht dazu führen, das Risiko im Ergebnis auf die eine oder andere Vertragspartei abzuwälzen und eine praktisch nicht vorhandene Anpassungsvereinbarung in den Erbbaurechtsvertrag hinein zu deuten. Es kann allenfalls zu einer Neubemessung des Erbbauzinses kommen. Ein Anspruch auf Einfügung einer Anpassungsklausel in den Erbbaurechtsvertrag wird nicht begründet.

Bei der Beurteilung, ob eine den Erbbauzinserhöhungsanspruch rechtfertigende Gleichgewichtsverschiebung vorliegt, ist der gesamte Zeitraum seit Abschluss des schuldrechtlichen Erbbaurechtsvertrages zu betrachten, und zwar auch dann, wenn das mit dem Erbbaurecht belastete Grundstück oder das Erbbaurecht selbst veräußert worden ist. Wichtig ist in diesem Zusammenhang, dass die schuldrechtlichen Ansprüche aus dem Erbbaurechtsvertrag auf jeden Erbbaurechtserwerber übergeleitet worden sind. Der Erhöhungsanspruch kann nicht aus der dinglichen Rechtsbeziehung, sondern lediglich aus der schuldrechtlichen Vereinbarung auf Erhöhung des Erbbauzinses hergeleitet werden. Die Überleitung geschieht durch den vertraglichen Eintritt in sämtliche schuldrechtlichen Verpflichtungen gegenüber dem jeweiligen Grundstückseigentümer.

Ist die Opfergrenze überschritten, so muss der Umfang der Erhöhung des Erbbauzinses berechnet werden. Hierzu sind einige, von der Rechtsprechung aufgestellte Regeln zu beachten. Der BGH geht davon aus, dass bei einem Vertrag ohne Wertsicherungsklausel für den Umfang der Anpassung in der Regel die seit Vertragsabschluss eingetretene Steigerung der Lebenshaltungskosten und der Einkommen der Mittelwert aus beiden Komponenten maßgebend ist. Damit knüpft er an die Rechtsprechung zur Billigkeitsproblematik zum § 9 a Abs. 1 Satz ErbbauRG an, wonach eine über die Änderung dieser allgemeinen wirtschaftlichen Verhältnisse nicht hinausgehende Erhöhung regelmäßig der Billigkeit entspricht. Der Gesetzgeber hat den eigentlich sachlich am nächsten liegenden Bezugsmaßstab der Entwicklung des Bodenwerts, nach dessen Höhe sich die Bemessung des Erbbauzinses üblicherweise richtet, in § 9 a ErbbauRG für Wohnzwecke dienende Erbbaurechte ausgeschlossen, damit eine übermäßige, dem steilen Anstieg der Grundstückspreise folgende Anhebung von Erbbauzinsen verhindert wird. Dieser Zweck entfällt aber, wenn die Entwicklung des Bodenwerts hinter dem Anstieg der allgemeinen wirtschaftlichen Verhältnisse zurückbleibt. Dann gibt es keinen triftigen Grund, den Erbbauzins dem Stand der allgemeinen wirtschaftlichen Verhältnisse anzugleichen, wenn sie sich stärker als der Grundstückswert verändert haben und bei Berücksichtigung dieses Werts auch der Kaufkraftverlust abgedeckt ist (BHH-Urteil v. 18.9.1992 - V ZR 116/92).

Für die Praxis der Erbbaurechtsverwaltung bedeutet das, dass folgende Prüfungsschritte zur Anpassung des Erbbauzinses bei Verträgen ohne Wertsicherungsklausel durchzuführen sind:
1. Überprüfung der Frage, ob der Erbbaurechtsvertrag erkennen lässt, ob sich die Vertragspartner bei Vertragsabschluss bewusst gegen eine Wertsicherungsvereinbarung entschieden haben.
   Wenn ja, dann kann eine Anpassung selbst bei Überschreiten der Opfergrenze nicht erfolgen.
   Wenn nein, dann schließen sich die folgenden Schritte an:
2. Überprüfung der Frage, ob die Opfergrenze als Anpassungsvoraussetzung überschritten wurde (konkret: Haben sich die Lebenshaltungskosten seit Vertragsabschluss bzw. seit der letzten Anpassung um mehr als 150% verändert? Abzustellen ist auf die Preisentwicklung im gesamten Zeitraum auf der Basis von Monatsindizes.
   Ist diese Opfergrenze überschritten, ist das Ausmaß der Erbbauzinsanpassung zu berechnen.

3. Die Berechnung der Erbbauzinserhöhung erfolgt in drei Schritten:
   a) Berechnung der Veränderung der allgemeinen wirtschaftlichen Verhältnisse (Mischindexformel wie bei der Berechnung zur Billigkeitsprüfung).
   b) Berechnung der Bodenwertsteigerung unter Beibehaltung des Verhältnisses des Erbbauzinses zum Bodenwert im Zeitpunkt der Erbbaurechtsbestellung.
   c) Heranziehung des Wertes zur Bestimmung der Opfergrenze als Maßstab für den Kaufkraftverlust.
   Die prozentuale Bodenwertveränderung ist für die Bestimmung des neuen Erbbauzinses maßgebend, wenn die Bodenwertveränderung hinter dem Anstieg der allgemeinen wirtschaftlichen Verhältnisse zurückbleibt und der Kaufkraftschwund abgedeckt wird.

Besteht nach den genannten Grundsätzen ein Anspruch auf Erhöhung des Erbbauzinses, so hat der Grundstückseigentümer auch Anspruch auf dingliche Absicherung des Erhöhungsbetrages durch Eintragung als weitere Erbbauzinsreallast.

51 **4.3. Beispielberechnungen zur Erbbauzinsanpassung mit Billigkeitsprüfung**

1. Beispiel: Automatische Gleitklausel, Schwellenwert in Punkten

a) Angaben aus dem Erbbaurechtsvertrag und der Wertsicherungsklausel
Der Erbbaurechtsvertrag wurde am 25.11.1993 mit einem anfänglichen jährlichen Erbbauzins von **300 DM** und nachstehender Wertsicherungsklausel geschlossen:
»Sollte sich der von dem Statistischen Bundesamt für das **Basisjahr 1991=100** festgestellte Lebenshaltungskostenindex für einen Vier-Personen-Arbeitnehmerhaushalt
mit mittlerem Einkommen oder der an seine Stelle tretende Index gegenüber der für
den Monat Dezember 1992 veröffentlichten Monatsindexzahl verändern, so erhöht
oder ermäßigt sich der Erbbauzins in demselben Verhältnis.
Die Erhöhung oder Ermäßigung des Erbbauzinses wird jedoch nur zu dem für den
Monat Dezember eines glatt durch 5 teilbaren Jahres sich ergebenden Prozentsatz für
die folgenden 5 Jahre verbindlich, sofern sich die Indexzahl bis zu diesem Monat min-
destens **10 Punkte** verändert hat.«
Weiter wird in diesem Beispiel unterstellt, dass die letzte Erbbauzinsanpassung mit
Wirkung zum 1.1.2006 erfolgte, der Verbraucherpreisindex für den Monat **Dezember
2005 mit 101,0 Punkten** zugrunde gelegt wurde und der jährliche Erbbauzins nach der
Anpassung **190,20 Euro** beträgt. Für den Monat Dezember 2010 wird der VPI mit 109,6
Punkten festgestellt.
• Bei dem vereinbarten Index handelt es sich um einen weggefallenen Index.
• Die Punkteschwelle »10 Punkte« steht in direktem Bezug zum vereinbarten Basisjahr
Basis 1991=100. Das bedeutet, dass die Anzahl der Punkte von dem Basisjahr 1991=100
auf das aktuelle Basisjahr 2005=100 »umbasiert« werden müssen. Eine ausführliche
Anleitung für die Berechnung von Schwellenwerten und Veränderungsraten stellt
das Statistische Bundesamt im Internet zur Verfügung[12].
• Die Punkteschwelle muss nur erreicht, nicht aber überschritten sein, um die Erbbau-
zinsanpassung auszulösen.

52 b) Prüfung der Anpassungsvoraussetzungen - ist der vereinbarte Schwellenwert erreicht
bzw. überschritten?
Zunächst wird die Anzahl der Punkte des aktuellen Basisjahres 2005=100 ermittelt, die
den vereinbarten 10 Punkten des vertraglichen Basisjahres 1991=100 entsprechen.
Die Umrechnung einer Punkteschwelle erfolgt nach der Dreisatzmethode. Die hierzu
erforderlichen Indizes hat das Statistische Bundesamt veröffentlicht.
Die Formel zur Umbasierung lautet:

$$\text{X P Vertrag} \ \times \ \frac{\text{VPI } 2005 = 100;12/99}{\text{Index Vertrag } 1991 = 100; \ 12/99} = \text{X P VPI } 2005{=}100$$

• »X P Vertrag« steht für die Anzahl der vertraglich festgelegten Punkte in Verbindung
mit dem im Vertrag festgelegten Basisjahr.
• mit »VPI 2005=100;12/99« ist der für den Monat Dezember 1999 veröffentlichte Verbraucherpreisindex bezeichnet; der Index beträgt 91,9 Punkte.

---

12 https://www.destatis.de/DE/ZahlenFakten/GesamtwirtschaftUmwelt/Preise/Verbraucherpreisindizes/Wertsicher-
ungsklauseln/Anleitung.pdf?__blob=publicationFile

- »Index Vertrag; 12/99« steht für den in der Wertsicherungsklausel vereinbarten Index; hier der 4-Personen-Arbeitnehmerhaushalt mit mittlerem Einkommen, Basis 1991=100. Der Index beträgt 118,7 Punkte,
- Das Ergebnis »X P VPI 2005=100« steht für die im Vertrag festgelegte Punktzahl, **umbasiert** auf den VPI und das Basisjahr 2005=100.

Berechnung der Punkteschwelle für das Basisjahr 2005=100:

$$10 \text{ P Vertrag } \times \ \frac{91,9}{118,7} \ = 7,7 \text{ P VPI } 2005=100$$

10 Punkte des vertraglichen Index der Basis 1991=100 entsprechen somit 7,7 Punkten des VPI der Basis 2005=100.

Die letzte Erbbauzinsanpassung erfolgte auf den VPI 2005=100;12/2005 mit 101,0 Punkten; der zu erreichende Schwellenwert beträgt somit 101,0 Punkte + 7,7 Punkte =108,7 Punkte. Unter der Voraussetzung, dass der VPI 2005=100 im Dezember 2010 die Punktezahl von 108,7 erreicht, wird die Erbbauzinsanpassung zum 1.1.2011 automatisch wirksam.

Der VPI 2005=100 erreicht im Dezember 2010 den Wert von 109,6. Der erforderliche Wert ist nicht nur erreicht, sondern überschritten.

c) Berechnung des Ausmaßes der Erbbauzinsanpassung
   Die Berechnung Ausmaßes der Erbbauzinsanpassung erfolgt nach folgender Formel:

$$\frac{Neuer\ Index}{Ausgangsindex} \ \times 100\ \% - 100 = \text{Veränderung in \%}$$

$$\frac{109,6}{101,0} \ \times 100\ \% - 100 = 8,5\ \%$$

Die Anpassung wirkt sich auf den Erbbauzins wie folgt aus:

190,20 Euro + (8,5%=16,16 Euro) = 206,36 Euro.

d) Billigkeitsprüfung
   Die Billigkeitsprüfung gemäß § 9a ErbbauRG ist eine Kontrollberechnung zur Feststel - lung, ob der Erbbauzins aufgrund der vereinbarten Wertsicherungsklausel stärker an- gestiegen ist, als es das Gesetz zulässt. Bei dieser Berechnung wird nur der Zeitraum seit Vertragsabschluss betrachtet, in diesem Beispiel also der Zeitraum zwischen dem **25.11.1993** und dem **31.12.2010**. Der vertraglich gewählte Bezugsmonat Dezember 1992 muss nach § 9a ErbbauRG für diese Betrachtung unbeachtet bleiben.
   Berechnung der Veränderung der Lebenshaltungskosten:
   Zunächst wird die Veränderung der Lebenshaltungskosten ermittelt. In diesem Bei- spiel erfolgt die Berechnung für einen Zeitraum, der sowohl die Zeit vor wie auch nach der Indexumstellung (Dezember 1999) auf den VPI erfasst.[13] Zur Ermittlung der Verän-

53

---

13 Die Berechnung der Veränderung der Lebenshaltungskosten lässt sich mit dem derzeit vom Statistischen Bundesamt unter dem Internet-Link www.destatis.de/wsk vorgehaltenen interaktiven Berechnungsprogramm automatisch be- rechnen. Das gilt nicht für die Berechnung der Veränderung der Verdienste und Arbeitskosten.

derung der Lebenshaltungskosten wird der Zeitraum ab Vertragsabschluss, hier November 1993 bis Dezember 1999 auf der Grundlage des vertraglich vereinbarten Index (4-Personen-Arbeitnehmerhaushaltes mit mittlerem Einkommen, kurz MAH genannt, betrachtet. Dieses erste Ergebnis bezeichnet die nachstehende Formel mit VÄR1 (Veränderung 1).

Im zweiten Schritt wird beginnend mit dem Monat Dezember 1999 bis zum Monat Dezember 2010 die sich daran anschließende Veränderung der Lebenshaltungskosten auf der Grundlage des VPI berechnet. Dieses zweite Ergebnis wird mit VÄR2 bezeichnet. Beide Werte sind gemäß nachfolgender Verkettungsformel[14] zu verknüpfen. Als Ergebnis erhält man den Prozentsatz der Gesamtveränderung der Lebenshaltungskosten.

$$\left[\left(\frac{VÄR1}{100} + 1 \right) \times \left(\frac{VÄR2}{100} + 1 \right) \times 100 \right] - 100 = \text{Gesamtveränderung in \%}$$

Veränderung 1: Von November 1993 bis Dezember 1999
Indizes: MAH 1995=100
Dez. 99 = 105,2
Nov. 93 = 96,4

$$\frac{105,2}{96,4} \times 100\,\% - 100 = VÄR1\ \mathbf{9,1\,\%}$$

Veränderung 2: Von Dezember 1999 bis Dezember 2010
Indizes: VPI 2005=100
Dez. 2010 = 109,6
Dez. 1999 = 91,9

$$\frac{109,6}{91,9} \times 100\,\% - 100 = VÄR2\ \mathbf{19,3\,\%}$$

Verkettung
Die Ergebnisse der Berechnungen Veränderung 1 und Veränderung 2 dürfen nicht addiert werden. Die Ergebnisse werden gemäß der nachstehenden Formel miteinander verknüpft.

$$\left[\left(\frac{9,1}{100} + 1 \right) \times \left(\frac{19,3}{100} + 1 \right) \times 100 \right] - 100 = \text{Gesamtveränderung von 30,2 \%}$$

Die Lebenshaltungskosten sind im Zeitraum November 1993 bis Dezember 2010 um **30,2 %** gestiegen.

Berechnung der Veränderung der Einkommen (Verdienste und Arbeitskosten)
Sodann ist die Veränderung der Einkommen für den Zeitraum November 1993 bis Dezember 2010 zu ermitteln. Es wird der vom Statistischen Bundesamt ermittelte Index »Verdienste und Arbeitskosten Verdienstindizes für Erbbauzinsberechnungen« zugrunde gelegt. Für Basis 2010=100 lauten die Indizes:

---

14 Hinweis: Die »Verkettungsberechnung« ist nur erforderlich, wenn die Veränderung der Lebenshaltungskosten den Zeitraum vor und nach der Einführung des Verbraucherpreisindex (Stichtag: Dezember 1999) umfasst.

Index für 4. Quartal 2010   101,2 Punkte
Index für 4. Quartal 1993   69,8 Punkte

Die Berechnung erfolgt nach der o. a. Formel:

$$\frac{Neuer\ Index}{Ausgangsindex} \times 100\ \% - 100 = \text{Veränderung in \%}$$

$$\frac{101,2}{69,8} \times 100\ \% - 100 = 45\ \%$$

Berechnung der Veränderung der »allg. wirtschaftlichen Verhältnisse«
Im letzten Schritt wird mittels der folgenden Formel

$$\frac{\text{Lebenshaltungskostenanstieg} + \text{Einkommensanstieg}}{2}$$

die Veränderung der allgemeinen wirtschaftlichen Verhältnisse für den Betrachtungszeitraum berechnet:

$$\frac{30,2\ \% + 45\ \%}{2} = 37,6\ \%$$

Ergebnis der Billigkeitsprüfung:
Die allgemeinen wirtschaftlichen Verhältnisse haben sich seit Vertragsabschluss bis Dezember 2010 um 37,6 % verändert.
Der Erbbauzins von 300 DM = 153,39 Euro darf somit bis zum Monat Dezember 2010 um 37,6% = um 57,67 Euro auf 211,06 Euro erhöht worden sein.
Aufgrund der vertraglichen Wertsicherungsklausel wurde der Erbbauzins bislang nur auf 206,36 Euro erhöht. Die nach § 9a ErbbauRG zulässige Anpassungsgrenze (Kappungsgrenze) liegt bei 211,06 Euro. Die Anpassung des Erbbauzinses auf 206,36 Euro ist mithin zulässig.

2. Beispiel: Leistungsvorbehaltsklausel
   a) Angaben aus dem Erbbaurechtsvertrag und der Wertsicherungsklausel
      Der Erbbaurechtsvertrag wurde am 25.11.1962 mit einem anfänglichen jährlichen Erbbauzins von 100 DM und nachstehender Wertsicherungsklausel geschlossen:
      »Sollte der vereinbarte Erbbauzins durch Veränderung der allgemeinen Wirtschafts- und Währungsverhältnisse in ein Missverhältnis zu der auf obiger Grundlage erfolgten Berechnung gekommen sein, so ist jede Vertragspartei berechtigt, die Neufestsetzung des Erbbauzinses zu verlangen. Die Vertragsparteien sind alsdann verpflichtet, die zur Eintragung des abgeänderten Erbbauzinses erforderlichen Erklärungen für das Grundbuch abzugeben.«
      Weiter wird unterstellt, dass der Erbbauzins bislang nicht angepasst wurde. Die Überprüfung findet im Dezember 2011 statt.
        • Anpassungsvoraussetzung ist die wesentliche Veränderung der »allgemeinen wirtschaftlichen Verhältnisse«,
        • nach der Rechtsprechung des BGH ist eine Veränderung dann als »wesentlich« zu betrachten, wenn sich der »Mischindex«, das arithmetische Mittel der Verän-

derung der Lebenshaltungskosten und der Einkommensentwicklung seit der letzten Anpassung um mehr als 10 % verändert hat.

e) Prüfung der Anpassungsvoraussetzungen

1. Berechnung der Komponente »Veränderung der Lebenshaltungskosten« im Zeitraum November 1962 bis Dezember 2011. Die Berechnung erfolgt wie im Beispiel 1 »Billigkeitsprüfung« entsprechend der Berechnung zur Veränderung der Lebenshaltungskosten nach folgender Formel:

$$\left[\left(\frac{VÄR1}{100} + 1 \right) \times \left(\frac{VÄR2}{100} + 1 \right) \times 100 \right] - 100 = \text{Gesamtveränderung in \%}$$

Veränderung 1 von November 1962 bis Dezember 1999
Index des 4 Personen Arbeitnehmerhaushaltes mit mittlerem Einkommen für November 1962, Basis 1995=100 (MAH 1995=100):
Dez. 1999 = 105,2
Nov. 1962 = 33,6

$$\frac{105,2}{33,6} \times 100\,\% - 100 = \text{VÄR1 } \mathbf{213,1\,\%}$$

Veränderung 2 von Dezember 1999 bis Dezember 2011
Verbraucherpreisindex, Basis 2005=100 (VPI 2005=100)
Dez. 2011 = 111,9
Dez. 1999 = 91,9

$$\frac{111,9}{91,9} \times 100\,\% - 100 = \text{VÄR2 } \mathbf{21,8\,\%}$$

Verkettung

$$\left[\left(\frac{213,1}{100} + 1 \right) \times \left(\frac{21,8}{100} + 1 \right) \times 100 \right] - 100 = \begin{array}{l} \textit{Gesamtveränderung der} \\ \textit{Lebenshaltungskosten von } \mathbf{281,4\,\%} \end{array}$$

2. Berechnung der Komponente »Veränderung der Verdienste und Arbeitskosten« im gleichen Zeitraum.
Für Basis 2010=100 lauten die Indizes:
Index für 4. Quartal 2011   103,8 Punkte
Index für 4. Quartal 1962   11,7 Punkte

$$\frac{103,8}{11,7} \times 100\,\% - 100 = \begin{array}{l} \textit{Gesamtveränderung der Verdienste} \\ \textit{und Arbeitskosten } \mathbf{787,2\,\%} \end{array}$$

3. Berechnung der Veränderung der allgemeinen wirtschaftlichen Verhältnisse =

$$\frac{\text{Lebenshaltungskostenanstieg} + \text{Einkommensanstieg}}{2}$$

$$\frac{281,4\,\% + 787,2\,\%}{2} = \textit{Veränderung der allg. wirtsch. Verhältnisse } \mathbf{534,3\,\%}$$

Der Anspruch »Neufestsetzung des Erbbauzinses zu verlangen« ist begründet, sobald sich der »Mischindex« um mehr als 10% seit der letzten Anpassung nach oben oder unten verändert hat. Diese Voraussetzungen liegen in diesem Beispiel vor, da sich der »Mischindex um 534,3% nach oben verändert hat. Eine Anhebung des Erbbauzinses um 534,3% würde den Grundsätzen der Billigkeit gemäß § 9a ErbbauRG nicht entgegenstehen. Hierüber ist mit dem Erbbauberechtigten eine Einigung herbeizuführen.

5. Zustimmung zur Veräußerung und zur Belastung von Erbbaurechten, Erklärungen zum Vorkaufsrecht

54

Durch den Erbbaurechtsvertrag sind Grundstückseigentümer und Erbbauberechtigter auf sehr lange, meist Generationen übergreifende Zeit aneinander gebunden. Weil die Erfüllung der vertraglichen Verpflichtungen wesentlich von der Person des Erbbauberechtigten abhängt, ist es für den Grundstückseigentümer sehr wichtig, wer jeweils Inhaber des Erbbaurechtes ist. Auch ist dem Grundstückseigentümer im Hinblick auf die sich im Heimfall und bei Beendigung des Erbbaurechts ergebenen (Vergütungs- /Entschädigungs-) Folgen daran gelegen, eine überhöhte Belastung des Erbbaurechtes nicht zuzulassen.

Das ErbbauRG trägt dem Schutzbedürfnis des Grundstückseigentümers Rechnung, indem es zulässt, dass im Erbbaurechtsvertrag Vereinbarungen über Zustimmungsvorbehalte zur Veräußerung und Belastung des Erbbaurechtes getroffen werden (§ 5 ErbbauRG), die Inhalt des Erbbaurechtes selbst werden, also dingliche Wirkung entfalten.

Gleichzeitig schützt das Gesetz aber auch den Erbbauberechtigten vor willkürlicher Nichterteilung der Zustimmung, indem es festlegt, unter welchen Voraussetzungen die Zustimmung erteilt werden muss.

55

In § 7 ErbbauRG heißt es:
- Ist anzunehmen, dass durch die Veräußerung der mit der Bestellung des Erbbaurechts verfolgte Zweck **nicht wesentlich** beeinträchtigt oder gefährdet wird, und dass die Persönlichkeit des Erwerbers Gewähr für eine ordnungsgemäße Erfüllung der sich aus dem Erbbaurechtsinhalt ergebenden Verpflichtungen bietet, so kann der Erbbauberechtigte verlangen, dass der Grundstückseigentümer die Zustimmung zur Veräußerung erteilt.
- Ist eine Belastung (§ 5 Abs. 2) mit den Regeln einer ordnungsmäßigen Wirtschaft vereinbar, und wird der mit der Bestellung des Erbbaurechts verfolgte Zweck **nicht wesentlich** beeinträchtigt oder gefährdet, so kann der Erbbauberechtigte verlangen, dass der Grundstückseigentümer die Zustimmung zu der Belastung erteilt.
- Wird die Zustimmung des Grundstückseigentümers ohne ausreichenden Grund verweigert, so kann sie auf Antrag des Erbbauberechtigten durch das Amtsgericht ersetzt werden, in dessen Bezirk das Grundstück belegen ist.

Der Gesetzgeber mutet dem Grundstückseigentümer zu, unwesentliche Beeinträchtigungen bei der Erbbaurechtsveräußerung und/oder Erbbaurechtsbelastung hinzunehmen. Das Zustimmungserfordernis darf nicht zu einem generellen Verfügungsverbot über das Erbbaurecht werden. Es würde dem Sinn des Erbbaurechtes als verfügbares Vermögensgut widersprechen.

56

Der Schutz des Grundstückseigentümers endet in jedem Falle dort, wo er das Zustimmungserfordernis als Hebel zur Durchsetzung zusätzlicher Verpflichtungen des Erbbauberechtigten einsetzt.

Dies lässt jedoch die Möglichkeit unberührt, anlässlich eines bevorstehenden Verkaufes des Erbbaurechtes mit dem Erbbaurechtserwerber **zur Abwendung der Ausübung des Vorkaufsrechtes** in Verhandlungen über einen angemessenen Erbbauzins oder auch geänderte Vertragsbedingungen einzutreten.

57

In der Regel ist als Inhalt des Erbbaurechtes vereinbart, dass zu jeder Veräußerung des Erbbaurechtes, also auch im Falle der Zwangsversteigerung oder durch Veräußerung durch den Insolvenzverwalter und Belastung des Erbbaurechtes, die Zustimmung des Grundstückseigentümers erforderlich ist.

In diesen Fällen darf das Grundbuchamt derartige Verfügungen über das Erbbaurecht nur dann in das Grundbuch eintragen, wenn dem Grundbuchamt die erforderliche Zustimmung des Grundstückseigentümers mindestens in öffentlich beglaubigter Form vorgelegt wird. Diese Formvorschrift erfüllen die Katholischen Kirchengemeinden und Kirchengemeindeverbände automatisch, da für sie Willenserklärungen gemäß § 14 des Gesetzes über die Verwaltung des katholischen Kirchenvermögens abgegeben werden. Praktisch wirkt damit die nichterteilte Zustimmung wie eine Grundbuchsperre. Ebenso verhindert die nicht erteilte Zustimmung den Zuschlag im Zwangsversteigerungsverfahren.

5.1. Veräußerungszustimmung

Wenn nach dem Inhalt des Erbbaurechtes zur Veräußerung die Zustimmung des Grundstückseigentümers erforderlich ist, ist zunächst zu klären, was unter dem Begriff »Erbbaurechtsveräußerung« zu verstehen ist, d. h. auf welche Fallgestaltungen das Zustimmungserfordernis überhaupt anzuwenden ist.

Unter Veräußerung ist jede rechtsgeschäftliche Übertragung des Erbbaurechtes oder eines Teiles davon zu verstehen. Hierunter fallen z. B. Kaufvertrag, Übertragungsvertrag, Schenkungsvertrag, gemischter Schenkungsvertrag, Übertragungsvertrag zum Zwecke vorweggenommener Erbfolge, Zuweisungsvertrag im Rahmen einer Erb- oder Vermögensauseinandersetzung und Vermächtniserfüllungsvertrag. Ferner sind Veräußerungen im Wege der Zwangsvollstreckung und durch den Insolvenzverwalter zustimmungspflichtig.

In folgenden Fällen handelt es sich **nicht** um eine Erbbaurechtsveräußerung und daher nicht um ein zustimmungspflichtiges Rechtsgeschäft, weil nicht über das Erbbaurecht sondern über Anteile an Gesamthandsvermögen verfügt wird. Zu nennen sind Übergang des Erbbaurechtes aufgrund Erbfolge auf den Erben oder die Erbengemeinschaft, Vereinbarung des Ehegüterstandes der Gütergemeinschaft, Übertragung eines Gesellschaftsanteils oder eines Erbanteils auf einen Dritten, und zwar auch dann nicht, wenn das Erbbaurecht einziger Vermögensgegenstand der Gesellschaft oder der Erbengemeinschaft ist.

Das Gesetz macht den Anspruch des Erbbauberechtigten auf Zustimmung zur Veräußerung von zwei Bedingungen abhängig:

- der mit der Bestellung des Erbbaurechtes verfolgte Zweck darf durch die Veräußerung nicht **wesentlich** beeinträchtigt oder gefährdet werden,
- die Persönlichkeit des Erwerbers muss Gewähr für eine ordnungsmäßige Erfüllung der sich aus dem Erbbaurechtsinhalt ergebenden Verpflichtungen bieten.

Enthält der Veräußerungsvertrag keine Hinweise darauf, dass der Erbbaurechtserwerber das Erbbaurecht abweichend von dem vertraglich festgelegten Zweck zu nutzen beabsichtigt, ist in der Praxis auch weiterhin von der vertragsgemäßen Nutzung auszugehen. Eine dahingehende Überprüfung des Veräußerungsvertrages ist jedoch empfehlenswert. Selbst dann, wenn der Erbbaurechtserwerber beabsichtigt, das Erbbaurecht nur geringfügig abweichend von der Zweckbestimmung zu nutzen, sind die beiderseitigen Interessen sorgfältig abzuwägen. Geringfügige Beeinträchtigungen hat der Grundstückseigentümer hinzunehmen.

Es ist das Recht des Grundstückseigentümers, sich über die persönlichen und wirtschaftlichen Verhältnisse des Erbbaurechtserwerbers ein zutreffendes Bild zu verschaffen. Es ist anerkannt, dass die Persönlichkeit des neuen Erwerbers Gewähr bieten muss für eine ordnungsgemäße Erfüllung des Erbbaurechtsvertrages. Die Vermögenslage des Erwerbers muss gefestigt sein. Mit der Übersendung des notariellen Vertrages sind dem Grundstückseigentümer die persönlichen und wirtschaftlichen Verhältnisse des Erbbaurechtserwerbers darzulegen. Wird dem Grundstückseigentümer diese umfassende Auskunft nicht gleichzeitig mit der Aufforderung zur Genehmigung erteilt, so empfiehlt es sich, den Erbbauberechtigten - nicht den Erbbaurechtserwerber! - schnellstmöglich schriftlich um Vorlage dieser Unterlagen zu bitten. Anderenfalls könnte der Grundstückseigentümer sich dem Vorwurf aussetzen, den Antrag des Erbbauberechtigten auf Zustimmung nicht unverzüglich geprüft zu haben.

Durch Einsicht in den geschlossenen Erwerbsvertrag soll der Grundstückseigentümer sich davon überzeugen, ob seine Rechte auch gegenüber dem neuen Erbbauberechtigten gewahrt bleiben. Konkret ist zu prüfen, ob der Erbbaurechtserwerber in sämtliche Verpflichtungen, also auch in die schuldrechtlichen Verpflichtungen des Erbbaurechtsvertrages, eingetreten ist und sich hinsichtlich des zu zahlenden Erbbauzinses der Zwangsvollstreckung unterworfen hat. Es ist Wert darauf zu legen, dass mehrere Erwerber die Verpflichtungen als Gesamtschuldner übernehmen.

Zur Überprüfung des Vertrages sollte die Vorlage mindestens einer beglaubigten Abschrift oder einer Ausfertigung des Erbbaurechtsübertragungsvertrages verlangt werden.

Die Überleitung sämtlicher Verpflichtungen des Erbbaurechtsvertrages - insbesondere der schuldrechtlichen - auf den Erbbaurechtserwerber könnte wie folgt formuliert werden:

»Der Erwerber tritt in alle Rechte und Pflichten anstelle des Veräußerers vom Tage des Besitzübergangs an ein, die sich auf Grund des Erbbaurechtsvertrages vom ... Urkunde Nr. ... des Notars ... (und der Änderungsurkunde vom ... Urkunde Nr. des Notars ...) samt seinem dinglichen und schuldrechtlichen Inhalt, insbesondere hinsichtlich des Erbbauzinses in seiner jeweiligen Höhe, ergeben. Der Erwerber verpflichtet sich, den Veräußerer von allen Ansprüchen freizustellen. Der Erwerber verpflichtet sich, alle Verpflichtungen und Bestimmungen, die nicht ohnehin kraft Gesetzes auf den Rechtsnachfolger übergehen, seinen Rechtsnachfolgern mit der Weiterübertragungsverpflichtung aufzuerlegen, so dass stets der jeweilige Erbbauberechtigte gebunden ist.

Der monatliche/vierteljährliche/jährliche Erbbauzins beträgt nach Angaben des Veräußerers in seiner derzeitigen Höhe... Euro. Der Erwerber verpflichtet sich zur Zahlung dieses derzeit bestehenden Erbbauzinses sowie künftiger Erhöhungsbeträge. Mehrere Erwerber übernehmen die vorstehenden Verpflichtungen als Gesamtschuldner.

Der Erwerber - mehrere als Gesamtschuldner - unterwirft sich wegen seiner Verpflichtung zur Zahlung des wertgesicherten Erbbauzinses in Höhe von derzeit monatlich/ vierteljährlich/ jährlich... Euro dem Eigentümer des mit dem Erbbaurecht belasteten Grundbesitzes gegenüber der sofortigen Zwangsvollstreckung aus dieser Urkunde in sein gesamtes Vermögen. Der Notar ist berechtigt ohne weitere Nachweise eine vollstreckbare Ausfertigung zu erteilen. Soweit es sich bei dem dinglichen Erbbauzins nicht um einen wertgesicherten handelt, ist der Erwerber auf Verlangen des Grundstückseigentümers verpflichtet, sich auf seine Kosten der sofortigen Zwangsvollstreckung wegen des sich in Anwendung der Wertsicherungsklausel ergebenden Erhöhungsbetrages zu unterwerfen.«

Vor Erteilung der Veräußerungszustimmung sollte außerdem überprüft werden, ob

- Zahlungsrückstände auf dem Erbbauzins bestehen,
- der Erbbauzins in der Vergangenheit entsprechend der vertraglichen Vereinbarungen (Wertsicherungsklausel) oder - mangels einer vertraglichen Vereinbarung - entsprechend der gesetzlichen Möglichkeiten angepasst worden ist,
- die in der Vergangenheit durchgeführten Erbbauzinsanpassungen im Grundbuch durch Eintragung von weiteren Erbbauzinsreallasten oder Inhaltsänderungen der bestehenden Erbbauzinsreallast dinglich abgesichert wurden. Dies ist jedoch nur dann erforderlich, wenn die Wertsicherungsklausel (Gleitklausel) noch nicht zum dinglichen Inhalt der Erbbauzinsreallast gemacht wurde. Ob die Wertsicherungsklausel »verdinglicht« ist, sollte aus dem Erbbaugrundbuch zu entnehmen sein. Wurde sie sofort mit der Erbbauzinsreallast eingetragen, so könnte der Eintragungstext in Abteilung II des Grundbuchs wie folgt lauten:

»**Wertgesicherte** Erbbauzinsreallast von ....,
eingetragen aufgrund Bewilligung vom ...... am ......«.

Wurde die ursprüngliche Erbbauzinsreallast geändert, findet man den entsprechenden Text in der Veränderungsspalte zur Abteilung II des Grundbuches.

Die Zustimmung zur Erbbaurechtsveräußerung darf und sollte von der sofortigen Begleichung von Erbbauzinsrückständen und - soweit erforderlich - von der dinglichen Absicherung der Erbbauzinserhöhungsbeträge abhängig gemacht werden. Hängt die Erteilung der Zustimmung davon ab, dass entweder Erbbauzinsraten rückständig sind oder Erbbauzinserhöhungsbeträge noch verdinglicht werden müssen, empfiehlt sich die Abwicklung im Treuhandwege mit dem Vertrag durchführenden Notariat. Dies geschieht in der Regel durch Übersendung der geforderten Erklärungen **zu treuen Händen** unter Benennung der konkreten Verfügungsvoraussetzungen. Auch in Fällen der anfänglichen Undurchführbarkeit des erteilten Treuhandauftrages läuft der Grundstückseigentümer nicht Gefahr, seine Rechte durch die voreilig erteilte Zustimmungserklärung einzubüßen. Dieses Treuhandverfahren eignet sich im Übrigen für alle Zustimmungsvorgänge rund um das Erbbaurecht, sofern es sich beim Empfänger des Treuhandauftrages um einen Notar handelt. Übernimmt ein Notar einen Treuhandauftrag, haftet er von Amts wegen für die wortgenaue Ausführung des Auftrags.

Unzulässig ist es, die Zustimmung von einer außerordentlichen Erhöhung des Erbbauzinses abhängig zu machen, die sich z. B. an einer seit Erbbauzinsfestlegung eingetretenen Bodenwertsteigerung orientiert.

Sobald alle Voraussetzungen zur Erteilung der Zustimmung zur Veräußerung vorliegen, hat der Grundstückseigentümer keinen Ermessensspielraum mehr. Die Zustimmung muss bei Vorliegen aller Voraussetzungen unverzüglich[15] erteilt werden. Von weiteren Bedingungen und Auflagen darf der Grundstückseigentümer die Zustimmung nicht abhängig machen, auch nicht von der Zahlung von Kosten oder Auslagen.

Strebt der Erbbauberechtigte oder der Erbbaurechtserwerber allerdings eine Vertragsänderung an (z. B. eine Laufzeitverlängerung des Erbbaurechtes, Änderung der Zweckbestimmung, Verteilung des Erbbauzinses bei Begründung von Wohnungserbbaurechten, usw.), kann diese Änderung nur einvernehmlich durch Änderung des Erbbaurechtsvertrages erfolgen. In diesen Fällen ist der Grundstückseigentümer nicht verpflichtet, den gewünschten Änderungen zuzustimmen und kann die Änderungen nach seinem freien Ermessen von Zugeständnissen des Erbbauberechtigten, z. B. von einer außerordentlichen Erbbauzinserhöhung abhängig machen.

61   5.2. Vorkaufsrecht - Mittel zur Abwendung nachteiliger Folgen bei Verkauf

Die Zustimmung zur Veräußerung des Erbbaurechtes bedeutet noch nicht den Verzicht auf die Ausübung des Vorkaufsrechtes. Der Grundstückseigentümer kann das ihm zustehende Vorkaufsrecht ausüben, wenn es sich bei dem vorliegenden Rechtsgeschäft um einen Erbbaurechts**kauf**vertrag handelt.

Die Ausübung des Vorkaufsrechtes mag dann sinnvoll und angezeigt sein, wenn der Grundstückseigentümer das Erbbaugrundstück z. B. durch Teilung effizienter ausnutzen möchte, das zurück zu erwerbende Erbbaurecht mit einem höheren Erbbauzins oder auch mit geänderten Vertragsbedingungen ausstatten oder es einem Dritten zuwenden möchte. Die Frage der Wirtschaftlichkeit des Vorhabens ist vor Ausübung zu prüfen. Hierbei sind die nicht unerhebliche Erwerbsnebenkosten zu berücksichtigen, zu denen, neben Notar- und Gerichtsgebühren auch die anfallende Grunderwerbsteuer und evtl. sogar eine Maklercourtage zählen.

Auch vor Erteilung der Veräußerungszustimmung kann der Grundstückseigentümer mit

---

15 Unverzüglich bedeutet in der Rechtssprache »ohne schuldhaftes Zögern«.

dem Erbbaurechtsverkäufer und dem Erbbaurechtskäufer über seine diesbezüglichen Überlegungen verhandeln. Unter Umständen kann auch ohne Vorkaufrechtsausübung im Verhandlungswege eine Verbesserung der Erbbaurechtsbedingungen für den Grundstückseigentümer erzielt werden, die die Ausübung des Vorkaufsrechtes überflüssig macht. Diese Möglichkeit scheidet aber bei allen Veräußerungsgeschäften aus, bei denen es sich **nicht** um einen Kaufvertrag handelt.

5.3. Belastungszustimmung

62

Soll ein Erbbaurecht mit Grundpfandrechten belastet werden, ergeben sich weitere Erfordernisse. Im Erbbaurechtsgesetz heißt es, dass die Zustimmung zur Belastung des Erbbaurechtes mit Grundpfandrechten zu erteilen ist, wenn die Belastung mit einer ordnungsgemäßen Bewirtschaftung des Erbbaurechtes vereinbar ist und der mit der Erbbaurechtsvergabe verfolgte Zweck **nicht wesentlich** beeinträchtigt oder gefährdet wird.

Zunächst muss also eine Belastung des Erbbaurechtes im Einklang mit den Regeln einer ordnungsgemäßen Wirtschaft stehen. Das ist regelmäßig der Fall, wenn sich die Belastung im Rahmen der wirtschaftlichen Verhältnisse des Erbbaurechtes hält und im Rahmen vernünftigen wirtschaftlichen Handelns liegt. Ordnungsgemäßes Wirtschaften erfordert, dass dem Erbbauberechtigten - und nicht einem Dritten - ein Gegenwert für die Belastung zufließt, der sich entweder in Anbetracht seines Bauwerks oder seiner sonstigen wirtschaftlichen Lage zu seinem Nutzen auswirkt. Es ist nicht zwingend erforderlich ist, dass die durch Grundpfandrecht gesicherten Darlehen für die Errichtung und Instandhaltung des Erbbaurechtes verwendet werden müssen. Es genügt, dass ein Darlehen im Ergebnis dem Erbbauberechtigten von Nutzen ist. Das ist der Fall, wenn Darlehen zur Existenzgründung oder zur Errichtung eines Gebäudes auf anderem, aber auf eigenen Grund und Boden des Erbbauberechtigten oder zur Schuldentilgung aufgenommen werden.

Die Belastungszustimmung kann verweigert werden bei Überbelastung und bei spekulativer Ausnutzung des Erbbaurechtes. Die Überbelastung gilt in jedem Falle als Indiz nicht ordnungsgemäßer Wirtschaft. Die Gesamtbelastungen mehrerer Erbbaurechte, insbesondere mehrerer Wohnungs- und Teilerbbaurechte, die die Belastungsgrenze nur eines Erbbaurechtes überschreiten, führen in der Regel ebenfalls zu einer Überbelastung. Die Ausgestaltung des Darlehens ist ebenso ein Entscheidungskriterium. Wenn eine Darlehenstilgung nicht vorgesehen ist, so ist auch die Belastung mit einer ordnungsgemäßen Wirtschaft nicht vereinbar.

Es ist in der Praxis nicht immer leicht zu beurteilen, wann eine Überbelastung des Erbbaurechtes vorliegt. Wenn die Belastung im zeitlichen Zusammenhang mit dem Erwerb des Erbbaurechtes erfolgt, kann zur Ermittlung des Wertes des Erbbaurechtes auch der Erwerbspreis als Anhaltspunkt herangezogen werden. Sicherer ist die Vorlage eines Verkehrswertgutachtens oder auch eine Beleihungswertermittlung der finanzierenden Bank. Beweispflichtig ist aber der Erbbauberechtigte, der im Zweifel auch als einziger in der Lage sein dürfte, die geforderten Unterlagen zu beschaffen. Der Grundstückseigentümer ist daher berechtigt und gut beraten, vom Erbbauberechtigten die entsprechenden Nachweise zu verlangen.

Auf Belastungen anderer Art, wie Wohnungsrecht, Nießbrauch, Grunddienstbarkeiten, beschränkt persönliche Dienstbarkeiten, Vorkaufsrecht, teilweise auch Vormerkungen, findet die Vorschrift des § 5 ErbbauRG keine Anwendung. Derartige Rechte können ohne Zustimmung des Grundstückseigentümers zulasten des Erbbaurechtes eingetragen werden, weil sie bei Beendigung des Erbbaurechtes oder beim Heimfall ersatz- und entschädigungslos erlöschen.

In manchen Erbbaurechtsverträgen werden derartige, grundsätzlich nicht zustimmungspflichtige Rechtsgeschäfte mit schuldrechtlichen Verfügungsbeschränkungen (Zustimmungsvorbehalten) belegt, deren Nichtbeachtung den Heimfall auslösen kann.

63 **5.3.1. Erklärungen im Zusammenhang mit Erbbaurechtsbelastungen**
Im Rahmen der Erbbaurechtsbelastung wird nicht selten die Abgabe bzw. der Austausch verschiedener Erklärungen verlangt.

Zu nennen sind:

- Rangänderungserklärung (Vorrangseinräumungsbewilligung) zwischen Erbbauzins, Vorkaufsrecht und Grundpfandrecht,
- Stillhalteerklärung,
- Gegenverpflichtungserklärung,
- Zustimmungserklärung des Grundstückseigentümers für den Fall der Zwangsversteigerung des Erbbaurechtes,
- Einmalvalutierungserklärung.

Sobald der Erbbauberechtigte sein Erbbaurecht mit Grundpfandrechten belasten möchte, kommt es zum Interessenwiderstreit zwischen Grundpfandgläubiger und Grundstückseigentümer. Beide sind natürlich an einer bestmöglichen Absicherung ihrer Forderung für den Verwertungsfall interessiert.

5.3.1.1. Rangänderungen zwischen Erbbauzins und Grundpfandrecht
In der Zwangsversteigerung entscheidet der Rang eines Rechtes darüber, ob und in welcher Höhe das jeweilige Recht befriedigt wird. Der Rücktritt der Erbbauzinsreallast und der weiteren Rechte des Grundstückseigentümers hinter das Grundpfandrecht kann im Falle der Zwangsversteigerung dazu führen, dass der Erbbauzins und die weiteren Rechte erlöschen. Das Erbbaurecht wäre für die gesamte restliche Laufzeit ohne Erbbauzins. **Grundsätzlich kann daher einer Vorrangseinräumung zu Gunsten des Grundpfandrechtes nicht angeraten werden. Wegen der nachrangigen Befriedigung von rückständigem und laufendem Erbbauzins gilt dieser Grundsatz selbst dann, wenn die Erbbauzinsreallast »zwangsversteigerungsfest« vereinbart ist.**
Aber auch der Gläubiger läuft in der Zwangsversteigerung Gefahr, insbesondere durch den vorgehenden Erbbauzins, seine Rechte einzubüßen. Geht dem Gläubiger eine Erbbauzinsreallast alten Rechtes im Range vor, wird der Erbbauzins im Versteigerungsfall kapitalisiert und es besteht die Gefahr, dass bereits der Grundstückseigentümer den zur Verteilung stehenden Erbbauzins aufbraucht und der Gläubiger auf sein Recht keine Erlöszuteilung erhält. Für die bestehenbleibende Erbbauzinsreallast ist gemäß § 51 Abs. 2 ZVG ein Wert festzusetzen. Der Wert entspricht dem Betrag, um den sich der Wert des Erbbaurechtes durch den Wegfall der Belastung erhöhen würde bzw. um den Betrag der Wertminderung des Erbbaurechtes durch die Erbbauzinsreallast. Konkret wird der Wert durch den Jahreserbbauzins, multipliziert mit der Restlaufzeit, vermindert um den Zwischenzins, bestimmt. Diesen Konflikt gilt es zu lösen, damit ein Erbbaurecht mit einer nach altem Recht ausgestalteten Erbbauzinsreallast beliehen werden kann.

64 **5.3.1.2. Stillhalteerklärung**
Der finanzierende Gläubiger ist daran interessiert, dass ein seinem Grundpfandrecht vorgehender Erbbauzins im Zwangsversteigerungsverfahren nicht kapitalisiert wird. Das Zwangsversteigerungsgesetz (ZVG) ermöglicht bedingt derartige, vom Gesetz abweichende Vereinbarungen. Diese Vereinbarung wird meist **Stillhalteerklärung**, oft auch Nichtkapitalisierungserklärung oder Liegenbelassungserklärung genannt. Alle Verfahrensbeteiligte können Versteigerungsbedingungen verlangen, die von den gesetzlichen Bedingungen abweichen. Der Grundpfandrechtsgläubiger verlangt daher regelmäßig die Bereitschaft des Grundstückseigentümers zur Abänderung der Versteigerungsbedingungen in der Weise, dass im Versteigerungsverfahren nur die laufenden und die rückständigen dinglichen Erb-

bauzinsen geltend gemacht werden und dass die Erbbauzinsreallast bestehen bleibt. Damit wird eine Kapitalisierung des Rechtes verhindert. Voraussetzung ist allerdings, dass keiner der Verfahrensbeteiligten in seinen Rechten beeinträchtigt wird oder dass die Zustimmung des Beeinträchtigten vorliegt (siehe letzter Absatz Rdnr. 86).

5.3.1.3. Gegenverpflichtungserklärung

65

Die von dem Gläubiger gegenüber dem Grundstückseigentümer abzugebende Gegenverpflichtungserklärung hat eine Sicherungs- und Informationsfunktion:
Der Grundstückseigentümer hat großes Interesse frühzeitig von Zahlungsschwierigkeiten des Erbbauberechtigten zu erfahren, um vorsorgliche Maßnahmen ergreifen zu können. Denn Zwangsversteigerungsmaßnahmen berechtigen den Grundstückseigentümer in der Regel zum Heimfall. Zug um Zug mit Abgabe der Stillhalteerklärung sollte der Gläubiger sich deshalb verpflichten, den Eigentümer von derartigen Maßnahmen zu unterrichten. Ferner verpflichtet sich der Gläubiger dem Grundstückseigentümer gegenüber,

* beim Heimfall die Grundpfandrechte bei Kreditwürdigkeit des Erbbaurechtserwerbers auf diesen mit den zugrundeliegenden Schulden zu übertragen (damit diese nicht bei dem Grundstückseigentümer verbleiben (siehe Rdnr. 21),
* im Zwangsversteigerungsfall die zum Bestehenbleiben der Erbbauzinsreallast erforderlichen Anträge zu stellen oder den Anträgen des Grundstückseigentümers zuzustimmen und
* bei Selbsterwerb des Erbbaurechtes in dem Zwangsversteigerungsverfahren oder bei einer freihändigen Veräußerung im Rahmen der Zwangsverwertungsmaßnahmen dafür zu sorgen, dass der Erwerber in die Bestimmungen des Erbbaurechtsvertrages eintritt.

5.3.1.4. Einmalvalutierungserklärung

66

Die Einmalvalutierungserklärung hindert den Erbbauberechtigten und den Grundschuldgläubiger daran, nach Rückzahlung des anlässlich der Grundschuldbestellung gewährten Kredites, die Grundschuld als Sicherungsmittel für einen neuen Kredit einzusetzen. Um das Instrument der Einmalvalutierungserklärung genauer verstehen zu können, muss man sich zunächst mit dem Wesen des Grundpfandrechtes beschäftigen.
Das gebräuchlichste Kreditsicherungsmittel ist heutzutage die Grundschuld. Ihr folgt mit einigem Abstand die Hypothek. Beide Rechte sind (Grund-)Pfandrechte, also Verwertungsrechte. Kommt der Schuldner seinen Verpflichtungen nicht nach, kann der Gläubiger aus dem Grundpfandrecht die Zwangsversteigerung betreiben und aus dem Versteigerungserlös Befriedigung seiner Forderung erhalten.
Die Grundschuld belastet das Grundstück bzw. das Erbbaurecht in der Weise, dass an denjenigen, zu dessen Gunsten die Belastung erfolgt, aus dem Grundstück bzw. aus dem Erbbaurecht eine bestimmte Geldsumme zu zahlen ist.
Dagegen belastet die Hypothek das Grundstück bzw. das Erbbaurecht in der Weise, dass an denjenigen, zu dessen Gunsten die Belastung erfolgt, aus dem Grundstück bzw. aus dem Erbbaurecht eine bestimmte Geldsumme zur Befriedigung **wegen einer ihm zustehenden Forderung** zu zahlen ist.
Im Gegensatz zur Grundschuld setzt also die Hypothek eine Forderung voraus. Bei der Grundschuld besteht kein Zusammenhang zwischen Forderung und Grundschuld. Diese Eigenschaft macht die Grundschuld zu einem sehr praktischen, wenn auch nicht unbedingt »ungefährlichen« Kreditsicherungsmittel.[16] Im Kreditalltag werden Darlehen wegen

---

16 Grundschuld und Forderung könnten im Gegensatz zur Hypothek vom Gläubiger getrennt an verschiedene weitere Gläubiger abgetreten werden, die jeweils aus der Forderung und aus der Grundschuld getrennte Befriedigung suchen, was den Schuldner zur doppelten Leistung zwingen würde. Vor dieser Folge schützt die Bestellung einer Grundschuld zugunsten eines seriösen Gläubigers in Verbindung mit der Sicherungszweckerklärung.

der einfacheren Handhabung regelmäßig durch Grundschulden gesichert. Die bei der Hypothek kraft Gesetzes bestehende Verbindung zwischen Forderung und Hypothek muss bei der Grundschuld durch eine vertragliche Verbindung zwischen Darlehensforderung und Grundschuld hergestellt werden. Hierzu wird zwischen dem Erbbauberechtigten und dem Grundschuldgläubiger eine **Sicherungszweckvereinbarung** geschlossen. Durch die Sicherungszweckvereinbarung wird ein Rechtsverhältnis zwischen dem Erbbauberechtigten und dem Grundschuldgläubiger begründet, das dem Erbbauberechtigten ein Einrederecht gegen jede vertragswidrige Verwendung (Geltendmachung) der Grundschuld gibt. Sobald z. B. durch Rückzahlung des Darlehens der Sicherungszweck entfallen ist, hat der Erbbauberechtigte als **Sicherungsgeber** gegen den Gläubiger grundsätzlich einen Anspruch auf Rückgewähr (= Rückübertragung) der Grundschuld oder auf Abtretung an einen anderen Gläubiger oder auf Erteilung einer Löschungsbewilligung. Möglich ist auch, dass der Erbbauberechtigte mit dem bisherigen Gläubiger einen neuen Kreditvertrag abschließt und die Grundschuld erneut als Sicherungsmittel bereitstellt. Das erneute »Beleihen« der frei gewordenen Grundschuld wird auch als **Neuvalutierung** bezeichnet.
Aufgrund der in Kapiteln 2.4 »Beendigung des Erbbaurechtes« und 2.7 »Heimfall« beschriebenen Rechtsfolgen hat der Grundstückseigentümer großes Interesse, die Belastungen des Erbbaurechtes möglichst gering zu halten und über die Belastungshöhe informiert zu sein. Da das Grundpfandrecht aber bereits mit seiner Zustimmung eingetragen worden ist, kann er seinen Einfluss nur über zusätzliche Rechtsinstrumentarien geltend machen. Das Instrumentarium ist die **Einmalvalutierungserklärung.**
Inhalt der Einmalvalutierungserklärung ist die Verpflichtung des Gläubigers,
- die Grundschuld, deren dingliche Zinsen und einmalige Nebenleistungen **nur einmal** für das anlässlich der Bestellung gewährte Darlehen einschließlich der damit verbundenen Nebenleistungen (Zinsen, einmaligen Nebenleistungen, Kosten) in Anspruch zu nehmen (zu valutieren),
- nicht ohne Zustimmung des Grundstückseigentümers über die eingangs genannte Grundschuld zu verfügen und/oder
- die schuldrechtlichen Vereinbarungen, zu deren Sicherung die Grundschuld dient, zu ändern oder durch neue Vereinbarungen zu ersetzen.
Durch die Einmalvalutierungserklärung wird die Abtretung der Grundschuld, aber auch Neuvalutierung, Darlehensverlängerung, also alles, was dem Grundstückseigentümer im Heimfall oder bei Beendigung des Erbbaurechtes zum Nachteil gereichen kann, erneut von seiner Zustimmung abhängig gemacht.

5.3.1.5. Löschungsvormerkung und Abtretung der Rückgewähransprüche

Um Nachteile im Zwangsversteigerungsfall für sich zu vermeiden, muss der Grundstückseigentümer bestrebt sein, dass die das Erbbaurecht belastenden Grundpfandrechte gelöscht werden, sobald die zugrunde liegenden Verbindlichkeiten vom Erbbauberechtigten zurückgeführt sind. Hierzu kann sich der Erbbauberechtigte gegenüber dem Grundstückseigentümer verpflichten. Diese Verpflichtung ist regelmäßig im Erbbaurechtsvertrag enthalten. Die grundbuchliche Absicherung erfolgt durch die Eintragung einer Löschungsvormerkung gem. § 1179 BGB. Darüber hinaus stehen dem Erbbauberechtigten gegen den Grundpfandrechtsgläubiger nach Rückzahlung der Darlehensverbindlichkeiten Ansprüche auf Abtretung, Aufhebung und Löschung der Grundschuld zu. Diese Ansprüche werden **Rückgewähransprüche** genannt und können ebenfalls zur Durchsetzung des Löschungsanspruches an den Grundstückseigentümer abgetreten und durch eine Vormerkung gemäß § 883 BGB im Grundbuch abgesichert werden.
Wenn bei einer Hypothek die zugrunde liegende Forderung nicht entstanden ist oder wenn die Forderung nicht mehr besteht, wandelt sich die Hypothek **zur Eigentümergrund-**

schuld. Diese steht dann dem Erbbauberechtigten zu. Der Erbbauberechtigte kann sich aber bereits bei Bestellung der Hypothek gegenüber dem Grundstückseigentümer verpflichten, die auf diese Weise entstehende Eigentümergrundschuld löschen zu lassen. Das gilt sowohl für den Fall, dass der Grundstückseigentümer mit der Erbbauzinsreallast im Range hinter die Hypothek zurückgetreten ist oder ihr den Gleichrang eingeräumt hat (§ 1179 Nr. 1 BGB), als auch für den Fall, dass der Grundstückseigentümer einen bedingten Anspruch auf Übertragung des Erbbaurechtes (Heimfall) haben könnte (§ 1179 Nr. 2 BGB). Zur Absicherung dieser Verpflichtung dient die **Löschungsvormerkung.**

Im Gegensatz zur Hypothek besteht bei der Grundschuld die Gefahr, dass sie sich wegen ihrer Abstraktheit nicht, wie in der Vorschrift des § 1179 BGB gefordert, mit dem Eigentum (Erbbaurecht) in einer Person vereinigt, weil Zahlungen in der Regel nicht auf die Grundschuld, sondern auf die durch sie gesicherte Forderung geleistet werden. Somit entsteht **keine** Eigentümergrundschuld und auch keine daraus erwachsende Verpflichtung zur Löschung der Grundschuld.

Soweit eine Löschungsverpflichtung bei einer Grundschuld nach § 1179 BGB zwischen dem Grundstückseigentümer und dem Erbbauberechtigten vereinbart wird, ist diese zunächst als ergänzendes Sicherungsmittel zu verstehen, das in der Zwangsversteigerung bedeutsam werden könnte. **Durchgreifender ist die Abtretung der künftigen Rückgewähransprüche,** die mit Erledigung der Sicherungszweckvereinbarung entstehen. In der Zwangsversteigerung bewirkt der an den Grundstückseigentümer abgetretene Rückgewähranspruch, dass ein etwaiger Übererlös nicht an den Erbbauberechtigten, sondern an den Inhaber des Rückgewähranspruches ausgezahlt werden muss.

Der Rückgewähranspruch kann nur einmal wirksam abgetreten werden. Sind mehrere Abtretungen erfolgt, so ist die zeitliche Reihenfolge zu beachten. Es zählt nur die erste Abtretung. Die schuldrechtlichen Ansprüche aus der Abtretung können durch Vormerkung gemäß § 883 BGB zu Gunsten des Grundstückseigentümers gesichert werden. Da der Rückgewähranspruch wirksam nur einmal abgetreten werden kann, sollte sich der Grundstückseigentümer von dem Grundschuldgläubiger der Wirksamkeit der Abtretung bestätigen lassen. Dies kann im Rahmen der Gegenverpflichtungserklärung erfolgen.

Der Mustererbbaurechtsvertrag des Erzbistums Köln enthält die vorsorgliche Abtretung der künftigen Rückgewähransprüche und eine Löschungsverpflichtung des Erbbauberechtigten bei Grundpfandrechtsbestellungen. Die Formulierung lautet wie folgt:

»Der jeweilige Erbbauberechtigte verpflichtet sich gegenüber dem Eigentümer des mit dem Erbbaurecht belasteten Grundstücks, das Grundpfandrecht auf seine Kosten löschen zu lassen für den Fall, dass das Grundpfandrecht ganz oder teilweise dem Erbbauberechtigten zusteht oder sich mit dem Erbbaurecht in einer Person vereinigt oder bereits vereinigt hat und, bei Hypotheken, auch für den Fall des § 1163 Abs. 1 Satz 1 BGB, und bewilligt und beantragt die Eintragung einer Löschungsvormerkung nach § 1179 Nr. 2 BGB.

Der jeweilige Erbbauberechtigte tritt seine bestehenden und künftigen, auch bedingten oder befristeten Ansprüche auf vollständige oder teilweise Aufgabe des hier bestellten Grundpfandrechtes durch Abtretung, Verzicht oder Löschung an den Grundstückseigentümer als Heimfallberechtigten ab.

Zur Sicherung der abgetretenen Ansprüche gegen den Grundpfandrechtsgläubiger wird die Eintragung einer Vormerkung gemäß § 883 BGB zugunsten des Eigentümers des mit dem Erbbaurecht belasteten Grundstücks bewilligt und beantragt.«

5.3.1.6. Zusammenfassung

Es empfiehlt sich daher für den Grundstückseigentümer
*   einer Vorrangseinräumung von Grundpfandrechten vor die Rechte des Grundstücksei-

gentümers, insbesondere vor den Erbbauzins nicht zuzustimmen,
- jede Belastungszustimmung von der Vorlage einer Einmalvalutierungserklärung abhängig zu machen,
- bei dem einzutragenden Grundpfandrecht eine Löschungsvormerkung gemäß § 1179 Abs. 2 BGB und bei Grundschulden zusätzlich eine Vormerkung gemäß § 883 BGB zur Absicherung abzutretender Rückgewähransprüche eintragen zu lassen,
- eine Stillhalteerklärung abzugeben, wenn Zug um Zug eine Gegenverpflichtungserklärung mit dem beschriebenen Inhalt von dem Gläubiger abgegeben wird,
- die Zustimmung zur Veräußerung des Erbbaurechtes im Zwangsversteigerungsfall davon abhängig zu machen, dass der Erbbaurechtserwerber in alle schuldrechtlichen Bestimmungen des Erbbaurechtsvertrages eintritt und sich hinsichtlich des Erbbauzinses der Zwangsvollstreckung unterwirft,
- sich von dem Grundschuldgläubiger die wirksame Abtretung der Rückgewähransprüche bestätigen zu lassen (Inhalt der Gegenverpflichtungserklärung).

69 **5.4. Zustimmung zur Erbbaurechtsveräußerung durch Zwangsversteigerung**
Es ist das berechtigte Interesse des Grundpfandrechtsgläubigers, das Pfand im Falle der nicht ordnungsgemäßen Darlehensrückführung reibungslos verwerten zu können. Da die Veräußerungszustimmung des Grundstückseigentümers aber auch für die Veräußerung im Zwangsversteigerungsverfahren und durch den Insolvenzverwalter erforderlich ist, verlangt der Grundpfandrechtsgläubiger die Zustimmung im Vorhinein.
Diese Zustimmung sollte unter der Einschränkung erfolgen, dass der Ersteher des Erbbaurechtes bzw. der Erbbaurechtserwerber bei Veräußerung durch den Insolvenzverwalter ebenfalls alle schuldrechtlichen Vereinbarungen und Verpflichtungen aus dem Erbbaurechtsvertrag übernimmt und sich hinsichtlich des Erbbauzinses der sofortigen Zwangsvollstreckung unterwirft.
Die vom Erzbischöflichen Generalvikariat Köln entworfenen Erklärungen tragen den Sicherungsanforderungen Rechnung.

70 **5.5. Folgen der Zustimmungsverweigerung**
Versagt der Grundstückseigentümer die Veräußerungs- und/oder Belastungszustimmung ohne ausreichenden Grund, kann die Zustimmung nach den Bestimmungen des Erbbaurechtsgesetzes gerichtlich ersetzt werden. Zuständig ist das Amtsgericht, in dessen Bezirk das Grundstück liegt. Das Amtsgericht entscheidet als Gericht der freiwilligen Gerichtsbarkeit und nicht als Prozessgericht.
Das Verfahren wird eingeleitet durch einen schriftlichen oder bei der Geschäftsstelle zu Protokoll gegebenen Antrag des Erbbauberechtigten. Antragsberechtigt ist grundsätzlich nur der Erbbauberechtigte, nicht der Erbbaurechtserwerber und auch nicht bzw. nur unter gewissen Voraussetzungen der Grundpfandrechtsgläubiger.
Der Erbbauberechtigte kann den Anspruch auf Zustimmung nicht abtreten, da dieser untrennbar mit dem Erbbaurecht verbunden ist. Möglich ist aber die Ermächtigung eines Dritten, den Anspruch im Namen des Erbbauberechtigten geltend zu machen.
Im Ersetzungsverfahren gilt der Untersuchungsgrundsatz, d. h. das Gericht hat von Amts wegen zu ermitteln, ob die Zustimmungsvoraussetzungen vorliegen. Sowohl der Grundstückseigentümer wie auch der Erbbauberechtigte werden im Verfahren vom Gericht gehört. Erkennt das Gericht darauf, dass alle Voraussetzungen zur Erteilung der Zustimmung vorliegen, wird es die fehlende Zustimmung ersetzen. Zu der Frage, ob eine durch das Gericht ersetzte Zustimmung gleichzeitig auch berechtigte Schadenersatzforderungen des Erbbauberechtigten wegen nicht rechtzeitig erteilter Zustimmung auslösen kann, äußert sich die Literatur bislang nicht.

6. Das Erbbaurecht in der Zwangsversteigerung

Der Erbbauzins ist regelmäßig der einzige Ertrag, den das Erbbaugrundstück dem Eigentümer während der Laufzeit des Erbbaurechtes bringt. Der Grundstückseigentümer muss also bestrebt sein, diesen Ertrag für die gesamte Dauer des Erbbaurechtes bestmöglich zu schützen. Daneben gilt es aber auch, alle weiteren schuldrechtlichen Vereinbarungen des bestehenden Vertragsverhältnisses zu schützen, die nicht kraft Gesetzes auf einen Erbbaurechtserwerber übergehen. Das gilt insbesondere für das Zwangsversteigerungsverfahren.

Das Erbbaurecht selbst ist mit seinem gesetzlichen und dinglichen Inhalt gegen das Erlöschen im Zwangsversteigerungsverfahren durch § 25 ErbbauRG geschützt. Es erlischt auch dann nicht, wenn es nicht in das geringste Gebot fällt. Der Erbbauzins und die schuldrechtlichen Vereinbarungen des Erbbaurechtsvertrages unterliegen aber keinem vergleichbaren Schutz. Es liegt in der alleinigen Verantwortung des Grundstückseigentümers, seine schuldrechtlichen Ansprüche aus dem Erbbaurechtsvertrag, insbesondere den Erbbauzins, gegen Gefahren zu schützen.

Das Gesetz bietet die Möglichkeit, den Erbbauzins durch Eintragung einer Erbbauzinsreallast dinglich zu sichern. Eine bestimmte Rangstelle hinsichtlich der Erbbauzinsreallast gibt das Gesetz nicht vor. Es unterliegt der freien Parteivereinbarung, an welcher Rangstelle die Erbbauzinsreallast grundbuchlich abgesichert wird. Schwieriger ist es, die schuldrechtlichen Vereinbarungen des Erbbaurechtsvertrages auf den Ersteher des Erbbaurechtes überzuleiten.

6.1. Auswirkungen der Zwangsversteigerung auf das Erbbaurecht

73 Die Anordnung eines Zwangsversteigerungsverfahrens erfolgt durch Beschluss des Zwangsversteigerungsgerichts auf Antrag eines Gläubigers, wenn die allgemeinen Vollstreckungsvoraussetzungen vorliegen und auch aus dem Grundbuch keine entgegenstehenden Gründe ersichtlich sind. Durch den Beschluss wird das Erbbaurecht und ggf. auch Zubehörstücke zu Gunsten des Gläubigers beschlagnahmt.

Die Beschlagnahme im Zwangsversteigerungsverfahren erfasst das Erbbaurecht aber nur mit seinem gesetzlichen und seinem vertraglich-dinglichen Inhalt. Alle schuldrechtlichen Vereinbarungen, die auch bei einer rechtsgeschäftlichen Übertragung des Erbbaurechtes ohne ausdrückliche Übernahmeerklärung nicht auf den Erbbaurechtserwerber übergehen, gehen auch nicht automatisch mit dem Zuschlagsbeschluss auf den Ersteher des Erbbaurechtes über. Das hat zur Folge, dass der Ersteher des Erbbaurechtes nur noch die **dinglichen** Verpflichtungen des Erbbaurechtes und bestehen bleibende dingliche Rechte am Erbbaurecht gegen sich gelten lassen muss.

Abhilfe schafft hier eine schuldrechtliche **Übernahmeerklärung**, durch die der Meistbietende alle schuldrechtlichen Verpflichtungen aus den Erbbaurechtsverträgen gegenüber dem Grundstückseigentümer übernimmt. Problematisch ist aber die Durchsetzung dieses Begehrens, da hierzu häufig die entsprechenden Voraussetzungen fehlen. Dennoch gibt es mehrere Möglichkeiten, zu der unbedingt notwendigen Übernahmeerklärung zu gelangen:

1. Besteht nach dem Inhalt des Erbbaurechtes zur Erbbaurechtsübertragung - das gilt auch für den Fall der Zwangsversteigerung - das Erfordernis der Zustimmung des Grundstückseigentümers und wurde dem Erbbauberechtigten die Verpflichtung auferlegt, alle schuldrechtlichen Bestimmungen an einen Erbbaurechtserwerber weiterzugeben, ist der Grundstückseigentümer berechtigt, seine Zustimmung vom Eintritt des Meistbietenden in die schuldrechtlichen Vertragsbestimmungen abhängig zu machen. Das gilt insbesondere auch hinsichtlich des schuldrechtlichen Erbbauzinses.
    Nach der Rechtsprechung des Bundesgerichtshofs besteht diese Möglichkeit aller-

dings dann nicht, wenn aus einem der Erbbauzinsreallast vorgehenden Recht die Zwangsversteigerung betrieben wird. Der Bundesgerichtshof sieht den damit verbundenen Ausfall des Erbbauzinses als Folge des Nachrangs zum Grundpfandrecht, den der Grundstückseigentümer selbst durch seine Vorrangseinräumung herbeigeführt hat. Den damit verbundenen Rechtsverlust hat der Grundstückseigentümer somit selbst zu verantworten.

2. Wurde bei Bestellung des Erbbaurechtes als Heimfallgrund der Verstoß gegen die Verpflichtung zur Übernahme der schuldrechtlichen Vertragsbedingungen vereinbart, so hat der Grundstückseigentümer über das Instrument des Heimfalles indirekt die Möglichkeit, die Abgabe der Übernahmeerklärung zu erreichen.

3. Selbst dann, wenn die Zustimmung zum Erbbaurechtserwerb in der Zwangsversteigerung gerichtlich ersetzt würde, ohne dass der Erbbaurechtserwerber in die schuldrechtlichen Bestimmungen eingetreten ist, besteht in bestimmten Fällen noch die Möglichkeit, die Übernahmeerklärung durch den Ersteher zu erwirken: Im Zuge einer notwendig werdenden Grundpfandrechtsbelastung, z. B. zur Finanzierung des Meistgebotes, werden in der Beleihungspraxis von den Gläubigern regelmäßig verschiedene Erklärungen verlangt (siehe Ziffer 5.3.1), ohne die die finanzierende Bank den abzusichernden Kredit wahrscheinlich nicht gewähren wird. Mit Ausnahme der Zustimmungserklärung zur Eintragung des Grundpfandrechtes können diese Erklärungen gerichtlich nicht erzwungen werden. Deshalb kann der Grundstückseigentümer die Abgabe der Erklärungen von der Abgabe der Übernahmeerklärung abhängig machen.

74

6.2. Versteigerungsfester Erbbauzins

Im Zwangsversteigerungsverfahren bleiben diejenigen Rechte bestehen, die in das **geringste Gebot** fallen. Das Zwangsversteigerungsgericht lässt nur Gebote zu, durch welche die dem Anspruch des betreibenden Gläubigers vorgehenden Rechte, sowie die aus dem Versteigerungserlös zu entnehmenden Kosten des Verfahrens gedeckt werden (§ 44 Abs. 1 ZVG). Für den Erbbauzins und für die weiteren Rechte des Grundstückseigentümers am Erbbaurecht bedeutet das, dass seine Rechte nur dann bestehen bleiben, wenn sie einen besseren Rang haben, als die Rechte des betreibenden Gläubigers. Faustregel: **Solange der Erbbauzins die erste Rangstelle hat, ist - abgesehen von wenigen Ausnahmen - ein Ausfall der Erbbauzinsreallast eher unwahrscheinlich.**

Seit dem 01.10.1994 besteht die Möglichkeit, die Erbbauzinsreallast weitestgehend zwangsversteigerungsfest zu gestalten: Zum Inhalt der Erbbauzinsreallast kann nach § 9 Abs. 3 ErbbauRG vereinbart werden, dass die Erbbauzinsreallast, abweichend von § 52 Abs 1 ZVG, mit ihrem Hauptanspruch bestehen bleibt, wenn

- der Grundstückseigentümer selbst aus der Reallast,
- der Inhaber eines im Range vorgehenden oder gleichstehenden dinglichen Rechts,
- der Inhaber der in § 10 Abs. 1 Nr. 2 des Gesetzes über die Zwangsversteigerung und die Zwangsverwaltung (ZVG) genannten Ansprüche auf Zahlung der Beiträge zu den Lasten und Kosten des Wohnungserbbaurechts,

die Zwangsversteigerung des Erbbaurechtes betreibt.

Der Begriff »versteigerungsfester Erbbauzins« ist irreführend, soweit die Zwangsversteigerung aus den Rangklassen 1a, 2 und 3 des § 10 ZVG betrieben wird, weil sie den dinglichen Rechten noch im Range vorgeht. Wird aus diesen Rangklassen das Zwangsversteigerungsverfahren betrieben, erlöschen nach den gesetzlichen Versteigerungsbedingungen alle grundbuchlich gesicherten Rechte und zwar auch die vermeintlich versteigerungsfeste Erbbauzinsreallast.

In der Praxis sind nur die Rangklassen 2 und 3 relevant:

Den dinglichen Rechten vorrangig sind seit dem 01.07.2009 Wohngeldrückstände bei Woh-

nungs- und Teilerbbaurechten (Rangklasse 2). Es besteht jedoch die Möglichkeit, das Bestehenbleiben der Erbbauzinsreallast auch für den Fall zu vereinbaren, dass wegen rückständigem Wohngeld das Verfahren betrieben wird. Rangklasse 3 behandelt Rückstände aus öffentlichen Lasten. Öffentliche Lasten sind z. B. Erschließungsbeiträge, Geldleistungen im Umlegungsverfahren, Flurbereinigungsbeiträge, Grundsteuern, Kommunalabgaben, Wasser- und Bodenverbandsbeiträge, aber auch Schornsteinfegergebühren.
Ungeachtet dieser Ausnahmen kann durchaus von der »versteigerungsfesten Erbbauzinsreallast« gesprochen werden und es ist uneingeschränkt zu empfehlen, die Erbbauzinsreallasten entsprechend auszugestalten.
Die Vereinbarung nach § 9 Abs. 3 ErbbauRG kann auch noch nachträglich als Inhaltsänderung von Erbbauzinsreallasten bereits bestehender Erbbaurechte getroffen werden, um auch Erbbauzinsreallasten von Alt-Erbbaurechten »versteigerungsfest« auszugestalten. Hierzu bedarf es einer einvernehmlichen Vereinbarung beider Vertragsparteien. Außerdem ist die Zustimmung derer erforderlich, die dingliche Rechte am Erbbaurecht haben, z. B. Grundpfandrechtsgläubiger. Grundpfandrechtsgläubiger haben aber ebenfalls ein hohes Interesse an einer nicht kapitalisierungsfähigen Erbbauzinsreallast. Die Zustimmung wird daher im Zweifelsfall zu erlangen sein.

6.3. Fallunterscheidungen
In der Zwangsversteigerungspraxis unterscheiden sich folgende Fälle:
1. Erbbauzinsreallast **alter Fassung** (Zwangsversteigerung ohne Anwendung des § 52 Abs. 2 ZVG)
    a) Die Erbbauzinsreallast ist erstrangig eingetragen; ein **nachrangiger Gläubiger** betreibt die Zwangsversteigerung:
        Die Erbbauzinsreallast bleibt mit ihrem Hauptanspruch/Stammrecht als Teil des geringsten Gebotes bestehen; die laufenden und die rückständigen Erbbauzinsen (jedoch nur die dinglichen) werden als Teil des geringsten Gebotes berücksichtigt, soweit sie innerhalb der letzten zwei Jahre vor Beschlagnahme (Beschluss über die Anordnung des Zwangsversteigerungsverfahrens) fällig geworden sind.
    b) Die Erbbauzinsreallast ist erstrangig eingetragen; der **Grundstückseigentümer** betreibt die Zwangsversteigerung aus Erbbauzinsrückständen:
        Die Erbbauzinsreallast und die ihr im Range nachgehenden Grundpfandrechte erlöschen; der Erbbauzins wird kapitalisiert. Eine Zuteilung aus dem Versteigerungserlös erfolgt nach der Reihenfolge der jeweiligen Rechtsposition. Um einen Ausfall ihrer Rechte zu vermeiden, verlangen nachrangige Gläubiger die Vereinbarung abweichender Versteigerungsbedingungen (sogenannte Stillhalteerklärung, Nichtkapitalisierungsvereinbarung oder auch Liegenbelassungserklärung), wonach das Bestehenbleiben der Erbbauzinsreallast vereinbart wird. Durch die Stillhalteerklärung soll die Kapitalisierung des Stammrechts der Reallast vermieden werden.
2. Nach **neuem Recht** modifizierte Erbbauzinsreallast (Zwangsversteigerung unter Anwendung des § 52 Abs. 2 Satz 2 ZVG)
    a) Die Erbbauzinsreallast, die in ihrem Inhalt dem neuen § 9 Abs. 3 Nr. 1 ErbbauRG entspricht, ist erstrangig eingetragen; nachrangige Gläubiger oder der Grundstückseigentümer betreiben die Zwangsversteigerung:
        Die Erbbauzinsreallast bleibt mit ihrem Stammrecht/Hauptanspruch bestehen und wird nicht kapitalisiert. Die laufenden und die rückständigen Erbbauzinsen der letzten zwei Jahre vor Beschlagnahme werden im Range der Erbbauzinsreallast berücksichtigt. Eine Stillhalteerklärung ist nicht erforderlich, wird aber dennoch von vielen Gläubigern aus (übertriebener) Vorsicht immer noch verlangt.

b) Die Erbbauzinsreallast, die in ihrem Inhalt dem neuen § 9 Abs. 3 Nr. 1 ErbbauRG entspricht, ist nachrangig eingetragen; ein vorrangiger Gläubiger oder der nachrangige Grundstückseigentümer betreiben die Zwangsversteigerung: *Die Erbbauzinsreallast bleibt mit ihrem Stammrecht/Hauptanspruch bestehen und wird nicht kapitalisiert. Erbbauzinsrückstände werden nur nachrangig berücksichtigt, soweit der Versteigerungserlös eine Zuteilung zulässt.*

Als Ergebnis kann folgendes festgehalten werden:

- Ist eine Erbbauzinsreallast »zwangsversteigerungsfest«, also nach Maßgabe des § 9 Abs. 3 Nr. 1 ErbbauRG ausgestaltet, entscheidet nur noch die Rangstelle der Erbbauzinsreallast darüber, ob der laufende oder der rückständige dingliche Erbbauzins berücksichtigt wird. Das Stammrecht bleibt bestehen.
- Erbbauzinsreallasten, die noch nicht entsprechend der Möglichkeit des § 9 Abs. 3 Nr. 1 ErbbauRG geändert wurden, sollten unbedingt an erster Rangstelle im Grundbuch gesichert werden, damit sie im Zwangsversteigerungsfalle mit ihrem Hauptanspruch bestehen bleiben.
- Aber auch bei »versteigerungsfest« vereinbarten Reallasten ist mit Rücksicht auf einen möglichen Ausfall der laufenden und für 2 Jahre rückständigen dinglichen Erbbauzinsen auf erstrangige Absicherung der Erbbauzinsreallast zu achten.
- Da nur dingliche Rechte im Versteigerungsverfahren berücksichtigt werden, ist außerdem darauf zu achten, dass nach einer Erbbauzinsanpassung der Anpassungsbetrag als Reallast verdinglicht wird. **Das ist nur dann nicht erforderlich, wenn die Wertsicherungsklausel selbst verdinglicht wurde.** Aufschluss bietet hier die entsprechende Eintragung im Grundbuch, die folgendermaßen lauten könnte:

»Erbbauzins in Höhe von ... Euro jährlich - wertgesichert - für den jeweiligen Grundstückseigentümer des im Blatt .... unter lfd. Nr. ... des Bestandsverzeichnisses eingetragenen Erbbaurechtes. Es besteht eine Vereinbarung über das Bestehenbleiben des Erbbauzinses in der Zwangsversteigerung gem. § 9 Abs. 3 Satz 1 Ziffer 1 ErbbauRG. Bezug: Bewilligung vom ....; Urkunde Nr. .... des Notars ... Eingetragen am ....«.

Kann aus dem Eintragungstext nicht entnommen werden, dass es sich um eine wertgesicherte, versteigerungsfeste Erbbauzinsreallast handelt, bedeutet das nicht automatisch, dass eine derartige Reallast nicht vorliegt. Maßgebend für den Inhalt des dinglichen Rechtes ist der gesamte zur Eintragung bewilligte Rechtsinhalt, der in der Grundbucheintragung allenfalls schlagwortartig wiedergegeben ist (siehe vorstehendes Eintragungsbeispiel). Grundbuchrechtlich genügt die Bezugnahme auf die zugrunde liegende Eintragungsbewilligung, die z. B. in der notariellen Vereinbarung enthalten ist *(Bezug: Bewilligung vom ....; Urkunde Nr.).* Gibt das Grundbuch zu dieser Frage keine Antwort, ist eine genaue Prüfung der Eintragungsbewilligung notwendig. 76

6.4. Das Versteigerungsverfahren

Nach § 24 ErbbauRG ist der Grundstückseigentümer zwingend Verfahrensbeteiligter und wird als solcher immer dann hinzugezogen, wenn seine Interessen in irgendeiner Weise berührt sind. Das bedeutet jedoch nicht, dass damit automatisch die Interessen des Grundstückseigentümers gewahrt werden. Welche Maßnahmen zur Interessenswahrung zu ergreifen sind, ist vom Grundstückseigentümer zu entscheiden. Die Verfahrensbeteiligung gewährt ihm lediglich rechtliches Gehör.

Im Rahmen der Verfahrensbeteiligung

- werden dem Beteiligten die Verkehrswertfestsetzung (Beschluss) und Terminbestimmungen bekanntgegeben,
- besteht die Möglichkeit, Anträge nach dem ZVG zu stellen (z. B. Antrag auf abwei-

chende Versteigerungsbedingungen nach § 59 ZVG, mit der Zielsetzung, dass die nachrangigen Rechte des Grundstückseigentümers bestehen bleiben),
- wird dem Beteiligten der Zuschlagsbeschluss bekannt gegeben,
- hat der Beteiligte die Möglichkeit Rechtsmittel einzulegen.

Sobald der Grundstückseigentümer Mitteilung über die Anordnung des Zwangsversteigerungsverfahrens erhält, sollte er das gesamte Vertragsverhältnis genauestens überprüfen und sich die Ergebnisse in eine Checkliste eintragen.

Nachfolgend die wichtigsten Prüfungsschritte:

1. Auf wessen Antrag und aus welchem Recht wird die Zwangsversteigerung betrieben?
2. Überprüfung der Rangstelle des Erbbauzinses. Hat der Erbbauzins die erste Rangstelle?
3. Wie ist die Erbbauzinsreallast ausgestaltet? Handelt es sich bereits um eine »versteigerungsfeste« Erbbauzinsreallast oder um eine Erbbauzinsreallast ohne diese Eigenschaften?
4. Welche Wertsicherungsklausel ist vereinbart worden? Handelt es sich um eine »automatische« Gleitklausel, die zudem Inhalt der Erbbauzinsreallast ist und mithin dinglich und nicht nur schuldrechtlich wirkt?
5. Wenn die Erbbauzinsreallast nicht mit »dinglicher« Wertsicherungsklausel ausgestattet ist, muss geprüft werden, ob alle Erbbauzinsanpassungen im Grundbuch durch Eintragung gesichert wurden.
6. Bestehen Rückstände auf den Erbbauzins? Wie ist die Fälligkeit des Erbbauzinses geregelt und wird dieser vor- oder nachschüssig entrichtet? Die Klärung dieser Frage ist wichtig für die Anmeldung der Erbbauzinsen zum Verfahren; nur fällige Erbbauzinsen können berücksichtigt werden!
7. Mit welchen Grundpfandrechten ist das Erbbaurecht belastet? Welche wechselseitigen Erklärungen wurden zwischen Grundpfandrechtsgläubiger und Grundstückseigentümer abgegeben? Stillhalteerklärung? Gegenverpflichtungserklärung? Einmalvalutierungserklärung? Zustimmungserklärung zur Veräußerung des Erbbaurechtes in der Zwangsvollstreckung oder durch den Insolvenzverwalter? Wurden Zustimmungserklärungen des Grundstückseigentümers unter den Vorbehalt gestellt, dass der Ersteher in alle schuldrechtlichen Vertragsverpflichtungen des Erbbaurechtsvertrages einzutreten hat? Von besonderem Interesse sind die (wechselseitigen) Vereinbarungen, die mit dem betreibenden Gläubiger bestehen.
8. Welche wechselseitigen oder einseitigen Verpflichtungen beinhalten die abgegebenen Erklärungen? Ist der Grundstückseigentümer seiner gegebenenfalls übernommenen Informationspflicht gegenüber dem Gläubiger nachgekommen?

6.5. Tipps zum weiteren Vorgehen

1. Rechte, die zur Zeit der Eintragung des Versteigerungsvermerkes aus dem Grundbuch nicht ersichtlich sind, müssen spätestens im Versteigerungstermin bis zur Abgabe von Geboten angemeldet sein. Zu nennen sind: Für zwei Jahre rückständige und laufende dingliche Erbbauzinsen, der durch die Erbbauzinsvormerkung gesicherte schuldrechtliche Anspruch auf Eintragung einer Erbbauzinserhöhungsreallast und Rechtsverfolgungskosten. Ob hierzu auch die Übernahme der schuldrechtlichen Verpflichtungen aus dem Erbbaurechtsvertrag gehören, ist strittig. Bei enger Auslegung des § 59 ZVG ist einem derartigen Antrag nicht zu entsprechen. Der Versuch sollte jedenfalls unternommen werden.
2. Wird aus einem vorrangigen dinglichen Recht oder aus den bereits erwähnten Rangklassen 1a, 2 oder 3 das Zwangsversteigerungsverfahren betrieben, bestehen Möglichkeiten, die eigenen Rechte zu schützen:
   - Zunächst soll versucht werden, mit einem Antrag auf abweichende Versteige-

rungsbedingungen durchzudringen. Antragsgegenstand ist das Bestehenbleiben der Rechte des Grundstückseigentümers (Erbbauzins, Erhöhungsvormerkung, Vorkaufsrecht).

Hierzu ist die schriftliche Zustimmung derjenigen erforderlich, die durch die abweichenden Bedingungen Nachteile erleiden könnten. Zu den Benachteiligten zählt nicht nur der Gläubiger, sondern im Zweifel auch der Erbbauberechtigte. Die Gläubigerzustimmung wird in der Regel in der Stillhalteerklärung enthalten sein. Die Frage der erforderlichen Zustimmungen sollte mit dem das Verfahren leitenden Rechtspfleger geklärt werden. Der vorgenannte Antrag löst ein für Laien kompliziert aussehendes Verfahren aus, das hier verkürzt so dargestellt werden kann:

a) Liegt dem Zwangsversteigerungsgericht die Zustimmung zum Antrag auf abweichende Versteigerungsbedingungen von allen vor, die eine Benachteiligung erleiden könnten, wird zu den vom Gesetz abweichenden Bedingungen versteigert. Das gleiche gilt theoretisch auch für den Fall, dass zweifelsfrei feststent, dass durch den Antrag eine Beeinträchtigung ausgeschlossen ist, d. h.: die Rechte des Grundstückseigentümers bleiben bestehen, auch wenn sie nachrangig sind.

b) Praktisch kann eine Beeinträchtigung so gut wie nie ausgeschlossen werden. Das Gericht muss dieser Rechtsunsicherheit mit dem Instrument des Doppelausgebotes begegnen. Beim Doppelausgebot legt das Gericht fest, dass sowohl auf die gesetzlichen wie auch auf die vom Gesetz abweichenden Versteigerungsbedingungen Gebote abgegeben werden können. Die sich nach Ablauf der Bietzeit ergebenden Gebote sind zu vergleichen. Wurde auf die Abweichung mehr geboten, als auf die gesetzliche Variante, ist der Zuschlag zu dem auf die Abweichung erfolgten Meistgebot zu erteilen. Wurde auf die gesetzlichen Bedingungen ein höheres Gebot abgegeben, ist hierauf grundsätzlich der Zuschlag zu erteilen. Das gilt nur dann nicht, wenn alle diejenigen zugestimmt hätten, die bei der abweichenden Variante eine Benachteiligung erfahren würden.

Die Stillhalteerklärung - als schuldrechtliche Vereinbarung zwischen der Erbbauzinsberechtigten und dem nachrangigen (oder auch vorrangigen) Gläubiger geschlossen - regelt, dass nur der laufende und rückständige Erbbauzins geltend gemacht wird und dass die Erbbauzinsreallast mit ihrem Hauptanspruch bestehen bleibt. Beide - der Erbbauzinsberechtigte und der Gläubiger - erteilen die Zustimmung zu entsprechend abweichenden Versteigerungsbedingungen. Um ein Doppelausgebot zu vermeiden, müssten aber die Zustimmungen von weiteren evtl. Beeinträchtigten vorliegen; mindestens also die Zustimmung des Schuldners, die in der Praxis regelmäßig fehlt - ein gravierender Schwachpunkt der Stillhalteerklärungen.

c) Wird jeweils nur auf die eine oder andere Variante geboten, ist der Zuschlag entsprechend zu erteilen.

• Auch kann eine Ablösung der Forderungen erwogen werden. Die Ablösung kann vor dem Versteigerungstermin aber auch noch im Termin entweder direkt an den Gläubiger oder an die Gerichtskasse erfolgen. Erfolgt die Zahlung an das Gericht, sind neben der Gläubigerforderung, auch die Verfahrenskosten zu bezahlen. Die Folge der Forderungsablösung ist der Übergang der Forderung auf den Ablösenden, der dann das weitere Verfahren steuern kann. Erfolgt die Ablösung an das Gericht, wird das Verfahren eingestellt (§ 75 ZVG). Das Ablöseverfahren erfordert genaue Kenntnis des Versteigerungsrechts. Im Zweifelsfalle sollte rechtzeitig auf einen erfahrenen Rechtsbeistand zurückgegriffen werden.

3. Es ist zweckmäßig, das Zwangsversteigerungsgericht zu Beginn des Versteigerungs-termins darauf hinzuweisen, dass im Versteigerungstermin mangels kirchenaufsichtli-cher Genehmigung eine Zustimmung zur Veräußerung im Wege der Zwangsversteige-rung nicht erteilt werden kann und dass diese vom Eintritt des Meistbietenden in die schuldrechtlichen Bestimmungen des Erbbaurechtsvertrages abhängig gemacht wird.

4. Es kann nur dazu geraten werden, an dem Versteigerungstermin teilzunehmen. Der Vertreter der Kirchengemeinde hat sich mit einer entsprechenden Vollmacht zur Ab-gabe von Willenserklärungen zu legitimieren. Hierzu ist die kirchenaufsichtliche Ge-nehmigung erforderlich.

Abkürzungen

BGB	Bürgerliches Gesetzbuch
BauGB	Baugesetzbuch
CIC	Codex Iuris Canonici; Codex des kanonischen Rechtes
ErbbauRG	Erbbaurechtsgesetz
ErbbauVO a.F.	Verordnung über das Erbbaurecht alter Fassung
VPI	Verbraucherpreisindex
ZVG	Gesetz über die Zwangsversteigerung und die Zwangsverwaltung

Literaturverzeichnis

DASSLER, Gerhard/ SCHIFFHAUER, Horst/ HINTZEN, Udo/ ENGELS, Ralf/ RELLERMEYER, Klaus: Gesetz über die Zwangsversteigerung und die Zwangsverwal-tung - einschließlich EGZVG und ZwVwV - Kommentar, 13. Auflage. Bielefeld 2008.

GABERDIEL, Heinz: Kreditsicherung durch Grundschulden, 6. völlig neu bearbeitete Auf-lage. Stuttgart 2000.

INGENSTAU, Jürgen/ HUSTEDT, Volker: Kommentar zum Erbbaurecht, 8. neu bearbeitete und erweiterte Auflage. Düsseldorf 2001.

KLADOS, Charalabos/ SCHLAFFKE, Peter: Anpassung des Erbbauzinses bei Fehlen einer Anpassungsklausel, Aufsatz, ZMR 8/97.

SCHMENGER, Wolfgang: Aktuelle Rechtsfragen beim Erbbaurecht, Abhandlung in Zeit-schrift für das Notariat in Baden-Württemberg, Heft 4/2006.

Statistisches Bundesamt: Merkblatt für Nutzer von Punkteregelungen in Wertsicherungs-klauseln, April 2008.

SCHÄFER, Bernd Peter: Das Erbbaurecht in der Zwangsversteigerung (Seminarskript).

V. OEFELE, Helmut / WINKLER, Karl: Handbuch des Erbbaurechtes, 4. Auflage. München 2008.

WEIRICH, Hans-Armin: Grundstücksrecht, Systematik und Praxis des materiellen und for-mellen Grundstücksrechts, 3. Auflage. München 2006.

Hilfen für die Praxis

Das Generalvikariat des Erzbistums Köln stellt die notwendigen Formulare und Bearbei-tungshilfen auf der Internetseite www.erzbistum-koeln.de/seelsorgebereiche in einem öf-fentlichen und einem geschützten, nur für Rendanturen und Kirchenvorstehern zugängli-chen Bereich zur Verfügung. Soweit Anmeldename und Kennwort nicht bekannt sind, erhält der berechtigte Personenkreis die Zugangsinformationen von der Hauptabteilung Seelsorgebereiche des Erzbischöflichen Generalvikariates.

Stichwortverzeichnis I – Rechte und Pflichten des Kirchenvorstandes

Weitere Informationen und ein umfangreiches
Download- Angebot des Erzbistums Köln
erhalten Sie im Internet unter
www.erzbistum-koeln.de/seelsorgebereiche

Heribert Emsbach,

Justitiar des Kölner Erzbistums i. R., verstarb kurz vor Drucklegung dieses Werkes im Alter von 82 Jahren. Nach einem Jurastudium in Koblenz und Köln begann seine Laufbahn beim Erzbischöflichen Generalvikariat 1958 als juristischer Mitarbeiter, 1971 wurde er stellvertretender Abteilungsleiter, 1975 Justitiar des Erzbistums Köln. Als Leiter der Hauptabteilung Recht sorgte Heribert Emsbach für die umfassende rechtliche und wirtschaftliche Beratung der Pfarrer und Kirchenvorstände sowie für die Erhaltung und Vermehrung des ortskirchlichen Vermögens.

Thomas Seeberger

war nach seinem Jurastudium an der Universität Köln mehrere Jahre als Rechtsanwalt tätig, bevor er 1991 Mitarbeiter der Hauptabteilung Recht des Erzbischöflichen Generalvikariates in Köln unter der Leitung des damaligen Justitiars Heribert Emsbach wurde. Seit 2006 ist Thomas Seeberger Fachbereichsleiter Recht in der für die Aufsicht der Kirchengemeinden zuständigen Hauptabteilung Seelsorgebereiche und Stellvertreter des Hauptabteilungsleiters.